뉴노멀, 초연결, 플랫폼시대의

노인교육론

노인교육론

FOR
NEW NORMAL,
PLATFORM

EDUCATIONAL GERONTOLOGY

한국평생교육박사연구회

| 김미자 · 김정희 · 배철우 · 양원영 · 이석진 |

동문사

머리말

경제성장에 따른 의학과 과학기술의 발달로 급격하게 평균수명이 연장되었다. 이러한 평균수명의 연장은 노인 인구의 증가라는 인구구조의 변화를 가져왔는데, 고령인구의 증가는 저출산 현상과 맞물려 인구 감소로 인한 노동력의 부족, 노인 부양 부담의 증가, 노인성 질환, 빈곤과 소외 등 다양한 사회문제를 야기시킨다. 특히, 우리나라는 압축적 경제성장으로 인해 세계에서 가장 빠르게 노인 인구가 늘어나고 있다. 이러한 사회적 변화에 대응하여 노년기를 준비하는 데 노인교육의 역할이 그 중요성을 더하고 있다.

이 책의 내용은 노인교육의 이론과 실제로 총 5부로 구성되어 있다.

1부에서는 노인교육의 이해를 기초로, 현대사회와 노인(제1장: 김미자 박사), 노인교육의 개념과 필요성(제2장: 김정희 박사), 노년학의 역사(제3장: 이석진 박사)를 다루었다.

1장에서는 인구 고령화에 대한 이해, 인구 고령화에 따른 사회문제 등에 대해 살펴보았다.

2장에서는 노인교육의 의미와 역할을 시작으로 전반적인 노인교육의 개념을 정리하고 개인과 사회적 측면에서 노인교육의 의의와 필요성을 제시하였다.

3장에서는 노년학의 성립과 노년학 연구의 방법 및 특징, 각 국가들의 노년학 발전과정을 정리하였고 노년학과 노인교육의 관계를 설명하였다.

2부에서는 노인학습자에 대한 이해로, 노인과 노화의 이해(제4장: 김미자 박사), 노인학습자의 신체적·심리적(제5장: 김미자 박사), 사회적 특성(제6장: 배철우 박사)을 다루었다.

4장에서는 노인과 노화에 대한 이해로 노인과 노화의 개념, 노화에 대한 태도, 노화 이론, 성공적 노화에 대해 살펴보았다.

5장에서는 노인학습자의 신체적·심리적 특성에 대해 살펴보았다.

6장에서는 노인학습자의 사회적 특성, 사회적 노화이론을 살펴보고, 이와 관련하여 노인교육의 필요성과 함께 노인의 학습 참여와 학습 성과 등에 대해 살펴보았다.

3부에서는 노인교육의 방법과 현황으로 실질적인 노인교육의 방법(제7장: 이석진 박사)과 우리나라 노인교육의 현황(제8장: 김정희 박사)과 함께 주요 국가의 노인교육 현황(제9장: 이석진 박사)에 관해 다루었다.

7장에서는 노인교육의 원리, 방법, 평가를 실무적인 차원에서 살펴보았다.

8장에서는 우리나라 노인교육의 현황을 법적 근거와 정책을 통해 살펴보고 각각의 운영주체별로 진행되는 노인교육을 정리해 보았다. 이와 함께 노인들의 학습활동에 대한 이해를 돕기 위해 연령과 성별 노인교육의 현황도 통계를 중심으로 살펴보았다.

9장에서는 노령사회로 진입한 미국과 유럽 국가들의 노인교육 사례에 관하여 설명하였고 일본 등 아시아 국가들의 노인교육에 대해서도 살펴보았다.

4부에서는 노인교육의 실제를 보다 구체적이고 많이 필요로 하는 부문, 즉 노인 경제교육(제10장: 김정희 박사), 노인 정신건강 교육(제11장: 양원영 박사), 노인 심리상담(제12장: 양원영 박사), 노인 문화예술교육(제13장: 양원영 박사), 노인 정보화 교육(제14장: 배철우 박사)으로 나누어 상세히 다루어보았다.

10장에서는 노인들을 위한 경제교육에 대한 전반적인 내용을 다루었다. 노년기를 위한 경제적 준비를 어떻게 시작해야 하는지, 퇴직과 은퇴를 준비하기 위한 교육을 재정 부분에 초점을 맞추어 제시하였고 노인 경제활동과 재취업 준비를 위한 정보도 제시하였다.

11장에서는 노인 정신건강과 노인 정신질환의 이해를 돕고자 다양한 노인 정신질환의 증상과 진단 기준을 제시하였고, 노인 정신건강 교육의 필요성에 대해 언급하였다.

12장에서는 노인 정신건강 증진을 위한 노인심리 상담의 이해, 대표적 노인 심리상담 이론, 노인 심리상담의 기법과 심리상담 과정을 다루었고, 노인 심리상담의 실제 사례를 소개하였다.

13장에서는 노년기 삶의 질적 향상을 위한 문화예술 교육 개념을 다루면서 창조적 노화를 위한 창조적 문화예술 교육의 이해를 돕고자 했으며, 노년을 위한 실제적 국내외 문화예술 프로그램을 소개하였다.

14장에서는 정보화 사회의 개념과 특성을 살펴보고, 노인대상 정보화교육의 필요성, 노인 정보화 교육의 유형 및 운영 실태에 대해 살펴보았다.

5부에서는 노인교육의 과제와 전망(제15장: 배철우 박사)이라는 주제로 현재 우리나라 노인교육이 갖는 문제점과 반드시 해결해야 할 과제 및 향후 발전 방향 등에 대해 다루어보았다.

15장에서는 노인교육의 현상황과 문제점을 살펴보고 이를 해결할 수 있는 미래발전과제로서 논의해보고자 하였다.

이에 이 책은 100세 시대를 살아가는 우리 모두에게 필요한 지식과 정보를 제공할 뿐 아니라 특별히 평생교육학을 공부하고 있는 분들에게 노인교육의 전문가로서 지식과 기술을 함양하는 데 목적을 두었다.

끝으로, 5권의 필수과목 책들에 이어 3권의 선택과목 책들을 낳기 위해 앞에서 열정적으로 일하신 한국평생교육박사연구회의 회장 임정임 박사와 임원진들의 노고에 깊이 감사를 드린다. 아울러 이 책이 나오기까지 아낌없는 지원을 해주신 도서출판 동문사 이중수 사장님과 좋은 책이 나올 수 있도록 주야로 애써주신 출판사 관계자분들에게도 감사의 마음을 전한다.

저자 일동

차례

PART 02 노인학습자의 이해

PART 03 노인교육의 방법과 현황

PART 01

노인교육의 이해

CHAPTER 01

현대사회와 노인

개요

의학과 과학의 발달, 경제의 성장, 생활의 개선 등으로 인해 인간의 수명은 급속하게 증가하게 되었다. 인간의 고령화는 우리 사회의 중요한 이슈로 논의되면서, 가장 큰 당면과제가 되었다. 그것은 고령화가 우리 사회의 경제·보건과 저출산 등 당면과제의 가장 근본적인 원인이기 때문이다. 특히 우리나라는 세계에서 가장 빠른 속도로 인구의 고령화가 진행되면서 경제적 측면에서는 생산가능인구가 줄어들어 경제성장률을 저해하며, 국가 재정 측면에서는 노년부양비가 지속적으로 증가하는 등 노인 문제가 우리 사회에서 그 심각성을 더하고 있다. 따라서 이 장에서는 고령화의 개념과 의미, 우리나라와 세계 각국의 고령화 특징을 알아보고, 우리나라의 고령화 특징과 문제점을 통해 노인교육의 필요성에 대해 알아본다.

학습목표

1. 고령화 개념과 의미를 이해한다.
2. 우리나라와 세계 각국의 고령화 특징을 파악한다.
3. 우리나라의 고령화 문제점을 설명할 수 있다.

주요용어

인구 고령화, 고령사회, 노인 부양비

제1절 인구 고령화에 대한 이해

근래 경제성장에 따른 의학과 과학기술의 발달로 급격하게 평균수명이 연장되었다. 이러한 평균수명의 연장은 노인인구의 증가라는 인구구조의 변화를 가져왔다. 고령인구의 증가는 저출산 현상과 맞물려 인구 감소로 인한 노동력의 부족, 노인 부양 부담의 증가, 노인성 질환, 빈곤과 소외 등 다양한 사회문제를 야기시킨다. 특히, 우리나라는 압축적 경제성장으로 인해 세계에서 가장 빠르게 노인 인구가 늘어나고 있다. 인구의 고령화 현상은 우리나라뿐만 아니라 다른 나라에서도 진행되고 있는 특징 중의 하나이기 때문이다. 고령화 현상은 단순히 노인 인구가 증가하는 문제만이 아닌, 개인적 측면에서도 건강악화, 역할상실, 경제적 빈곤, 세대 갈등 등을 경험하게 한다. 준비되지 않은 노년의 삶은 새로운 삶에 대한 기회라기보다는 오히려 고통의 연장이 될 수 있다(강옥주, 2020; 이혜정, 2021 재인용). 고령화는 동서양을 막론하고 전 세계적으로 진행되고 있는 현대사회의 특징이다(김진숙 외, 2018).

본 장에서는 고령화의 개념과 의미, 노인 인구의 증가와 관련된 세계 인구 현황과 추이, 우리나라 인구 추이 등을 통해 인구의 고령화가 미치는 영향에 대해 살펴보았다. 고령화 사회에서 나타나는 다양한 문제점을 통해 노인교육의 필요성과 방향성에 대해 모색한다.

1. 고령화의 개념과 의미

고령화는 인간이 출생하여 성장의 과정을 거치면서 신체적으로 노화에 이르는 과정을 말한다(최운실 외, 2017). 유엔의 인구 고령화 구분에 의하면 고령화 사회(aging society)는 65세 이상이 전체의 7% 이상, 14% 이상은 고령사회(aged society), 20% 이상은 초고령사회(post aged society)를 의미한다. 인구의 고령화는 전 세계의 공통적인 사회현상으로 이로 인한 문제들은 세계 각국에서 국가정책의 우선순위가 되고 있다.

특히 우리나라는 고령화 속도가 빠르게 진행되고 있는데, UN 보고서는 우리나라가 2025년에는 초고령사회로 진입할 것으로 전망하고 있다. 2018년 '고령사회(14.4%)'에 들어선 한국은 불과 7년만인 2025년에 '초고령사회'

(20.6%)에 진입하는데, 고령사회에서 초고령사회로 넘어가는 데 걸리는 시간은 다른 경제협력개발기구(OECD) 국가들과 비교하면 압도적으로 짧다(손해영, 2021). 우리나라가 2000년 고령화 사회로 진입한 이후 불과 25년 만에 초고령사회로 진입하게 되는 것으로, 이러한 수치는 일본보다 10년 빨리 초고령사회로 진입하는 것으로 전 세계적으로 유래를 찾기 어려운 추세라 한다(박정호 KDI 경제정보센터 전문연구원, 2015). 2009년 국제연합(UN)은 세계인구 고령화 보고서를 통해 2020년 평균수명이 80세를 넘는 장수국가가 31개국으로 급증할 것이라고 발표하며, 이를 '호모 헌드레드(homo-hundred) 시대'라고 정의했는데, 소수에게만 가능했던 백 세 장수가 일반에게도 널리 해당되는 시대가 열린 것이다(김세영, 2017). 우리나라 정부도 2017년부터 백세시대를 선언했고, 2016년 12월 29일 국가노후준비위원회를 열고 '제1차 노후 준비 지원 5개년 기본계획'을 발표했다(김세영, 2017).

2. 우리나라 고령인구와 주요 국가별 고령인구

우리나라는 고령화가 예상보다 빠르게 진행되고 있다. 보건복지부가 발간한 2024년 사회보장 통계집에 따르면, 지난해 65세 이상 노인 인구는 사상 처음으로 1천만 명에 이르렀다. 우리나라는 전체 인구 중 노인이 차지하는 비중이 20.1%로 처음으로 20%를 돌파하면서 '초고령사회'에 진입했다(연합뉴스, 2025, 11.30; 서울경제, 2025. 12. 01).

표 1-1에서 보는 바와 같이 2022~2070년 대륙별 고령인구 구성비 추이를 살펴보면, 총인구에 대한 고령인구 구성비가 2022~2070년 기간 중 계속 증가하는 국가는 127개(53.8%), 증가 후 감소하는 국가는 30개(12.7%), 감소 후 증가하는 국가는 19개(8.1%)일 것으로 전망되고 있다. 또한 표 1-2, 그림 1-1에서 보는 바와 같이 우리나라의 고령인구 구성비는 2022년 17.5%에서 2040년 34.4%, 2070년에는 46.4%로 증가할 것으로 전망되며, 2069년에 정점에 이르고 이후에는 감소할 것으로 전망된다(통계청, 2022).

표 1-1 2022~2070년 대륙별 고령인구 구성비 추이 (단위: 개, %)

	계		계속 증가		증가 후 감소		감소 후 증가		기타	
		구성비		구성비		구성비		구성비		구성비
총 합계	236	100.0	127	53.8	30	12.7	19	8.1	60	25.4
아프리카	58	100.0	35	60.3	1	1.7	16	27.6	6	10.3
아시아	51	100.0	25	49.0	14	27.5	3	5.9	9	17.6
유 럽	49	100.0	18	36.7	10	20.4	0	0.0	21	42.9
라틴아메리카	50	100.0	36	72.0	4	8.0	0	0.0	10	20.0
북아메리카	5	100.0	2	40.0	0	0.0	0	0.0	3	60.0
오세아니아	23	100.0	11	47.8	1	4.3	0	0.0	11	47.8

주) 236개 국가(지역)를 대상으로 작성함(교황청 제외).

출처: 통계청(2022).

표 1-2 주요 국가(지역)별 고령인구 구성비 추이 (단위: %, %p)

구분	국가	1970년 (A)	2022년 (B)	2040년 (C)	2070년 (D)	증감		정점 연도
						(B-A)	(D-B)	
계속 증가	중국	3.7	13.7	26.2	36.9	10.0	23.2	해당 없음
	인도	3.6	6.9	11.6	23.2	3.3	16.3	
	미국	9.8	17.1	22.4	27.5	7.3	10.4	
	인도네시아	3.1	6.9	12.0	18.9	3.8	12.0	
	파키스탄	3.3	4.3	5.5	10.6	1.0	6.4	
	나이지리아	3.3	3.0	3.5	6.3	-0.3	3.3	
증가 후 감소	러시아	7.7	15.8	21.0	26.0	8.1	10.2	2058년
	일본	7.2	29.9	35.2	38.7	22.7	8.7	2068년
	독일	13.6	22.4	29.5	32.2	8.8	9.8	2069년
	한국	3.1	17.5	34.4	46.4	14.4	28.9	2069년
	타이완	2.6	16.7	28.8	40.0	14.1	23.3	2067년
감소 후 증가	콩고민주공화국	2.8	2.9	3.1	5.0	0.1	2.1	해당 없음
	탄자니아	2.5	3.1	3.7	7.4	0.6	4.3	
	남아프리카공화국	3.5	5.9	8.9	15.0	2.4	9.1	
	이라크	4.4	3.4	5.7	11.2	-1.0	7.8	
	예멘	3.4	2.7	3.8	10.4	-0.8	7.8	

주) 2022년 기준 인구 규모가 큰 국가(지역) 순서임.

출처: 통계청(2022).

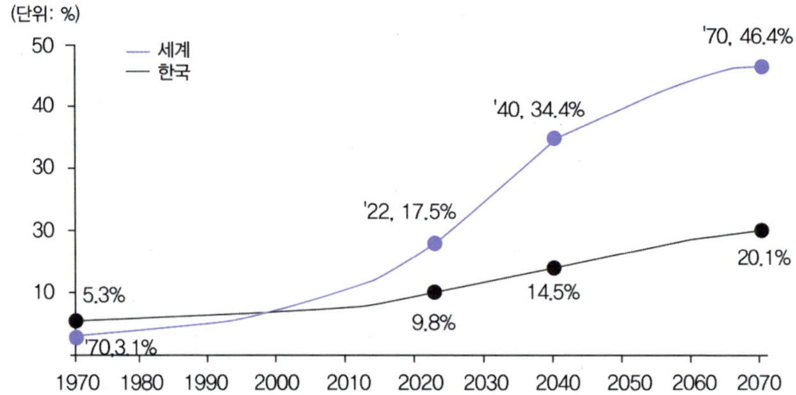

그림 1-1 세계와 한국의 고령인구 구성비 추이

출처: 통계청(2022).

3. 세계와 한국의 기대수명1)

세계의 기대수명은 표 1-3에서 보는 바와 같이 2020년 72.0세로 1970년 56.1세에 비해 15.9세(28.4%) 증가하고 있으며, 2020년 기대수명이 가장 높은 대륙은 오세아니아(79.5세)이며, 가장 낮은 대륙은 아프리카(62.2세)이다. 1970년과 2020년 기간 중 아시아(19.8세), 아프리카(17.5세), 라틴아메리카(14.5세), 오세아니아(12.9세)에서는 기대수명이 10세 이상 증가하였다(통계청, 2022).

한국의 기대수명은 2020년 83.5세로 1970년 62.3세에 비해 21.2세(34.0%) 증가하였다.

1970년 한국의 기대수명(62.3세)은 북아메리카(70.9세)나, 유럽(70.0세)보다 각각 8.6세, 7.7세 낮은 수준이었으나, 2020년 한국의 기대수명(83.5세)은 북아메리카(77.9세)나, 유럽(77.7세)보다 각각 5.6세, 5.8세 높은 수준이다(통계청, 2022).

1) 0세의 기대여명으로 0세 출생자가 향후 생존할 것으로 기대되는 평균 생존연수를 의미함.

표 1-3 세계와 한국*의 기대수명 (단위: 세, %)

	1970년 (A)	2000년	2020년 (B)	1970년 대비 2020년	
				증감(B−A)	증감률
세 계	56.1	66.5	72.0	15.9	28.4
아프리카	44.8	53.4	62.2	17.5	39.0
아시아	53.9	67.6	73.7	19.8	36.7
유 럽	70.0	73.5	77.7	7.8	11.1
라틴아메리카	58.6	71.1	73.1	14.5	24.7
북아메리카	70.9	77.0	77.9	7.0	9.8
오세아니아	66.6	75.4	79.5	12.9	19.3
한 국	62.3	76.0	83.5	21.2	34.0
북 한	60.6	60.8	73.3	12.7	21.0

* 통계청, 생명표.

한국의 기대수명은 다음의 표 1-4, 그림 1-2에서 보듯이, 1970년 62.3세로 세계 국가(지역) 중 116위 수준이었으나, 2000년 50위로 상승한 후 2020년에는 상위 6위 수준(83.5세)으로 높아진 것으로 나타났다(통계청, 2022).

표 1-4 기대수명이 높은 주요 국가(지역) (단위: 세)

순위*	1970년		2000년		2020년	
	국가(지역)	기대수명	국가(지역)	기대수명	국가(지역)	기대수명
1	페로제도	74.8	모나코	81.6	모나코	86.5
2	스웨덴	74.7	지브롤터	81.4	홍콩	85.2
3	안도라	74.3	일본	81.2	마카오	85.2
4	노르웨이	74.1	마카오	81.0	일본	84.7
5	네덜란드	73.6	안도라	80.9	호주	84.3
6	아이슬란드	73.6	홍콩	80.7	한국	83.5
7	산마리노	73.5	산마리노	79.9	몰타	83.4
8	덴마크	73.4	아이슬란드	79.9	노르웨이	83.2
9	보네르	73.4	스위스	79.8	스위스	83.1
10	모나코	73.3	건지	79.8	마르티니크	83.1
	한국**	62.3(116)	한국**	76.0(50)		

* 236개 국가(지역)를 대상으로 작성함(교황청 제외). ** 괄호 안은 순위

출처: 통계청(2022).

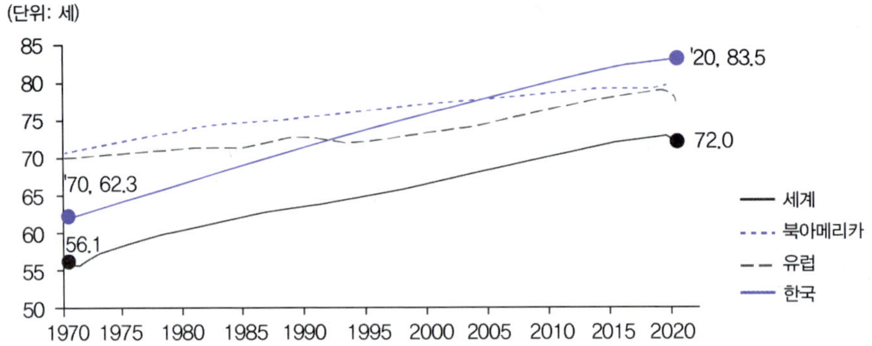

그림 1-2 세계와 한국의 기대수명 추이

출처: 통계청(2022).

4. 우리나라와 세계의 인구구조

우리나라의 인구구조를 살펴보면, **표 1-5**에서 보는 바와 같이 2022년 우리나라 인구 중 유소년인구는 11.5%, 생산연령인구는 71.0%, 고령 인구는 17.5% 수준일 것으로 전망되는 것으로 나타났으며, 우리나라는 2022~2070년 기간 중 유소년인구와 생산연령인구의 구성비가 각각 4.0%p, 24.9%p 감소하는 반면, 고령인구 구성비는 28.9%p 증가할 것으로 전망된다(통계청, 2022). 북한도 2022~2070년 기간 중 유소년인구 및 생산연령인구의 구성비는 각각 4.4%p, 9.9%p 감소하는 반면, 고령인구 구성비는 14.3%p 증가할 것으로 전망되고 있다.

2022년 세계 인구 중 유소년인구는 25.3%, 생산연령인구는 64.9%, 고령인구는 9.8% 수준일 것으로 전망되고, 2022~2070년 기간 중 유소년인구와 생산연령 인구 구성비는 각각 6.7%p, 3.6%p 감소, 고령인구의 구성비는 10.3%p 증가할 것으로 전망되고 있다(통계청, 2022). 모든 대륙에서 유소년인구의 구성비는 감소하는 반면, 고령인구의 구성비는 증가할 것으로 전망된다(통계청, 2022).

표 1-5 세계와 한국의 인구구조 (단위: %, %p)

	1970년				2022년				2070년				2022년 대비 2070년 (증감)			
	계	0~14	15~64	65+	계	0~14	15~64	65+	계	0~14	15~64	65+	계	0~14	15~64	65+
세 계	100.0	37.7	57.0	5.3	100.0	25.3	64.9	9.8	100.0	18.5	61.4	20.1	-	-6.7	-3.6	10.3
아프리카	100.0	44.3	52.5	3.2	100.0	40.1	56.4	3.5	100.0	26.1	65.6	8.3	-	-14.0	9.2	4.8
아 시 아	100.0	40.7	55.4	3.8	100.0	23.2	67.2	9.6	100.0	15.5	60.1	24.4	-	-7.7	-7.1	14.8
유 럽	100.0	25.2	64.3	10.5	100.0	15.7	64.6	19.6	100.0	13.2	56.0	30.8	-	-2.6	-8.6	11.2
라틴 아메리카	100.0	42.7	53.6	3.7	100.0	23.2	67.6	9.2	100.0	14.7	59.0	26.3	-	-8.5	-8.6	17.1
북아메리카	100.0	28.5	61.9	9.6	100.0	17.7	65.0	17.3	100.0	14.5	57.8	27.7	-	-3.2	-7.1	10.4
오세아니아	100.0	32.8	60.1	7.0	100.0	22.9	64.2	12.9	100.0	16.9	60.5	22.6	-	-6.0	-3.7	9.7
남 북 한	100.0	41.9	55.0	3.1	100.0	14.0	70.5	15.5	100.0	10.2	51.3	38.5	-	-3.8	-19.2	23.0
한 국	100.0	42.5	54.4	3.1	100.0	11.5	71.0	17.5	100.0	7.5	46.1	46.4	-	-4.0	-24.9	28.9
북 한	100.0	40.4	56.4	3.2	100.0	18.9	69.4	11.7	100.0	14.5	59.4	26.1	-	-4.4	-9.9	14.3

출처: 통계청(2022).

다음의 그림 1-3과 같이 2022년부터 2070년까지 인구 피라미드 변화 추이를 보면 우리나라는 세계와 비교하면 급속한 고령화가 진행되고 있음을 알 수 있다. 0~14세 유소년인구는 모든 대륙에서 유소년인구의 구성비는 감소하는 반면, 65세 이상 고령인구의 구성비는 증가할 것으로 전망되고 있다(통계청, 2022).

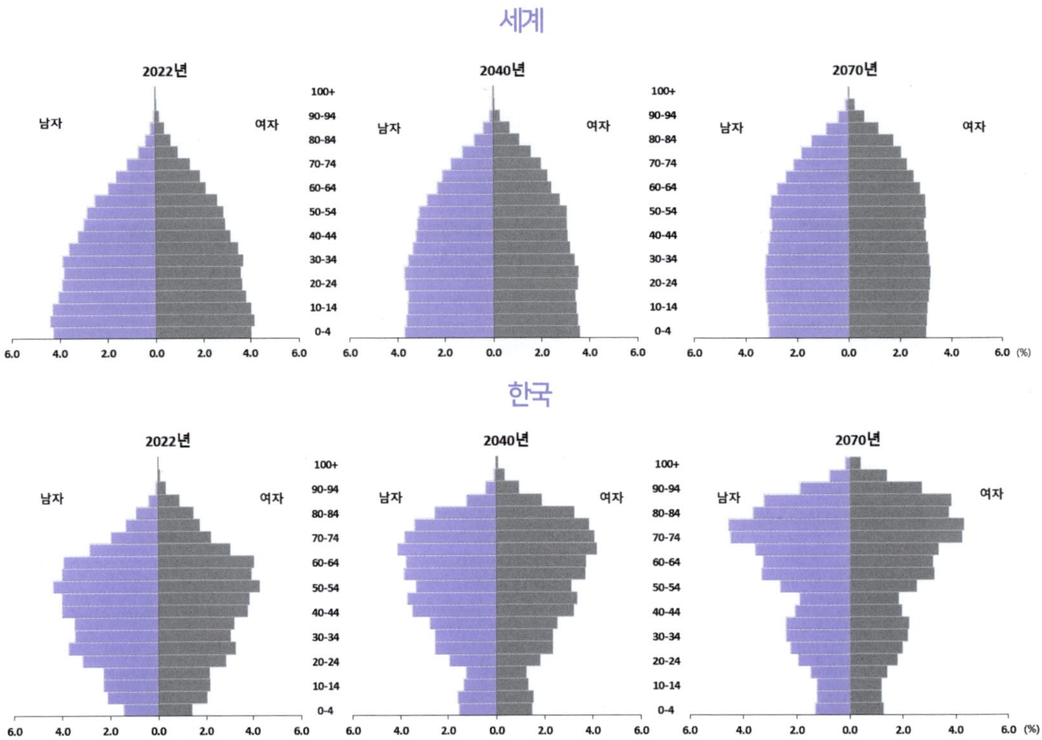

그림 1-3 세계와 한국의 인구 피라미드

주) 총인구에 대한 연령별 인구 구성비(%)를 이용하여 작성함.

출처: 통계청(2022).

5. 세계와 우리나라의 인구 추이

전 세계 인구가 2022년 11월 15일을 기준으로 80억 명을 돌파했다. 유엔은 이날 홈페이지를 통해 "세계 인구가 80억 명에 도달했다"며 "이는 인류 발전의 이정표"라고 밝혔다(세계일보, 2022). 인구 증가율은 해가 갈수록 떨어지고는 있지만, 빈국을 중심으로 높은 출산율이 유지되면서 2080년까지 세계 인구는 꾸준히 증가할 것으로 관측되며, 인류 증가는 특히 기대수명이 2019년 기준 72.8세로, 1990년 이후 9년 가까이 연장된 것이 크게 작용했다(세계일보, 2022).

다음의 그림 1-4와 같이 세계 인구는 2022년 79억 7천만 명으로 1970년 대비 2.2배 수준으로 증가, 2070년에는 103억 명으로 증가할 것으로 전망되고, 우리나라는 인구는 2022년 5천 2백만 명에서 2070년에는 3천 8백만 명으로 감소할 것으로 전망되고 있다(통계청, 2022).

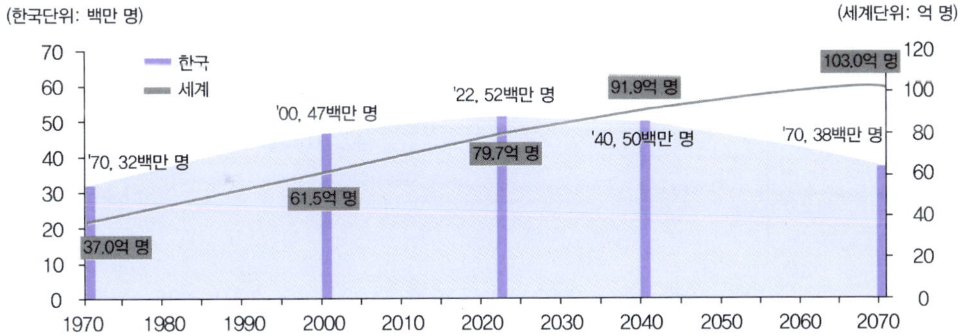

그림 1-4 **세계와 한국의 인구 추이**

출처: 통계청(2022).

다음의 그림 1-5, 1-6에서 보듯이 대륙별 인구를 살펴보면, 2022년 대비 2070년 대륙별 인구는 아프리카(2.2배), 북아메리카(1.2배), 아시아(1.1배), 라틴아메리카(1.1배)는 증가하는 반면, 유럽(0.9배)은 감소할 것으로 전망되고 있음을 알 수 있다(통계청, 2022).

2022년 세계와 한국의 인구성장률은 각각 0.83%, -0.23% 수준으로 전망되며, 2040년에는 세계 0.65%, 한국 -0.35%, 2070년에는 세계 0.18%, 한국 -1.24% 수준이 될 것으로 전망된다(통계청, 2022).

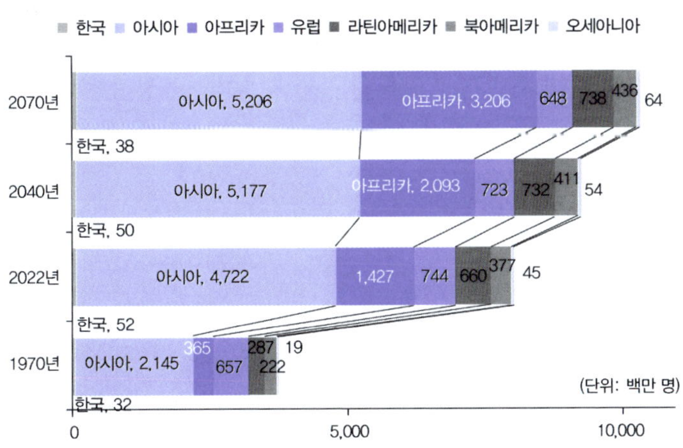

그림 1-5 **대륙별 인구 규모**

출처: 통계청(2022).

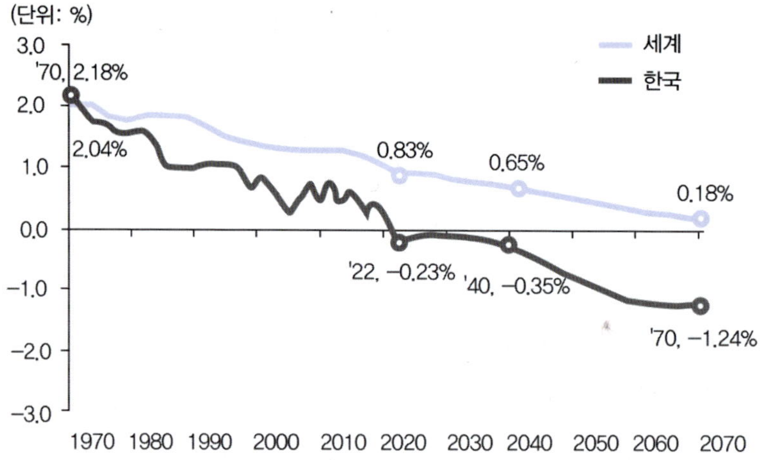

그림 1-6 세계와 한국의 인구성장률 추이

출처: 통계청(2022).

6. 세계와 우리나라의 인구구조

세계와 우리나라의 인구구조는 그림 1-7에서 보듯이 세계 인구 중 고령인구 구성비와 유소년인구 구성비를 살펴보면, 세계 인구 중 고령인구 구성비는 2022년 9.8%에서 2070년 20.1%로 증가할 것으로 전망되며, 한국 인구 중 고령인구 구성비는 2022년 17.5%에서 2070년 46.4%로 증가할 것으로 전망되고 있다(통계청, 2022).

2022~2070년 기간 중 세계와 한국의 유소년인구(0~14세) 구성비는 각각 6.7%p, 4.0%p 감소하고, 생산연령인구(15~64세)도 각각 3.6%p, 24.9%p 감소할 것으로 전망된다. 반면, 고령인구(65세 이상) 구성비는 각각 10.3%p, 28.9%p 증가할 것으로 전망된다(통계청, 2022).

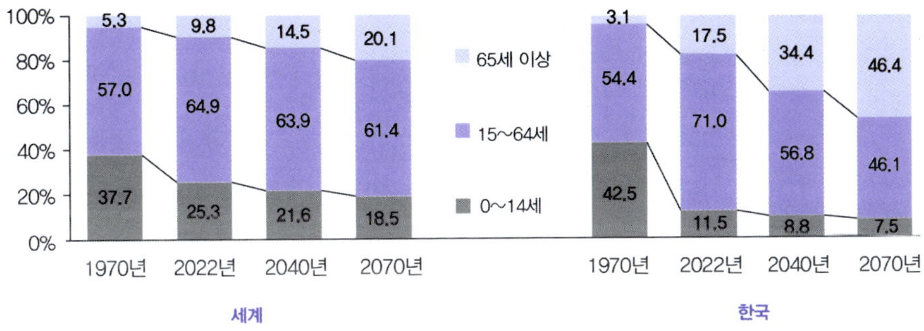

그림 1-7 세계와 한국의 인구구조

출처: 통계청(2022).

7. 우리나라 합계출산율2), 세계 합계출산율

우리나라와 합계출산율과 세계 합계출산율은 표 1-6에서 보듯이 2021년 우리나라 합계출산율이 0.81명으로 확정되면서 인구절벽 상황이 점차 심해지고 있어, 출생통계를 작성하기 시작한 1970년 이래 최저치로 떨어졌는데, 경제협력개발기구(OECD) 회원국 중에서는 꼴찌를 기록했다(저출산고령사회위원회, 2022.8.25). 세계의 합계출산율은 2021년 2.32명으로 1970년 4.83명에 비해 2.51명(-51.9%) 감소하는 것으로 나타났다(통계청, 2022).

1970년과 2021년 기간 중 아시아(-3.65명), 라틴아메리카(-3.32명), 아프리카(-2.40명)에서 합계출산율이 2명 이상 감소하였다. 2021년 합계출산율이 가장 높은 대륙은 아프리카(4.31명)이며, 가장 낮은 대륙은 유럽(1.48명)으로 나타났다(통계청, 2022).

우리나라의 합계출산율은 2021년 0.81명으로 1970년 4.53명에 비해 3.72명(-82.2%) 감소하였고, 한국의 2021년 합계출산율(0.81명)은 유럽(1.48명)과 북아메리카(1.64명)에 비해 낮은 수준으로 나타났다(통계청, 2022).

2021년 우리나라 합계출산율은 0.81명으로 홍콩을 제외하면 세계 국가(지역) 중 가장 낮은 수준일 것으로 추정된다(통계청, 2022).

2) 한 여자가 가임기간 동안 낳을 것으로 예상되는 평균 출생아 수를 의미함.

표 1-6 세계*와 한국의 합계출산율** (단위: 가임여성 1명당, %)

	1970년 (A)	2000년	2021년 (B)	1970년 대비 2021년	
				증감(B–A)	증감률
세 계	4.83	2.73	2.32	-2.51	-51.9
아프리카	6.71	5.18	4.31	-2.40	-35.8
아 시 아	5.59	2.57	1.94	-3.65	-65.3
유 럽	2.28	1.42	1.48	-0.80	-35.0
라틴아메리카	5.19	2.61	1.86	-3.32	-64.1
북아메리카	2.45	1.99	1.64	-0.81	-33.0
오세아니아	3.56	2.45	2.15	-1.41	-39.5
한 국	4.53	1.48	0.81	-3.72	-82.2
북 한	3.85	1.97	1.81	-2.04	-53.0

* https://population.un.org/wpp/Download/Standard/MostUsed/WPP2022_GEN_F01_DEMOGRAPHIC_INDICATORS, 2022.7.14. 추출

** 통계청, 인구동향조사(출생통계)

출처: 통계청(2022).

다음의 표 1-7과 같이 합계출산율이 낮은 주요 국가(지역)를 살펴보면, 우리나라의 합계출산율은 1970년 4.53명으로 세계 국가(지역) 중 89위 수준이었으나, 2000년 32위 수준으로 합계출산율이 낮아진 것으로 나타났다. 2021년(0.81명) 홍콩을 제외하면 세계 국가(지역) 중 합계출산율이 가장 낮은 수준일 것으로 추정된다(통계청, 2022).

표 1-7 합계출산율이 낮은 주요 국가(지역) (단위: 가임여성 1명당)

순위*	1970년		2000년		2021년	
	국가(지역)	합계출산율	국가(지역)	합계출산율	국가(지역)	합계출산율
1	세르비아	1.82	마카오	0.91	홍콩	0.75
2	핀란드	1.82	홍콩	1.03	한국	0.81
3	크로아티아	1.92	몬트세랫	1.11	영령 버진아일랜드	1.01
4	체코	1.92	우크라이나	1.11	생바르텔레미	1.01
5	스웨덴	1.94	체코	1.16	싱가포르	1.02
6	덴마크	1.97	스페인	1.22	마카오	1.09
7	룩셈부르크	1.97	러시아	1.22	타이완	1.11
8	헝가리	1.98	라트비아	1.24	안도라	1.13
9	라트비아	2.01	슬로베니아	1.25	산마리노	1.13
10	러시아	2.01	이탈리아	1.25	중국	1.16
	한국**	4.53(89)	한국**	1.48(32)		

* 236개 국가(지역)를 대상으로 작성함(교황청 제외). ** 괄호 안은 순위

출처: 통계청(2022).

세계와 우리나라의 합계출산율 추이를 살펴보면, 그림 1-8에서 보듯이 2021년 우리나라의 합계출산율(0.81명)은 세계 합계출산율(2.32명)보다 1.51명 낮은 수준으로 나타났다(통계청, 2022).

세계의 합계출산율은 2021년 2.32명으로 1970년 4.83명에 비해 2.51명 감소한 수준으로 나타났으나, 우리나라의 합계출산율은 2021년 0.81명으로 1970년 4.53명에 비해 3.72명 감소한 수준이다(통계청, 2022).

세계와 우리나라의 기대수명 추이를 살펴보면 다음의 그림 1-9에서 보듯이 2020년 우리나라의 기대수명(83.5세)은 세계 기대수명(72.0세)보다 11.5세 높은 수준이다. 세계의 기대수명은 2020년 72.0세로 1970년 56.1세에 비해 15.9세 증가한 것으로 나타났다(통계청, 2022).

우리나라의 기대수명은 2020년 83.5세로 1970년 62.3세에 비해 21.2세 증가하였다.

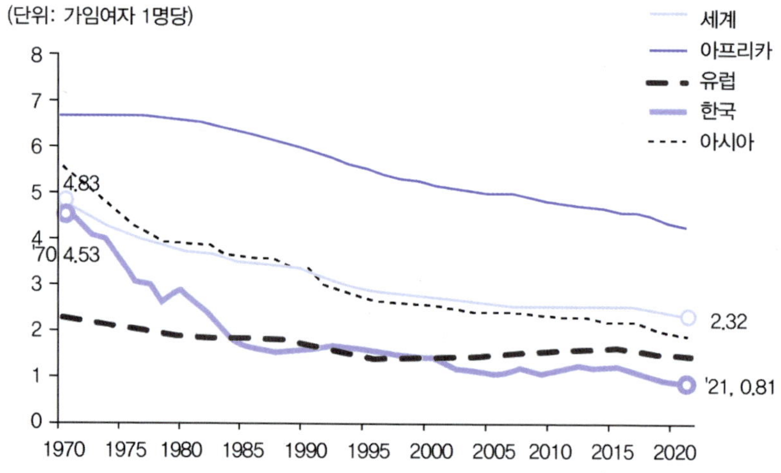

그림 1-8 세계와 한국의 합계출산율 추이

출처: 통계청(2022).

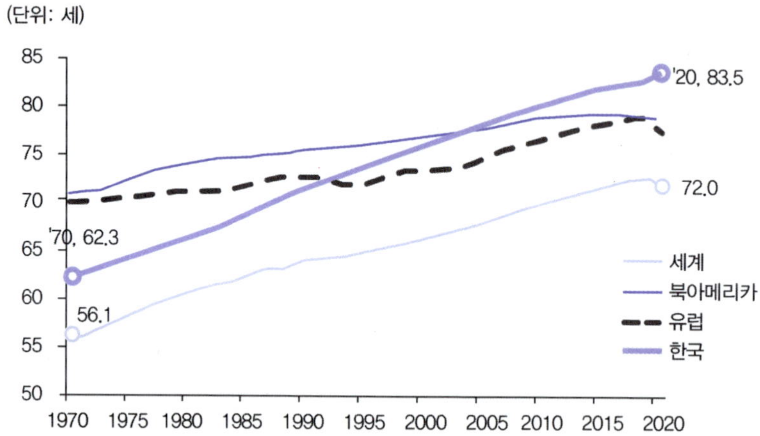

그림 1-9 세계와 한국의 기대수명 추이

출처: 통계청(2022).

제2절 인구 고령화에 따른 사회문제

1. 노인 부양비

노인 부양비3)는 노년 인구에 대한 생산가능인구의 경제적 부담을 나타내는 지표로써 사회의 고령화 추세를 파악하고 이에 대한 정책기초 및 노후생활안정 대책과 젊은 세대의 부담 완화 방안 마련을 위한 자료로 활용되고 있다(통계청, 2022).

우리나라의 노년부양비는 2022년 24.6명에서 2030년 38.6명, 2040년에는 60.5명으로 전망되고 있다. 고령자 1명당 생산가능인구 추세를 살펴보면 2010년에는 생산가능인구 6.7명이 노인 1명을 부양하였으나, 2018년에는 5.1명, 2030년에는 2.6명, 2050년에는 1.3명, 2065년에는 0.9명으로, 노인 부양부담이 계속 증가하는 추세이다(통계청, 2022).

노년 부담비 증가는 노인인구 부양을 위해 생산가능인구의 조세, 사회보장비 부담 증가로 세대 간 갈등을 유발할 가능성이 있다(통계청, 2022). 또한 연금수급권자 증가에 따른 연금재정 위기, 노인의료비 증가에 따른 건강보험 재정 불안 등 젊은 세대의 경제적 부담 증가 초래하여 전통적 가족문화 약화에 따른 노인의 사회적 부양책임 문제로 대두되었다(통계청, 2022).

노년부양비가 향후 급격하게 증가될 전망은 최근 심각한 사회문제로 떠오르는 고령화 사회에 대한 실상을 보여주는 것이며, 고령화 사회에 대한 대응의 필요성을 나타내는 것으로, 본격적인 고령화가 시작되기 이전에 노후생활 안정 대책과 젊은 세대의 부담 완화 방안 마련 필요하다(통계청, 2022).

다음의 그림 1-10에서 보듯이 생산연령인구 100명당 부양할 인구는 2020년 38.7명에서 2070년에는 116.8명까지 증가할 것으로 예상되는데, 2070년이 되면 돈을 벌어 생산에 기여하는 인구보다 생산에 기여하지 않는 인구가 훨씬 많다는 뜻으로, 이런 인구절벽은 경제 전반의 침체로 이어지면서, 경제의 기초 체력인 잠재성장률이 급락할 수밖에 없다(손해용, 2021).

---

3) 노년부양비는 총인구 중에서 생산가능인구(15~64세)에 대한 고령인구(65세 이상)의 백분비
* 노년부양비 = 고령인구(65세 이상) ÷ 생산가능인구(15~64세) ×100

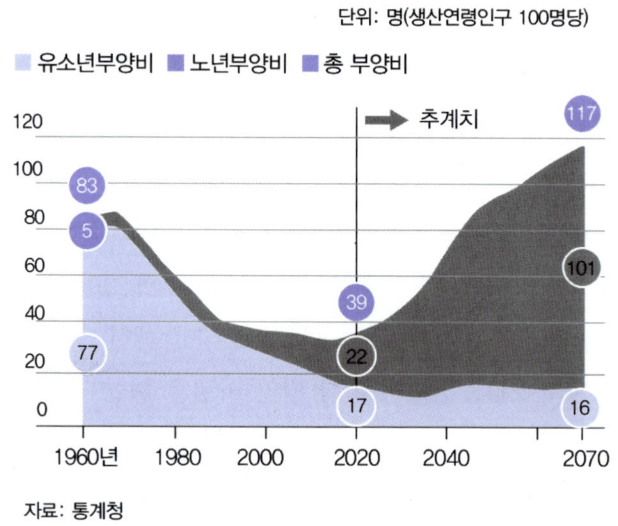

그림 1-10 **부양비, 1960~2070년**

출처: 박경민(2021).

노년부양비의 국제 비교를 살펴보면 표 1-8에서 보듯이, 2010년 유럽의 경우 노년부양비가 24.0명(2010)에서 2030년에는 37.4명(2030), 2050년에는 48.7명(2050)으로 전망되고 있다.

북아메리카의 경우에는 2010년 19.5명(2010)에서 2030년에 33.7명(2030), 2050년에는 37.2명(2050)으로, 우리나라의 노년부양비는 2030년부터 선진국보다 높아질 것으로 예상되고 있다(통계청, 2022).

표 1-8 **노년부양비 국제 비교**

	2010	2020	2030	2040	2050	2060
세계	11.7	14.4	18	22.1	25.2	28.8
선진국	23.7	30.2	37.4	42.4	46	48.7
개도국	9	11.3	14.8	19	22.3	26.2
아프리카	6.2	6.4	7	8	9.6	11.4
아시아	10.1	13.2	17.5	23.3	27.8	33.6
유럽	24	29.7	37.4	43.4	48.7	51.6
라틴아메리카	10.3	13.1	17.8	23.5	30.5	38.1

	2010	2020	2030	2040	2050	2060
북아메리카	19.5	25.9	33.7	36.2	37.2	40.6
오세아니아	16.5	20.4	24.7	27.5	29.4	32.2
남한	14.6	22.1	37.9	55.3	66.3	73.3
북한	12.8	13.2	18.7	29	31.1	35.6

출처: UN(World Population Prospects, 2017 Revision); 통계청(2022).

주요 국가(지역)별 노년부양비는 다음의 **표 1-9**와 같다. 우리나라의 노년부양비는 1970년 5.7명에서 2022년 24.6명으로 나타났다.

표 1-9 주요 국가(지역)별 노년부양비 (단위: 생산연령인구 1백 명당)

순위*	1970년		2022년		2040년		2070년	
	국가(지역)	노년부양비	국가(지역)	노년부양비	국가(지역)	노년부양비	국가(지역)	노년부양비
1	모나코	34.5	모나코	70.4	신트마르턴(DUTCH PART)	69.0	한국	100.6
2	맨섬	32.9	일본	51.2	세인트헬레나	68.6	생바르텔레미	100.1
3	오스트리아	22.8	세인트헬레나	49.9	마르티니크	66.6	홍콩	91.7
4	건지	22.6	이탈리아	37.9	일본	65.5	푸에르토리코	86.4
5	독일	21.6	핀란드	37.8	이탈리아	63.4	몰타	84.9
6	보네르	21.5	마르티니크	37.1	모나코	63.1	알바니아	82.8
7	벨기에	21.3	그리스	36.0	산마리노	61.4	타이완	81.6
8	몬트세랫	21.2	푸에르토리코	36.0	홍콩	60.6	일본	76.7
9	스웨덴	20.9	포르투갈	35.8	한국	60.5	인도라	76.3
10	저지	20.9	프랑스	35.4	버뮤다	59.2	싱가포르	75.8
	한국**	5.7 (188)	한국**	24.6 (56)				

* 236개 국가(지역)를 대상으로 작성함(교황청 제외).

** 괄호 안은 순위

출처: 통계청(2022).

2. 노인빈곤율 증가

우리나라 노인이 전 세계 주요 국가 중 가장 늦은 나이까지 일하는 것으로 나타났다. 오유진 국민연금연구원 주임연구원의 '국민연금과 고령자 노동 공급' 보고서에 따르면 2023년 기준 한국의 65세 이상 고용률은 37.3%로 경제협력개발기구(OECD) 국가 중 가장 높았다. OECD 평균은 13.6%였고 대표적인 고령 국가인 일본도 25.3%에 그쳤다. 연금을 받는 나이임에도 일자리를 찾는 원인이 더 충격적이다. 한국의 노인들이 전세계 주요 국가 중 고용률이 가장 높은 것으로 나타났다(세계일보, 2025, 11.26). 정년 이전 퇴직이 다수인 현실에서 국민연금을 받기 이전까지 '소득 공백'에 내몰리고 있다는 분석이다(중앙일보 김철웅 기자, 2005.11.26.). '생활비에 보탬'이 54.4%로 절반을 넘었다. 더는 노인 빈곤을 방치해서는 안 된다는 경고다(세계일보, 2025, 11.26).

우리나라 노인빈곤율은 이미 알려진 것과 같이 OECD 국가 중에서 가장 높은 수준을 유지하고 있으며, 정부 정책(기초연금 확대 등)에도 불구하고 수준이 줄어들고 있지 않은 상황이다. 최근에는 오히려 노인빈곤율이 증가함으로써 정부 정책을 무색하게 하고 있다(이주미, 김태완, 2020).

노인들의 경제 상황, 특히 빈곤층 노인들의 경제 상황은 심각한데, 2016년 기준 우리나라 노인들의 상대 빈곤율, 우리나라 중위소득을 100으로 봤을 때 소득이 50%도 되지 않는 노인들의 빈곤율은 46.7%에 달했다. 2014년 기준으로 국제 비교를 보면 우리나라 노인들의 상대 빈곤율은 48.8%로 미국 21%, 독일 8.5% 등과 비교해도 높고 OECD 평균 12.1%와 비교하면 4배나 높았다(박찬형, 2019).

우리나라의 노인빈곤율이 다른 국가에 비해 높은 이유는 공적연금 지급률과 소득대체율이 낮기 때문으로, 노인이 되면 생산활동의 제한이 있어 공적연금에 의존할 수밖에 없다(최운실 외, 2017).

통계청 소득분배 지표를 기준으로 65세 이상 노인빈곤율(중위소득 50% 이하)이 시장소득 기준은 2011년 56.9%에서 2018년 58.5%로 1.6%p가 늘었으며, 가처분소득 기준으로는 2011년 46.5%에서 2018년 42.0%로 4.5%p가 줄어들었다(통계청, KOSIS, 2020; 이주미, 김태완, 2020 재인용).

시장에서의 여건은 개선되고 있지 못하지만 공적이전소득(특히 기초연금)이 늘어나면서 가처분소득의 빈곤율은 감소한 것으로 보인다. 하지만 42.0%의 노인빈곤율은 다른 국가들에 비해서는 여전히 높은 수준이다(이주미, 김태완, 2020). 다음의 그림 1-11에서 보듯이 한국의 노인빈곤율(2018년)은 43.4%로 OECD 평균(15.8%)의 3배에 달했고 37개 회원국 중 가장 높았다. 이 수치는 실제 쓸 수 있는 가처분소득이 전체 인구 중간 소득보다 낮은 65세 이상 인구 비율을 말한다(김태준, 2022). 높은 노인빈곤율을 줄이기 위한 노력에도 노인 빈곤이 여전히 다른 국가에 비해 높은 이유는 무엇일까. 이와 관련하여 여유진(2019)은 국민연금의 적립방식 도입, 연금 사각지대 존재, 노동시장 이중구조, 여성노인의 높은 빈곤율, 소득대체율 하락 및 사적 부양의 약화를 들고 있다(이주미, 김태완, 2020).

지금의 노인 세대는 자식 농사를 지으면 자식이 노인을 부양하는 것을 당연히 여기던 시대에 젊은 시절을 보냈던 세대로, 한국전쟁 이후 궁핍한 시대를 이겨내고 자식 농사를 짓기에 바빴지만, 이제 황혼의 나이에 자식들에게도 손을 벌리지 못하고 국가에도 목소리를 높이지 못한 채 경제문제로 하루하루를 고민하는 노인들이 많아졌다(박찬형, 2019). 노인 빈곤과 관련하여 노인문제를 청년세대와의 갈등으로 치부하거나 복지 논란으로 프레임을 짜기에는 노인들의 삶이 너무도 힘든 게 현실이다(박찬형, 2019).

(단위: %)

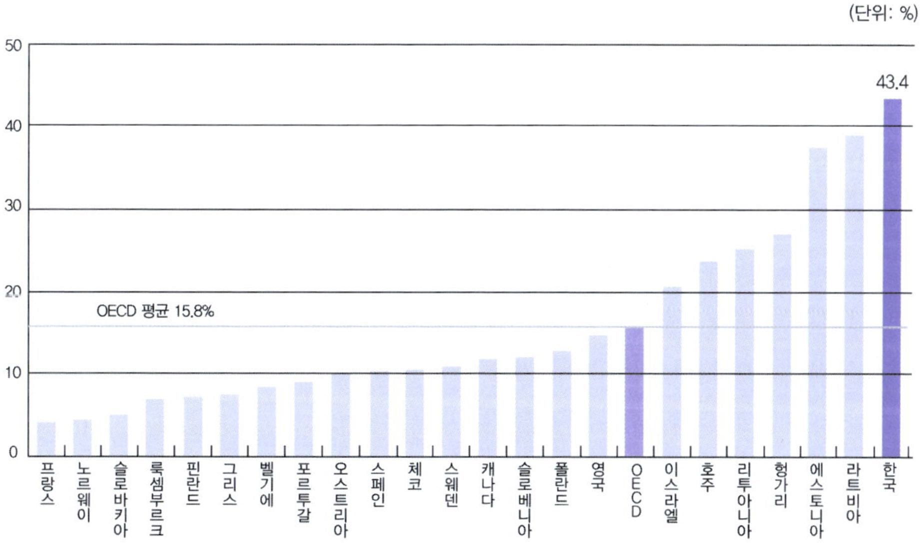

주: 1) 2018년도 자료가 있는 국가만 포함
2) 측정산식과 자료의 차이로 OECD 공표 수치와 빈곤통계연보 수치 간 차이가 있음.
자료: OECD, Stat, Income Distribution and Poverty (https://stats.ceod.org/index.aspx?DataSetCode=IDD#에서 2020.12.30. 인출)

그림 1-11 OECD 국가 가처분소득 기준 상대적 노인빈곤율 비교(2018).

출처: 보건복지부의 '통계로 보는 사회보장 2020'; 조선일보(2022) 재인용.

3. 노인 자살률 증가

통계청이 발표한 사망원인 통계 자료를 보면 2018년 자살로 숨진 사람은 13,670명으로 1년 전보다 9.7%, 1,207명이 늘어난 것으로 나타났다. 하루 평균 37.5명이 스스로 목숨을 끊고 있다는 얘기다(KBS 박찬형, 2019). 다른 나라와 자살률을 비교해 보면, 우리나라의 연령표준화 자살률(인구 10만 명당을 기준으로 하되 OECD 기준 인구로 연령 구조상 차이를 제거한 사망률)은 24.7명으로 OECD 평균 11.5명의 두 배가 넘고 OECD 국가 가운데 가장 높은 자살률을 기록했다(KBS 박찬형, 2019).

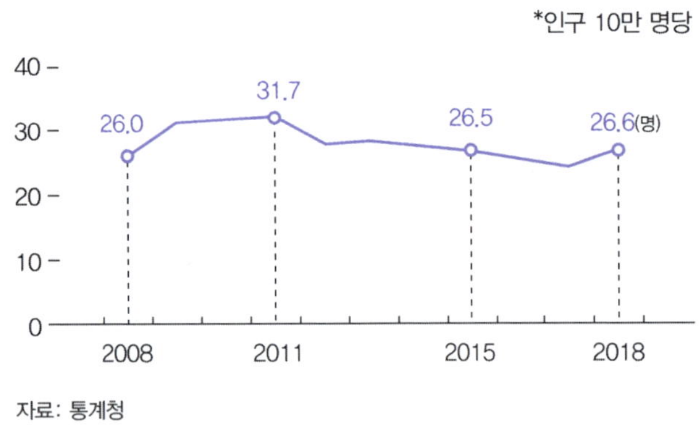

그림 1-12 자살률 추이(2008~2018)
출처: KBS(2019).

특히, 노인일수록 자살률이 높았다. 인구 10만 명당 자살률을 비교해봤더니 10대는 5.8명, 20대 17.6명, 30대 27.5명, 40대 31.5명, 50대 33.4명, 60대 32.9명, 70대 48.9명, 80대 이상 69.8명으로 50대 이후 늘다가 70대 이후 자살률이 눈에 띄게 높아진 것을 알 수 있다.

국제적으로 비교해봐도 우리나라 노인들의 자살률은 OECD 1위라는 불명예를 안고 있다. 보건복지부는 '2019 자살예방백서'에서 우리나라 65세 이상 노인 자살률(인구 10만 명당)은 2015년 기준 58.6명으로 OECD 회원국 18.8명보다 훨씬 높고 2위 슬로베니아 38.7명과도 큰 격차를 이루고 있다고 밝혔다. 장수 국가인 일본은 22.8명으로 11위를 기록했고, 2000년대 초반 자살 국가라는 오명으로 유명했던 핀란드도 15.1명으로 19위를 기록한 것과 대조적이다(박찬형, 2019).

연령대별로는 자살률이 70대 이후로 급증했는데, 연령별 자살률은 60대 이하까지 30명대 이하를 기록하다 70대 46.2명, 80대 이상에서 67.4명으로 크게 늘었다. 65세 이상 장년층을 기준으로 할 때 다음의 그림 1-13에서 보듯이 2019년 기준 남성의 자살률은 인구 10만 명당 74.6명, 여성 자살률은 23.5명이었다. 남녀 간 자살률 성비는 남성이 여성보다 3.2배나 높았다(매일경제, 2021).

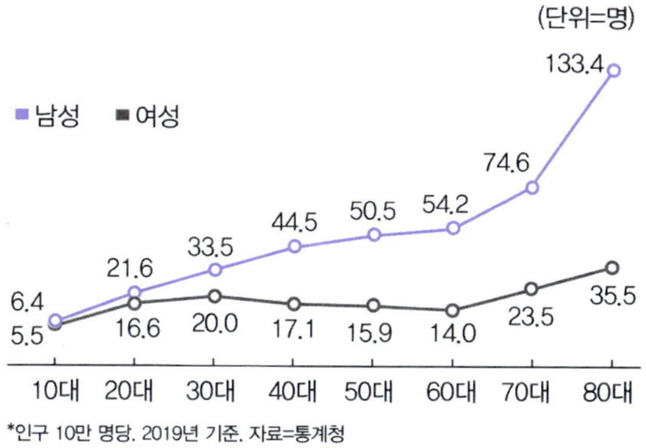

그림 1-13 **연령대별 자살률**

출처: 매일경제(2021).

그렇다면 우리나라 노인들은 어떤 이유로 자살을 선택하는 것일까? 한국보건사회연구원이 지난해 발표한 '노인실태조사'를 보면 65세 노인의 21.1%가 우울증상을 지니고 있는 것으로 나타났고, 6.7%는 자살을 생각해본 적이 있다고 답했다. 그리고 자살을 생각해본 적 있는 노인들 가운데 13.2%는 자살을 시도한 경험도 갖고 있었다(박찬형, 2019).

노인들이 자살을 생각하는 이유 중 1위가 바로 경제적 어려움이다. 자살을 생각해본 적 있는 65세 이상 노인 가운데 27.7%가 바로 생활비 문제를 꼽았다. 이어 본인의 건강 문제가 27.6%, 부부·자녀·친구와의 갈등과 단절이 18.6% 등으로 나타났다(박찬형, 2019).

통계청(2022) 자료에 의하면 모든 자살이 삶의 만족도가 낮기 때문에 발생한다고 보기는 어렵지만, 대체로 삶의 만족도와 자살률은 서로 관계가 있는 것으로 나타났는데, 자살률은 1998년 외환위기 시기에 크게 늘었고 2000년대 들어 다시 증가하였다. 2010년을 전후로 인구 10만 명당 30명을 넘은 적도 있으나 이후 감소 추세로 돌아서 2021년 현재 26.0명으로 집계되고 있다(통계청, 2022).

한국은 다른 나라들에 비해 자살률이 월등히 높다. 한국의 자살률은 비교대상 국가들 가운데 최상위 수준으로 OECD 평균보다 두 배가량 높다. 자살률은 남자가 여자보다 두 배 이상 높고 나이가 들수록, 특히 70대 이상에서 높다(통계청, 2022).

자살률을 낮추기 위한 과제로는 지역사회를 중심으로 한 자살 예방 체계 구축, 코로나19 대응 자살 예방 정책 추진, 자살 유족을 위한 정책 지원 확대 등이 꼽힌다(매일경제, 2021).

4. 은퇴해도 못 쉬는 반퇴 시대

은퇴를 했지만 다시 일을 해야 하는 '반퇴시대'란 신조어(김정진, 2016; 최운실 외 재인용)에서 보듯이, 요즈음 노인들은 노후 소득 부족과 공적 복지 제도의 미성숙으로 은퇴를 하고 싶어도 은퇴를 못 하는 것이 현실이 되어, 퇴직 후에도 자신의 능력을 지속적으로 활용해 일해야만 한다(김세영, 2017). 수명이 길어지고 먹고살기는 더욱 막막해지는 현실에서 노후 대비를 하지 못한 채 은퇴 후 소득이 불분명한 시기를 보내야 하는 사람들은 증가하고 있으며, 국민연금, 퇴직연금도 더 이상 보호막이 되긴 어렵다(김동호, 2017; 김세영, 2017).

국민연금 지급 시기가 61~65세 이후로 대폭 늦춰져 은퇴 후 소득이 불분명한 시기, 은퇴 크레바스(crevasse, 빙하 속 깊이 갈라진 틈)를 피하기 어려운데, 우리나라 65세 이상 인구의 노인빈곤율은 49%로, 젊어서 모아둔 게 없어 퇴직 후 바로 노인 빈곤으로 이어지고 있다(김세영, 2017).

유례없이 빠른 고령화 진행 속도로 한국의 미래 경제는 활기를 잃을 것이라는 전망이 많다. 연금 등 복지 혜택이 필요한 연령층은 급격히 늘어나는 반면, 일하며 세금을 내는 생산연령인구 비율은 점차 줄어들기 때문이다(손해용, 2021).

다음의 그림 1-14에서 보듯이 통계청에서 발표한 1960~2070년 연령별 인구구조를 살펴보면, 생산연령인구가 2020년 3738만 명(총인구의 72.1%)에서 ▶2030년 3381만 명(66.0%) ▶2040년 2852만 명(56.8%) ▶2050년 2419만 명(51.1%) ▶2060년 2066만 명(48.5%) ▶2070년 1737만 명(46.1%)까지 줄어들 것으로 내다봤다. 50년간 생산연령인구가 2000만 명 이상 줄어 지난해의 절반에도 못 미치게 되는 셈이다(손해용, 2021).

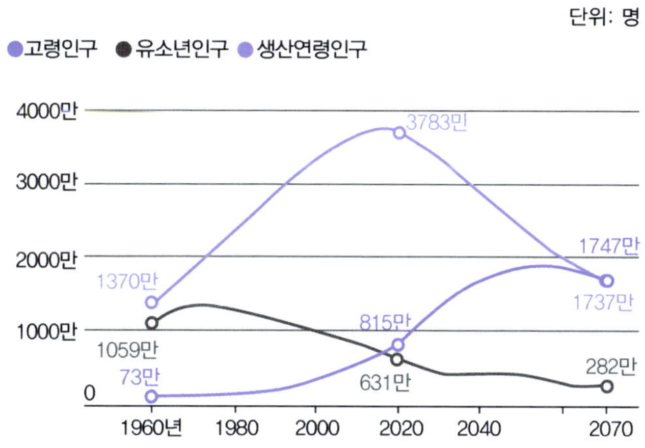

자료: 통계청

그림 1-14 **연령별 인구구조, 1960~2070년**

출처: 박경민(2021).

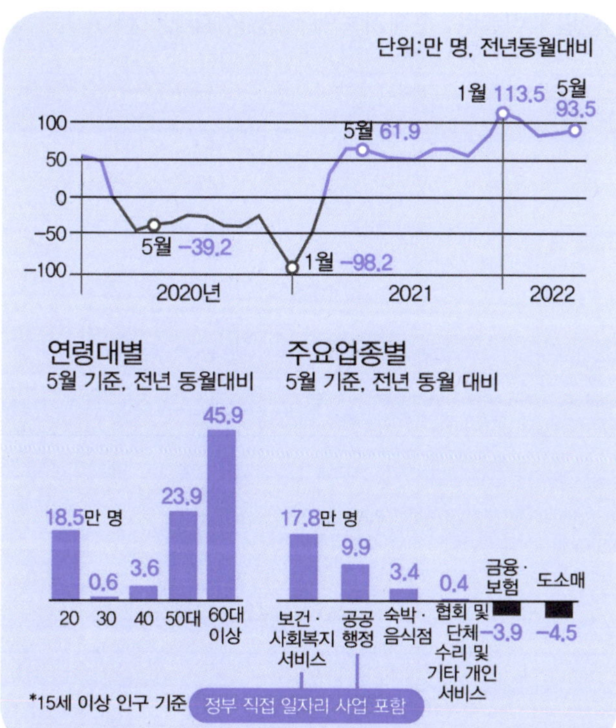

자료: 통계청

그림 1-15 **취업자 증감추이**

출처: 나이스 경제; 김영은(2022).

이러한 연령별 인구구조의 변화는 취업자 수 현황에서 나타났는데, 2022년 5월 취업자 수는 1년 전보다 90만 명 이상 늘어난 것으로 집계되었는데, 같은 달 기준으로 치면 증가 폭은 22년 만의 최대치에 해당한다. 그러나 내용은 고령자가 일자리 증가를 주도하였는데, 이번에도 60세 이상에서 대부분의 취업자 증가가 이뤄졌다는 점을 먼저 지적할 수 있다. 취업자 수는 모든 연령대에서 증가했으나, 여전히 60세 이상이 전체의 49%를 점하면서 취업자 증가를 주도한 것으로 나타났다(김기영, 2022).

5월 취업자의 연령대별 증가 폭은 60세 이상 45만9000명, 50대 23만9000명, 40대 3만6000명, 30대 6000명, 20대 18만5000명 등이었다(김기영, 2022). 60세 이상의 취업자 수가 전체의 49%를 차지하는 것은 노후 수명이 길어지는 현실에서 노후 준비를 제대로 하지 못한 은퇴 후 소득이 불분명한 시기를 보내야 하는 사람들은 증가하고 있다는 것을 보여주고 있다. 여기에 4차 산업혁명으로 은퇴 시기는 더욱 앞당겨지고 있다. 인공지능이 인간의 노동력을 대체해 상당수 일자리들은 존폐기로에 놓였다(김세영, 2017).

연구문제

1. 우리나라에서 사회문제가 되고 있는 저출산의 원인과 대책에 대해 논의해 봅시다.

2. 은퇴 없는 반퇴 시대를 살아가고 있는 우리나라 노인 세대의 문제점과 노인교육의 차원에서 대책을 논의해 봅시다.

3. 우리나라 노인빈곤율이 OECD의 다른 국가에 비해 월등히 높은 이유와 이에 대한 대책을 논의해 봅시다.

CHAPTER 02

노인교육의 개념과 필요성

개요

노인이 된다는 것이 우리의 삶에서 어떤 의미가 있는 것일까?

노년은 어떤 특별한 시기가 아닌 자연스럽게 맞이해야 할 인생의 한 단계이고 생애의 과정이다. 사회가 변화하며 의학의 발달로 건강한 장수 노인이 증가하고 있는 백세시대이다. 개인의 상황에 따라 노년기를 바라보는 관점이 다를 수 있다. 본 장에서는 노인과 노년기의 삶을 정의해 보고 노인교육 전반에 대한 개괄을 한다. 노인교육이 의미하는 것이 무엇인지, 노인교육을 접근하는 학문은 무엇이 있고 노인교육의 목표와 원리는 어떠해야 하는지를 살펴볼 것이다. 마지막 절에서 노인교육의 필요성과 의의를 논한다.

학습목표

1. 노인과 노년기 삶에 대한 이해를 바탕으로 노인교육의 의미와 역할을 설명할 수 있다.
2. 노인교육의 개념을 이해할 수 있다.
3. 개인적 측면과 사회적 측면에서 노인교육의 필요성을 설명할 수 있다.

주요용어

노인과 노년기의 삶, 노인교육의 개념, 노인교육의 학문적 접근, 노인교육의 필요성

제1절 노인과 교육

노인도 교육이 필요한가?에 대한 질문을 한다면 우리의 대답은 무엇인가. 이미 많은 시간을 살아오며 삶 속에서 배우고 경험한 노인들에게 교육은 어떤 의미가 있고 길어진 노년기를 살아가는 노인들에게 교육이 왜 필요한지를 알아보자.

1. 노인의 정의와 노년기의 삶

사전적 의미의 노인은 나이가 들어 늙은 사람이다. 늙었다는 것은 신체적, 정서적, 심리 사회적으로 생활하는 데 있어 노화로 인한 어려움이 있다는 것이고, 이로 인해 노인은 절정기 성인들과 비교할 때 환경 적응력이 떨어지며 사회적 약자로 돌봄의 대상이 되는 사람이다. 현재 법적으로 노인을 만 65세로 규정하고 있지만 100세 시대를 고려한다면 현시대 노인의 정의는 사회적으로 규정되는 노인과 개인이 체감하는 노인은 개인의 삶의 질에 따른 노화의 정도에 따라 차이가 있다. 노이가르텐은 노인집단에 대해 역연령을 기준으로 연소 노인(55세~65세), 중고령 노인(65~75세), 고령 노인(75세 이상)으로 분류하였다. 생애발달 단계와 사회 변화를 고려할 때 60대까지는 퇴직 여부와 상관없이 인생의 절정기로 성취감과 삶의 여유를 즐길 수 있는 시기이다. 70대에 들어서면 대부분의 사람들이 일터에서 물러나면서 사회적 관계성이 줄어들고 신체적으로도 노화를 경험하게 되지만 여전히 활기찬 삶을 살아가는 사람들도 많다. 75세 이후 고령노인이 되면서 독립적인 삶보다는 돌봄이 필요한 의존적인 상태로 인생 노년기의 퇴화한 자신을 인정하고 의존적 삶을 받아들인다.

개인뿐 아니라 사회적으로도 65세 이후 노인기에 접어들었지만 30년 이상의 시간을 서로 다른 상태의 노년기를 보내는 것과 관련하여 이 시기를 어떻게 적응하고 맞이할 것인지를 고민하고 준비해야 한다.

노년기는 노인으로 살아가는 인생의 후반기를 뜻한다. 노년기의 노화와 노인의 삶 전반에 대한 연구를 위한 노년학(Gerontology)에 대한 관심이 1940년대에 시작되면서 노인들과 관련된 학문 분야들이 노인의 신체적, 심리적, 정신적, 사회적인 부분들뿐 아니라 노인들의 복지와 교육에 대한 관심으로 확장되어 노년기의 삶을 연구하는 학문적 접근이 보다 다양화되었다.

노년기의 삶을 살아가기 위한 교육학적 접근은 특별히 성인교육으로서의 평생교육학적 접근을 통해 노인들의 삶의 질을 높이고 활기차고 성공적인 노년기를 보낼 수 있도록 돕는 것을 목적으로 한다.

2. 노인교육의 의미와 역할

교육은 변화를 의미한다. 교육을 통한 변화가 지속될 때 학습이 이루어졌다고 본다. 어제까지 몰랐던 영어단어를 오늘 알았다면 인지적 변화를 가져온 것이다. 그리고 이렇게 알게 된 영어단어를 지속적으로 기억할 때 학습이 이루어진 것이다. 성인학습자들을 위한 평생교육은 교수자 중심에서 학습자 중심으로의 변화와 함께 학습을 통해 교육내용이 학습자의 삶과 존재에 내면화되는 과정을 통한 삶의 총체적 변화를 가져오는 것이다.

프리드맨(Friedman, 2000)은 교육이 미래사회를 살아가기 위해 창의력과 다양성을 포함하며 불확실성과 복잡성에 준비되어야 한다고 했다. 이것은 개인의 책무이면서 사회적 책무이기도 하다. 누군가 세대 간 갈등을 이야기하면서 노인들은 젊은 시절을 겪어 봤지만 젊은이들은 노년기를 겪어보지 않았기 때문에 노인들이 더 젊은이들을 이해할 수 있어야 한다고 이야기한다. 다른 말로 하면 인간은 누구도 노년기를 미리 경험하거나 노인이 되어본 사람은 없다는 것이다. 한 번도 경험하지 않은 노인의 삶, 노년기를 어떻게 보낼 것인지를 개인적으로 또 사회적으로 준비하기 위한 교육이 노인교육이다.

노인교육은 신체적 변화와 심리사회적 변화에 따른 불편함을 받아들이고 신체적 노화를 늦출 수 있는 정보와 교육을 받으며 은퇴와 퇴직으로 인해 단절된 사회활동을 어떻게 지속하면서 사회적 관계망을 이어갈 수 있는지에 대한 교육이며 노인의 정서적, 심리적 상태에 대한 이해를 포함하여야 한다. 무엇보다도 노인들 역시 변화하는 사회 속에서 살아갈 수 있는 역량을 유지하도록 도우며 그 속에는 경제적 측면에서 노인들의 소득을 이어갈 수 있는 다양한 정책적 지원에 대한 정보와 방법들이 포함되어 노년기의 삶도 충분히 행복할 수 있도록 돕는 역할을 해야 한다.

제2절 노인교육의 개념

1. 노인교육의 정의

노인교육에 대한 정의는 노인을 위한 교육과 노화에 대해 가르치는 교육(Peterson, 1990)과 노년기를 앞둔 중장년층 대상의 노화를 이해할 수 있도록 돕는 교육(Kade, 2001)으로 주로 이해되어 왔다. 이후 노인들의 주체성과 노년기 삶의 질에 초점을 맞추고 이들을 노인교육의 중심내용으로 해야 한다는 연구들이 나오면서 노인들이 주체적 힘을 가지고 자신들이 당면한 문제를 스스로 해결하며 노인들의 삶의 질을 높일 수 있도록 돕는 교육으로 정의되기도 한다(김원경, 전제아, 2011). 최근에는 앞서 정의되었던 노인교육의 내용을 포함하면서 사회의 변화와 노인에 대한 인식의 변화를 반영한 노인을 위한 교육, 노인에 의한 교육, 노인에 관한 교육이 노인교육으로 그 범주를 확장하여 정의되고 있다(한정란, 2015).

이러한 내용들을 통합하면 노인교육은 노인과 노년기의 삶에 대한 이해를 바탕으로 노인의 삶의 질 향상을 도우며 사회의 모든 구성원들이 생애 발달 단계의 한 부분인 노년기를 발전적으로 보낼 수 있도록 돕는 교육으로 그 내용면에서 노인을 위한, 노인에 의한, 노인에 관한 교육을 모두 포괄하는 것이다.

표 2-1 노인교육의 정의와 범위

구분		노인을 위한	노인에 관한	노인에 의한
정의	범위	여가를 위한 교육 및 자신의 삶에 힘을 얻는 교육	노인준비 교육 및 퇴직준비 교육. 노인 관련 직업종사자 교육	노인의 지혜와 경험을 활용한 교육
	Peterson (Sherron & Rumsden, 1990)	노인을 위한 교육적 노력의 실천적 연구	노인과 노화에 관한 교육적 노력의 실천적 연구	

<table>
<tr><th>구분</th><th colspan="2">노인을 위한</th><th colspan="2">노인에 관한</th><th>노인에 의한</th></tr>
<tr><td>Jarvis
(1990)</td><td colspan="2">노인들을 위한 교육</td><td>노인과 노화에 관한 교육</td><td>노인과 관련된 직업인들을 위한 교육</td><td></td></tr>
<tr><td>김종서
(1984)</td><td>노인을 위한 노인이 아닌 사람들이 무엇을 할 것인가에 관한 교육</td><td>노인 자신을 위한 교육</td><td colspan="2">노인 이전의 사람들에게 실시하는 노년기에 대비하는 준비교육</td><td></td></tr>
<tr><td>한정란
(2005)</td><td colspan="2">노인을 위한 교육</td><td colspan="2">노인에 관한 교육</td><td>노인에 의한 교육</td></tr>
</table>

출처: 이윤조 외(2016). 경기도 노인평생학습 활성화 방안 연구.

2. 노인교육의 이해와 접근

노인교육은 성인교육의 한 부분이다. 따라서 노인교육을 평생교육으로 접근할 수 있다. 한정란(2015)은 노인평생교육을 노인이 평생학습을 통해 자기발달 단계에서 잠재능력을 최대한 발휘하고 효율적으로 적응하도록 하는 교육으로 노인의 자기계발과 자아실현, 노인들의 사회화와 적응이 포함되도록 하는 것을 노인교육의 목표로 보았다. 반면에 노인교육을 교양교육으로서 성공적 노화를 위한 모든 노인 대상의 보편적 교육으로 접근해야 한다는 주장도 있다.

노인교육을 교양교육으로 본 근저에는 인간다운 삶을 살아가기 위해 노인에게도 필요로 하는 기본지식과 자율적 학습능력, 인간과 사회, 자연과 예술에 대한 폭넓은 이해를 교육하는 것으로 자신을 성찰하며 건전한 시민의식을 확립하는 것을 목표로 한다(이호선, 김학철, 2022).

평생교육적 접근과 교양교육으로의 접근이 모두 노인의 삶의 질을 높인다는 공통을 갖고 있으나 평생교육은 생애 발달단계의 한 부분으로 노년기의 교육을 전제로 하고 평생학습시대를 반영한 다양한 교육이 가능한 반면 교양교육은 모든 인간에게 요구되는 보편적 교육으로 이해될 수 있어 노인교육의 차별성과는 거리가 있다. 또한 노인들의 상황에 따라 교양 그 이상의 생존과 기본적 욕구 충족 및 변화되는 사회적응이 더 중요시될 수도 있기 때문이다. 따라서 노인평생교육으로서의 접근을 전제로 노인교육에 대한 이해를 확장할 필요가 있다.

3. 노인교육의 범위와 성격

노인교육은 노인에 대한 이해와 함께 누구나 맞이하는 노년기에 대한 이해가 포함된 평생교육으로 내용면에서 노인을 위한 신체적, 심리적, 사회적 노화에 대한 교육과 노년기를 살아가기 위한 경제, 사회변화, 정보화 기기 사용 및 복지와 정책에 대한 이해를 돕는 교육이다.

교육적 성격으로는 노인을 위한 교육, 노인에 의한 교육, 노인에 관한 교육으로 형식적 교육, 비형식적 교육, 무형식적 교육이며 이론을 기반으로 실천 영역을 갖는다.

1) 노인교육의 성격

한정란(2015)은 노인교육의 성격을 다음의 다섯 가지로 정리하였다.

(1) 도구적-표현적 성격

도구로서의 교육은 교육목적을 교육 이후에 주어질 보상을 염두에 두고 행하는 것이라면, 표현적 성격의 교육은 교육행위 그 자체, 교육과정에서 의미를 찾는 것이다. 노인교육은 이러한 도구적 성격과 표현적 성격을 모두 포함한다. 노인교육 자체가 노인들에게 즐거움과 삶의 질을 높일 수 있는 표현적(expressive)이면서 노인교육을 통해 은퇴 이후의 삶을 설계하고 재취업을 준비할 수 있는 도구적(instrumental) 교육이기 때문이다.

(2) 형식적-비형식적-무형식적 교육

평생교육을 말할 때 형식적(formal) 교육, 비형식적(non-formal) 교육, 무형식적(informal) 교육을 모두 포함한다고 정의한다. 노인교육 역시 평생교육적 관점에서 대학이나 공식적 교육기관에 시행되는 형식적 교육과 교육적 시설을 갖추었지만 교육기관으로 인가나 신고되지 않은 시설들을 통해서도 이루어지는 비형식적 교육이 노인교육이다. 또한 교육을 의도하지 않았으나 삶 속에서 자연스럽게 이루어지는 무형식 교육의 성격이 노인교육에 있다.

(3) 노인을 위한-노인에 관한-노인에 의한 교육

노인교육은 노인들을 대상으로 필요한 정보와 지식 및 기술을 제공하는 관점에서 노인을 위한 교육이다(education for older people). 동시에 노인뿐 아니라 모든 세대를 대상으로 노년기의 삶을 준비하도록 돕거나 노인 관련 분야에 종사하는 사람들을 위한 교육으로서 노인에 관한 교육이다(education about older people). 이와 함께 노인 인구의 변화와 사회적 요구에 따라 전문성과 지식을 갖추고 노인 스스로 노인들을 위한 역량을 갖춘 노인들에 의한 교육(education by older people)의 성격을 갖고 있다.

(4) 연구-실천

노인교육은 학문으로서 연구(study)와 실천(practice)을 동시에 요구한다. 노인교육은 이론적인 연구에서 나아가 삶의 현장에서 실천이 따라야 하는 분야이다.

(5) 치료적-예방적

노인교육이 사회 전반에서 중요시된다는 것은 노인문제가 사회에 대두되고 해결해야 하는 사회적 문제화된 것을 의미하는데 이는 노인교육을 통해 이러한 문제들을 치료한다는 치료적 성격(remedial)과 동시에 노년의 어려움을 교육을 통해 사전에 예방하는 예방적(preventive) 성격을 가진다.

2) 노인교육의 욕구

맥클러스키의 노인들이 교육에 참여하는 이유를 교육적 욕구로 제시한 1971년의 백악관 보고서는 다음의 다섯 가지로 노인교육 욕구를 설명하였다(McClusky, 1971; 장창수, 2002 재인용).

(1) 대처능력욕구(coping needs)

노화로 인한 생활적응의 어려움을 극복하고 사회에서 예전과 같이 일상적인 생활을 유지하기 위해 교육을 받고자 한다. 수입유지, 건강관리, 가족적응, 여가선용, 주택선택, 법률적 조언 등이 해당된다.

(2) 공헌적 욕구(contributive needs)

교육을 통해 타인이나 지역사회에 기여하고자 하는 욕구로 자원봉사 등의 활동이 노인에게 주는 자아 개념의 충족이나 만족감을 가져다주는 것이다.

(3) 표현적 욕구(expressive needs)

노인들이 교육을 통해 하는 활동 자체가 즐겁고 재미있어서 교육을 원하는 것이다. 새로운 것을 배움으로 느끼는 지적 수준의 유지와 동료 노인학습자들과의 교제를 통한 심리적 안정에 대한 욕구이다.

(4) 영향력 욕구(influence needs)

노인이 되어 사회활동이나 경제활동이 축소되거나 중단되지만 여전히 사회에 소속되어 영향을 주고자 하는 욕구로 노인 단체나 관심 분야의 사회단체, 종교단체, 봉사 단체 등을 통해 나타난다.

(5) 초월적 욕구(transcendence needs)

신체적으로는 쇠퇴하지만 인생의 본질적 의미를 찾거나 자기 자신을 초월한 정신세계를 추구하려는 욕구로 종교에 심취하려는 모습 등을 통해 나타난다.

3) 노년기 삶을 위한 학문적 접근분야

(1) 노인의학(geriatric medicine)

노인병학이라고도 불리며 의학의 한 분야로 고령자를 대상으로 한 만성질환 및 각종 노인병에 대한 연구와 치료를 학문영역으로 한다.

1968년 대한노인병학회 설립 이후 1994년 대한노인정신의학회, 1999년 대한임상노인의학회, 2004년 대한노인의학회가 설립되고 2007년 대한노인요양병원협회가 설립되었다.

(2) 노인심리학(gerontic psychology)

노인기의 심리적, 정신적 변화와 반응 및 발달과업의 수행과 신체적, 정신적 건강을 통한 성공적 노화에 초점을 맞춘 학문분야로 노인들의 우울, 치매 등의 문제를 심리학적으로 접근하며 노년기 발달에 관한 연구를 분야로 한다.

(3) 노인사회학(sociology of aging/social gerontology)

사회과학적 견지에서 노인 관련 문제들을 연구한다. 사전적으로 노년기의 문제들을 사회제도나 지위, 역할 변동 등 사회학적 관점에서 해명하고 분석하는 학문분야이며 적응론과 역할이론 등이 대표적 노인사회학 이론이다.

(4) 노인복지학(aged man welfare)

사회복지의 한 분야이면서 노인의 생활 안정과 복지를 증진시키는 노년학의 한 분야로 볼 수 있다. 한국노인복지학회(2016)의 발표 자료에 따르면 노인의 욕구를 충족시키고 노인문제를 해결하는 것을 통해 노인복지 증진에 관련된 것을 연구하거나 노인복지정책, 실천 등을 연구하며 노인과 사회 환경 간의 상호작용에서 나타나는 개인의 적응문제와 발달적 욕구의 해결에 필요한 정책과 프로그램, 서비스 제공 등에 대한 연구와 실천분야이다.

(5) 노인평생교육학(elderly lifelong education/lifelong educational gerontology)

노인을 복지의 대상이 아닌 생애 발달의 한 단계에 있는 자기 주도적 학습자로서 노년기를 성공적으로 보낼 수 있도록 돕는 형식적, 비형식적, 무형식적인 평생교육을 노인들에게 제공하고 실천하는 것을 연구하는 분야이다. 평생교육학의 한 분야로 노인교육학을 연구한다. 노년기의 생애설계와 고령화 사회의 세대 간 갈등문제, 노인 관련 산업에 종사하는 모든 사람들 등을 연구대상으로 하며, 노인 관련 학문을 융합하여 건강하고 성공적이며 활동적인 노년기를 보낼 수 있는 노인에 의한, 노인을 위한, 노인에 관한 교육을 연구하고 실천하는 분야이다.

4. 노인교육의 목표와 원리

1) 노인교육의 목표

노인교육은 이론보다는 실제에 초점을 두고 노인은 물론이고 노인들과 함께 살아가는 사회 구성원 모두를 위한 교육내용이 되는 것을 목표로 하며 구체적인 교육의 도달점을 제시할 수 있어야 한다. 아래의 주제들이 노인교육의 목표에 포함될 필요가 있다.

① 노년기 생활의 불안 해소와 안정된 노후를 위한 준비를 돕는다.
② 노인의 자기계발과 자아실현을 돕는다.
③ 노인들의 사회화와 사회적응을 통한 활기찬 노년의 삶을 살도록 한다.
④ 고령화 사회의 세대 간 이해와 화합을 이끌어낼 수 있도록 한다.
⑤ 노인 인력의 효율적 활용을 통한 국가 인적자원화를 지원한다.
⑥ 노인 관련 산업 종사자들의 노인에 대한 올바른 이해와 실버산업의 경쟁력 강화를 통한 경제적 가치를 이끌어낸다.

2) 노인교육의 원리

한정란(2015)이 제시한 노년교육학의 모형은 노년교육을 노인을 위한 교육, 노인에 관한 교육, 노인에 의한 교육으로 보고 이것들을 모두 아우르는 세대공동체 교육이 필요함을 보여준다.

결국 성인학습자로서의 노인 자신뿐 아니라 관련된 전 세대를 대상으로 다음의 원리로 진행되어야 한다.

(1) 통합과 개별의 원리

노인에 대한 이해와 사회 속의 세대공동체를 어우르는 통합적인 관점에서 교육내용이 구성되어야 한다. 이와 함께 같은 연령대의 노인들도 신체적, 심리적, 경제적 상황과 욕구가 다르다는 것을 전제로 교육방법과 교육프로그램의 구성이 이루어져야 한다.

(2) 자발성과 의무성의 원리

성인학습자로서 노인의 자기주도성을 인정하고 자발적인 학습이 이루어질 수 있도록 노인들의 흥미와 동기를 유발할 수 있는 학습이 되도록 하되 노년기 삶을 위해 꼭 알아야 할 정보나 사회 환경의 변화에 적응을 돕는 교육이 노인들에게 소외되지 않고 전달 될 수 있도록 해야 한다.

(3) 사회화와 다양성의 원리

노인들 역시 빠르게 변화하는 사회를 살아가야 한다. 사회 구성원으로서 주체적인 삶을 살아갈 수 있도록 돕는 교육이 되어야 하며 자신의 연륜과 경험을 활용한 교육의 주체가 될 수 있도록 교육내용이 구성되며 노인학습자의 학습효과를 높일 수 있는 다양한 교육방법을 활용해야 한다.

(4) 생활화와 경험성의 원리

노인들이 살아가면서 필요한 주제와 노년기 삶의 문제를 해결할 수 있는 내용들을 중심으로 교육내용이 구성되며 노인학습자의 경험을 활용할 수 있으며 학습방법 자체도 경험학습 방법으로 구성되는 것이 효과적이다.

(5) 경로와 사제동행의 원리

노인교육 현장에서 학습자와 교수자는 서로 존중하며 특히 나이가 어린 교수자는 노인학습자에 대한 경로사상을 갖고 교육을 진행하여야 한다. 학습이 이루어지는 과정에 있어서 노인학습자가 자기 주도적 학습이 일어날 수 있도록 학습자의 참여를 독려하여 함께 교육의 장을 만들어가야 한다.

제3절 노인교육의 의의와 필요성

사회가 변화되고 평균수명이 늘어나면서 노인인구의 구성이나 사회적 위치도 달라지고 있다. 법적으로 규정된 나이에 따른 일반적 노인이 아닌 자신만의 노년기를 준비하며, 현재 노인이 된 자신의 삶을 주체적이고 성공적으로 살아갈 수 있도록 도우며, 사회구성원 모두가 더불어 살아가는 미래사회를 만들어 갈 수 있도록 돕는 데 노인교육의 의의가 있다. 개인적으로 노인이 되었어도 사회 구성원으로서 자신의 경륜과 지식을 사회에 기여하며 지속적으로 자기계발이 가능하도록 한다. 기존의 노인에 대한 이미지를 벗어나서 개개인의 신체적, 정신적 건강과 사회적 환경을 반영한 노인의 역할을 찾아가도록 돕는다. 글로벌 사회 속에서 평생학습자로 변화하는 사회에 적응하며 자신의 노년기를 준비하고 나아가서는 죽음을 준비할 수 있는 교육적 의의가 있다. 사회적으로 노인뿐 아니라 젊은 그러나 노년기를 보내야 할 세대들과 노인과 연관된 부분에 종사하는 사회구성원들이 노인의 삶을 보다 잘 이해하고 함께 살아가는 뉴노멀 시대를 이루어 가는 데 노인교육의 가치와 중요성이 있다. 개인과 사회 두 측면에서 노인교육의 필요성을 정리하면 다음과 같다.

1. 개인적 측면

1) 노인에 대한 이해와 노화 준비

노인에 대한 이해를 바탕으로 노화를 수용하며 노인으로서의 삶을 준비한다. 과거의 수동적이고 의존적인 노인들에 비해 경제적으로도 능력을 갖추고 교육수준이나 사회적 지위가 높아진 노인들이 늘어나면서 질적으로 향상된 노년기 삶의 만족도를 충족시키기 위한 방법으로 노인교육에 대한 욕구도 강해지고 있다.

2) 생애발달단계에 따른 노인의 성장과 자아실현

100세 시대를 살아가는 노인들에게 평생학습시대는 주체적 삶을 살며 자신의 인생을 통합하고 자아실현을 할 수 있는 학습이 가능한 시대이다. 노인교육은 이러한 학습에 대한 노인들의 필요와 수요를 반영해서 다양한 교육프로그램이 제공되어야 한다.

3) 사회변화에 적응하며 사회에 기여

빠르게 변화하는 사회의 변화에 적응하면서 자신의 경력과 연륜을 통해 사회에 기여할 수 있는 노인의 역할 수행을 위해 필요하다. 노인도 생활을 위해 배워야 할 기술과 알아야 할 정보들이 있고 사회 속에서 담당해야 할 부분들이 있음을 인정하고 수용할 수 있어야 하는데 이러한 정보와 기술을 배우고 적응하는 것을 돕는 것이 노인교육을 통해 가능하다.

4) 세대 간 갈등과 노후 경제생활의 필요성에 대처

퇴직과 은퇴를 했지만 경제적으로 여전히 소득이 필요한 노인들에게 경제활동을 이어갈 수 있는 방법들을 제공하면서 노인들의 사회활동으로 인해 발생할 수 있는 세대 간 갈등을 해소하고 세대교류 및 세대 간 이해와 협력을 이끌어 낼 수 있는 역할이 노인교육을 통해 가능하다.

2. 사회적 측면

1) 고령사회에서 노인의 인적자원화

저출산으로 인해 인구절벽이라는 말도 화자 되고 있는 사회적 상황은 건강하고 지식과 경험을 갖춘 노인은 퇴직을 했어도 여전히 사회에 기여할 수 있는 좋은 인적자원이다. 노인들을 인적자원으로 활용하기 위해서 노인 개개인의 역량을 향상시킬 수 있는 교육에 대한 수요가 증가하고 있다.

2) 노인 관련 부분(실버산업) 종사자들 및 국가 역량 강화

평균수명의 연장과 노인인구의 증가는 산업의 발전과 세계화와 함께 국가역량을 강화할 수 있는 다양한 미래 기술과 산업을 요구한다. 사회 변화를 반영한 실버산업과 미래기술의 접목은 우리나라만이 아닌 글로벌 사회의 수요를 창출한다.

3) 세대 간 갈등 및 사회구조적 노인문제 해결

노인의 위치나 노인에 대한 인식이 달라져도 사회 구조적으로 발생하는 노인 관련 문제들을 해결하기 위해서는 다양한 주제의 노인교육이 필요하다. 젊은 세대들 가운데는 여전히 노인인구의 증가와 노인들의 사회생활 증가로 인해 자신들이 손해를 보거나 사회발전이 저해되고 있다는 생각들을 갖고 있는 사람들이 많다. 노인교육을 통해 인식개선뿐 아니라 함께 살아가는 사회를 만들어가는 구체적인 방법들을 제시해 나가야 한다.

연구문제

1. 평생교육학적으로 노인교육을 접근한다는 것은 어떤 의미이고, 이때 노인교육의 목표는 무엇이 되어야 하는지를 논해 봅시다.

2. 본 장에서 제시된 노인교육의 목표를 노인을 위한, 노인에 의한, 노인에 관한 교육의 목표로 나누어 보고 개인과 사회가 함께 추구해야 할 목표는 무엇인지 생각해 봅시다.

3. 노인 개인에게 필요한 노인교육이 사회적 필요에도 부응할 수 있는 노인교육프로그램에는 어떤 내용들이 포함되어야 할지 생각해 봅시다.

CHAPTER 03

노년학의 역사

개요

인간의 기대수명과 평균수명이 증가하고, 저출생(低出生)의 사회적 현상으로 노년층이 차지하는 비율이 상승하고 있다. 인간의 기대수명 증가는 한 사람의 생애주기에서 노년기가 길어지고 이에 따라 사회적으로도 노인 대상교육과 노년기를 대비하는 교육들이 확대되었다. 이러한 사회적 현상 들을 학문적으로 조사하고 연구하기 위한 노년학의 영역은 노년생물학, 노년심리학, 노년교육학, 노년의학, 노년사회복지학 등 각 분야에서 나타나고 있다. 또한 2020년대 이후 초고령사회가 본격화되면서 디지털 기술 확산, AI 기반 건강관리, 스마트 돌봄 서비스 등 새로운 환경 변화가 노년학의 주요 연구 영역으로 빠르게 편입되고 있다. 특히 디지털 격차 해소, 고령자 정보 접근성, 인지건강 유지, 기술수용성과 같은 연구 주제가 강조되면서 노년학은 전통적인 학문 영역에서 '디지털 노년학(digital gerontology)'으로 확장되는 경향을 보이고 있다. 이에 본 장에서는 노년학이 학문으로서 그 체계를 갖추고 노년학이 우리 사회에 필요한 변화를 선도하는 역할을 할 수 있도록 노년학의 성립과 발전, 연구 방법과 특징, 노인교육학의 영역, 노인교육학의 방향과 원리에 대해서 알아본다.

학습목표

1. 노년학의 발생과 특징을 이해한다.
2. 노년학의 성립 배경과 각국의 노인교육 사례를 파악한다.
3. 노인교육학의 영역과 방향 및 원리를 설명한다.

주요용어

노년학, 노인교육, 노년교육학, 노인교육학

제1절 노년학 성립과 발전

노년학(老年學)[1] 또는 노인학(老人學, gerontology)[2]은 노화에 대한 생물학전, 심리학적, 사회학적, 인지학적인 관점에서 노인에 관한 연구이다. 인간은 오래전부터 신체적, 정신적인 건강한 삶과 수명의 연장을 위해 여러 분야에서 학문적으로 연구하고 노력하였으며 관련된 자료를 기록해왔다. 이처럼 노년학은 처음부터 다양한 분야에서 인간을 연구 대상으로 하였으며 모든 학문에 직접 간접으로 광범위하게 연계되어있는 종합과학이라 하겠다. 최근에는 여기에 디지털 노년학(digital gerontology), AI 기반 건강 데이터 분석, 스마트 헬스케어 등 기술 융합 영역이 새롭게 포함되면서 노년학의 연구 범위가 더욱 확장되고 있다.

노년학자들은 여러 분야에서 노년을 연구 대상으로 한다. 의사는 노인질환, 생물학자는 노화로 인한 인체 세포조직의 변화, 심리학자는 노령화에서 오는 감각기관이나 지능의 변화, 정신분석학자는 노년기의 정신건강 문제, 경제학자는 정년퇴직 후 노인들의 소득 문제, 건축학자는 신체장애 노인들을 위한 특수 주택 구조 연구, 사회학자나 인류학자는 노인과 사회 및 문화와의 관계 등을 연구한다. 여기에 더해 데이터 과학자들은 고령자의 생활·건강 데이터를 활용한 빅데이터 분석을 수행하며, 공학 분야에서는 로봇 돌봄·웨어러블 기기·스마트홈 기반의 고령친화 기술 연구가 빠르게 증가하고 있다. 이러한 기술 기반 연구의 확대는 노년학을 전통 분야에서 첨단 융합학문으로 발전시키는 핵심 요인으로 작용하고 있다.

또한 노년학은 노년기의 사람들은 대상으로 연구하고 이해하며 더 나아가 인간의 노령화와 노인화되는 과정과 관련하여 생기는 제반 문제들도 그 연구의 대상으로 하고 있다. 특히 초고령사회에서는 고립, 디지털 접근성 부족,

---

1) 노년학 : 가령현상(加齡現象) 특히 노화(老化)에 대하여 연구하는 학문. 가령(加齡)이란 시간의 경과와 함께 생체에 일어나는 진행적인 변화를 뜻하며, 이 변화는 생체의 모든 부분, 곧 세포조직과 장기(臟器) 등에서 볼 수 있다. 개체의 가령과정은 성장기·성숙기·퇴축기(退縮期)로 크게 나눌 수 있다. 제3기인 퇴축기에 일어나는 노화에 대한 연구가 중심이 되는 분야를 노년학이라 한다. [네이버 지식백과]

2) 노인학 : gerontology, '노화'와 노인에 대한 연구. 인구에서 노인의 비율이 증가함에 따른 사회적 결과, 특히 젊은이 찬양되는 사회에서 노화에 대한 개인적 경험, 또한 노인들의 사회적 지위에 초점을 맞춘다. [네이버 지식백과]

만성질환 관리, 돌봄체계 부담 증가 등 새로운 사회문제가 등장하여, 노년학의 연구 범위가 '노화 이해'에서 '고령사회 문제 해결'로 확대되고 있다.

노년학은 응용과학으로 사회학, 심리학, 생리학 또는 인류학 등 순수과학과 과학적 지식을 응용하여 노인들의 삶의 질 향상과 사회복지에 기여한다는 데에서 노년학의 특수성을 찾을 수 있겠다. 따라서 노년학은 포괄적이고 광범위하여 여러 다양한 전문 분야를 노화 또는 노인화와 연계하여 연구의 대상으로 사용할 수 있다. 또한 AI 기반 건강 예측, 디지털 돌봄 기술, 고령자 경제활동 분석, 생애전환기 학습 지원 등과 같은 응용 연구가 확산되면서 노년학은 '실천적 학문'으로서의 위상을 더욱 강화하고 있다.

1. 노년학의 성립

노년학의 연구는 미국에서 가장 발전하였다. 미국은 노년학을 'gerontology'보다는 'aging'으로 많이 사용하고 있다. 노년학은 노화(aging)의 메커니즘(Mechanism)과 과정을 포함하여 노인에 대한 모든 현상과 문제를 연구의 대상으로 하는 새로운 학제 분야로 사회과학에서의 접근이 주류를 이루며 그것에 자연과학적 접근이 합류하고 있다. 후자에 의한 연구는 노화학으로 연구 분야가 자연과학 속에 형성될 가능성도 있고 후자에 대하여 전자를 강조하는 입장에서는 사회노년학이라 할 수 있다.

의료분야에서는 임상에 기초하여 노년의학(geriatrics)이 나타났다. 생명공학의 발달로 자연과학에 기초한 노년의학, 노년생리학이 정신과학, 사회과학과 연계되면서 그 범위가 점차 넓어져 종합학문으로써 발전하였다.

사회과학에서 노년학은 이론, 경험, 실천이라는 세 가지 축을 바탕으로 발전하였다. 특히 사회복지학은 노인 문제 분야에서의 정책과 실천 학문으로 발전하여 노년학을 구성하는 데 중요한 영역이 되었다.

과학적이고 실증적 연구에 기초한 학문으로서의 노년학은 19세기에 출발하여 20세기 중반에 확립되었고 20세기 초 유럽과 미국을 중심으로 노화연구가 꾸준히 지속된 결과 노년학이라는 독자적 학문이 탄생하게 되었다. 노화와 노인에 관한 학문의 정식 명칭으로 '노년학'이라는 명칭을 사용하게 되었고 1944년 국제노년학회, 1945년 미국노년학회, 1967년 독일노년학회가 각각 설립되었다.

노년학의 목적은 노인에 대한 이해를 바탕을 기반으로 노화에 따른 제반 문제들을 해결하고 노인의 삶의 질을 개선하는 데 있다. 따라서 노년학은 노화의 과정을 연구하는 생물학과 노령의 병리적 과정, 노령에 따른 질병의 예방과 건강관리, 노령화에 따르는 심리적 변화, 노령기 인구의 사회경제적 문제, 노인 관련 보건의료복지 및 요양서비스 제도 등을 폭넓게 포함하고 있는 다학제적 학문이다.

노년학은 노인학(老人學, gerontology), 수명학(壽命學, chronobiology), 가령학(加齡學, aging) 등으로 불렸다. 지금은 전 세계가 고령화사회로 전환됨에 따라 다양한 분야에서 노인 관련 문제를 해결하려는 연구들이 늘어나 의미가 포괄적인 노년학으로 정착되었다. 최근에는 여기에 디지털 기술·AI 기반 연구가 결합되면서 노화 과정에 대한 데이터 분석, 인공지능 예측모형, 웨어러블 기반 생체신호 분석 등 기술융합 연구가 노년학 성립 과정의 주요 흐름으로 부상하고 있다. 특히 정밀의학, 원격의료, 스마트 헬스케어 기기의 보편화로 노년의학이 디지털 헬스케어 분야와 결합하여 고령자의 건강관리 방식 전반을 변화시키고 있다. 여기에 더해 고령자 돌봄체계 개편, 장기요양보험 제도의 지속가능성, 고령자 빈곤·주거 문제 등 현대 사회문제가 심화되면서 사회정책 기반의 연구가 더욱 확대되고 있다.

21세기 들어 국제노년학회(IAGG)를 중심으로 고령사회 대응 연구, 디지털 돌봄 기술, 글로벌 고령자 정책 비교 연구 등이 활발해지며 노년학은 국제적인 연구 협력 체계를 갖추게 되었다. 삶의 질 향상을 넘어 건강수명(Healthy Life Expectancy) 연장, 지역사회 통합돌봄, 고령자 친화도시 정책, 디지털 접근성 보장 등 새로운 정책 영역이 노년학의 주요 목표로 추가되고 있다. 특히 2020년대 이후 고령화 속도가 가속화됨에 따라 노년학은 '문제 이해 중심 학문'에서 '초고령사회 설계 학문'으로 확대되는 양상을 보이고 있다.

1) 미국

(1) 생성기

Gerontology는 1903년 프랑스 파스퇴르(Louis Pasteur) 연구소의 메치니코프가 장수 연구에서 유래하였으나 미국에서 먼저 발전하였다. 미국은 세계 대공황(1929년) 시기에 방황하는 고령자들을 대상으로 클락 티비츠(Clark Tibbitts,

미국 연방정부 사회동향조사위원회)의 고령자와 노화에 관한 연구의 필요성을 인정하면서 노년학을 연구하게 되었다.

1938년 미국 미시간대학에서 노화와 고령자에 관한 연구가 시작되었고, 1944년 전미 Gerontology 학회가 발족되었고, 1965년 「고령 미국인에 관한 법률(The Older Americans Act)」(이하 OAA)이 제정되었다. 이 법에는 Gerontology 교육과 연구를 위한 보조금에 관한 규정이 있어 미국 전역의 대학과 연구기관에서 Gerontology를 배우고 연구할 수 있게 되었다.

(2) 발전 도약기

미국의 고령자 연구는 의학, 생물학 등 생물의학(biomedical) 분야에서 생리적인 노화 원인과 생활 습관병의 극복을 목표로 인간의 수명이 공통 관심사였다. 이후 고령자 연구는 수명을 연장하는 양적인 면에서 「생활의 질」을 높이는 방향으로 변경되었다.

고령화에 따른 성공적인 노화(successful aging, 成功的老化)는 고령기에도 건강하게 자립해서 사회에 공헌할 수 있음을 전제로 한다. 이는 체력이나 기력이 감퇴하여 생산 활동에서 물러나서 사회로부터 이탈해 가는 종전 고령자에 대한 사회통념을 바꾸어 놓았다.

성공적인 노화는 타고난 유적 요인보다 지적 활동, 자기 관념, 식생활이나 운동, 인간관계 등의 생활 습관에 많은 영향을 받는다. 그 결과 식생활 개선과 운동을 장려하는 건강교육이 많은 고령자의 라이프 사이클(life cycle)을 변화시켰고 건강하게 자립하여 생산의 필수조건인 건강 유지와 증진에 기여하였다.

미국의 Gerontology는 「성공적인 노화」의 이념에서 학문적 연구로서 노년학이 확립되는 계기가 되었다. 그리고 「성공적인 노화」의 실현에는 의학뿐 아니라 다양한 분야의 학문이 연대할 필요가 있다. 이후 1990년대 중반부터는 생산적 노화(productive aging)·활동적 노화(active aging) 관점이 확산되었고, 고령자의 사회참여·자원봉사·지역사회 기여 등을 포함하는 포괄적 개념으로 발전하였다. 또한 UCLA·버클리·미시간대를 중심으로 한 Lifelong Learning Institute(LLI) 체계가 강화되면서, 고령자 평생학습이 미국 Gerontology 발전의 중요한 축으로 자리 잡게 되었다.

특히 2020년 이후 코로나19를 거치며 온라인 기반 노년교육이 급격히 확대되어, 미국은 디지털 기기 활용교육, 건강 데이터 기반 맞춤형 예방관리, 고령자 원격 커뮤니티 활동 등 새로운 방식의 노년학 실천 모델을 확립하였다. 이러한 디지털 전환은 노년학 연구의 범위를 기술수용성(Technology Acceptance), 디지털 역량(Digital Literacy), AI 돌봄기술 수용에 대한 연구로 확장시키는 계기가 되었다.

(3) 성숙기

1980년대 이후 미국에서는 고령자 정책, 노년교육, 고령자 인권 보장, 지역사회 돌봄, 고령친화 환경 조성 등이 서로 연계된 형태로 추진되면서, Gerontology가 단순 학문 영역을 넘어 정책 수립과 실천 현장을 포괄하는 통합적 체계로 자리 잡기 시작하였다.

국립노화연구소(NIA, National Institute on Aging)는 2000년대에 들어서 고령자의 뇌건강 증진, 기억장애 예방, 행동건강 분야 연구를 집중적으로 확대하였으며, 이후에는 AI를 활용한 바이오마커 분석과 치매 위험 예측 모델, 유전체·단백체 분석을 포함하는 정밀의학 연구까지 범위를 넓혀 노년의학 관련 첨단 연구를 주도하고 있다.

최근 미국 Gerontology 분야에서는 정신건강 문제, 사회적 고립(social isolation), 디지털 격차(digital divide), 주거 안정성처럼 서로 맞물린 사회적 위험요인을 통합적으로 다루고, 이를 기반으로 지역사회 중심의 고령자 지원체계와 정책 모델을 설계하려는 연구가 두드러지게 증가하고 있다.

2020년대에는 온라인 LLI(Lifelong Learning Institute) 프로그램이 크게 확대되면서, 줌(Zoom)·MOOC·하이브리드 강좌를 활용한 디지털 기반 노년교육이 일반화되었다. 특히 코로나19 팬데믹 이후 미국에서는 '온라인 평생학습'을 고령자 교육의 주요 형식 가운데 하나로 공식화하고, 디지털 접근성 향상 교육, AI 기반 학습 도구 활용 등과 결합한 새로운 교수·학습 방식이 점차 표준이 되어 가고 있다.

또한 최근에는 '고령친화 커뮤니티(Age-Friendly Community)'를 확산시키려는 정책과 더불어, 스마트시티 기술을 활용한 고령자 생활지원 서비스, AI 모니터링에 기반한 재가돌봄 모델 등이 등장하면서, Gerontology는 고령사회를 설계하는 기술·정책 융합 학문으로 빠르게 성숙해 가는 양상을 보이고 있다.

2) 일본

(1) 생성기

1950년대 후반 일본에서는 일본노년의학회 발족(1959)을 시작으로, 이후 일본노년학회, 일본응용노년학회 (2006) 등 관련 학회가 잇따라 설립되면서 노년학이 학문 분야로 제도화되기 시작하였다.
대학 교육에서는 Gerontology가 주로 사회복지학과나 의학계열 전공 안의 한 과목으로 편성되어, 독립 학문이라기보다 기존 전공의 하위 영역으로 다루어졌다.

1969년 설립된 동경노인종합연구소(Tokyo Metropolitan Institute of Gerontology)는 노인문제를 전문적으로 연구하는 기관으로서 초기 일본 Gerontology 발전을 주도하였고, 2006년 문을 연 국립 장수의료연구소를 비롯해 이후 노년학·사회과학연구센터, 장수의료정보센터 등이 추가로 설립되면서 연구 인프라가 점차 확충되었다.

정부 차원에서는 1997년 후생노동성 백서『고령자 사회의 입구에 선 사회보장』에서 처음으로 Gerontology 개념이 공식적으로 소개되었으며, 2009년에는 동경대학 고령사회종합연구기구(Institute of Gerontology: IOG) 가 출범하여 대학을 거점으로 한 연구·교육 활동의 허브 역할을 수행하기 시작하였다.
이 시기의 일본 Gerontology는 의학과 사회복지학을 중심으로 한 기초 연구가 중심이었고, 고령자의 건강관리, 의료 접근성, 주거환경과 같은 생활 기반 문제를 다루는 데 초점을 두면서 연구 범위가 비교적 제한적으로 형성되었다.

(2) 발전 도약기

1990년대 이후 일본이 세계에서 가장 빠른 속도로 고령화가 진행되면서 Gerontology 연구도 본격적인 도약기를 맞게 되었다.

1994년 제정된 「고령사회대책기본법」은 고령사회에 대한 국가 차원의 종합 대응을 법적으로 명시한 전환점이 되었고, 이를 계기로 고령자의 장기요양, 지역사회 복지, 치매 정책, 의료·돌봄 연계 정책 등 다양한 사회문제가 학문적 분석과 정책 연구의 주요 주제로 부상하였다.

2000년 장기요양보험제도 도입 이후에는 고령자 돌봄의 구조와 전달체계가 크게 재편되었고, 이에 발맞추어 Gerontology 연구 영역도 의료·복지뿐만 아니라 정신건강, 케어매니지먼트 등으로 확장되었다.

또한 2000년대 중반 이후 일본은 고령자의 인지기능, 치매 예방, 건강수명 연장과 관련된 연구에서 국제적으로 두드러진 성과를 보이며 Gerontology의 과학적 근거를 한층 강화하였다.

2009년 IOG(동경대 고령사회종합연구기구)는 의학, 간호, 심리, 공학, 정책학 등 여러 학문 분야를 묶는 학제 간 융합연구를 본격화하여, 일본형 종합 Gerontology 모델을 구축하는 데 중요한 역할을 하였다.

이 시기의 Gerontology는 고령화에 대응하는 국가 정책과 현장의 돌봄 실천을 이론적으로 뒷받침하는 연구 축으로 성장하였다는 점에서 의미가 크다.

(3) 성숙기

2010년대에 접어들면서 일본은 초고령사회에 본격적으로 진입하였고, 이에 따라 Gerontology 역시 성숙 단계로 나아가게 되었다.

일본은 세계에서 고령화 속도가 가장 빠른 국가 가운데 하나로, Gerontology는 고령사회 정책, 복지제도, 지역사회 설계, 노년교육, 고령자 노동과 같은 다양한 분야를 아우르는 국가적 핵심 학문으로 자리매김하였다.

특히 2015년 이후 추진된 '지역포괄케어 시스템(Community-based Integrated Care System)'은 의료, 재택돌봄, 복지, 주거, 예방 서비스를 한 체계 안에서 연계하려는 시도로, 일본 Gerontology가 지향하는 통합적 고령사회 모델의 구체적 실천 기반이 되었다.

아울러 일본 정부는 고령자의 사회참여 확대를 위해 고령자 고용·재취업 정책, 자원봉사 활성화, 지역 커뮤니티 중심 활동을 강화하고 있으며, 이러한 정책들은 고령자의 역할 상실을 완화하고 사회적 기여를 유지하도록 하는 Gerontology의 가치와 연결되어 있다.

Gerontology 교육 측면에서도 변화가 두드러져, 대학과 전문학교에서 노년학 관련 전공과 교과목이 꾸준히 확대되었고, 2020년대에는 고령자를 대상으로 한 리커런트 교육과 재학습(relearning) 프로그램이 국가 전략 차원에서 추진되기 시작하였다.

'100세 시대 전략본부' 는 고령자의 재취업, 디지털 역량 강화, 건강·경제

자기관리 능력을 포함하는 학습체계 구축을 강조하며, 고령기의 학습을 단순한 여가 차원이 아닌 생애 설계의 핵심 요소로 재정의하고 있다.

코로나19 이후에는 온라인 노년교육의 보편화가 정책적으로 뒷받침되면서, AI 돌봄 로봇, 스마트 기기 활용 교육, 디지털 헬스 모니터링 등 기술을 활용한 교육·돌봄 모델이 Gerontology의 중요한 연구·실천 영역으로 자리 잡았다. 이처럼 일본의 Gerontology 성숙기는 ① 국가 정책을 축으로 한 체계적 대응, ② 지역포괄케어 시스템을 기반으로 한 통합 돌봄 구조, ③ 리커런트 교육과 평생학습 기반의 확충, ④ 디지털 기술과 결합된 Gerontology 연구의 확대라는 특징을 통해, 초고령사회에 대응하는 종합 설계 학문으로 발전하고 있다는 점에서 의의를 지닌다.

3) 한국

(1) 생성기

우리나라에서는 1975년 '한국노인문제연구소'가 설립되면서 노인문제를 대상으로 한 조직적 조사와 연구가 본격적으로 전개되기 시작하였다. 이어 1980년 한국노년학회가 창립되고 '한국노년학'이 발간되면서, 노년학이 하나의 독립된 학문 분야로 자리 잡는 출발점이 마련되었다.

이가옥(1990)의 분석에 따르면, 국내에서 노년학 연구에 대한 관심은 이미 1960년대에 싹을 틔웠고, 1970년대 후반에 들어 관심이 점차 고조되었으며, 1980년대에는 연구 활동이 양적으로나 질적으로 빠르게 확대되는 양상을 보였다.

이 시기 한국 Gerontology는 주로 노인 빈곤, 가족부양 부담, 고령자의 건강과 주거환경과 같이 기초적인 생활·복지 문제에 초점을 두었으며, 국가정책과 제도 설계를 직접 겨냥한 연구는 아직 초기 단계에 머물러 있었다.

(2) 발전 도약기

2000년 이후 국내 노년학 연구는 연구 편수뿐 아니라 연구 주제와 방법 측면에서도 세분화되고 심화되는 경향을 보였다. 특히 우리나라가 2000년에 고령화사회에 공식 진입한 이후, 노인복지정책, 장기요양제도, 의료·복지서비스 연계, 가족·지역사회 기반 돌봄과 같은 주제가 폭넓게 다루어지며 연구 영역이 크게 확장되었다.

2008년 장기요양보험제도의 도입은 한국 Gerontology 발전에 있어 중요한 전환점이 되었으며, 이를 계기로 노인 돌봄체계, 요양서비스 품질, 요양기관 평가, 돌봄 전문인력 양성과 같은 세부 분야가 독립적인 연구 주제로 분화되기 시작하였다.

또한 2010년대에는 노인자살 예방, 치매 국가책임제, 기초연금제도 도입 등 일련의 국가 정책 변화가 이어지면서, 이러한 정책의 효과와 한계를 분석하는 연구가 활성화되어 노년학 연구의 외연을 한층 넓혀 주었다.

(3) 성숙기

최근 한국 Gerontology 연구의 흐름은 건강관리, 경제생활, 사회참여, 가족관계 등 노후 삶의 여러 측면에 필요한 지식을 제공함으로써 노인의 삶의 질을 높이는 한편, 디지털 환경에 익숙한 고령화 세대의 특성을 반영하는 데 초점을 두고 있다.

특히 2020년대 들어 우리나라가 2025년 초고령사회 진입을 앞두게 되면서, 노년학 연구는 공공정책, 과학기술, 교육 실천이 서로 결합되는 융합적 단계에 이르렀다.

AI를 활용한 치매 조기예측, 스마트홈·IoT·AI 스피커를 기반으로 한 스마트 돌봄 서비스, 고령자 디지털 리터러시 교육, 고독사 예방을 위한 데이터 기반 위험 예측 모델 등은 이러한 변화를 보여 주는 대표적인 연구 주제로 부상하고 있다.

아울러 고령자 노동, 평생교육, 세대 간 관계, 지역사회 통합돌봄(Community Care)과 같은 다차원적 정책 영역이 확대되면서, 한국 Gerontology는 점차 '정책-기술-교육'이 결합된 종합 학문으로 성숙해 가고 있다.

정리하면, 한국 Gerontology 성숙기의 특징은 ① 장기요양, 치매 정책, 기초연금 등을 비롯한 정책 기반 연구의 확대, ② AI·IoT·디지털 헬스케어를 활용한 기술 융합 연구의 본격화, ③ 고령자의 사회참여, 평생학습, 노년기 생애설계에 관한 연구 강화, ④ 고독사, 지역격차, 주거 안정성 등 다양한 사회문제에 대한 통합적 접근으로 요약될 수 있다. 더불어 평생교육법 개정

(2023·2024)을 통해 '고령자 평생교육 지원'이 강화되면서, 지자체·평생교육기관·복지기관·대학·민간 플랫폼이 연계된 노인학습 생태계 구축이 중요한 정책 과제로 부상하고 있다.

2. 노년학 연구의 방법 및 특징

노년학의 연구대상은 노인과 노화에 관한 현상과 문제들을 그 대상으로 하는 상당히 포괄적인 규정이다. 개개의 연구 테마들은 각 연구자들의 관심과 전문적 배경을 반영하는 것으로 다양하게 나타나고 있다.

1960년대 노년학은 아직 역사가 짧아 독립적인 연구분야(discipline)로 확립되지 못했고 독자의 이론이라고 불릴 수 있는 것도 아직 구축되어 있지 않았으며 이론화의 필요조건인 기본개념의 정의에 대한 공유도 충분히 이루어지지 못했다.

연구방법에 있어서 다른 분야에서 개발된 것을 응용하고 있는 실정이다. 수량적 방법론을 채용한 연구들은 많으나 현장 활동에 의한 질적 방법론을 이용한 연구는 적었다. 미국과 일본은 노인을 대상으로 한 측정방법이 개발되었는데 연령이 다른 사람들을 대상으로 하는 횡단적 조사방법보다 같은 대상자군을 추적적으로 조사하는 종단적 방법과 코드분석을 도입하여 노화에 미치는 영향들을 보다 과학적으로 연구하였다.

노년학의 연구범위는 생물학적, 심리적, 사회심리학적, 그리고 사회학적 관점 등 네 가지를 들 수 있다. 생물학적 관점에서는 고령자의 신체적 특징과 노화에 의한 신체기능 저하의 원인, 노인의 신체기능 저하에 의해 생기는 질병 또는 장해 치료 방법, 예방책 그리고 보전 방법 등을 연구한다. 생물학적 관점에서의 연구는 상당히 전문적이나, 고령자의 신체적인 것에 국한되어 있어 연구 영역이 넓다고는 할 수 없다.

심리학적 연구범위는 노인들의 마음과 지능의 변화에 관한 연구로 지각, 구체적 감각, 몸과 마음의 조화, 인간의 발달, 정신적 장애, 성격, 환경적응 능력 등을 노화와 연계하여 그 관계를 연구한다. 심리학적 관점은 노인들의 심리학적 측면을 연구하는 점에 특징이 있고, 생물학적 관점은 고령자들의 신체적 연구에 중점을 둔다는 차이점이 있다. 근본적으로 노화의 신체적 기능 저하, 그로 인한 고령자의 심리적 변화를 연구의 대상으로 하고 있어 심리학적 관점에서의 연구는 생물학적 관점의 영향을 받는다. 신체적 연구를 받아 심리에 관한 연구에 포함되어 있어 연구범위는 생물학적인 관점보다 약간 넓다고 할 수 있다.

사회심리학 연구범위는 개인과 그 주변의 상호관계에 관한 연구이다. 노인들을 둘러싼 사회의 변화로 가치관과 역할 등 주위와의 사이에 쌓아 온 관계망이 노화로 어떻게 변화하는가에 주목하였다. 이러한 관점에서의 연구 대상은 집단에서의 역할과 같은 타인과의 관계성을 포함하므로 연구범위가 넓어지고 있다.

사회학적 연구범위는 우리가 나이를 더해 가면서 사회 구조나 고령화는 개인뿐만 아니라 사회적·경제적 정책에도 영향을 미친다. 이러한 관점에서의 연구 주제는 의료, 간병, 사회보장, 노동, 경제, 교육 등 광범위하다. 사회학적 관점에 의한 연구들은 생물학적, 심리적, 사회심리학적 관점을 포함하고 있어 그 범위가 상당히 광범위하여 네 가지 관점 중에서 학문성이 가장 넓고 높은 것으로 받아들여진다.

3. 노년학 발전

1) 미국

(1) 미국 정부와 노년학

1965년에 OAA에 의해 Gerontology가 시행되었다. 이 법률은 연방정부에서 보조금을 받아 각 주가 그 지역의 고령자들을 위한 다양하고 새로운 시책을 추진하는 것으로 각 주에서는 보조금을 받아 노인교육의 계획을 세우고 연수를 실시하였다. OAA 내에 「교육과 훈련」이라는 항목 가운데 Gerontology라는 말이 등장한다. 그 내용은 "다양한 학문을 통합한 Gerontology를 배울 수 있는 센터 설립의 지원을 함으로써 고령사회에서의 서비스 질을 높여 고령사회에서의 각종 시책을 개발할 수 있는 인재를 확보한다"이다.

1967년에 제정된 「고용에서의 연령차별금지법」은 미국 노년학을 연구하는 중요한 성과다. 이 법에서는 고용할 때 일을 할 수 있는 능력이 있는 사람들은 누구나 연령에 관계없이 고용될 수 있게 해야 한다는 것을 기반으로 하였다.

(2) 노년학의 성과

① 의료 : 의료 간병 스텝들이 Gerontology 교육을 받고 고령 환자에 대한 편견이 없어졌다. 즉 고령자 의료 간병의 현장에서 Gerontology 교육을 도입함으로써 주정부의 의료비용을 줄일 수 있다. 또한 고령 환자들의 생활모습을 관찰하여 잔존능력을 유지·향상할 수 있게 되었고, 이는 환자들의 질병과 나이 변화를 구별할 수 있게 되어 처치의 판단이나 치료의 정확도를 향상시켰다.

② 민간 : 에이지 웨이브(AgeWave) 회사는 노인교육을 통해 보험회사에 고령 가입자가 건강을 유지할 수 있도록 자택에서 운동할 수 있는 비디오를 제작하도록 하고, 자동차회사에는 고령층에 편리한 자동차 운전 관련 용품을 제작하도록 하는 등 고령사회에 적합한 서비스나 상품에 관한 컨설팅을 전개하고 있다. 따라서 은퇴란 단순히 사람들이 긴장을 풀고 즐기고 여행을 떠나는 시간이 아니라, 그들 나름대로 생산적(productive)인 새로운 방법을 찾으려고 노력하는 시기로 활용될 수 있다.

③ 행정기관 : 행정기관에서는 고령 관계를 담당하고 있는 공무원을 대상으로 Gerontology를 배우도록 하였다. Gerontology 지식은 다방면에 걸쳐 고령사회의 문제를 행정적으로 대응할 수 있도록 Gerontology 교육 프로그램에 관리·경영과 재정의 내용을 추가하였다.

2) 일본

(1) 고령사회·고령자에 관한 법률 제정

1995년에 제정된 「고령사회기본법」은 고령사회와 고령자들에 대한 종합적인 대책을 위한 법률로, 일본 사회의 고령화로 다양한 영역에 내재된 다양한 문제나 과제들의 해결을 종합적으로 설계한 근거법이다. 이 법률의 제정 근거는 일본 사회가 세계적으로 유례를 볼 수 없는 수준의 고령사회로 도래하고 있으나 이에 비해 국민들의 의식이나 사회대응 시스템의 늦어지고 있다는 것을 인식하고 이를 전 국가적인 차원에서 대처할 필요가 있어 제정하였다.

(2) 노년학의 성과

① 행정기관 : 1985년 과학기술청 자원조사회는 「건전한 신고령기」에서 사회과학적인 관점에서 사회인식 개선을 위해 Gerontology의 수립을 강조하였다. 1997년 후생노동백서 「고령화를 둘러싼 과제 : 고령사회를 짊어질 인재육성」에서 고령사회를 Gerontology의 중요성과 Gerontology 교육의 기대가 커질 것으로 전망하였다. 2000년 동경도 소비생활대책심의회와 2001년 내각의 '고령사회대책 추진의 바람직한 기본방향에 관한 유식자회의'에서 Gerontology를 언급하면서 국가적 관심으로 유도하였다.

② 시민단체(NPO) : (재)시니어 르네상스는 설립부터 Gerontology를 기초로 시민생활을 전개하였고, 1999년 국제고령자 해를 맞이하여 Gerontology 심포지엄도 개최하였다. 각 재단(일본화재재단, 유니벨 재단)에서는 Gerontology 연구를 지원하고 고용복지협회나 생애학습개발재단은 그들의 사업활동에 Gerontology를 포함시켰다.

③ 학회·교육 : 일본노년학회 등의 Gerontology 연구, 대학에서는 Gerontology 강좌를 개설하였고, 노인종합연구소는 연구 성과를 공개강좌 형태로 운영하기도 했다.

④ 경제산업 : 1995년 경제단체연합회(경단련)의 소비자 및 생활자위원회에서 Gerontology가 산업에서 중시된다는 점을 인식하고 그 일환으로 기업들도 Gerontology를 적극적으로 연구하려는 입장으로 변하였다. 2000년부터 간병보험 중에 케어 매니지먼트라는 개념을 도입하여 고령소비자의 니즈 관점에서 판단하는 사회구조변화가 정비되었다.

3) 유럽연합

(1) 유럽연합(EU)의 고령화 대응

2010년 유로스타트(유럽위원회의 통계국)의 유럽연합(EU) 장기인구추계에 따르면 유럽연합의 인구는 2040년 5억 2,570만 명을 정점으로 이루고, 노령종속연령인구지수는 2050년에 50%를 넘을 것으로 추정하고 있다. 유럽연합은 지속 가능한 발전전략(Sustainable Development Strategy)의 중요한 과제 중 하나로

Gerontology를 제시하였다. 유럽연합의 SDS에는 Gerontology에 대응할 연금·의료제도의 개혁, 세대 간 공평성 확보 및 고령자의 빈곤 그리고 사회적 위험 요소들을 고려하면서 진행하고 있다.

(2) EuMag Gerontology

2003년 EU는 공동 형태로 Gerontology를 교육하는 「European Masters in Gerontology(EuMag)」 프로그램을 운영하였다. EuMag 프로그램의 운영목적은 EU 국가들의 Gerontology 문제를 상대적인 관점에서 파악하고, 현장에서 일하는 인재를 석사 수준 이상으로 육성하는 데 있다. 이 프로그램은 EU 국가들이 Gerontology를 배워 교육기회의 불균형을 시정하는 데 도움이 되었다. 초기 단계에서는 공중위생(Public Health)에 재정적인 지원을 하였으나 이후 EuMag 스스로 자립적인 운영을 하였고, 사무국은 네덜란드의 비제대학(Vrije Universiteit)에 두었다.

(3) 영국 킬(Keele)대학의 Gerontology

영국 Gerontology 교육의 중심지라 할 수 있는 킬(Keele)대학은 「New Route Ph.D」 커리큘럼 가운데 Gerontology 박사과정을 운영하였다. 「New Route Ph.D」는 연구, 교육, 실천에 균형을 맞추면서 박사학위를 수여하는 형태로 2000년대 34개 대학의 90개 프로그램이 포함되어 있었다. 킬(Keele)대학에서는 외교학, 환경학, 범죄학, Gerontology 강좌가 「New Route Ph.D」 커리큘럼 안에 들어 있다. 영국의 「New Route Ph.D」는 Gerontology 등 다양한 학문 분야를 이수하여 박사라는 실천가를 사회에 진출시키는 역할을 담당하고 있다.

제2절 노년학의 교육적 영역

노년학은 노인과 노화를 연구 대상으로 노인의 제반 문제와 그에 대한 해결 방법을 모색하고 노화의 원인과 결과를 과학적 방법을 통해 연구하는 학문이다.

초기 노년학에서는 노년의 의학적 측면에 치중하였으나 점차 신체적·생리적·사회적·심리적 기능들이 상호복합적으로 작용한다는 사실이 발견되면서 노화와 노인에 대한 연구는 점차 종합적이고 다학문적인 성격을 가지게 되었다.

노년학이 주요 영역은 노년생물학, 노년심리학, 노년교육학, 노년의학, 노년사회복지학, 노년사회학 등 크게 6개 영역으로 구분해 볼 수 있다. 본 장에서는 노년교육학 관점의 영역에서 기술하였다.

인간은 태어나 끊임없이 배우면서 삶을 유지한다. 인간과 달리 동물은 본능적으로 움직이며 그 생을 유지하지만 인간은 태어나서 죽을 때까지 배워야 한다.

인간은 환경이나 교육 여부에 따라 삶이 크게 달라질 수 있으므로 교육의 내용에도 적기가 있듯이 노년기를 위한 교육영역을 알아둘 필요가 있다.

1. 지적 영역

1) 세대차와 사회변화의 이해

오늘날 사회는 기술의 발달로 급격하게 변화한다. 우리가 태어나서 오늘까지 세상이 얼마나 변했는지를 회고해 보면 충분히 이해할 것이다. 그러기 때문에 지금의 청소년들은 노인들이 자라던 과거 시기의 청소년과는 다른 청소년이라는 것을 알아야 한다. 또한 노인들은 오늘날 청소년들이 생각하는 그들의 가치관과 지식을 배울 필요가 있다. 노인들은 그들의 마음과 맞지 않는 것을 인식하고 겸허하고 솔직한 자세로 청소년들을 이해하고 그들을 통해 배워야 한다.

2) 은퇴생활에 필요한 지식과 생활

누구나 은퇴하게 되면 생활의 큰 변혁을 겪게 된다. 자칫 스스로가 세상에서 쓸모없는 낙오자가 되었다고 비관하는 수가 있고, 갑자기 한가롭고 자유로운 생활로 바뀌면서 이 공백이 오히려 고통이 되는 수가 있다. 따라서 은퇴 후에 무엇을 할 것인지를 생각해 두어야 하는데 이는 적합한 교육을 통해서 해결할 수 있겠다.

3) 정치·경제, 사회, 문화에 대한 정보

노인들은 그들이 사회를 달관하였다고 생각하여 사회문제에 별다른 관심을 표시하지 않는 경향이 있어 정치·경제, 사회, 문화에 대한 정보의 접근을 어렵게 한다. 이를 극복하기 위해서 학습이 필요하다.

4) 건강증진 등 폭넓은 지식

노령기의 가장 큰 화두는 건강이다. 따라서 행복하고 건강한 삶을 증진하기 위해 폭넓은 지식을 배워야 한다. 운동과 질병의 예방과 같은 다양한 분야의 지식을 습득해야 한다. 특히 지병이 있는 노인들은 악화 방지 및 치료지식을 배워서 생활 속에서 실천하여야 한다.

2. 정의적 영역

1) 일하고 생활하려는 일상적인 태도

노년이 되어 몸은 늙어도 마음은 청춘이라고 한다. 이는 노년기에 생활 태도를 한마디로 표현한 것이라 할 수 있다. 노년기 항상 마음을 젊게 하려는 태도는 신체와 정신건강을 유지하는 좋은 방법이다. "나는 늙었다.", "늙은이가 하면 얼마나 하겠나"와 같은 소극적인 태도는 생의 의욕을 잃게 하고 오히려 육체적으로 더 늙게 한다. 할 수 있다는 자신감과 하면 된다는 의지력이 있어야 사회에서 존경을 받게 되므로 노년기에도 적극적으로 행동하려는 태도가 중요하다.

2) 취미와 여가

노년기에는 특정한 일이 없이 계속되는 사이에 잠깐 동안의 바쁜 일을 하는 것이 노인들의 생활이기 때문에 여가와 취미생활이 중요하다. 따라서 노인회관, 주민센터 등에서 동료들과 함께 여가를 즐기거나 취미생활을 배워서 서로 어울리도록 해야 한다.

3) 퇴직과 수입 감소

노령기 퇴직은 생활의 큰 변혁을 가져오므로 이에 대처하는 준비를 하여야 한다. 퇴직은 수입원이 끊기거나 줄어들기 때문에 새로운 문제를 제기한다. 변화된 생활에 어떻게 적응해 나갈 것인지를 배워야 한다.

4) 소외감과 허무감 극복

노년기 가족관계의 변화는 노인들에게 소외감과 허무감을 느끼게 한다. 그러나 노년기는 인생을 정리하는 시기이며 마지막으로 해야 할 중요한 일들이 아직 남아 있음을 깨달아야 할 시기이다. 노년기의 참다운 인생의 의미를 찾고, 앞으로 해야 할 일에 대한 계획을 세우고 실천하기 위해 배움이 필요하다.

5) 배우자 사망 후의 생활

같이 살던 부부는 그 중 한 사람이 먼저 죽게 되면 이것은 대단히 큰 충격적인 사건이다. 한순간에 의지의 대상과 대화의 상대가 없어지면서 모든 생활에서 변화를 가져온다. 이때 변화된 생활의 정리와 사는 방법을 어떻게 바꿀 것인지를 잘 습득해야 한다.

6) 동료 또는 자신의 죽음에 대한 준비

나이가 들수록 친하게 지내던 동료들의 사망을 목격하면서 자기 자신에 대한 죽음도 생각을 가지게 된다. 따라서 자신의 죽음에 대하여도 심리적으로 준비할 필요가 있다.

3. 사회적 영역

1) 동년배들과 친교

노인들은 스스로가 주변으로부터 소외되었다고 생각하고 있으므로 동년배들과 친교를 유지하는 것이 사회생활에 도움이 된다. 노년기에는 육체적인 활동 능력이 둔화되어 젊은이들과 경쟁하기는 어렵지만 동년배들과 같이 일을 하면 오히려 자신감과 활기가 생길 수가 있다. 또한 동년배 간에는 경험내용과 취향이 비슷하여 의사소통이 쉽고, 친교를 통해 정서적인 안정감을 가질 수 있다. 동년배의 노인들과 친교를 유지하는 가장 좋은 방법 노인대학에서의 활동을 들 수 있다.

2) 가정에서 주도권 이양

노년기에는 가정사의 주도권을 물려주어야 할 객관적인 여건이 성숙되면 이를 물려주어야 한다. 그냥 장악하고 있으면 노인과 젊은 세대 간의 갈등으로 나타나 이는 가정불화나 파탄의 요인이 될 수 있다. 그러므로 과감하게 그 주도권을 포기할 수 있는 용기와 너그러운 아량을 배워야 한다.

3) 가정과 사회에서의 존경

사람의 원만한 인격을 형성하는 것은 나이와 밀접한 관계가 있다고 한다. 인생의 모든 쓴맛과 단맛을 겪은 노인이기 때문에 인격이 원만해진다. 노인들의 풍부한 경험은 젊은이들이 처음 부딪히는 문제에 대해 훌륭한 자문이 될 수 있다. 특히 사라져가는 전통문화의 승계와 자문 역할은 좋은 사례가 된다.

4) 후손들과 관계 설정

오늘날 사회의 변하는 노인들과 자녀 및 손자들, 즉 가족관계 내에서 가치관의 차이를 크게 벌어지게 하였다. 이러한 가치관의 변화는 자녀 및 손자들과의 갈등의 원인으로 작용한다. "손자에게 마지막 배운다"라는 옛말이 있는

데 이는 후손들과 원만한 관계를 유지하기 위해 노인들이 취해야 할 것을 암시해주는 것이다. 항시 노인들은 자녀 및 손자들로부터 배우겠다는 생각을 가질 때 내적으로 성공적인 노화를 맞이하고 외적으로 급변하는 사회에 잘 적응할 수 있다.

제3절 노년학과 노년교육

1. 노년학의 교육범위

글렌디닝(Glendenning, 2000)은 노년교육학과 노년학교육의 개념이 구분되지만 현실상에서는 노년교육학의 범위를 노년교육학(Educational Gerontology)과 노년학교육(Gerontological Education)을 모두 포괄하고 있다고 주장하였다. 노년교육학은 '관련성 있는 모든 분야와 과정을 포함한 노인의 교육과 학습 잠재력'을 다루는 학문인 반면, 노년학교육은 '고령화 사회 관련 교육 그리고 노인 관련 종사자 교육'을 연구하는 학문 분야라고 구분하였다.

한정란(2015)은 노인을 위한 교육, 노인에 관한 교육, 노인에 의한 교육이 배타적이거나 독립된 영역이 아니라 상호보완적 관계 속에서 교육이 이루어질 때 보다 효과적으로 교육이 진행될 수 있다고 하였다. 그리고 앞에서 언급한 세 개의 노년교육의 형태가 상호보완적으로 이루어질 때 모든 세대가 서로의 성장을 위해 상호작용하는 세대공동체 교육이 효과적으로 실현될 수 있다고 주장하였다.

표 3-1 노년교육학의 범위

노년교육학(Educational Gerontology)		
대상	노인 및 교육 관계자	노인
연구	노년학습학 (Instructional Gerontology)	자조적 노년학습학 (Self-help Instructional Gerontology)
실천	노인평생교육 (Senior Adult Education)	자조적 노인평생교육 (Self-help Senior Adult Education)

노년학교육(Gerontological Education)			
대상	노인, 일반인	전문가, 준전문가	전문가, 준전문가, 자원봉사자
연구	노년사회학(Social Gerontology) 및 평생교육(Adult Education)		
실천	지지적 노년학 (Advocacy Gerontology)	전문가적 노년학 (Professional Gerontology/ Professional Training)	노년학 교육 (Gerontology Education)

출처: Glendenning(2000), 김영석(2021).

2. 노년교육의 흐름

1950년대부터 진행된 노화 연구와 노년학의 발전으로 노년학의 하위 분야로서 태동한 노년교육학(educational gerontology)이 새로운 학문 분야로 자리를 잡아가고 있다. 노년교육학은 페다고지(Pedagogy)와 안드라고지(Andragogy)를 통합하는 교육적 실천과 연구로서의 새로운 교육학이라고 할 수 있다.

노년교육학은 기존의 교육대상인 아동, 성인, 노인이라고 하는 연령에 따른 구분에서 벗어나 연령이나 성별, 지위와 무관하게 각자의 관심과 이해에 따라 이루어진다. 즉 세대가 한데 모여 상호작용하고 그 속에서 세대 간에 정보를 교환하거나 새로운 지식을 구성할 수 있는 적극적 과정에서의 교육을 가정하고 있다. 노울즈(Knowles, 1968) 역시 노인교육학을 Pedagogy와 Andragogy가 서로 화합한 하위체제의 교육학이라 하였다.

노년교육학에 대한 용어는 '제라고지(geragogy)'라고 하였고, '엘더고지(eldergogy)'라는 용어도 사용되었다. Pedagogy, Andragogy, Geragogy를 대표하는 제3의 교육학으로 트라이고지(Trigogy)라는 개념도 있다. 이는 아동·청소년, 성인 그리고 노인이라는 세 세대를 결합한다는 의미로 사용된다.

표 3-2 Pedagogy, Andragogy, Geragogy 비교

구성 개념	Pedagogy	Andragogy	Geragogy
자기 개념	타인 의존성 단계(교사 중심)	자기 주도성의 증대(학습자 중심)	자기주도성 내지는 노화에 따른 종교적인 타인 의존성 증대

구성 개념	Pedagogy	Andragogy	Geragogy
경험 역할	학습자원으로서 전개를 시키기 위한 것	학습-직업(생활)의 사이클에 있어서 상호적으로 피드백되는 것	전문화된 경험의 축적·통합과 그 교육적·문화적 계승 내지는 경험의 퇴화(치매)
학습과제와 요구	발달단계와 과학적 계통성에 근거한 학습문제(아카데믹한 교과 중심)	사회, 직업, 생활에서 요구되는 요구문제와 필요과제(경험·과제 중심)	생활, 삶의 보람, 취미 등 고령화에 대응한 학습과제(생활·교양 중심)
교육과정 편성	주로 공교육으로 법제화된 교육과정(내용, 계획)	법제화된 교육과정의 참가, 학습과제에 근거한 프로그램 구성(과정, 설계)	법제화된 교육과정의 참가, 학습과제에 근거한 프로그램 편성(과정, 설계)
학습성과 적용	학력 형성이나 장래 직업에의 예기적 사회화(연기된 응용)	즉각적 응용, 경력 재구성	인생의 평온, 내세적 이해에의 응용
학습조직과 학습방법	학교를 중심으로 한 교육기관의 경우 단위제 혹은 학년제 누적 방식	평생학습기관 재교육 방식	평생학습기관, 지역의 평생학습기관에 있어서의 평생학습 참가방식
학습으로서 동기유발	학업상의 장려와 보수, 장래에 대한 기대	사회적 역할기대에 자리잡은 장려와 보수	자신의 인생의 적응과 통합 장려

출처: 노인교육론. 한국방송통신대학교출판문화원(2014).

지금까지의 노인교육은 사회교육이나 평생학습에 있어서 노인만을 대상으로 교육이나 학습에 중점을 두어 왔다. 앞으로는 고령사회를 지향하는 트라이고지(Trigogy) 관점(초세대적, 간세대적)에서 학교교육에 노인교육을 포함시켜 평생학습을 고려한 노인교육을 전개할 필요가 있다.

피터슨(Peterson, 1983)은 교육노년학을 '노인들을 위한 그리고 노인들과 노화에 대한 교육적인 노력의 실천과 연구'라 하였고, 자비스(Jarvis, 1990)는 '노인들을 위한 교육, 노인들과 노화에 관한 교육, 그리고 노인들과 관련된 직업을 가진 이들을 위한 교육을 포함하는, 노인들을 위한 그리고 노인들과 노화에 관한 교육적 노력의 연구와 실천'이라 하였다.

김종서(1984)는 교육노년학을 '노인들을 위하여 노인이 아닌 사람들이 무엇을 할 것인지에 대한 교육, 노인 이전의 사람들에게 실시하는 노년기를 대비하는 교육, 노인 자신들을 위한 교육'을 제시하였다. 한정란(2001)은 '노인에 의한 교육'을 교육노년학의 범위에 포함하였는데 이것은 오랜 인생의 경험으로 축적된 노인들의 다양한 분야의 기술과 지식 그리고 지혜를 다음 세대에게 전수하고 사회에 봉사할 수 있는 기회를 제공하려는 교육적 노력이라고 하면서, 노인교육을 노인과 비노인의 발전을 종합적으로 추구하는 교육원리 및 실천이라고 하였다.

김영석(2021)은 우리나라 노년교육학의 학문적 정체성 탐구에서 과학적 정체성 영역에서 노년교육학은 고유한 탐구 대상과 다양한 연구방법을 갖고 있지만, 고유한 이론체계 구축이 미흡하다고 하였고, 경계 정체성과 관련해서는 타 국가의 노년교육학과 차별점을 갖기 위한 연구가 조금씩 진행되었으며, 한국적 이론화 시도는 부족하다고 하였다.

3. 노년교육의 방향

제라고지(geragogy)에서는 다양한 학문들을 통합하여 노인들의 성공적 노화로 노년기 행복한 삶을 안내하는 학문이다. 즉 노화의 과정과 인생 발달 주기인 노년기에 대한 이론이고, 여러 분야의 학문적 지식이 결합된 학문이며, 실제적인 참여와 실천을 강조하는 완성적 교육(integration)으로 아동·청소년, 성인 그리고 노인 이 모든 세대를 교육의 대상으로 포함하는 학문이라고 할 수 있다.

따라서 노년기에는 노인들의 정신적 능력을 잘 보존할 수 있게 안내하고, 자기결정 능력을 이끌어 사회참여의 기회를 제공하는 학습을 통해 삶의 질을 보존할 수 있도록 하여야 한다. 이러한 목적 달성은 곧 성공적 노화로 이끄는 것이다. 노인들에게 지식과 정보를 습득하도록 지원해야 하고 노인들이 시민사회의 한 구성원으로 사회에 참여의 기회, 즉 학습을 위한 기회 보장이 강조된다.

노인교육은 노년기의 위기 예방과 안정적인 노후 설계를 이끌어내고 노인들이 경험과 지혜 등 그들이 소지하고 있는 자원의 활성화를 통해 사회적 생산성과 창조성을 높여가는 것이다.

1) 혁신성

마르케스(Mieskes, 1971)는 노인교육을 노년기에 실행되는 교육이라고 보았으나, 바쓰(Vath, 1973)는 과거에는 경험해 보지 못했던 완전히 다른 삶의 분야를 경험할 수 있도록 안내하는 것이라고 하였다. 따라서 노인교육은 기존의 교육을 혁신하는 특성들을 포함하고 있어야 한다. 이는 성인교육의 원칙인 자기주도적 학습, 즉 사회문화적인 상황에서 특별한 주제를 도출해 내어 기존의 학습과는 다르게 '혁신'으로 연결시키는 교육이 필요하다.

2) 내적 성장

페쫄트(Petzold, 1985)는 노인에 관한 교육과 노화와 관련된 교육을 제라고긱(Geragogik) 또는 제라고지(Geragogy)의 개념으로 제시하고 노인교육의 중요성을 강조하였다. 그는 노인교육을 '노화되는 것을 학습하는 것'으로 정의하면서 노인교육은 노화(aging)에 관한 학습이 되어야 하며, 노화에 관한 학습은 노년기의 자아실현, 자아완성 그리고 삶의 의미를 발견해 주는 것이라 하였다.

노인교육의 목적은 노년기의 직업개발보다는 인본주의와 교양의 함양으로 학습자의 내적 성장을 강조하였다.

3) 생산성과 능력 향상

휼그라프(Fuelgraff, 1985)는 노인교육의 목적은 개인의 생산성과 능력을 향상시키는 것으로 보고, 노인교육을 '노년기를 보내기 위한 준비로서의 노년교육'을 교육목표로 제시하였다. 따라서 사회적인 변화에 따라 노인교육의 방향도 생산적인 노년을 지원하는 교육이 되어 노인들이 자율적으로 노년기를 보낼 수 있도록 지원해야 한다.

4) 노인을 위한 교육과 노화에 관한 교육

피터슨(Peterson, 1985)은 노인교육을 노인학습자를 대상으로 하는 '노인을 위한 교육'과 노화에 관하여 가르치는 '노인과 노화에 관한 교육'의 두 영역을 포함하는 것으로 정의하였다. 자비스(Jarvis, 1990)도 노인교육은 '노인들을 위한 교육, 노인과 노화에 관한 교육, 그리고 노인 교육자를 위한 교육의 세 분야를 포함하며, 노인들과 노화에 관한 교육적 노력의 연구와 실천'이라고 정의하였다.

5) 역량 강화

쇼이블레(Schäuble, 1995)는 노인교육을 노인의 역량 강화를 목적으로 새로운 발전의 기회를 제공한다는 점에서 '제3의 사회화'로 보았다. 제3의 사회화는 노인의 역량 강화를 목적으로 노년기에 노인을 위해 새로운 발전의 기회를 제공하는 것이라 하였다.

펠켄(Veelken, 1992) 역시 개인, 문화 그리고 사회 속에서 노인의 정체성 발달을 지원하는 '제3의 사회화'를 강조하였다. 비판적 제라고지는 노년기의 문제를 해결하고 노년기의 삶을 창출해 나가며, 자아실현하도록 노인의 역량강화를 강조하였다.

6) 비판적 의식

펠켄(Veelken, 2000)은 노년기의 길을 안내한다는 의미에서 '노인의 정체성 개발과 노인의 잠재력 개발이 앙가주망(Engagement)'으로 연결될 것을 강조하였다. 코프러(Kofler, 1975)는 노인교육을 영욕을 위한 수단이 아니라, 합리성을 인식하고 자율적 인간이 되도록 안내하므로, 비판적인 속성을 포함하고 있다고 하였다.

4. 노년교육의 원리

노인을 성인과 분리하여 노인만을 위한 교육 방법과 노인을 성인과 통합하는 교육 방법이 있겠다. 노인교육을 안드라고지(Andragogy)라는 큰 틀에서 고려해 볼 때 교육적 통찰과 유용성을 더 많이 얻을 수 있도록 통합하는 방식이 더 유리하다고 하겠다.

1) 경험 원리

놀즈(Knowles, 1970)는 경험적 배경으로 세 가지를 제시하였다. 첫째, 노인들은 경험에 기반을 둔 학습 스타일을 가지고 있다. 그들은 적극적인 참여로 생활 상황을 자극하는 교수 방법을 선호하고 그러한 교수 방법에서 더욱 효과적으로 학습한다. 둘째, 노인들은 새로운 지식과 배운 것을 실제로 적용할 방법을 찾는다. 즉 노인들은 학습과 그들이 알고 있는 것을 연관시키고자 한다. 셋째, 경험이 많은 노인들은 다소 완고해서, 그들의 경험이 가치 있는 경우는 받아들이지만, 그들의 경험을 넘어선 갈등적 지식은 잘 받아들이지 않는 경향이 있다.

2) 문제해결 원리

노인들은 그들이 직면한 문제들을 해결하기 위해 교육 프로그램에 참가한다. 노인학습자들은 교육내용에 있어 추상적이거나 이론적인 것보다는 좀 더 자신들의 생활과 관련이 있는 구체적인 내용을 원한다. 교육과정에서 실용적인 방식으로 교육내용이 제시되거나 실례를 제시하고 관찰할 수 있어서 자신의 삶에 모사가 가능한 방법일 경우 학습이 잘 이루어진다. 노인들은 일반적으로 먼 미래보다 현재나 가까운 미래에 관심이 있다. 이는 노인의 교육적 흥미와 유관하므로 교육내용에 있어 현재의 문제, 흥미, 적용 등에 관심을 두어야 한다.

3) 내적동기화 원리

노인교육에서 교육 참여를 위한 동기부여는 노인학습자의 내부로부터 일어나야 한다. 학습 상황에서 기대되는 결과가 노인학습자들에게 제1의 동기 요인이 되어야 한다. 따라서 노인들이 학습에 참여하는 동기가 사회적 상호작용이지 강좌 내용인지를 잘 파악하는 것은 강좌의 성공에 중요한 요인이 될 수 있다.

4) 경로 원리

노인교육 대상자의 대부분은 교사보다 나이가 많으며, 특정 분야에서는 경험이 더 많은 경우도 있다. 노인들은 좌절감과 소외감을 해소하기 위해서 노인교육에 참가하는 경우도 있으므로 여기에서 소외당하지 않도록 세심한 배려도 필요하다. 그리고 노인학습자가 교사로부터 오히려 존경받고 있다고 느낄 때 노인교육의 효과는 높다.

5) 사제동행의 원리

노인교육을 담당하는 교수들은 일방적으로 교육계획을 수립하고 평가하기보다는 노인학습자와 함께 협동적으로 계획을 세우고 평가를 하도록 한다. 노인들은 풍부한 경험과, 많은 자원에 익숙하기 때문에 노인학습자들과 함께 계획을 세운다면 성공적인 교육이 이루어질 수 있기 마련이다.

6) 생활화 및 사회화 원리

노인교육 내용은 어디든 간에 생활과 밀접히 연관되어 있으므로 노인들에게 어려운 이론이나 추상적 지식 등을 교육시키는 것은 노인들의 학습 의욕을 꺾는 요인이 된다. 따라서 노인교육의 대상을 노인들의 일상생활 속의 주제를 중심으로 운영되어야 한다. 그리고 지금까지 노인들을 사회봉사의 대상자로만 취급되어 왔지만, 이제부터는 누구보다도 풍부한 경험과 기술 그리고 지혜를 가진 집단으로서 노인은 봉사의 주체가 되도록 하여야 한다.

5. 노년학습자의 능력개발

펠켄(Veelken, 2000a)에 따르면 제라고지는 노년기가 새로운 학습의 시기가 되어야 할 것을 강조하고 노인의 핵심역량으로 유토피아적 역량, 정신적·도덕적 메타 역량 그리고 정체성 역량의 개발을 강조한다고 하였다.

일반적으로 능력 혹은 역량(competency)은 급변하는 상황에서 문제해결을 위해 전문지식을 활용할 수 있는 학습 능력과 혁신적이며 창의적인 적용력을 말한다. 역량을 촉진하는 목적은 전문적인 지식이나 체험적인 지식이 서로 긴밀한 연관 속에 문제해결력으로 집중되도록 하는 데에 있다. 능력이란 일반적인 지식을 토대로 구성되므로, 안정적인 속성을 갖고 있지만, 실제적으로 문제해결력이란 역동적이며 다양한 영역에서의 체험을 통하여 구성된다.

현대에는 노인들도 의식적으로 능력을 개발하여 의사결정 능력을 발전시키고 자아실현을 촉진시켜 일반적으로 노인들에게 인식되고 있는 결핍이라는 부정적인 인식을 바꾸는 데 기여할 수 있다. 노인들의 삶의 질 향상은 각자의 노인들이 시민사회의 한 구성원으로 적극적으로 참여할 때 가능하므로 노인들에게도 능력 개발이 강조된다.

1) 정체성 형성

펠켄(Veelken, 1990)은 퇴직으로 노인들이 생존의 불안을 느끼게 되고 일을 통하여 자신의 존재를 인정받지 못하게 되면 정체성을 상실하게 되므로, 정체성 만들기를 위한 학습이 요구된다고 하였다. 즉 노인들은 일과 은퇴의 중간에서 사회적인 노화를 극복하기 위해 새롭게 정체성을 만들어가야 하며, 자신을 사회의 고유한 존재로 발전시켜가는 개성화 과정 속에서 역량이 발전된다고 하였다.

니스와 뮤니흐(Nies & Munnichs, 1986)는 정체성 역량이란 자기결정에 의한 삶의 경영력을 키워 가는 임파워먼트로 이해되는데, 이는 자아실현을 지향하는 각 개인이 자신의 고유한 경험의 축적에 의해 개인적인 삶의 의미를 만들어가는 것을 의미한다고 하였다.

제3의 인생기에 노인들은 일 중심의 정체성에서 벗어나 새롭게 노년기의 정체성을 구성할 필요가 있다. 자신의 생애사에서 중시했던 가치가 실현되고, 삶의 경험을 기반한 희망적인 정체성을 구성해야 한다. 따라서 노인교육은 노인 개인들이 발전하고 균형을 찾아가는 전이과정을 돕는 것이므로, 변화하는 문화와 사회 속에서 능력과 자율성, 자기 존재감, 학습을 위한 능력과 인내를 발전시켜야 한다.

2) 상호공존을 위한 정신적·도덕적 능력

파프(Pfaff, 2000)는 노인의 핵심역량으로 경제적 효율성을 중시하는 신자유주의적 방안에 대항하여 경제적 자본의 확장보다는 다른 세대와 의사소통하며 화합하는 평등과 관련된 역량인 정신적·도덕적 메타 역량의 개발을 강조하였다. 여기서 정신적·도덕적 역량이란 3세대가 상호공존을 위해 함께 학습하여 새로운 가치를 창출하는 능력이며, 학습을 통해 보편적인 평등사회를 만들어 가는 역량이다.

3) 참여적 능력

펠켄(Veelken, 1990)은 노인이 행복한 노년기의 주인공이 되도록 노년기를 계획하고 의식을 개발하며 적극적으로 참여할 것이 강조하였다. 또 네그트(Negt, 2000)는 노인의 삶에 영향을 주는 정책의 심의과정에 노인이 직접 참여할 수 있는 시민교육을 강조하였다. 이는 노인들이 참여의 주체가 되는 것이 무엇보다도 필요하다는 것이다. 따라서 노인교육은 노인이 사회에 참여하도록 하는 주인으로서 주체 형성 교육이 되어야 한다.

연구문제

1. 노년학이란 무엇이며, 관련된 학문영역과 학문적 성립배경에 대해 논의해 봅시다.

2. 우리나라 인구의 평균 연령이 계속 상승함에 따라, 사회에서 노인들의 건강과 복지에 더 많은 초점이 맞춰지고 있습니다. 우리의 신체적, 정신적 건강의 변화는 이러한 삶의 적응을 이해하기 위한 노년 전문가의 도움을 필요로 합니다. 그럼 이러한 노년학은 우리 사회에 왜 필요한지 논의해 봅시다.

3. 노년학의 개념인 Pedagogy, Andragogy, Geragogy, Trigogy에 대하여 논의해 봅시다.

4. 미국의 노인학자 쇼크(Shock)는 노인학의 연구분야로 고령자의 증가에 따른 사회경제적 문제, 노화에 관한 심리학적 고찰, 노화의 생리학 및 병리학적 제 문제, 생물계 전반에서의 노화 등을 들고 있습니다. 이런 관점에서 우리 사회의 노화현상과 비교하여 논의해 봅시다.

5. 다음을 논의해 봅시다.

1) 노년기 이전 세대 : 내가 노년기에 들어서면 무엇을 할까? (노년기를 준비하는 자세, 노년기에 해보고 싶은 일, 노년기 계획도)

2) 노년기 도래 세대 : 나는 무엇을 하며 성공적 노화를 만들어 갈까? (자신의 인생설계노트 만들어 보기, 내 인생에서 꼭 해보고 싶은 일 소개)

PART

02 노인학습자의 이해

CHAPTER 04

노인과 노화의 이해

개요

노인에 대한 정의는 그 사회가 지니고 있는 문화적 배경과 관습과 규범, 그 사회의 전통과 역사에 따라 다르기 때문에 노인에 대한 개념을 정의하는 쉽지 않다. 노화의 사전적 개념은 인간이 태어나서 일정 기간 성장한 후 나이가 들면서 점차 신체적, 인지적으로 쇠퇴하여 죽음에 이르는 과정이다. 노인에 대한 정의를 단순히 사전적 노화의 개념으로 설명하는 것도 한계가 있으나, 본 장에서는 노화에 대한 학자들의 다양한 연구를 바탕으로 설명한 것을 중심으로 생물학적, 노화에 대한 태도 등을 통해 노인과 노화에 대해 알아보았다.

학습목표

1. 노인의 개념 정의를 통해 노인교육에 있어 대상자에 대한 이해를 넓힌다.
2. 다양한 노화 이론과 노화에 대한 태도를 이해한다.
3. 성공적인 노화의 정의를 이해한다.
4. 성공적인 노화 사례를 통해 노인교육의 실천적 측면을 알아본다.

주요용어

노인, 노화, 역연령, 성공적 노화

제1절 노인의 개념

국내외에서는 보편적으로 연령이 65세 이상인 자를 노인이라고 부르며, 실질적으로는 경제 활동에서 은퇴한 계층을 말하기도 한다. 노인을 지칭하는 용어로는 늙은 사람(older person), 나이 든 사람(aged), 연장자(elderly), 실버(silver) 등이 있다(함혜근, 2017).

현대사회에서 노인을 한 마디로 개념적으로 정의하는 것은 어렵다. 우리나라 노인복지법은 경로우대나 생업지원 대상 연령을 65세 이상으로 규정하고 있고, 「고용상 연령차별금지 및 고령자고용촉진에 관한 법률」에서는 고령자를 55세 이상인 사람으로, 기초연금의 대상자를 만 65세 이상의 어르신으로 규정하고 있어, 사회적으로 65세 이상을 노인이라고 하지만, 개인이 처한 생물학적, 심리적, 역연령, 사회적, 기능적 연령의 상황이 다르기 때문에 노인에 대한 개념을 정의하는 것이 점점 더 어려워지고 있다.

백진호, 현승권(2005)은 노인을 생활 과정의 최종단계에 돌입하게 되면서 신체적, 정신적, 사회적인 측면에서 그 능력이나 적응성이 퇴화현상을 나타나게 되는데, 노인의 개념은 단순히 몇 살이라는 역연령에 의해 규정될 수 있는 것이 아니며 생물학적, 심리학적, 사회학적 측면과 관련되어 복합적 개념이라고 했다(이혜정, 2014).

노인을 이해하기 위해서는 개인의 자각, 사회적 역할 변화, 역연령, 기능적 연령의 측면에서 살펴보아야 한다(박성희, 2015; 이혜정, 2014).

1. 개인의 자각

노인에 대한 개인적 자각은 자신을 스스로 노인이라고 여기는 것으로, 장인협·최성재(1987)는 개인의 자각에 의한 연령을 노인의 지표로 지적하였다. 개인의 주관적 판단으로 스스로를 노인으로 규정하는 것으로, 현대에 들어 자각 연령이 낮아지고 있다. 일반적으로 고학력이고 전문직일수록, 건강하거나 활동이 왕성할수록 주관적인 연령을 낮게 평가한다(이혜정, 2014). 자신의 주관적 판단이 많이 좌우하게 되는 자신 스스로에 대한 평가는 개인의 교육 수준, 성별, 직업 유무, 사회적 경험에 따라 달라진다(박성희, 2015).

2. 사회적 역할 변화

노인의 사회적 역할 변화에서 은퇴는 개인의 삶의 양식을 바꾸어 놓는 중요한 변화로, 일상의 활동, 사회적 관계, 자아정체감 등이 직업을 중심으로 형성되어 왔기 때문이다(이인정, 최해경, 2008). 퇴직으로 경제력이 줄어들게 되면, 노인은 경제적 문제를 경험할 수 있는데 이에 대한 준비가 없을 때에는 어려움을 겪게 된다. 또한 자식이나 며느리 등에게 집안 살림의 주도권을 넘겨주고 물러나기도 하는데 이러한 사회적 역할 변화에 따라 노인을 정의할 때는 역할이 분명하지 않은 경우에는 적용하기가 힘들다(박성희, 2015).

3. 역연령

연령은 인간의 발달 단계, 생애주기와 깊은 관계가 있는데, 인간의 노화 상태를 판단하는 보편화된 기준으로 사용되고 있다. 역연령(曆年齡, chronological age)이란 일반적으로 생활 연령이라고도 하며 출생일로부터 계산하는 연령을 의미한다. 출생 이후 달에 따라서 세는 연령을 말한다.

역연령은 학교 입학, 졸업, 퇴직, 연금수령 등을 위하여 연령의 제도화로, 역연령에 의한 노인의 정의가 보편화되었다. 역연령에 대한 노인의 정의를 구체적으로 살펴보면, 우리나라의 경우 노인복지법상으로는 65세 이상을 노인으로 규정하여 경로우대 등의 지원대상으로, 「국민연금법」에서는 노령연금 급여 대상자를 60세 이상으로, 「고용상 연령차별금지 및 고령자고용촉진에 관한 법률」에서는 고령자를 55세 이상인 사람으로 규정하고 있다. 또한 우리나라에서는 관습적으로 60세가 되는 회갑을 노인이 되는 시기로 받아들이고 있다. 그러나 보건복지부(2019)가 발표한 노인실태조사에 따르면, 노인들이 생각하는 노인 기준 연령은 평균 72.5세로 나타났다. 이러한 역연령에 의한 노인의 정의는 일정한 연령 이상을 노인으로 규정함으로써 노화의 개인차, 개인의 능력을 고려하지 않고, 30~40년 이상 연령의 차이가 있음에도 불구하고 노인이란 집단으로 분류하여 연령 차이에 따른 욕구나 문제의 차이 등을 무시하게 되었다(이혜정, 2014). 우리 사회에서는 노인을 역연령에 따라 평가하기 때문에 노인 연령 기준에 대한 새로운 정립이 필요함을 알 수 있다.

「노인복지법」과 「고용상 연령차별금지 및 고령자고용촉진에 관한 법률」에서 규정한 연령 기준은 다음과 같다.

「노인복지법」[시행 2022.3.22.] [법률 제18609호, 2021.12.21., 일부개정]
① 국가 또는 지방자치단체는 65세 이상의 자에 대하여 대통령령이 정하는 바에 의하여 국가 또는 지방자치단체의 수송시설 및 고궁·능원·박물관·공원 등의 공공시설을 무료로 또는 그 이용요금을 할인하여 이용하게 할 수 있다. ② 국가 또는 지방자치단체는 노인의 일상생활에 관련된 사업을 경영하는 자에게 65세 이상의 자에 대하여 그 이용요금을 할인하여 주도록 권유할 수 있다.

「고용상 연령차별금지 및 고령자고용촉진에 관한 법률」
[시행 2022.2.18.] [대통령령 제32447호, 2022.2.17., 타법개정]
제2조(고령자 및 준고령자의 정의) ① 「고용상 연령차별금지 및 고령자고용촉진에 관한 법률」(이하 "법"이라 한다) 제2조 제1호에 따른 고령자는 55세 이상인 사람으로 한다. ② 법 제2조 제2호에 따른 준고령자는 50세 이상 55세 미만인 사람으로 한다.

기초연금법에서는 기초연금 수급권자의 연령을 65세 이상인 사람으로 규정하고 있다. 기초연금은 만 65세 이상이고 대한민국 국적을 가지고 계시며 국내에 거주(「주민등록법」 제6조 1, 2호에 따른 주민등록자)하는 어르신 중 가구의 소득인정액이 선정기준액 이하인 분들이다(보건복지부 홈페이지, 2022).

기초연금법 [시행 2022.1.1.] [법률 제18213호, 2021.6.8., 일부 개정]
제3조(기초연금 수급권자의 범위 등) ① 기초연금은 65세 이상인 사람으로서 소득인정액이 보건복지부장관이 정하여 고시하는 금액(이하 "선정기준액"이라 한다) 이하인 사람에게 지급한다. ② 보건복지부장관은 선정기준액을 정하는 경우 65세 이상인 사람 중 기초연금 수급자가 100분의 70 수준이 되도록 한다.

4. 기능적 연령

기능적 연령은 실제 활동 기능에 따른 연령으로, 각종 기능적 수행 능력을 전체 노인집단의 평균을 기준으로, 노인을 개별적으로 평가할 수도 있다. 이러한 기능적 연령에 의한 노인의 평가는 개인차에 의한 노화를 인정하기는 하지만 판단기준이 매우 복잡하다는 단점이 있다(박성희, 2015).

제2절 노화

1. 노화의 개념

인간은 나이가 들어감에 따라 피하지방의 감소로 주름살이 늘어나고 피부의 탄력성이 줄어들어 피부는 거칠어지고, 감각기능의 감소 등과 같은 신체적인 변화를 겪는다.

노화(aging)는 인생을 살아가는 동안 생물학적으로 성숙한 인간 모두에게 일어나는 모든 규칙적인 변화를 의미하며 신체 구조나 기능상의 변화, 인간의 적응이나 행동에서의 변화 유형까지 모두를 포함하는 변화를 의미한다(Harris & Cole, 1995; 정석식, 2015 재인용). 권육상(2005)은 노화를 시간의 흐름에 따른 유기체의 보편적이고 점진적인 신체, 심리 및 사회적 변화과정으로 보면서 이는 노인의 개인적인 요인뿐만 아니라 환경요인으로 사회적 환경 등의 복잡한 상호작용에 의하여 정의되는 다면적 과정이라고 정의하였다(함혜근, 2017). 노화란 나이가 들어가면서 신체의 구조와 기능이 점진적으로 퇴화되는 것을 의미한다(아산병원 질환백과, 2022). 노화는 외형적, 생리적, 사회적, 심리적인 변화를 포함하는 복합적인 현상으로 연령의 증가에 따라 인간적인 발달 단계에서 보편적이며 점진적으로 자연스럽게 나타나는 현상으로서, 긍정적, 부정적인 변화를 모두 포함한다(Harris & Cole, 1995; 정석식, 2015 재인용).

2. 노화의 의미

인간은 자기 자신의 노화 과정을 회고(reflect)할 수 있는 능력을 지닌다. 따라서 나이가 듦에 따라 자신의 생물학적, 사회적, 심리학적 복잡한 변화에 의미를 부여하게 된다(최은영, 2018).

노화는 생물학, 심리학, 사회학적 노화의 세 가지 면에서의 변화과정을 포함한다고 밝히고 있다(노미경, 2008; 함혜근, 2017 재인용).

첫째, 생물학적 노화는 신체의 기관과 체계의 구조기능이 시간의 경과에 따라 변화하는 것을 의미한다.

둘째, 심리학적 노화는 축적된 경험에 의한 행동, 감각·자각 능력, 자아에 대한 인식 등이 시간의 경과에 따라 변화하는 것을 의미한다.

셋째, 사회학적 노화는 생활주기로 발생하는 규범, 사회인지 역할의 변화 등을 의미한다. 이처럼 노화의 특성은 각각의 환경변화에 따른 변화에 주목할 필요가 있다.

노화는 신체 구조와 기능의 약화로 생활에 있어서 기운이나 활력이 상실되고 면역력의 약화로 질병에 대한 저항력이 감퇴 되고, 노화가 진행되면서 머리카락은 세포 수의 감소로 인하여 하얗게 변한다. 또한 주변 환경에 적응력도 감퇴 되어 조금만 무리해도 기능장애가 오면서 만성질환을 가질 가능성이 증가한다(박차상, 2005; 함혜근, 2017 재인용). 결국 기능적인 측면의 약화와 면역력의 감소에 따른 부정적인 결과를 초래할 수 있는 가능성을 전제로 하고 있다(함혜근, 2017). 이러한 노인들의 생물학적 변화와 신체 변화는 노인들에게 우울, 고독감, 소외감, 불안 등의 심리적 문제들을 야기시키고, 사회활동의 장애 요인으로 작용하기도 한다. 따라서 노인들의 생물학적 노화 현상은 단순히 신체적 기능의 장애뿐만 아니라 인간의 삶의 질 차원에서 매우 중요한 의미를 가진다고 할 수 있다(함혜근, 2017).

제3절 노화에 대한 태도

이론에 의하면, 자신의 노화에 대한 태도는 이미 삶의 초반인 아동기에 형성되어, 성인기 동안 노화에 대한 부정적인 사회적 고정관념에 지속적으로 노출됨에 따라 점차 강화되며, 점차 나이가 들어갈수록 노화에 대한 부정적인 고정관념은 자아와 연결(relevant)되어, 궁극적으로 자기고정관념화(self-stereotyping)의 과정을 통해 내면화된다(최은영, 2018).

1. 주관적 노화

주관적 노화는 크게 주관적 연령, 노화에 대한 태도(attitudes toward own aging)로 두 가지로 분류할 수 있다(최은영, 2018).

첫 번째는 주관적 연령(subjective age 또는 felt age)으로, 개인의 주관적(예: 느끼거나 인지하는) 나이와 역연령(chronological age)의 차이를 지칭한다.

선행연구 결과에 따르면, 주관적 연령이 젊을수록, 즉 본인의 실제 연령보다 젊게 인지할수록 건강수준과 심리적 안녕감이 더 높은 것으로 나타났다(Kleinspehn-Ammerlahn, Kotter-Grühn, & Smith, 2008; Stephan, Chalabaev, Kotter-Grühn, & Jaconelli, 2013; 최은영 2018 재인용).

주관적 연령은 간명성이 가장 뛰어나다는 점에서 주관적 노화 연구에서 널리 사용되고 있다. 그러나 일각에서는 주관적 노화 개념이 가지는 다차원성과 복합성을 고려했을 때, 단일차원의 주관적 연령은 포괄적인 현상을 반영하지 못한다는 의견을 제기하였다. 다시 말해, 삶의 영역에 따라 상이하게 나타날 수 있는 주관적 노화의 현상(예를 들어 가족 영역에서 주관적 노화는 신체적 혹은 직장과 관련된 영역에서의 노화와 다르게 진행될 수 있음)을 주관적 연령은 충분히 설명하지 못한다는 것이다(최은영, 2018).

두 번째 노화에 대한 태도란 자신의 노화에 대한 인식이나 평가이며(Levy, 2009), 노화에 대해 일관성 있게 긍정적이거나 또는 부정적으로 반응하도록 하는 학습된 신념도 노화에 대한 태도라 한다(류희선, 2004; 박영화, 2019 재인용). 또한 노화에 대한 태도는 나이를 먹는 과정에서 형성되는 자아상이며(Sijuwade, 2009), 로우튼(Lawton, 1975)은 나이 듦에 따라 신체적, 심리적, 사회적 변화를 경험하게 되는 과정에서 자신의 삶이나 상태에 의미를 부여하며 주관적인 인식을 갖게 되는 것이 노화에 대한 태도라 하였다(박영화, 2019 재인용). 그러므로 노화에 대한 태도로 노화와 동반되는 다양한 삶의 영역에 어떤 태도를 형성하는지를 살펴볼 수 있으며(최은영, 2018), 인간은 자기 자신의 노화 과정을 회고(reflect)할 수 있는 능력을 지닌다. 따라서 나이가 듦에 따라 자신의 생물학적, 사회적, 심리학적 복잡한 변화에 의미를 부여하게 된다. 즉, 개인이 노화와 연령에 대해 어떻게 인지하고, 해석하고, 경험하는지가 생물학적, 환경적 요인과 더불어 노화의 진행에 유의한 영향을 준다(최은영, 2018). 주관적 노화 연구는 인간이 늙어간다는 것에 대해 특정한 기대나 태도를 견지한다는 생각에서 출발하여, 그러한 태도가 노년기 발달과 직접적인 관련을 가짐을 밝혀왔다. 자신의 노화에 대한 태도는 자신의 노화에 만족하고 있는 정도를 반영하고, 노화와 함께 일어나는 변화에 잘 적응하고 있는지를 나타내는 것이며(Levy, 2009), 자신의 노화에 대한 태도는 정서적, 인지적, 행동적 측면에서 지각하고 평가하는 것이다(이미진, 2012; 박영화, 2019 재인용).

주관적 노화는 나이에 따른 신체적·심리학적 기능과 밀접한 연관을 맺고 있다. 자신의 노화 과정에 대한 긍정적인 표상을 형성할 경우 더 좋은 신체·정신적 건강과 주관적 안녕감을 보유하는 것으로 나타났다(Whitbourne & Freeman, 2011; 최은영, 2018 재인용).

선행연구 결과에 따르면, 주관적 연령이 젊을수록, 즉 본인의 실제 연령보다 젊게 인지할수록 건강 수준과 심리적 안녕감이 더 높은 것으로 나타났다(Stephan, Chalabaev, Kotter-Grühn, & Jaconelli, 2013; 최은영, 2018 재인용). 이미진(2012)의 중년층의 노화에 대한 종단적 변화 연구에서 중노년층의 본인의 노화에 대한 태도는 시간이 지남에 따라 부정적으로 변화하는 것으로 나타났다. 또한 고연령 집단일수록, 무배우일수록, 농촌지역 거주자일수록, 교육 수준이 낮을수록, 사회활동의 수가 적을수록, 주관적 경제 상태에 여유가 없을수록, 주관적 건강 상태가 나쁠수록 중노년층의 본인의 노화에 대한 초기 태도는 부정적인 것으로 나타났다(이미진, 2012).

노화에 대한 태도가 긍정적이거나 부정적일 때 신체적, 심리적, 사회적 관계에 영향을 미치는 것으로 나타났고 노화에 대한 태도가 건강 수준이나, 건강증진 생활양식에 영향을 미쳐 노년의 좋은 삶의 질이나 성공적 노화에도 영향을 미치는 것으로 나타났다(박영화, 2019).

2. 노화에 대한 태도 예측요인

1) 인구통계학적 요인

노화에 대한 태도를 예측하는 요인으로 인구통계학적 요인(성별, 나이, 교육 수준, 거주지역, 배우자 유무)을 살펴보면 다음의 표 4-1과 같다.

표 4-1 노화에 대한 예측요인

예측요인	요인	내용
인구통계학적 요인	성별	· 여성의 경우 남성보다 부정적인 노화에 대한 태도를 지닌다는 연구 결과가 존재한다. · Kite et al.(2005)에 의하면, 여성이 남성보다 노년기 진입 연령을 더 이르게 인지하며 특히 신체적인 외모 변화에 대해 부정적으로 인지하는 경향이 높다.
	나이	· 기존의 선행연구에서는 대체로 나이는 노화에 대한 태도와 부적인 관계를 맺고 있는 것으로 나타났다. 특히 고령자는 다른 연령층, 그중에서도 특히 중년층에 비해 노인에 대해 부정적인 태도를 보유하는 것으로 나타났다.
	교육 수준	· 높은 교육 수준을 보유할수록 노화에 대한 태도는 긍정적인 것으로 보고되고 있다. Jang 외(2004)는 한국의 지역사회에 거주하는 노인을 대상으로 연구를 진행하였는데, 교육 수준이 낮을수록 본인의 노화에 대해 부정적으로 인지하고 있었다. · 한편, Moser, Spagnoli, & Santos-Eggimann(2011)이 스위스의 65~70세 노인을 대상으로 진행한 종단연구에서 교육 수준은 노화에 대한 태도와 유의한 관련이 없는 것으로 나타나 문화 간 차이가 있는 것으로 사료 된다.
	거주 지역	· 거주지역과 노화에 대한 태도의 관계는 연구마다 상이한 결과를 보이고 있다. 최성재(2009)의 질적 연구 결과에 따르면, 도시지역에 거주하는 사람에 비해 농촌지역 거주자의 경우 노후에 대해 더 부정적인 인식을 보유한 것으로 나타났다. · 하지만 일부 해외 선행연구 결과에 따르면 도시 지역 거주자보다 농촌지역에 거주하는 고령자의 노화에 대한 태도가 더 긍정적이라고 밝혀졌다.

예측요인	요인	내용
	배우자 유무	· 정영미(2005)의 연구 결과에 따르면, 배우자가 없을수록 노화에 대해 부정적인 태도를 지니는 것으로 나타났다. · 그러나 배문조(2009)와 Jang 외(2004)가 진행한 연구에서는 배우자 유무와 노화에 대한 태도 관계에서 통계적인 유의성이 발견되지 않았다.

출처: 최은영(2018). pp. 15-16 재구성.

2) 건강 요인

노화에 대한 태도를 예측하는 요인으로 건강 요인(기능 제한, 만성질환 수, 주관적 건강 상태)을 구체적으로 살펴보았다.

표 4-2 건강 요인

예측요인	요인	내용
건강 요인	기능 제한	· 일상 기능 제한이 심할수록 부정적인 노화에 대한 태도를 견지한 것으로 나타났다(송인경, 2016). · 최은영(2018)의 연구에서도 노화에 대한 하위 영역별로 일상생활 능력 변수와의 상관관계도 살펴보았는데, 일상생활이 제한과 심리사회적 상실은 정적상관을, 신체적 변화와 내면적 성숙은 부적상관을 보였다.
	만성질환 수	· Moser 외(2011)가 스위스의 노인들을 대상으로 실시한 종단연구에서는 만성질환 유병이 본인의 노화에 대한 부정적인 태도와 관련 있는 것으로 나타났다. · 국내에서 진행된 연구에서도(송인경, 2016) 보유한 만성질환 수가 많을수록 노화에 대해 부정적인 태도를 형성하는 것으로 나타났다.
	주관적 건강 상태	· Macia 외(2009)는 건강 상태가 양호한 경우, 신체 및 인지적 측면의 노화현상을 덜 자각하게 되며, 본인의 노화에 대해서 보다 긍정적인 태도를 가지게 된다고 언급하였다. 다수의 선행 연구에서는 이에 대한 실증적 증거를 제시하였는데, 주관적 건강 상태가 좋을수록 노화에 대한 태도가 긍정적인 것으로 나타났다.

출처: 최은영(2018). pp. 12-14 재구성.

3) 사회경제적 요인

노화에 대한 태도를 예측하는 요인으로 사회경제적 요인을 사회참여 수준, 경제 수준, 경제 활동 여부를 살펴보았다.

표 4-3 사회경제적 요인

예측요인	요인	내용
사회경제적 요인	사회참여 수준	• 사회 활동이 활발할수록 긍정적인 노화에 대한 태도를 지니는 것으로 나타났다(이미진, 2012). 특히, 해당 연구에서 사회활동은 경제적 변인과 건강 변인을 통제하고 나서도 노화에 대한 태도에 긍정적인 영향을 주는 것으로 나타났다.
	경제 수준	• 소득 수준 등의 경제적 자원이 결여될수록 노화에 따른 부정적인 경험이나 연령차별에 노출될 위험이 크다. 이지영(2008)은 자아상이 부정적인 노인의 경우, 경제적 상태가 하류층에 속한다는 것을 밝혔다.
	경제활동 여부	• 경제활동 여부와 노화에 대한 태도의 관계를 직접적으로 살펴본 연구는 제한되어 있다. 관련된 연구로, 권중돈과 손의성(2010)은 중고령자가 경제활동에 참여할수록 본인 스스로를 생산적으로 인식하게 된다는 점을 밝혔다.

출처: 최은영(2018). pp. 15-16 재구성.

제4절 노화 이론

'늙음'이란, 몸의 조직과 기능이 소모되어 낡아져 가고 있음이며, '노화'란 정신적·신체적 기능의 감퇴·쇠퇴를 말한다. 우리나라는 개인과 사회의 노화 현상을 당연하고 쉽게 받아들이는 경향이 있다(방준석, 2021).

인간이라면 누구나 필연적으로 마주쳐야 할 숙명인 노화는 상승적 발달을 뜻하는 성장이나 성숙과는 대립되는 개념으로, 시간의 흐름에 따라 유기체에 나타나는 생물학적, 심리적 및 사회적 측면에서의 퇴행적 발달을 뜻한다(권중돈, 2012; 여미옥, 2013: 이영애, 2018 재인용).

노화로 규정하려면(헬스조선, 2014) 첫째, 그 현상이 모든 개체에 예외 없이 일반적으로 발생해야 한다. 즉, 특정인에게만 생기는 현상은 노화현상이 아니고 질병이라고 해야 한다. 둘째, 인체 내부에서 일어나는 현상이어야 한다. 균에 감염되거나 교통사고, 독극물 오염 등과 같이 외부적 요인에 의해 일어나는 것은 노화현상이 아니다. 셋째, 점진적으로 발생하고 진행하는 현상이지 어느 순간 갑자기 일어나는 현상은 노화현상이 아니다. 넷째, 궁극적으로 육체적·인지적 기능이 떨어지는 현상이 동반되어야 한다(헬스조선, 2014).

노화에 대한 이론은 생물학적 노화 이론, 심리학적 노화 이론, 사회학적 노화 이론이 있는데 이를 구체적으로 살펴보면 다음과 같다.

1. 생물학적 노화 이론

생물학적 노화 이론은 여러 가지가 있으나 본서에서는 마모이론 유해산소이론, 프로그램이론, 면역이론을 중심으로 구체적으로 살펴보면 다음과 같다.

1) 마모이론

마모이론은 인간의 몸은 기계와 같아 몸과 세포들을 계속 쓰면 손상이 되어 노화가 일어난다는 이론으로, 오래 탄 자동차의 엔진과 부품이 마모되듯이 우리 몸도 계속 쓰면 낡고 망가진다는 것이다(이정연, 2022). 인체의 어느 부위가 충분히 닳게 되면 기능이 저하된다는 견해인데, 세포의 마모 현상은 내적, 외적 스트레스에 의해 가중된다(방준석, 2021). 즉, 노화는 인간의 신체 기관이 시간이 지남에 따라 마모되기 때문에 일어난다고 가정한다(윤경아 외, 2012).

2) 유해산소이론(산화기이론)

노화에 대한 유해산소이론은 또는 산화기(free radical) 이론은 하먼(Harman)에 의해 제안되었다. 고도로 불안정한 세포구성물질의 증가로 세포가 비정상적으로 성장하여 노화가 진행된다는 견해로서 산화기 생산을 억제하고 복구하는 과정보다 산화기 축적이 더 빠르면 노화가 진행된다는 것이므로 아동기부터 식이와 환경을 조절하거나 특정 약물을 사용하여 노화를 지연시키는 것이다(방준석, 2021). 체내에서의 손상은 유해산소가 축적되어 세포조직에 손상을 끼칠 때 비로소 일어난다(윤경아 외, 2012).

활성산소는 주로 세포 내 대사 또는 염증반응의 일환으로 발생하며, 산화력이 강한 맹독성 분자로 체내의 다른 물질과 결합해 세포를 노화시킨다(한정란, 2015).

3) 프로그램이론

유전정보를 담고 있는 DNA에 우리 몸이 늙어가도록 프로그래밍되어 있다는 이론으로, 인간이 얼마나 오래 살고, 얼마나 빨리 노화되는지 이미 유전적으로 결정되어 있다는 것이다(이정연, 2022). 유기체가 나이가 들수록 세포분열 횟수가 증가하여 특정한 형태로 변화되며 이러한 변화는 예측이 가능하다는 점에서 노화 과정이 사정에 유전적으로 프로그램되어 있다는 주장이다(윤경아 외, 2012).

4) 면역이론

면역이론은 파괴되지 못한 이물질의 부작용으로 노화를 촉진한다(박성희, 2015). 노화에 관한 면역이론은 질병을 인지하고 싸우는 면역체계의 능력이 나이가 증가함에 따라 감소된다고 전제한다(Miller, 1990; 윤경아 외, 2012 재인용). 비정상세포는 지지되지 않을 가능성이 크고 결국에는 주요 생리체계기능의 손상으로 유도하여 만성질환상태를 초래하게 된다(윤경아 외, 2012).

2. 심리학적 노화 이론

노화 이론에서 심리학적 노화 이론의 영역은 자아개념, 생활 만족, 성공적 노화 등에 관한 것으로 이를 구체적으로 살펴보면 다음과 같다.

1) 자아개념이론

자아개념이론이란 다른 사람들과의 상호작용으로부터 나는 어떠한 사람인가에 대한 자아개념을 갖게 되고, 그러한 자아개념이 그 개인의 행동에 영향을 미친다는 이론이다(윤경아 외, 2012). 이 이론은 노인에 대한 차별의 경험은 자아존중감과 통제력에 대한 유해한 영향을 끼쳐서 미래에 대한 부정적 기대감을 유발하며, 또한 지각된 차별은 무시된 집단구성원들의 심리적 안녕에 부정적 영향을 미친다고 가정하는 정체이론과 일맥상통한다.

2) 발달과업이론

발달과업이론의 대표적인 학자인 에릭슨은 그의 이론에서 노년기에 발달단계의 특징을 자아통합 대 절망으로 설명하였다. 노년기의 발달과업에서 자아통합은 지금까지 살아온 인생 여정에서 후회나 회한으로 절망에 부딪힐 수 있으나, 자신의 한계성을 있는 그대로 용납하고 다가오는 죽음에 대해서도 수용하는 태도를 취하는 것이다. 이에 반해 절망은 삶에서 남은 시간이 없고 다른 삶을 시작하기에는 너무 늦었다는 느낌을 나타내며, 지나온 삶에 대해서도 고통스러움을 느끼고, 죽음에 대해서 공포를 나타낸다. 지혜는 한 시대를 살면서 얻은 지식으로 인생에 대한 초연하면서도 적극적인 관심을 갖는 것을 의미한다. 이 단계에서 실패한 결과는 인생이 무의미하다고 느끼는 것이다(이인정, 최해경, 2008).

3) 성공적 노화 이론

건강하게 잘 늙어가는 삶, 노년기를 성공적으로 보내는 것은 주요 관심사로, 성공적 노화와 관련된 노년학 용어는 기원전 44년 키케로(Cicero)에 의해 훌륭한 노화(good aging)의 본질을 다룬 수필에서 시작된다(최미진, 2019). 성공적 노화란 노화와 관련된 각종 상실의 영향을 최소화하는 반면에 노후의 긍정적인 요소를 극대화하는 것을 의미한다(윤경아 외, 2012). 성공적 노화 이론을 주장한 발테스 부부는 노년기에도 노인이 다른 인생의 시기처럼 발전을 계속할 수 있을 때 성공적인 노화를 경험하게 된다고 주장하였다(박성희, 2015).

3. 사회학적 노화 이론

사회학적 노화 이론은 사회분리이론, 활동이론, 연령계층이론, 현대화이론, 지속이론, 사회교환 이론 등이 있는데 이에 대한 구체적인 내용은 6장 노인학습자의 사회적 특성과 사회적 노화이론에서 사회학적 노화 이론에 근거한 노인교육의 필요성과 연결하여 제시하였다.

제5절 성공적 노화

성공적 노화는 1980년대 이후 소개된 개념으로, 1980년 중반에 이르기까지 노년학 연구에서는 생물학적 노화, 심리적 무기력, 장애, 질병, 사회적 의존성 등 노화의 어두운 측면 연구에 편중하는 경향이 강하였다(이규석, 2018). 그러나 점차 노인 인구가 증가함에 따라 건강하게 되고 경제적 여유가 생기면서 노인들의 지적 수준이 높고 사회활동에 왕성하게 참여하는 노인 인구의 증가에 따라 노화의 긍정적인 측면, 즉 성공적인 노화에 연구자들이 관심을 기울이게 되었다(권중돈, 2010; 이규석, 2018 재인용). 노인 시기는 많은 변화를 초래하는데, 신체적, 정신적, 사회적으로 부정적 측면에서의 변화이다. 노인기의 부정적 병리 현상에 노출되지 않기 위해서는 적절한 신체활동을 통한 신체적 건강과 안정된 정서 나아가 지속적인 사회활동에 참여하여 성공적 노화를 이끌어야 한다(함혜근, 2017).

성공적 노화가 관심을 받게 된 것은 1986년 미국 노년 사회학회에서 성공적 노화라는 주제를 채택하면서 시작되었고, 특히 로우와 칸(Rowe & Kahn, 1987)이 발표한 논문 '인간노화'가 성공적 노화 연구에 촉매제 역할을 하였다(현외성, 2010; 신해윤, 2021 재인용).

1. 성공적 노화 개념

성공적인 노화에 대한 준거는 문화적, 사회적 배경에 따라 각기 다양한 시각에서 볼 수 있다(김진숙 외, 2018).

로우와 칸(Rowe & Khan, 1998)은 성공적 노화란 신체적, 정신적, 사회적으로 안정된 품위를 지키며 나이 드는 것으로 정의하며 규칙적인 신체활동, 강한 사회적 지지 체계, 그리고 삶에 대한 도전에 대처할 수 있는 믿음을 강조하였다(함혜근, 2017 재인용).

성공적 노화(successful aging)란 노화와 관련된 각종 상실의 영향을 최소화하는 반면에 노후의 긍정적인 요소를 극대화하는 것을 의미한다(윤경아 외, 2012).

글래스(Glass, 2003)는 인지적, 사회적, 정서적 기능을 유지하고 삶의 질과 질병이 없는 상태로, 엘리자베스 등(Elizabeth et al., 2004)은 신체적, 심리 및 사회적 건강을 압축하는 다차원적인 결합체를 성공적 노화로 정의하였다(최미진, 2019 재인용).

2. 성공적 노화 모델

발테스와 발테스(Baltes, P. B. & Baltes, M. M., 1990)는 전 생애발달 심리학 관점에서 보상을 수반한 선택적 적정화 모델을 제안하였는데, 발테스와 발테스(1990)는 이 모델을 통해 개인이 노화과정에서의 변화에 어떻게 적응하는지를 세 가지 과정으로 설명하고 있다(함혜근, 2017).

첫째, 노인들은 노화와 관련된 변화에서 활용 가능한 기능을 선택하며, 이는 자신의 만족감과 통제력을 유지하기 위해 조절하는 개인적 적응을 보여주는 것이다.

둘째, 선택한 기능을 희망하는 수준으로 최대화하는 적정화 과정을 거치며, 이는 노인들이 이러한 과정을 지속적으로 수행할 수 있는 역량을 가지고 노화와 관련된 변화를 조절하여 성장하는 잠재력을 가지고 있음을 의미한다.

마지막으로 보상은 선택한 상황에 대한 효율성이 감소할 때 학습, 보조기구, 외부적 도움 혹은 심리적 보상 기제 등으로 상실을 보상하는 전략을 이용하는 것이다.

로우와 칸(1998)은 적극적이고 지속적으로 인생 참여를 통해 성공적인 노년기를 영위해야 한다는 사회참여모델을 제시하였다. 이는 성공적 노화에는 세 가지 주요한 행동 특성이 나타나는데, 첫째, 질병에 의한 장애 위험이 적고, 둘째, 높은 수준의 인지기능 유지 및 신체기능 유지, 마지막으로 적극적인 인생 참여를 성공적 노화의 지표로 보는 활동적인 노년을 강조하면서 노화를 발달과 성장을 포함한 긍정적 관점으로 제시하였다(최미진, 2019).

3. 성공적 노화의 변인

발테스와 발테스(1990)는 성공적 노화 지표를 7가지로 제시하였는데, 그것은 수명 및 신체적 건강, 정신적 건강, 인지적인 효능, 사회적 유능성, 생산성, 개인적인 통제, 성공적 노화로 구성된다고 보았다(이규석, 2018). 홍현방은 성공적 노화에 관한 구성 요소들을 심도 있게 연구하였는데 그에 따르면, 성공적 노화는 일차원적인 것이 아니라 다차원적이며 심리적인 발달 차원으로 자아개념과 통제감, 사회적 관계 차원으로 사회적 접촉, 가족과의 접촉, 신체적인 건강과 정신적 건강으로 구성된다고 보았다(이규석, 2018).

김진숙 외(2018)는 성공적인 노화에 대한 요소들을 다음과 같이 제시하였다.

표 4-4 **성공적인 노화 요소**

노화 요소	내용
신체적 건강	• 질병이 없고 건강한 상태로 일상적인 활동과 가벼운 운동을 스스로 할 수 있는 수준의 건강한 신체이다.
경제적 안정	• 은퇴 후 경제활동을 지속하지 않더라도 개인 또는 부부가 사용할 수 있는 정도의 충분한 재산을 말한다.
삶의 적응력	• 가족이나 친지를 의존하지 않고 자기 스스로 독립적인 생활을 하며 살아갈 수 있는 능력이다.
가족의 결속	• 노인에게는 자기 문제 외에 가족 문제, 그리고 가족과의 관계 문제가 성공적인 노화의 중요한 요소가 된다.
심리적·정서적 안정감	• 독립심, 자기효능감, 긍정적 사고, 수용, 적응성, 진취적 사고, 적극적 사고 등이 심리적·정서적 안정감에 영향을 주는 요인이다.

종교적 활동	• 인간은 자신이 어떻게 할 수 없는 부분이나 죽음과 같이 경험해 보지 못하는 것에 있어서 종교 또는 영적인 충족을 필요로 한다.

출처: 김진숙 외(2018). pp. 57-58 재구성.

4. 성공적 노화 사례

성공적 노화 사례에 대해 이보경(2011)의 논문 '창작무용을 통한 성공적 노화 사례분석', 진주아(2022)의 '경로당 활동에 참여한 초고령 노인의 성공적 노화에 대한 이해' 논문을 중심으로 살펴보면 다음과 같다.

창작무용을 통한 성공적 노화 사례분석

본 연구는 여성노인 스스로 보다 만족스러운 삶을 추구할 수 있도록 하며 성공적인 노화를 즐길 수 있도록 하는 데 그 목적을 두었다. 연구방법은 창작무용, 성공적 노화에 대한 선행연구를 분석하고 성공적 노화 요소들에 중점을 두고 본 교육을 진행하였다. 그리고 창작무용을 적용 시 직접 참여관찰하고 비디오 녹화, 관찰일지, 지도자 반성일지와 개별 심층 면담을 통해 노인들의 신체, 인지, 정서, 사회적 측면의 변화를 귀납적 범주 분석방법으로 분석한 결과(「살맛 나는 세상」, 「70은 청춘」, 「우리의 놀이터」, 「꽃은 피고 진다」), 다음과 같은 결론을 얻을 수 있었다.

첫째, 창작무용이 여성노인들의 정서적, 사회적 측면에 영향을 미친다는 점이다. 창작무용을 연구 참여자에게 적용한 결과, 이들은 그룹 활동을 통해 집단 속에서 신선한 경험을 나누면서 서로의 친밀감을 형성하고, 타인과의 신체적 접촉을 통해 외로움과 고독감을 없애고, 따뜻하고 편안한 기분으로 행복감을 느끼게 되었다. 그리고 상대방을 믿고 의지한다는 것이 어떤 것인지 알게 되어 타인과의 신뢰감에 긍정적인 반응을 보였으며, 이러한 결과는 삶의 의욕 상승과 원만한 대인관계의 향상으로 긍정적인 정서를 가지게 되어 생활만족도 역시 향상되었음을 의미하는 것으로서 우울, 소외감, 무력감 등의 감소를 통한 새로운 심리형성이 이루어짐을 나타낸다. 이는 창작무용으로 인해 성공적 노화의 요소 중 삶의 의욕, 대인관계, 생활만족이 여성노인들의 삶에 긍정적인 변화가 될 수 있다는 요인임을 의미한다.

둘째, 본 연구의 참여자인 여성노인은 창작무용을 통해 신체, 정서, 사회적인 면에서 변화가 있었다. 창작무용을 적용한 결과, 자신이 느끼는 무력감과 존재 가치의 상실로 인한 자신감 저하를 자유로운 공간 안에서 자율적으로 움직임으로써 심리적인 건강과 신체적, 인지적 자신감의 향상으로 인한 정서적 안정과 적극적인 태도를 보였으며, 자신을 표현하는 것과 사람들 앞에서 발표하는 것에 대한 두려움은 사라지고 점차 자신감이 회복되어 긍정적인 기분을 경험하였다. 이러한 결과들은 선행연구의 결과와도 일치하며, 창작무용이 여성노인들에게 성공적 노화의 요소 중 자아존중감, 자율성, 독립심이 향상되어 전체적인 자신감에 있어 긍정적인 정서로 변화되어 생활 전반의 만족과 남은 노후를 위한 가장 중요한 요인임을 의미한다.

셋째, 창작무용 적용 시 여성노인들은 신체적, 인지적, 정서적, 사회적인 면에서 변화가 있었다. 연구 참여자들은 건강의 가치에 대한 인식과 신체적 건강뿐 아니라 노인의 기억과 회상 등 정서를 이용한 창작무용을 통해 긴장이 해소되고, 신체적, 인지적 자신감과 경험해 보지 못한 감정 내부의 변화를 점진적으로 지각하는 계기를 갖게 되었다. 이러한 결과는 창작무용이 여성노인들에게 긍정적인 신체지각, 대인관계, 긍정적 사고, 적극적인 사고방식, 자기표현력 향상, 신체적 건강 유지, 인지적 자기조절 능력강화로 긍정적 정서가 향상되는 등의 다양한 형태로 나타난 것이다. 그리고 이와 같은 요인들은 성공적 노화의 요소 중 신체, 인지적 능력의 향상과, 이를 통해 긍정적인 신체와 정서 변화를 줄 수 있는 것을 의미하며, 다른 선행연구의 결과와도 일치함을 보여주고 있어 본 연구의 일정한 의미를 가진다.

넷째, 본 연구 참여자인 여성노인들은 정서적, 사회적인 면에서 변화가 있었다.
연구 결과, 종교와, 가족에게 의존하며, 절망적이고 부정적인 사고를 가지고 있었던 노인들은 창작무용을 통해 타인과의 대화로 원만한 대인관계를 형성하면서 긍정적인 정서로 향상되어 더 나은 삶과 인생에 대한 적극성, 그리고 자신이 죽음을 향한 존재라는 것을 인정하며 죽음이라는 것에 대해 수용하는 태도로 변화되었다. 이러한 결과는 창작무용이 여성노인들에게 심리적 안녕감과 긍정적인 마인드 형성에 관련이 있음을 의미하고 죽음 수용에 관한 중요한 요인이 되며, 이러한 요인들은 여성노인들의 노후에 활력을 주는 요인이 된다는 점에서 노인복지시설에서는 이런 요인들을 형성하는 창작무용에 대한 방안을 적극적으로 고려해야 할 것이다.

결론적으로 창작무용은 직접 주제를 선정하여 그 사람만의 독특한 방법으로 그 주제에 맞는 동작을 함으로써 신체 움직임만을 중요시하는 무용프로그램과는 달리 현재의 감정, 내적인 경험이나 생각 등을 포함한 자기표현의 활동으로 보다 흥미와 즐거움을 느끼고 신체, 인지, 정서면에서 자신감이 향상된다. 다시 말해 모방적이지 않고, 생활 속에서의 내적인 경험을 외부로 진실하고, 순수하게 표현하며 본능적인 욕구인 단순표현이 아니라 내적 깊이를 상상, 즉흥, 회상을 통해 표현시킴으로써 자신감을 통한 자아의 발견이나 창의적 활동을 통한 지적 능력 향상을 나타내어 주고, 원만한 대인관계를 통해 정서건강을 회복시켜주어 사회성이 향상되고, 노인들에게 무리가 되지 않는 자신만의 움직임으로 신체적 건강 유지에도 도움이 됨으로써 본인 스스로 만족하는 삶, 즉 성공적으로 남은 노후를 즐길 수 있는 것이다.

이보경(2011).

경로당 활동에 참여한 초고령 노인의 성공적 노화에 대한 이해

본 연구의 목적은 첫째, 점차 높아지고 있는 고령인구의 비율 중 초고령 노인이라는 인구 집단에 대하여 탐색하고 그들이 근거리 복지체계인 경루당 참여 활동에 대한 경험을 이해하는 것이다. 둘째, 경로당 참여 활동을 통해 초고령 노인이 경험하는 성공적 노화는 어떠한지 심층적으로 탐색해보는 것이다. 셋째, 경로당이 초고령 노인을 위한 사회복지서비스 전달 체계로써 실천 개입 전략과 정책방안을 모색해보는 것이다.

연구 참여자는 전라남도 M시, M군, H군에 있는 80세 이상의 17명 노인이다. 이들은 경로당 활동에 적극적이고 모범적인 대상자들로 각 지역의 경로당프로그램 관리자에게 추천받아 선정하였다. 연구방법은 질적 사례연구로 집합적 사례연구 방법으로 접근하여 분석하였다. 이는 경로당을 이용하고 있는 초고령 노인의 서로 다른 관점들에 대하여 비교 대조하며 다중 사례의 공통적인 경험을 도출할 수 있기 때문이다.

본 연구의 결과는 다음과 같다.

첫째, 80세 이상 초고령 노인에게 경로당 참여경험은 '기운 없고 지루한 초고령 노인에게 안식과 활력을 제공하는 삶의 거처'라는 상위주제로 도출되었다. 이에 대한 하위범주는 '근거리에 있는 초고령 노인의 안식처이자 삶의 동무 같은 곳'이며 '여유와 건강을 함께 누릴 수 있는 즐거움'이었다.

둘째, 경로당 참여 활동을 통해 80세 이상 초고령 노인이 경험하는 성공적 노화는 '활기 있는 삶의 공동체를 통해 주체적이고 기능적인 장수를 누리는 성공적 노화'라는 상위주제로 나타났다. 하위범주는 5가지로 '삐걱거리는 몸과 마음을 부드럽게 회복시켜주는 윤활유'와 '공감과 소통으로 마음의 응어리가 해소되며 동지애를 통한 위로와 회복', '삶의 의지와 열정으로 잠재력을 극대화', '도움받는 노인에서 도움 주는 노인', '경제관에 대한 주체적인 생각과 직면의 기회'로 나타났다.

셋째, 성공적 노화를 이루기 위한 연구 참여자들의 실천적 제안은 '초고령자들을 위한 경로당의 규모 있는 사회복지서비스 기능과 지역공동체 센터 기능 확대 및 확장'이라는 상위주제로 도출되었다. 하위범주는 '근거리 시설만 이용 가능한 초고령자를 위한 경로당 사회복지서비스 기능 확대', '따로가 아닌 지역사회와 함께'로 나타났다.

본 연구는 초고령 노인의 성공적 노화를 이루기 위해 실천적 경로당 참여 활동을 심층적으로 이해하고 초고령 노인을 위한 복지서비스체계로 실천 전략과 정책 방향을 제시하였다는 점에 큰 의미가 있다. 또한, 사회적 접근성이 낮은 초고령 노인의 성공적 노화를 위하여 그들의 근거리 노인여가복지시설인 경로당을 활성화해 복지서비스 전달 체계로 보완해야 함을 시사한다.

진주아(2022).

연구문제

1. 현대사회에서 노인을 한 마디로 개념적으로 정의하기 어려운 점에 대해 논의해 봅시다.

2. 다양한 노화 이론에서 이론의 장단점에 대해 논의해 봅시다.

3. 성공적인 노화를 위한 노인의 다양한 사회활동 참여에 대해 논의해 봅시다.

CHAPTER 05

노인학습자의 신체적·심리적 특성

개요

노년기는 인간 발달과정에서 최종단계로 이 단계에서는 신체적, 심리적, 사회적인 측면에서 그 능력이나 적응성이 퇴화현상을 나타나게 된다. 노년기는 신체적, 사회적으로 상실에 직면하는 시기로, 노인학습자의 특성을 알아보기 위해서는 노년기의 발달적 변화인 생물학적, 신체적, 심리·사회적 발달과정에서 나타나는 여러 변화에 대해 구체적으로 살펴볼 필요가 있다. 또한 노인의 학습 능력에 영향을 주는 요인을 알아보고자 한다. 이를 통해 노인교육의 대상자로서의 노인학습자의 발달적 이해를 높일 수 있다.

학습목표

1. 노인의 신체적 변화 양상을 이해한다.
2. 노인의 심리적 변화의 특성에 대해 이해할 수 있다.
3. 노인의 학습 능력에 영향을 주는 요인을 파악한다.

주요용어

노인의 신체적 특성, 노인의 심리적 특성, 노년기 자아존중감

제1절 노인학습자의 신체적 특성

노인이란 노화의 과정이나 결과로서 생리적, 사회적, 심리적 기능이 약화되어 환경에 대한 적응력과 자립적 생활능력이 약화되고 있는 사람으로 심리적, 사회적, 육체적 변화 등으로 다양한 공통된 특성을 보이면서 노년의 단계에 이르게 된다(강희성, 2016).

노인학습자들은 노화의 과정에서 나타난 신체적 변화로 노인교육의 실천에 영향을 미치는데 다음과 같은 변화 등을 발견할 수 있다.

1. 노인의 신체적 변화

생물학적인 노화는 모든 사람에게 보편적으로 나타나는 현상으로, 연령의 증가에 따라서 노인은 신체를 구성하는 세포 조직들의 재생 능력이 퇴화하면서 신체적 기능이 저하되기 시작한다. 이러한 현상들은 여러 가지의 질병이 발생하는 원인이 되기도 하고, 근육이나 골격이 위축되면서 신장이 줄어든다(이인정, 최해경, 2008; 이혜정, 2021). 또한, 등이나 허리가 굽어지면서 피하지방 또한 감소되어 전신이 마르고, 체중도 줄어 주름이 많아지면서, 신경계에서는 자극에 대한 반응속도가 느려진다. 내장기관 또한 면역력이 저하되면서 관절염이나 고혈압, 당뇨병, 심혈관질환, 심장질환, 폐질환 등 만성질환의 질병에 대한 감염도가 높아지면서 소화기의 기능도 떨어지게 된다(Ashby-Mitchell, Eldemire-Shearer, & Donaldson-Davis, 2021; 이혜정, 2021 재인용).

1) 감각

감각과 지각과정이란 눈과 코, 귀, 피부를 통해 들어온 환경자극들이 뇌로 전달되어 의미가 부과되고 해석되는 과정이다(송선희 외, 2016).

나이가 들어감에 따라 놀이나 운전, 질문에 대한 반응시간이 느려지는데, 대부분의 감각 기능은 노년기에 쇠퇴하지만 그 속도는 개인에 따라 차이가 있다(기영화, 2015; 최운실 외, 2017). 청각과 시각 등의 감각 능력의 감소로 노인의 행동범위가 좁아지게 되거나 환경으로부터 자극이 적어지며 고립화를 쉽게 느낄 수 있게 된다. 그 결과, 일방적으로 사물을 해석하거나 의심을 하게 되거나 왜곡된 생각하기가 쉽다(이혜정, 2021).

시각기능의 경우 대부분의 노인이 시력저하를 경험하지만 보통의 안구 노화로 인한 시력감퇴는 60세 무렵부터는 대체로 더 이상 진행되지 않는 것으로 알려져 있다(최운식 외, 2017). 미각과 후각 역시 개인차가 있지만 대체로 60세 이후의 노년기에는 미각이나 후각의 정확성이 떨어져 어떤 음식을 먹어도 맛있게 느끼기가 어려워져, 미각의 둔감성으로 인해 짜게 먹게 되는 경우도 자주 발생한다(최운실 외, 2017).

청각 기능은 시각보다 느리게 진행되지만 청력 감퇴는 대인관계에서 의사소통이 되지 않아 많은 문제를 일으킬 수 있기 때문에 적절한 보청기의 사용이 필요하다(송선희 외, 2016).

노년기에는 체력에 따른 손실과 함께 감각기능의 저하와 동작이나 자세 유지에 관여하는 중추신경계의 기능이 감퇴하면서 평형능력이 현저히 저하되어 낙상을 경험하게 된다(Spirduso, Francis, & MacRae, 2005; 이혜정, 2021 재인용).

2) 신체

노화는 신체구조와 기능의 약화로 생활에 있어서 기운이나 활력이 상실되고 면역력의 약화로 질병에 저항력을 잃게 만드는 노화과정을 의미한다(최문정, 2010; 함혜근, 2017 재인용).

기능적인 측면의 약화와 면역력의 감소에 따른 부정적인 결과를 초래할 수 있는 가능성을 전제로 하고 있다. 이러한 신체노화로 인해 신체의 수분, 칼슘 함량이 감소하게 되면서 골다공증의 위험이 높아지고 만성질환들을 자주 경험하게 된다. 일반적으로 연령이 증가함에 따라 노화로 인한 신체 각 기능의 조정 능력이 감소하거나 쇠퇴하게 되어 생물학적인 변화가 발생한다(함혜근, 2017). 또한 노화가 진행되면서 머리카락은 세포 수의 감소로 인하여 하얗게 변한다. 피부의 주름이 노년기가 되면서 더욱 깊어지는 것은 지방을 분비하는 피지선이 감소하게 되고 이에 따라 65세 이상이 되면서 피부 각질이 변화하여 피부가 거칠어지고 탄력성이 떨어지는 현상이 급격하게 늘어나기 때문이다(최운실 외, 2017).

3) 근육 체계

노인은 신체의 노화현상과 더불어 신체활동의 저하로부터 발생되는 근력의 약화 현상은 노인의 일상생활과 운동성을 제한하게 된다. 따라서 노인의 골격과 근육은 더욱 쇠퇴하고, 이는 신체 근력의 약화를 초래하면서 악순환이 반복적으로 형성되면서 일상생활에도 영향을 미치며, 삶의 질도 저하시킨다(Clark et al., 2021; 이혜정, 2021 재인용).

또한, 노인은 나이가 들어가면서 노화에 의해서 신체적 특징 중에 건강과 관련되어 체력적인 부분인 근력, 근지구력, 심폐지구력, 유연성 등과 평형성, 순발력, 민첩성, 전신 반응시간 등과 같은 신체적인 기능과 관련한 체력적인 부분들과 더불어 근육 손실과 체지방량의 증가와 신체조성의 급격한 변화들이 일어난다(김창규, 배윤정, 이운용, 2000).

4) 소화 체계

소화기관은 인간이 생명을 유지하는 데에 매우 중요한 역할을 하며, 소화기계는 전반적으로 점막, 점막하층, 근육, 장막으로 이루어져 있으며 각각에 동정맥과 림프, 신경이 분포한다. 소화운동, 소화액분비 및 흡수의 기능을 통해 섭취된 음식물을 흡수 가능한 인자로 만들어 신체 내부로 이동시키는 작용을 한다(정옥분 외, 2009; 서울대학교병원, 네이버 지식백과, 2022.12.30 검색). 소화기관은 나이가 들어가면서 소화액의 생성이 감소하고 연동운동도 감소한다.

5) 신경체계

노년기 동안에 뇌에서 일어나는 변화는 뇌무게의 감소, 뇌수의 회백질 감소, 수지상돌기의 밀도감소, 신경세포의 자극전달 속도감소 등이다(정옥분 외, 2009). 노년기가 되면 신경계의 또 다른 변화는 신경단위인 뉴런의 수가 감소하는 것이다. 뇌의 효율성은 적당한 양의 신경전달 물질의 유지 여부로부터 영향을 받는다(정옥분 외, 2009).

제2절 노인학습자의 심리적 특성

노인은 노화로 인해 신체적 구조와 기능들도 점점 점진적으로 면역력이 저하되면서 질병과 만성질환으로 사망에 대한 감수성이 급격하게 증가하게 되면서 쇠약해지는 과정이다(권중돈, 2016). 이러한 노인들의 생물학적 변화와 신체 변화는 노인들에게 우울, 고독감, 소외감, 불안 등의 심리적 문제들을 야기시키고 사회활동의 장애 요인으로 작용하기도 한다. 따라서 노인들의 생물학적 노화현상은 단순히 신체적 기능의 장애뿐만 아니라 인간의 삶의 질 차원에서 매우 중요한 의미를 가진다고 할 수 있다(함혜근, 2017).

한편 노년기는 시간의 변화에 따른 다양한 사회·심리적 변인들에 부정적 변화가 나타난다. 노년기의 특성상 직업에서의 은퇴, 배우자의 사망, 건강상태의 저하, 사회활동 기회의 배제 등으로 부정적 정서를 경험하게 된다.

무엇보다 사회역할의 변화와 자아 상실에서 오는 자아존중감의 감소는 다른 노인 문제를 초래할 수 있다(함혜근, 2017).

1. 인지기능

인지기능은 지식을 얻고 조직하여 이것을 생활에 활용하는 과정으로 원인과 결과 사이에서 자신과의 환경을 정보적 관점에서 이해하는 것을 말한다(추수경, 2010).

인지기능은 일상적이지 않은 환경조건에서 감각기관의 수용과 운동 반응을 선택적으로 처리하고 조절하는 상위적인 인지기능과 주의, 언어, 시공간, 기억과 같은 하위 인지기능을 조절하고 관리하는 관리기능으로 구분할 수 있다(전미숙, 2016; 함혜근, 2017 재인용). 노년기에는 일반적으로 지능이 쇠퇴한다고 보고 있으나, 지능에는 여러 종류가 있으므로 특정 영역의 지능만을 근거로 지능의 약화를 주장할 수는 없다(권중돈, 2014).

노인 시기는 노년기에 필연적인 생물학적 변화 및 육체적 기능 저하를 제외하고는 중년과 동일한 사회·심리적 욕구를 지닌다는 선행연구들을 볼 때 이 시기에 조작적, 지속적 활동이 필수적이라 할 수 있다(Schultz & Heckhausen, 1996; 함혜근, 2017 재인용). 또한 노년기에 이르면 일반적으로 단기기억과 최근 기억의 능력이 약화되며, 암기보다는 논리적인 것의 기억능력이 더 많이 감퇴되는 것으로 알려져 있는데, 보는 것보다는 듣는 것의 기억력이 뛰어나므로 노인의 학습능력 증진을 위해서는 청각을 활용한 교육방법이 효과적이다(권중돈, 2014).

사이에(Schaie, 1990)에 따르면 연령이 증가함에 따라 선천적으로 갖고 태어난 수에 대한 감각, 정확성, 기억능력, 반응속도 등은 70세 이후부터 급격히 감퇴하는 반면 경험을 통해 후천적으로 획득된 추론능력, 어휘력 등은 60세까지 꾸준히 증가하는 것으로 나타나고 있다(권중돈, 2014).

노인의 인지기능 저하를 예측하는 인구사회학적 특성들은 아직까지 많은 이견이 있으며 더 많은 사실적 연구들이 요구되고 있다. 그럼에도 불구하고 연령, 교육 연한 그리고 우울증과의 관련성은 많은 연구들을 통하여 노인의 인지기능 저하를 예측하는 단서로써 지속적으로 입증되고 있다(김은주, 2010; Tucker & Stern, 2011; 함혜근, 2017 재인용). 한편으로 노인의 인지기능 저하의 원인으로 인지 예비력(cognitive reserve)과 유전적 요인이 보고되고 있다. 이에 학력수준이 높은 사람이 뇌 손상에서 뇌기능 저하가 낮은 이유는 높은 인지기능에 기인한다고 보고되고 있다. 인지예비력이란 뇌의 병리적 변화와 인지기능의 변화가 동일한 패턴으로 변화하지 않는다는 개념이다(Stern, 2009; 함혜근, 2017 재인용).

2. 정서 및 성격 변화

노년기에 이르면 감정 표현능력의 저하가 이루어진다(권중돈, 2014). 노년기의 인격의 퇴행은 감정의 저하로 인해 둔감해지고 무감각적인 인격 특성이 나타나면서, 자유롭고 활발한 생산적 사고 및 창조 활동이 저하되고 융통성과 유연성이 결여된 사고와 더불어 심리적, 정신적 긴장감과 감수성 감소, 활력의 결핍으로 인하여 무관심을 보이기 쉽다. 사회활동의 축소로 인해 스트레스와 관심과 흥미가 축소되어 현실과의 연계성이 점점 적어지면서 자기중심적으로 한 가지만 고집하는 인격적 특성이 눈에 띄게 나타나게 된다(손근호, 김경호, 2021; 이혜정, 2021 재인용).

노년기에 나타나는 성격 변화를 윤진(1996)은 다음과 같이 요약하여 제시하였다.

표 5-1 노년기 성격 변화

노년기 성격 변화	내용
내향성 및 수동성의 증가	외부 사물이나 행동보다는 내적인 측면에 관심과 주의를 기울이며, 자신의 사고나 감정에 따라 사물을 판단하고 능동적 문제 해결보다는 타인에 대한 의존성이 증가한다.
조심성의 증가	노인 자신이 정확성을 중시하며, 감각능력이 감퇴되고, 결정에 대한 자신감의 결여로 인하여 확실한 것을 추구하는 경향이 강해진다.
경직성의 증가	자신에게 익숙한 습관적 태도와 방법을 고수하며, 이로 인해 대개 학습능력과 문제해결능력이 저하된다.
우울 성향의 증가	신체질병, 배우자 사망, 경제 사정 악화, 사회로부터의 고립, 일상생활에 대한 통제력 약화, 과거에 대한 회상이 늘어나면서 우울 성향이 증가하고, 이로 인해 불면, 무감각, 강박관념, 증오심, 체중 감소 현상이 나타나기도 한다.
생에 대한 회상의 경향	과거의 인생을 회상하여 남은 시간에 지금까지 해결하지 못한 것을 찾아서 새로운 해결을 시도하고 새로운 인생의 의미를 발견하려 한다.
친근한 사물에 대한 애착 증가	사용해 온 물건에 대한 애착이 증가하며, 이를 통해 과거 인생을 회상하고 마음의 평온을 추구한다.
성역할 자각의 변화	남성은 친밀성, 의존성, 관계지향성이 증가하는 반면 여성은 공격성, 자기주장, 자기중심성, 권위주의 성향이 상대적으로 높아진다.
의존성의 증가	노화가 진행됨에 따라 경제적 의존, 신체적 의존, 정서적 의존, 사회적 의존성이 전반적으로 증가한다.
시간 전망의 변화	40세 이후부터 시간 전망의 변화가 나타나는데, 남아 있는 시간을 계산하고 시간이 얼마 남지 않았다는 사실을 회피하기 위해 과거에 대한 회상에 집중하거나 과도하게 미래지향적이 된다.
유산을 남기려는 경향	죽기 전에 자손, 예술작품, 기술, 지식, 재산 등 무엇인가를 남기려는 성향이 강해진다.

출처: 권중돈(2014). pp. 291-292 재구성.

노인은 시기적으로 연령이 증가함에 따라 점진적으로 신체적 기능의 약화로 인한 건강악화, 만성질환 증가, 가족 구성원의 변화 및 배우자의 상실, 사회참여 기회 감소, 직업에서의 은퇴 등의 다차원적 요인들에 의하여 부정적 정서 현상이 증가하는데, 그 대표적인 심리적 증상으로 우울을 들 수 있다(함혜근, 2017). 특히 노인의 우울은 실행기능에 저하를 가져오는데 우울증세를 보이는 노인들에게 외부 환경을 계획하고, 조직화하고, 착수하고, 배열하는 능력, 주의 전환과 정보 처리속도 그리고 작업 기능 등의 실행기능에 장애를 가져온다고 하였다(Butters et al., 2000). 나아가 노인의 우울은 치매에 가장 강력한 단서이며 우울과 치매는 높은 상관관계를 가진다고 하였다(Alder et al., 2004; 힘혜근, 2017 재인용). 또한 만성퇴행성 질환의 증가 등 질병 양상의 변화와 함께 노인에게는 신체와 건강에 대해 지나치게 염려하는 건강 염려증이 나타나고 우울증 경향이 증가하며 내향성 및 수동적 태도 의존성이 증가한다(이혜정, 2021).

한편, 심리적으로 우리나라 노인은 높은 자살률을 기록하고, 노인 자살 중 많은 경우에 우울 증상이 선행하므로 노인 우울은 매우 중대한 문제다.

2020년을 기준으로 65세 이상 노인의 10만 명당 79.7명이 자살하여, 우리나라는 OECD 국가 중 노인 자살률 1위를 기록했다. 자살한 대다수의 노인들이 우울증을 경험하였으며, 특히 정신병적인 우울증을 가진 노인의 경우 자해 및 자살 시도가 매우 높게 나타났다(이혜정, 2021).

노인들의 건강한 노후를 위하여 또 하나의 중요한 사회·심리적 요인으로 생활만족도와 자아존중감을 들 수 있다. 노인들의 대부분은 은퇴를 하고 여가 시간의 양적 증대로 대부분 무료함과 외로움을 경험하게 된다. 대부분의 노인들에서 경험하는 신체적 기능의 약화 현상은 다양한 사회활동의 참여 기회를 박탈한다. 이러한 현상은 노인들에게 행복감을 주지 못하고 더불어 생활의 만족도도 감소한다(변영채 외, 2014; 이혜정, 2021 재인용).

노인은 필연적으로 생물학적, 심리적, 사회적 노화 과정을 경험하게 되는데 노화와 관련하여 직면하는 건강, 감각, 인지, 가족과 친구, 가정, 소득과 직업의 상실로 자아존중감이 감소하여 이는 자연스럽게 생활만족도의 저하 현상으로 나타난다(이혜정, 2021). 따라서 노년기의 건강한 삶과 성공적인 노화를 위해서는 자아존중감과 생활만족도를 스스로 높이는 활발한 사회활동 또는 조작적 활동에 참여하는 것이 무엇보다도 중요하다.

3. 자아통합과 죽음

노년기에 들어서면 장년기까지의 주요 과제들에서 성공과 실패를 평가할 수 있는 증거가 축적되기 시작한다(이인정, 최해경, 2008). 이 과정에서 자신의 성취에 대한 한계를 깨닫고 어느 정도의 실망을 경험하는 것은 불가피한데, 이러한 현실을 수용할 수 있어야 하며 자신의 성취와 목표 사이에는 필연적인 차이가 존재한다는 것을 이해해야 한다(이인정, 최해경, 2008).

에릭슨(1963)은 노년기의 심리사회적 위기인 자아통합 대 절망은 중·장년기의 생산성 대 침체의 위기를 어느 정도 성공적으로 극복하였는가에 따라 그 결과가 달라진다고 하였다. 자아통합은 자신의 과거 및 현재의 인생을 바라던 대로 살았다고 받아들이고 만족스럽고 의미 있게 생각하며 다가올 죽음을 인정하고 기다리는 태도를 갖는 것이고, 절망은 자기의 과거 및 현재의 인생을 후회스럽고 불만스럽게 생각하고 다시 한번 기회가 주어진다면 다르게 살겠다는 생각으로 죽음 앞에 남은 시간이 너무 짧아 어떻게 할 수 없기 때문에 불안하고 초조해하는 것을 의미한다(권중돈, 2014).

4. 노인의 학습능력

노인이 되면 인지력의 변화가 시작되지만 연령 증가에 따라 인지 속도와 기억력에 관한 개인차도 심화되는데, 건강하지 못할 때 인지적 변화는 크게 일어난다(나항진 외, 2017). 노인의 인지와 학습 능력에 영향을 주는 중요한 요인들을 살펴보면 다음의 표 5-2와 같다.

표 5-2 학습 능력에 영향을 주는 요인

학습 능력	내 용
지능	지능이란 새로운 것을 학습하고 합리적으로 사고하고 환경을 효율적으로 다루는 개인의 종합적인 문제해결 능력으로, 학습과 관련된 지능은 아동기까지는 급속히 증가하다가 청년기에 최고점에 도달하여 중년기 이후 서서히 감퇴하지만, 경험을 통해 학습되는 지능은 연령의 증가에도 차이가 없는 것으로 알려져 있다.
인식력의 하락	연령 증가에 따라 인지적 노화가 계속되어 개인이 수행할 수 있는 지각정보 또는 지각 속도는 하락한다.
기억력과 집중력	기억력은 그 체계에 따라 노화의 양상이 다르게 나타난다. 노년기에 인지능력의 퇴화를 방지하려면 정신적, 신체적 건강을 유지하고 독서와 같은 지적인 활동을 꾸준히 함으로써 인지능력의 퇴화를 방지하거나, 일부분을 회복할 수 있다.

출처: 나항진 외(2017). pp. 66-67 재구성.

연구문제

1. 노인의 신체적, 심리적 특성을 살펴보고 초고령사회를 대비하는 노인교육의 방향에 대해 논의해 봅시다.

2. 노년기 자아존중감을 높이기 위한 노인교육 프로그램에 대해 논의해 봅시다.

3. 노년기의 자아통합에 대해 논의해 봅시다.

CHAPTER 06

노인학습자의 사회적 특성

개요

노인학습자에 있어서 인지적, 심리적 특성 외에도 사회적 및 문화적 환경의 변화 때문에 나타나는 노인학습자의 사회적인 특성을 들 수 있다. 사회구성원으로서 역할과 지위를 갖는 것이 인간이 갖는 특성임에도 점차 노인은 은퇴, 사별, 노화 등으로 심리적 상실과 고통, 그리고 고독과 소외 등 사회 안에서 다양한 상황들을 접하게 되면서 노인계층이 대비하거나 풀어야 할 문제들과 맞닥뜨리게 된다.

앞으로 초고령사회에서는 노인의 이와 같은 사회적 특성을 이해하지 못하거나 적절한 대응을 하지 않을 경우, 사회에서 노인계층은 중심에서 벗어나 설 자리는 점점 더 줄어들 것이다. 노인에게 있어서 육체적, 심리적, 사회적인 관점에서 활기차고 건강하게 늙어가는 과정인 성공적 노화와 더불어 새로운 인적자원으로 노인이 사회의 주요 구성원이 되기 위해서는 평생학습으로서의 노인교육이 무엇보다 필요하다, 따라서 본 장에서는 노인학습자의 사회적 특성, 사회적 노화이론을 살펴보고, 이와 관련하여 노인교육의 필요성과 함께 노인의 학습 참여와 학습 성과 등에 대해 제시하였다.

학습목표

1. 노인학습자의 사회적 특성을 파악할 수 있다.
2. 사회적 노화이론에 대해 이해할 수 있다.
3. 노화이론에 근거한 노인교육의 필요성을 설명할 수 있다.
4. 노인학습자의 학습 참여와 학습 성과를 이해할 수 있다.

주요 용어

노인학습자, 사회적 특성, 사회적 노화이론, 학습 참여, 학습 성과

제1절 노인학습자의 사회적 특성과 사회적 노화이론

1. 노인학습자의 사회적 특성

노인학습자에 있어서 인지적, 심리적 특성 외에도 사회적 및 문화적 환경의 변화 때문에 나타나는 노인학습자의 사회적인 특성을 들 수 있다. 인간은 환경체계와 분리되어서는 존재할 수 없으며, 환경체계와 지속적 상호작용을 통하여 발달해간다(황용관, 2016). 즉, 인간은 환경적 요구에 적응하고 때로는 환경을 자신의 요구에 맞게 수정 또는 변화시키는 호혜적 상호작용을 통하여 삶을 영위하는 존재이다(권중돈, 2021). 다만 노년기에는 생애주기상 다른 연령에 비해 활용 가능한 사회적 자원이 축소되며 사회적 역할 및 지위의 상실과 함께 사회참여의 기회를 상실하게 된다. 가족의 형태도 변하면서 노인이 갖는 역할에 있어 결코 이롭다고 할 수 없는 사회적 지위에 놓이게 된다. 이러한 상황은 개인에게 있어 권위 등의 상실에 이르게 하며, 사회적으로도 노인에게 있어서 부여된 역할에 대한 기대가 점차 소실되어 감으로 사회구성원으로서 점차 소속감을 잃게 되고 나아가 자발적인 사회참여도 점차 줄어들게 된다(김윤재 · 이주용, 2017). 임구원(2020)도 노인의 사회적 지위와 권위의 하락, 권력의 감퇴와 경제적 능력의 약화, 사별 등으로 인한 사회적 고독감의 발생 등 노인의 사회적 특성에 대해 설명하고 있다.

노인은 사람과 사람 사이의 상호작용을 통해 자신의 역할과 역할에 따른 지위와 행동을 수반하는 사회적 존재이다(이혜원, 1999). 그럼에도 노인은 은퇴 등으로 경제적인 측면에서 약화되어 감에 따라 노인은 심리적 상실과 고통, 그리고 삶의 손실을 수반하는 현상이 나타나고 있다. 특히 한국 노인들의 고유한 사회적 특성으로 자녀에 대한 의존성, 희생적 가족주의, 가부장적 권위주의 경향이 있었으나 현대산업의 과도기적 변혁 시대 속에 살면서 점차 변화되어 가고 있다(권육상, 2001).

앞으로 초고령사회에서는 이와 같은 변화가 더욱 급속히 이루어질 것이며, 노인의 이와 같은 사회적 특성을 이해하지 못하거나 적절한 대응을 하지 않을 경우, 사회에서 노인계층은 중심에서 벗어나 아웃사이더로서 노인이 설 자리는 점점 더 줄어들 것이다. 노인이 육체적, 심리적, 사회적인 관점에서 활기차고 건강하게 늙어가는 과정인 성공적 노화와 더불어 새로운 인적자원으로 노인이 사회의 주요 구성원이 되기 위해서는 평생학습으로서의 노인교육이 무엇보다 필요하다. 이를 위해 우선 노인의 사회적 특성을 이해하기 위한 기본 전제로서 사회적 노화이론에 대해 살펴보고, 이를 통해 적절한 노인교육의 필요성에 대해서 살펴보기로 한다.

2. 사회적 노화이론

노인학습자의 사회적 특성을 이해하기 위해서는 사회학적 노화이론을 통해 보다 깊이 있게 다루어볼 필요가 있다. 사회학적 노화이론은 생물학적으로 노화되어 가는 과정보다는 사회·문화적인 환경 등 여러 가지 맥락에서 노인에게 있어서의 사회적 역할이나 사회적 신분의 상실이나 감소 등과 관련된 문제를 다룬다. 이러한 사회적 노화이론에는 역할이론, 분리이론, 현대화 이론, 연령계층 이론, 인생주기 관점, 교환이론, 활동이론, 지속성이론, 사회적 와해이론, 하위문화이론 등이 있다.

1) 역할이론

역할이론(role theory)은 각각의 개인이 노화와 관련하여 어떻게 대응하고 적응할 것인가를 설명하기 위한 시도 중의 하나(Cottrell, 1942)로서 1960년대 말에서 1970년대 초기에 보편적으로 사용된 이론이다. 발달단계에 따라 인간은 노인이 단계에 접어들게 되면서 은퇴 등으로 인한 직업의 상실이나 배우자의 죽음과 같은 상황을 경험하게 되고 이러한 경우 이를 대체할 수 있는 적합한 역할을 획득하지 못하면 이와 같은 상실로 인해 자존감이나 자아정체감이 소실된다는 것이다. 반면에 새롭고 이를 대체할 만한 역할을 찾아 적응하며 살아가는 노인의 경우에는 사회의 아웃사이더가 아닌 사회 구성원으로 통합되어 남은 삶을 보람 있게 살아나간다는 것이다. 따라서 노인들에게 역할상실에 대처하는 방법을 학습하고 사회화시키는 것이 중요한데 은퇴계획과 같은 개입을 통해 이전의 직업 역할로부터 여가 역할 또는 자원봉사 역할로 전환케 한다든가 또 다른 직업을 갖도록 준비시키는 것들은 적절한 예라 할 것이다(남기민, 2011).

다만 역할이론은 사람들의 독특한 정신적 과정을 고려하지 못하고 있을 뿐 아니라 사람들의 주관적이고 심리적인 기능을 평가절하하고 있다는 점에서, 또한 문화, 사회계급, 그리고 권력의 영향을 과소평가하고 있다는 비판을 받고 있다(Richardson & Barusch, 2006).

2) 분리이론

분리이론(disengagement theory)은 최초의 노년사회학 이론으로 은퇴이론이라 불리기도 한다. 이 이론에서 노인은 젊은이보다 건강이 취약하고 죽음의 가능성이 더 높기 때문에, 개인의 입장에서 최적의 만족과 사회의 지속적 발전을 유지하려면 노인과 사회가 상호 분리되어야 한다는 것으로 따라서 노화로 인한 은퇴는 자연스러운 것이다. 노인이 사회에서 분리되어야 하는 이유를 정리하면 다음과 같다.

① 노인이 되면 사회적 역할이나 활동, 자아투입량이 크게 줄어들기 때문에 분리되어야 한다.

② 노인이 되면 가정이나 사회에서 할 수 있는 역할이 축소되기에 분리는 불가피하다.

③ 신체적 노화로 인해 적극적 활동으로부터 점차 에너지를 축소하는 것이 정상적이고 성공적인 노화과정이므로 분리되어야 한다.

④ 노화로 인한 질병은 부정적인 의미로서 해석될 수 있으나 실제 치료나 회복에 있어서 가능성이 적다는 점에서 분리되어야 한다.

⑤ 노인기는 인생을 마무리하고 죽음을 앞둔 시기이기에 사회와의 분리는 자연스러운 것이다.

다만, 분리이론에 대한 비판적인 시각도 최근 들어 증가하고 있다. 그 이유는 다음과 같다.

① 노인들도 활발한 사회 참여를 통해 더 높은 만족감을 느끼는 사람이 있는가 하면 반대로 참여보다는 모든 것을 내려놓고 편히 쉬는 것을 선택하는 사람도 있다. 따라서 사회적 분리에 대하여 만족하는가 아닌가는 노화에 따른 획일적인 결과라기보다는 개인의 성격에 따라 다를 수 있는 것이다.

② 노인이 직업적 역할을 상실한다고 하더라도 자원봉사나 사회에 기여할 수 있는 활동과 조부모로서의 역할 등 기존과는 다른 개인적이고 사회적 활동에 계속해서 참여할 수 있기 때문에 분리의 시각으로만 노년기를 바라보기에는 어려울 수 있다.

③ 분리는 급진적이 아닌 매우 서서히 점진적이며 자연스럽게 일어나야 하며, 사회제도에 의해서 강제적이고 인위적으로 진행되는 것은 바람직하지 않다. 건강이나 죽음 등과 같이 어쩔 수 없는 상황이 아니라면 분리보다는 적극 참여토록 하는 것이 나은 방법이라 할 것이다.

3) 현대화 이론

현대화 이론(modernization theory)은 사회가 변화되어 가는 과정에서 현대화는 당연한 것이며, 노인의 사회적인 지위의 하락이나 역할의 축소는 이러한 현대화 과정 속에서 필연적인 것으로 보는 이론이다. 기존의 전통 사회에서는 노인이 갖는 지위나 역할이 절대적이었고 한다면, 사회가 현대화되어 갈수록 노인의 지위는 상대적으로 감소된다는 것이다. 앞서 분리이론에서도 비판적인 시각이 존재하듯이 현대화 이론에 대한 비판도 적지 않다.

① 역사적으로 산업화 이전의 사회에서 모두가 노인들의 지위가 절대적으로 높았던 것은 아니라는 사실이다.

② 산업사회에서는 노인의 지위가 낮았지만 후기 산업사회로 와서는 오히려 노인의 지위와 권력이 더 높아지고 있어서, 현대화될수록 노인 지위가 하락한다는 주장은 적절하지 않다.

③ 보편적 구조의 당위성을 고집함으로써 문화, 인종, 계층, 성의 다양성이 노화에 미치는 영향들은 간과하였다는 것이 가장 크게 비판받을 만한 점이다.

4) 연령계층 이론

연령계층 이론(age stratification theory)은 사회가 다양한 연령층으로 구성되고 계층화, 서열화되어 있으며, 하나의 연령 계층에 소속된 사람들은 동일한 문화권에서 서로 유사한 역사적인 경험을 통해 성장하게 됨에 따라 유사한 가치관과 태도를 만들어가게 되기에 다른 연령집단들과는 구분되는 특징이 있다. 노인이 속한 연령집단도 다른 집단과 구별되는 특징을 갖기에 노인들도 자신들의 연령집단에 알맞은 지위와 역할을 찾아야 하며, 그러한 기회를 확보하기 위해서 노력을 해야 한다는 것이 연령계층 이론의 주된 내용이다.

이와 같은 연령계층 이론에 대해서도 비판이 제기되는 이유는 노인 개개인이 지니는 의미와 의도는 무시한 채 동일한 연령집단으로서만 소명하고 사회적 역할만을 지나치게 강조함으로써 개인의 자율성을 무시하는 문화결정론을 지지하였기 때문이다.

5) 인생주기 관점

인생주기 관점(life course perspective)은 오랜 기간에 걸친 개개인의 변화에 관심을 두어, 개인이 역사적 상황이나 살면서 초래되는 사건 등과의 관련성과 함께 어떻게 조화를 이루어 가는지에 초점을 두는 시각이라 할 것이다. 오랜 기간에 걸쳐 개인이 갖는 인생주기를 연구하면 할수록 평균적인 유형을 찾아내는 것은 쉽지 않으며, 나이가 들어감에 따라 개인차는 더욱 커지고 개개인의 인생경험은 매우 독특하고 상이하다. 이러한 관점은 규범적이고 보편적인 설명이 가능하지 않기에 한계성을 가지며, 따라서 문화·개별적 요인의 상대적 중요성을 강조한다. 실제로 고려할 수 있는 다양한 변인들과 이러한 변인 간의 상호적인 영향력을 분석하기는 어려우며, 설사 다양한 모든 조건들을 고려하여 분석한다고 해도 개별화된 결과들을 이론화하기는 현실적으로 어려움이 있다는 것이다.

6) 교환이론

교환이론(exchange theory)은 공리주의와 행동주의의 영향을 받은 사회학적 이론으로서 인간은 합리적인 존재로서 보상에 있어서는 극대화시키고 비용에 있어서는 최소화하는 경제적 행동이나 인간관계를 선택한다고 본다. 그런 관점에서 보면 현대 산업사회에서의 노인은 상실된 경제력, 지식 및 기술의 낙후 등 충분한 교환자원을 소유하지 못함으로써 교환관계에 있어서 불리한 상황에 놓이게 되어 노인의 교환가치 감소는 현대 사회에서 노인의 지위 하락으로 이어지며 그로 인하여 노인문제가 야기된다. 다만 이와 같은 이론에 대해서 다음과 같은 비판이 제기되고 있다.

① 모든 인간이 개인적 이익만 중시하는 이기적 존재는 아니라는 것이다.
② 경험의 가치는 외면한 채 노화를 일방적인 능력의 저하와 쇠퇴로 바라보는 견해는 연령차별적인 시각이다.

7) 활동이론

활동이론(activity theory)은 분리이론과는 상반되는 입장의 이론으로 노인계층은 사회활동에 있어서 참여 정도와 생활의 만족도 사이에 긍정적 상관관계가 있다고 보는 이론이다. 불가피한 신체적 변화를 제외하고는 중년기와 근본적으로 동일한 심리적·사회적 욕구를 지니고 있으므로 지속적인 사회 활동으로 인해 개인적인 만족을 얻으며 사회적인 품위를 유지할 수 있다는 시각이다.

인간은 활동할 수 있는 힘이나 능력이 있을 때까지 그에 맞게 활동을 하다가 점차 노화로 인해서 더 이상 활동할 수 없게 될 때 사회에서 점차 물러나야 한다는 것으로 많은 이들로부터 지지를 받고 있는 이론이지만 이와 같은 이론이 일괄적으로 모든 사람에게 적용하기에는 한계성을 갖고 있다. 이에 대한 한계점에 대한 설명은 다음과 같다.

① 개인에 따라 노년의 건강이나 능력에 큰 차이가 있으며, 노후에 활동보다 휴식을 선호하는 이들도 있기 때문이다.
② 노년의 소일거리나 자원봉사 활동은 직업에 의한 사회적 역할을 온전히 대체하기는 어렵다는 점에서 활동이론은 한계가 있다는 비판을 받는다.

8) 지속성 이론

지속성 이론(continuity theory)은 분리이론과 활동이론을 비판하면서 적응의 사회심리학적 이론으로서 제창되었는데 이 이론에 따르면 개인들은 나이가 들어감에 따라 잃어버린 역할을 비슷한 형태의 역할로 대체하고, 전형적인 환경적응 방식을 유지하면서 일관된 행동패턴을 유지하는 경향이 있다는 것으로 나이가 들어감에 따라 극적으로 변하는 것이 아니며 성격도 전 생애를 통해 비슷하게 지속되고 삶의 만족도는 사람의 일생의 경험과 현재의 활동 또는 생활방식들 간의 일관성에 의해 결정된다는 것이다(Neugarten, Havighurst & Tobin, 1968; Hooyman & Kiyak, 2008).

다만 이 이론은 어느 정도의 합리성과 타당성을 지니고 있으나 노화에 대한 개인의 반응이 신체적, 심리적 변화나 개인의 행동패턴 등 다양한 상호관계를 통해 설명되기 때문에 검증이 어렵다는 단점이 있다. 또한 분석의 단위로 개인에게 초점을 맞추고 있기 때문에 외부 사회적 요소들의 역할을 간과한다는 점에서 비판받고 있다(Hooyman & Kiyak, 2008).

9) 사회적 와해이론

사회적 와해이론(social breakdown theory)은 인간의 행동은 환경적 영향에 의해 획득되고 유지되고 수정된다는 행동주의 심리학을 기반으로 한다. 사회적 와해이론에서는 노화를 노인이 몸담고 살아온 사회적 환경이나 상황과 매우 밀접한 관계가 있는 것으로 본다. 노인을 능력이 없는 하찮은 존재로 보는 사회의 편견은 심리적으로 약해져 있는 노인에게 부정적 자기 인식을 갖도록 만들고, 이러한 노인의 부정적인 자아정체감이나 자기 인식은 노인의 사회적인 관계성이나 활동에 부정적인 영향을 미치게 하며, 그런 노인의 모습은 다시 노인에 대한 부정적인 사회의 편견을 보다 강화한다. 결국 노인은 이러한 악순환의 틀 속에 갇힘으로써 사회적으로 와해되어 간다는 것이다. 이러한 사회적 와해이론은 노인을 적극적인 자기 인식 없이 그저 사회적 평가나 사회적인 인식에만 종속된 존재들이라고 본다는 점에서 비판받고 있다.

10) 하위문화이론

하위문화이론(subculture theory)은 앞서 살펴본 활동이론과 유사하다는 특징을 갖지만, '활동' 자체보다는 대인관계를 통하여 창출되는 '자아개념'에 포커스를 둔다는 점에서 차이가 있다. 노인이 속한 문화에 계속해서 참여하고 발전시켜 나가는 것이 성공적인 노화에 크게 도움이 된다는 입장이다. 노년기의 동질적이고 공통적인 특성과 의식, 노인에 대한 사회의 편견 등이 노인집단의 결속력과 상호작용을 촉진시키고 노인들만의 하위문화를 만들어 내도록 자극한다는 것이다. 이러한 이론은 긍정적인 측면에서 보면 노인을 활동적 존재로 인식하고 노인이 속한 사회에 영향력을 행사하는 노인의 힘을 인정했다는 점에서 의미를 갖지만 다음과 같은 점에서 한계성을 드러내기도 한다.

① 노인 간의 개인차와 다양성을 과소평가했다는 점이다.
② 노인이 살아온 환경과 문화 및 인간관계의 여러 차이에 대해서도 간과했다는 점이다.

제2절 사회적 노화이론과 노인교육의 필요성

1. 사회적 노화이론에서의 노인교육의 필요성

각각의 사회적 노화이론을 살펴보면서 이와 같은 이론에서의 노인교육이 갖는 필요성을 살펴보면 다음과 같다.

역할이론(role theory)에서는 노인이 되면서 처해지는 역할의 상실은 누구에게나 노출된 위협요소로 다가오게 된다는 것이며 이를 대체할 만한 적합한 역할을 찾아 적응하며 살아가는 노인은 사회에 통합되어 여생을 보람있게 살아나간다는 것에 중점을 둔 이론이다. 따라서 노인교육을 통해 역할상실에 대처하는 방법을 학습하고 사회화시키며, 이전의 역할로부터 대체할 수 있도록 여가나 자원봉사 등 노후에 충분히 적응이 가능한 역할로 전환케 한다든가 또 다른 직업을 갖도록 준비토록 하는 점에서 노인교육의 필요성은 크게 요구된다.

분리이론(disengagement theory)은 노인과 사회가 서로 분리되어야 한다는 것으로 따라서 노화로 인한 은퇴는 자연스러운 것으로 받아들여진 것이 사실이다. 하지만 노인의 평균수명이 증가하고 있고, 은퇴 이후의 삶이 길어짐으로 말미암아 사회와의 분리가 아닌 지속적인 사회와의 관계성을 갖고 원하는 삶을 살려는 노인의 요구가 높아지고 있다. 따라서 노인교육을 통해 사회에 적극 참여할 수 있도록 여건을 조성할 필요가 있다.

현대화 이론(modernization theory)은 사회가 변화되어 가는 과정에서 현대화는 당연한 것이며, 노인의 사회적인 지위의 하락이나 역할의 축소는 이러한 현대화 과정 속에서 필연적인 것으로 보는 이론이다. 그러나 이러한 이론은 향후 고령화사회에서 노인이 갖는 역할과 지위는 축소되기보다는 오히려 확대될 수 있다는 점에서 노인에 대한 교육은 더욱 필요할 것으로 예측된다. 특히 다양한 경험과 깊이 있는 지식을 보유하고 있는 노인들이 노인교육을 통해 그 역량을 더욱 확장시켜 나간다면 노인이 소속되어 있는 사회나 국가는 큰 인적 에너지를 갖게 될 것이다.

연령계층 이론(age stratification theory)은 사회가 다양한 연령층으로 구성되고 세층화, 서열화되어 있으며, 하나의 연령계층에 소속된 사람들은 동일한 문화권에서 서로 유사한 역사적인 경험을 통해 성장하게 됨에 따라 유사한 가치관과 태도를 만들어가게 되기에 다른 연령집단들과는 구분되는 특징을 가진다. 노인이 속한 연령집단도 다른 집단과 구별되는 특징을 갖기에 노인도 자신의 연령집단에 걸맞은 지위와 역할을 모색해야 한다는 것이 연령계층 이론의 주된 내용이다. 이러한 점에서 연령계층 이론은 노인교육의 필요성이 더욱 요구될 수밖에 없다.

인생주기 관점(life course perspective)은 오랜 기간에 걸친 개개인의 변화에 관심을 두어, 개인이 역사적 상황이나 살면서 초래되는 사건 등과의 관련성과 함께 어떻게 조화를 이루어 가는지에 초점을 두는 시각이라 할 것이다. 노인들이 갖고 있는 의미 있는 경험과 지식, 역량 등을 더욱 확장시켜 나가야 한다는 점에서 노인교육은 필요하다.

교환이론(exchange theory)은 공리주의와 행동주의의 영향을 받은 사회학적 이론으로서 인간은 합리적인 존재로서 보상에 있어서는 극대화시키고 비용에 있어서는 최소화하는 경제적 행동이나 인간관계를 선택한다고 본다. 그런 관점에서 보면 노인을 젊은이들과 비교할 때 그 역할이 축소, 열등해진다고 인식되지만 오히려 노인교육을 통해 노인들이 갖는 깊은 성찰, 경험, 지식, 역량을 활용한다면 젊은이들이 갖는 장점과 노인이 갖는 장점을 잘 활용하여 더욱 발전할 수 있는 여건을 갖출 수 있다는 점에서 노인교육은 필요하다 할 것이다.

활동이론(activity theory)은 분리이론과는 상반되는 입장의 이론으로 노인계층은 사회활동에 있어서 참여 정도와 생활의 만족도 사이에 긍정적 상관관계가 있다고 보는 이론이다. 불가피한 신체적 변화를 제외하고는 중년기와 근본적으로 동일한 심리적·사회적 욕구를 지니고 있으므로 지속적인 사회 활동을 통해 개인적인 만족을 얻으며 사회적인 품위를 유지할 수 있다는 시각이다. 이러한 만족과 품위를 유지하기 위해서는 노인교육의 역할과 필요성은 크다 할 것이다.

지속성 이론(continuity theory)은 개인들은 나이가 들어감에 따라 잃어버린 역할을 비슷한 형태의 역할로 대체하고, 전형적인 환경적응 방식을 유지하면서 일관된 행동패턴을 유지하는 경향이 있다는 것으로 비록 개인에게 초점이 맞추어져 있기는 하지만 노인학습자가 노인교육프로그램에 접근하는 동기나 욕구에 있어서 자신이 늘 해왔던 행동패턴이나 크게 환경을 변경하지 않고 자신이 꿈꿔왔던 목표나 이미 진행해온 직업이나 역할을 심층적으로 강화하거나 또한 관련되는 직업이나 역량을 강화할 수 있는 교육프로그램을 원할 수 있다는 점에서 의미가 있다.

사회적 와해이론(social breakdown theory)은 노인을 능력이 없는 하찮은 존재로 보는 사회의 편견은 심리적으로 약해져 있는 노인에게 부정적 자기 인식을 갖도록 만들고 결국 이러한 상황 속에서 노인은 더욱 사회적 활동이나 관계에 있어 위축되게 되는 악순환의 틀 속에 갇힘으로써 사회적으로 와해되어 간다는 것이다. 이러한 이론을 오히려 선순환으로 역전시킨다면 와해가 아닌 오히려 크게 성장, 발전할 수 있게 된다. 이를 위해서는 노인교육의 역할이 크다 할 것이다.

하위문화이론(subculture theory)은 앞서 살펴본 활동이론과 유사하다는 특징을 갖지만, '활동' 자체보다는 대인관계를 통하여 창출되는 '자아개념'에 포커스를 둔다는 점에서 차이가 있다. 노인이 속한 문화에 계속해서 참여하고 발전시켜 나가는 것이 성공적인 노화에 크게 도움이 된다는 입장이다. 이 이론은 노인을 활동적 존재로 인식하고 노인이 속한 사회에 영향력을 행사하는 노인의 힘을 인정했다는 점에서 노인교육의 필요성은 더욱 요구된다고 할 수 있다.

2. 노인학습자의 사회적 특성에 따른 노인교육의 필요성

노인학습자는 노년기의 역할 상실이나 은퇴, 빈곤 등을 벗어나기 위한 노력이나 소외감과 허무감 등의 심리적 불안에서 벗어나기 위한 것, 건강과 성공적인 노화를 위한 것 등 노인교육을 통해 노년기에 대응할 수 있어야 한다. 다시 말해서 사회적응을 위한 교육, 노인계층에 적합한 직업을 위한 취업교육과 기회의 확대, 취미나 교양과 같은 자기계발·여가교육, 사회구성원 간의 소통이나 관계형성, 세대 간 간극에 대한 이해증진 등 노인교육을 통해 적극적으로 대처해야만 한다. 한정란(2015)은 사회적응과 현대화를 위한 노인교육의 필요성을 강조한다. 노인 개인의 현대성 정도가 젊은 세대와 협상할 수 있는 일종의 자원으로 작용하게 된다는 것인데 가령 노인 대상 스마트폰 활용교육의 가장 큰 효과로 38.7% '자신감을 얻게 되었다', 27.3% '(손)자녀와의 의사소통이 늘어났다', 24.0% '생활이 편리해졌다'(한정란 외, 2011)와 같이 교육을 통한 사회적응과 젊은 층과의 소통, 그리고 노인지위 향상의 가능성을 보여주고 있다.

또한 노인교육을 통해 제2의 직업을 가질 수 있는 기회가 주어지며, 성인학습의 주요 원리인 전환학습의 가능성도 주어진다. 노인의 적극적인 사회의 참여와 건강을 유지하며 왕성한 활동이 가능한 성공적 노화를 위하여 이에 적합한 일과 역할이 제공되어야 함은 아무리 강조해도 지나치지 않다. 특히 노년기에 있어서의 일은 사회적인 만족감과 자신의 존재감을 충족시키는 역할의 제공뿐만 아니라 경제적인 안정도 부여하며, 사회로부터의 소외감이나 고독감에서 벗어날 수 있는 기회가 주어진다.

노인에게 있어서의 노인교육은 반드시 취업을 위한 교육만이 아니라 자기계발과 여가교육이라는 또 다른 열매도 얻을 수 있다. 정신없이 바쁘게 청·장년의 시절을 보내고 겨우 쉼을 얻을 수 있는 나이가 되었지만 실제로 자신이 원하는 삶을 살기란 쉽지 않은 것이 사실이다. 원하는 여가생활을 영위하기 위해서는 이에 대한 지식의 습득, 즉 교육은 필요하다. '알아야 면장을 한다'는 속담과 같이 시간만 주어지면 꼭 해보고 싶었던 악기, 그림 등의 취미생활이나 자신이 갖고 있는 역량을 끌어올려 자신이 꿈꿔왔던 행위들을 누릴 수 있기 위해서는 적절한 교육을 통해 알고 이해함이 필요하다. 악기도 연주하기 위해서는 배워야 하고, 그림도 전문가에게 배우지 않고서는 원하는 그림을 얻기 어렵다. 더욱이 노인이 할 수 있는 스포츠나 여행, 역사탐방과 같은 여가활동도 배우지 않고는 쉽게 접근하기 어렵다. 새롭고 액티브한 노년기를 누릴 수 있도록 돕는 노인교육이 요구되는 것이다. 이러한 점에서 앞으로의 노인교육이 나가야 할 방향은 새로운 인생을 살아가는 데 도움이 되고 나아가 사회구성원으로서 자신의 역할과 정체감을 알게 하는 교육과 더불어 자기계발과 삶의 새로운 의미 발견을 위한 교육이 되어야 한다.

초고령화사회로의 진입을 통한 현상으로 나타나는 것은 노인 인구가 늘어나고 세대 간의 소통과 공감대가 축소되고 특히 가치관이나 생활양식의 격차가 점점 더 벌어짐에 따라 세대 간 차이와 갈등은 더욱 증가하게 된다. 핵가족화로 세대가 서로를 이해할 수 있는 일상생활 속 기회마저 축소되기 때문에 세대 간의 이해도모와 다양한 소통과 접촉의 기회를 제공함으로써 이와 같은 부정적인 사회현상을 치유할 수 있는 교육적 노력이 요구된다.

임구원(2020)은 사회적 특성과 관련하여 노인교육이 필요한 이유를 다음과 같이 정리하고 있다.

① 급속한 사회변화로 인하여 사회적응과 소통이 필요하다.
② 평균수명의 연장으로 인한 평생교육을 통하여 자기계발을 해 나가야 한다.
③ 노년기에는 다양한 학습을 통한 지식을 요구하고 있다.
④ 노년기에는 모든 삶의 측면에서 사전 위기예방 목적으로 교육이 필요하다.
⑤ 인생 재도전을 위한 삶의 질 향상을 위해 노인교육이 필요하다.

3. 노인의 학습 욕구에 따른 노인교육의 필요성

노인학습자는 단순히 지식이나 정보를 얻기 위한 수단으로서만이 아닌 제2의 인생을 살거나 액티브한 성공적 노화를 원하거나 심지어 다양하고 지속적인 학습에 노출됨으로써 자기계발과 자아실현을 이루기 위해 노인교육에 접근한다는 데 의미를 둘 수 있다.

현재 우리 사회는 너무 빠르고 복잡하고 다양하게 변화되어 가는 특징을 갖고 있다. 비록 노인계층은 많은 경험과 학식을 보유하고 있으나 이것만으로는 이러한 변화에 대응할 수 없으며 이에 걸맞은 지속적이고 꾸준한 학습이 요구되고 있다. 결국 이러한 변화에 노인교육을 통해 대응하고 적응해나가면 노년기 삶의 질을 향상시킬 수 있는 기제로 작용이 가능하기에 노인교육의 필요성은 더욱 강조되는 것이다.

맥클러스키(McClusky, 1981)는 시대적 상황을 반영함에 있어 학습에 대한 욕구가 큰 역할을 한다고 강조한다. 그가 제안한 노인들의 다섯 가지 학습욕구는 시대적 상황을 초월하는 가장 보편적인 노인의 학습 욕구로 알려져 있다(최운실 외, 2017). 그 다섯 가지 욕구 중에 첫 번째는 대처능력 욕구이다. 노인들은 자신이 노화되어 감에 따라 능력과 지식이 줄어들고 삶에 있어 다양한 어려움에 직면하기 때문에 이러한 문제를 해결하고 정상적인 사회 기능을 유지하기 위해 학습하고자 한다는 것이다. 즉 교육은 육체적 건강, 여가시간의 적절한 활용, 역할 변화에 적절한 대응책을 제공해준다는 것이다. 두 번째 욕구는 표현적 욕구로서 사회적 활동 또는 단체활동에 참여하려는 욕구를 말한다. 이러한 욕구는 활동에 참여하려는 것 그 자체가 기본적인 동기가 된다. 즉 어떤 커뮤니티에 소속되어 활동하는 것 자체만으로도 노인들은 만족감을 얻게 된다는 것이다. 세 번째 욕구는 헌신적 욕구이다. 기부를 하거나 누군가에게 도움을 주었을 때 얻는 만족감은 매우 크다는 것은 예를 들지 않더라도 경험을 하거나 느껴보았을 것이다. 인간은 헌신과 봉사 등을 통해 자아개념을 충족시키고 나아가 사회의 구성원으로서 보람을 얻게 된다. 이와 같은 헌신, 공헌과 관련한 교육에 대한 욕구도 노인교육에 대한 필요성을 갖게 한다. 네 번째로는 영향력의 욕구이다. 노인은 사회에 대해 적극적으로 영향을 미치고 사회구성원으로서 그 역할을 다하고자 하는 욕구가 있으며 이를 충족하기 위해 지역사회의 봉사단체나 압력단체에 가입하여 사회에 자신의 존재감이나 영향력을 보이고 싶어 한다. 교육을 통해 노인 스스로에게 가장 적합한 역할을 찾아 적합한 지식을 제공하고 기술의 개발과 사회에 대해 긍정적인 영향을 미치고자 하는 것이다. 다섯 번째로는 초월의 욕구를 들 수 있다. 노년기에 가장 많이 느끼는 것이 죽음이며, 이에 따라 인생의 의미를 더욱 깊게 생각하려는 욕구로서 철학자 하이데거가 죽음에 대해 연구하다가 결국 삶의 중요성을 깨달은 것이 바로 이러한 욕구의 결과라 해도 과언은 아닐 것이다.

토슨과 와스켈(Thorson & Waskel)은 노인의 학습 욕구에 대해 다음과 같이 제시하였다(최운실 외, 2017).

① 변화에 적응하고자 하는 욕구
② 성장하고자 하는 욕구
③ 문화 전수의 욕구
④ 자신의 삶을 조망하는 욕구
⑤ 사회 통합의 욕구
⑥ 독립성 유지의 욕구
⑦ 타인에게 인정받고자 하는 욕구

노인학습자는 이러한 욕구들로 인해 사회에 참여하고 자신뿐만이 아니라 젊은 세대들과의 연계, 사회구성원으로서의 주체적인 존재로서 인정받고자 한다.

4. 노인의 학습 참여와 학습 성과

노인의 학습 욕구는 적극적인 학습 참여로 이어질 것으로 보이지만 실상은 그렇지 않다. 한국교육개발원(2023)의 「2023 한국 성인의 평생학습 실태」에 따르면 우리나라의 성인평균 학습참여율은 32.3%에 달하지만 60대 25.9%, 70대의 23.0%로 평균 참여율보다 낮은 편으로 나타났고, 그림 6-1과 같이 20대의 학습참여율 44.8%보다 많이 낮은 것으로 조사되었다.

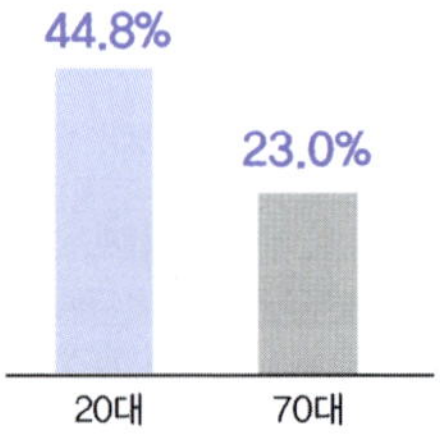

그림 6-1 **연령별 학습참여율**

출처: 한국교육개발원(2023). p. 43

성인의 평생학습 불참요인으로는 직장업무로 인한 시간부족이 53.3%, 가까운 거리에 교육훈련기관이 없어서라는 이유가 24.0%, 그 다음이 동기와 자신감 부족이 15.9%, 학습비가 너무 비싸서가 14.5%, 가족부양에 따른 시간부족이 13.8%, 교육에 대한 정보가 부족해서라는 이유가 11.9%, 함께 배울 친구가 없어서가 6.6%, 기타 4.9%, 건강상의 이유로 4.4%, 교육시설이 만족스럽지 못해서 2.9%, 교육내용이 만족스럽지 못해서 2.3%로 나타났다(그림 6-2 참조).

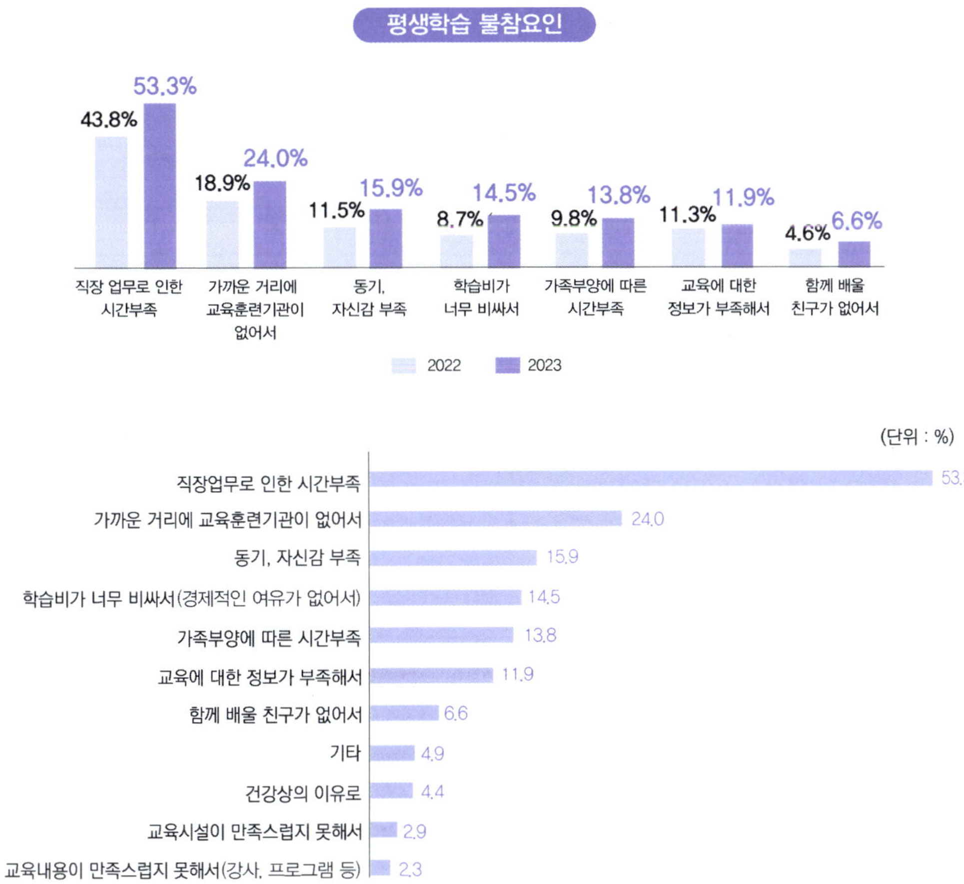

주: 평생학습에 참여할 의사가 있었으나 참여하지 못한 응답자에 대한 현황이며, 중복응답 문항임

그림 6-2 **평생학습 불참요인**

출처: 한국교육개발원(2023). p. 37, p. 109.

성인은 표 6-1에서와 같이 평생학습 참여를 통해 '심리적 만족 및 행복감 증대'(79.2점)와 '교양함양, 지식습득 등 자기계발'(74.6점)에 가장 많은 성과를 거두었다. 특히 연령이 높을수록 '건강관리', '심리적 만족 및 행복감증대', 교양함양, 지식습득 등 자기계발' 성과가 높았다. 노인학습자의 평생학습 성과를 살펴보면 60~70대 고령자의 평생학습 참여는 '심리적 만족 및 행복감증대'와 '건강관리', '친목도모증진', '교양함양, 지식습득 등 자기계발'에 가장 많은 도움을 주는 것으로 나타났다(한국교육개발원, 2023).

표 6-1 연령별 평생학습 성과 (단위: 점/100점)

구분		건강관리	심리적 만족 및 행복감 증대	교양함양, 지식습득 등 자기계발	취업, 이직, 창업에 도움	일하는데 필요한 기능 습득	성과급, 연봉 등 소득 증대	고용안정 (일자리 유지)	사회참여 (자원봉사 및 지역 사회적 활동)	친목 도모 증진
전체		73.2	79.2	74.6	64.2	69.3	57.9	65.8	62.8	67.3
성별	남성	69.7	76.7	75.0	67.1	73.0	61.6	70.1	62.3	64.6
	여성	76.6	81.6	74.1	61.1	65.1	53.8	60.9	63.2	69.9
연령	25-29세 (20대)	70.2	78.6	76.2	69.7	72.3	59.6	67.9	59.4	61.6
	30-39세 (30대)	73.2	78.4	75.0	67.1	71.6	61.9	68.6	61.9	65.0
	40-49세 (40대)	72.5	78.5	74.6	65.3	71.1	59.4	68.5	62.0	65.5
	50-59세 (50대)	73.9	79.5	74.4	63.6	68.6	56.6	65.0	63.8	69.2
	60-69세 (60대)	74.2	80.3	74.1	59.4	66.2	53.7	61.3	64.9	71.5
	70-79세 (70대)	76.2	82.2	71.4	48.2	55.3	46.0	51.4	65.7	75.5

출처: 한국교육개발원(2023). p. 99.

초고령사회에서는 노인을 돌보고 지켜주어야 하는 전통적인 관점에서 탈피하여 그들의 삶에서 체득된 방대한 지식을 노인 평생학습으로 재생산하고 활용하여 새로운 일자리를 창출해내는 생산 계층으로 인식해야 한다. 다시 말해서 노인의 일자리 창출과 고용가능성 제고 등 노인계층의 사회참여를 노인교육에서 찾아야 하며, 노인의 학습성과가 실질적으로 사회구성원으로서 고용과 창업으로 이어지고 이를 통해 액티브 시니어로서의 활동적 고령화가 가능해진다는 점에 보다 관심을 가져야 할 것이다.

연구문제

1. 노인학습자의 사회적 특성과 사회적 노화이론에 대해 논해봅시다.

2. 사회적 특성 측면에서 노인교육의 필요성에 대해 생각해보고 발표해봅시다.

3. 노인학습자의 학습 참여를 위한 방안에 대해 논해봅시다.

PART

03 노인교육의 방법과 현황

CHAPTER 07

노인교육의 방법

개요

고령사회 진입으로 세계의 각국에서는 건강한 노후생활을 보장하고 보다 의미 있는 삶을 확보하기 위한 다양한 노력을 기울이고 있다. 그중 노인들이 자기계발을 통해 삶의 만족을 극대화하고 자신만의 삶을 영위할 수 있는 사회참여의 방법으로 노인교육이 부각되고 있다. 국가나 지역사회는 노인의 교육서비스 욕구가 점차 증가할 것으로 예견되어 노인을 위한 교육에 있어서 구체적인 방법과 전략들을 학교 교육의 연속선상에서 혹은 그 테두리 밖에서 생각해야 한다. 노인학습자들은 학습과제의 성격이나 주변 환경에 민감하게 반응하며, 비인지적이고 심리적인 요인들에 의하여 많은 영향을 받을 수 있다. 그리고 노인들은 학습을 방해하는 주요 요인으로 외부의 사회적 편견과 환경에 있다고 보고 있다. 그러므로 노인교육에 있어서 먼저 노인들의 노화나 학습장애에 따른 기능의 쇠퇴를 보상하는 배려와 지원이 요구된다.

특히 초고령사회 진입과 디지털 전환 가속화는 노년 학습 환경을 근본적으로 재편하고 있다. 스마트기기 활용, 온라인·블렌디드 러닝, AI 맞춤 학습 등 신기술 기반 교육방식이 확산되면서, 노인교육은 전통적 취미·여가 중심에서 디지털 역량 강화, 건강관리, 사회참여, 경제·법률·안전 교육으로 영역을 대폭 확대하고 있다.

본 장에서는 이러한 변화 속에서 노인교육의 기본 원리와 실천 방법, 효과적 평가 체계를 탐구하고, 초고령 디지털 시대의 지속 가능한 발전 방향을 모색한다.

학습목표

1. 노인교육의 원리에 대하여 알아본다.
2. 노인교육의 방법을 설명해 본다.

주요용어

노인교육 원리, 노인교육 방법, 노인교육 평가

제1절 노인교육 원리

1. 노인교육의 일반적 원리

1) 경험의 원리

노인들은 살면서 겪은 많은 경험들을 가지고 있다. 따라서 노인교육은 이론보다 학습내용을 경험이나 실생활과 연계하여 설명하면 동기부여와 학습흥미를 높일 수 있고 더 큰 학습효과를 얻을 수 있다. 즉, 그들의 경험에 기반을 둔 학습 스타일을 도입하고 학습방법을 구체적인 토론, 실습, 경험의 기회와 연결 짓는다.

2) 문제해결의 원리

노인이 되면서 겪는 상황에 적응하고 직면한 문제들을 해결하기 위해 노인교육에 참여하는 경우도 있다. 그들은 교육을 통해 자신들의 상황과 변화를 이해하고자 하며, 또한 앞으로 경험하게 될 변화와 문제들을 어떻게 해결할지를 배우고자 한다. 그러므로 교육목표와 내용을 정할 때 노인학습자들의 현재 또는 가까운 미래의 생활과 관련된 구체적인 내용을 다루는 것이 필요하다.

3) 내적 동기화(자발성)의 원리

학습자들이 스스로 동기와 흥미를 느낄 때 학습도 잘 이루어진다. 따라서 노인교육은 노인학습자들에게 동기를 부여하고 흥미를 유발하여 노인들이 자발적으로 교육에 참여할 수 있도록 한다. 또 교수 방법에 있어서 교수자가 일방적인 강의방식보다 노인학습자 중심의 수업 진행 방법(발표나 토론, 제작, 역할극, 현장 체험 등)의 자발적인 활동을 실시한다면 교육효과를 높일 수 있다. 그리고 교육시간도 노인학습자들의 참여를 통해 이루어지는 시간을 늘리는 것이 좋다.

4) 경로의 원리

노인교육에서는 교사가 학습자를 대하는 태도가 달라야 한다. 일반적인 교육상황에서는 교사가 학습자보다 나이도 많고 경험도 많으나, 노인교육의 상황에서는 노인학습자들이 교사들보다 나이가 많고 특정 분야의 경험에 있어서도 노인학습자들이 경험을 더 많이 갖는 경우도 있다. 따라서 교사들이나 행정요원들은 노인학습자의 특성을 고려하고 그들의 나이와 경험을 인정하고 예우하는 경로의 자세를 가져야 한다. 이렇게 함으로써 노인학습자와의 관계도 원활하며 교육수강도 잘 이루어질 수 있다. 즉 교사들은 노인학습자들이 교사들로부터 존경을 받고 있다는 느낌이 들도록 행동하는 것이 중요하다.

5) 사제동행의 원리

노인학습자의 나이와 경험을 존중하는 차원에서 교육계획과 방법을 정하는 데에 노인학습자의 참여는 중요하다. 교사가 학습계획을 세울 때 교사, 학습자, 행정요원이 의논하여 함께 학습계획과 방법을 결정한다면 더 좋은 교육효과를 얻을 수 있다. 이런 논의 과정에서 노인학습자는 자신들의 경험이 유용하고 의견이 존중받는다는 느낌을 갖게 되면 교육에 더 적극적으로 참여한다. 이는 노인학습자들의 유용한 경험과 자원을 활용함으로써 교사들은 노인들의 학습경험 흡수하게 되어 교사와 학습자가 함께 성장하는 기회가 된다.

6) 생활화 · 사회화의 원리

노인교육의 학습내용은 일상생활과 밀접하게 관련이 될수록 노인학습자들의 이해와 학습에 대한 의욕, 그리고 흥미가 더 높아진다. 따라서 노인교육에서는 실생활에 사용할 수 있는 내용이나 방법으로 학습내용을 구성하는 것이 좋다. 노인들은 육체나 정신적으로 사회의 변화에 즉각 반응할 수 없어 생활에의 자신감을 잃기 쉬우므로 그들이 실생활에 적용할 수 있는 학습내용을 교육에서 다룬다면 자신감도 회복하고 당면한 생활에도 잘 적응할 수 있다.

노인들은 사회와의 단절로부터 오는 외로움을 겪게 된다. 이러한 문제점을 해결하기 위해 노인들이 사회의 한 구성원으로 의미 있는 존재임을 확인하고 자긍심을 갖게 하는 것이 필요하다. 이를 위해 노인교육 방법으로 노인들이 교사로 참여하게 하고 교육내용을 결정하는 데에 주도적으로 관여하며 사회봉사 활동을 통해 사회에 기여할 수 있도록 기회를 만든다. 노인들의 소지한 경험과 기술을 활용하여 사회활동 기회를 늘리는 것은 세대 간에 동시대를 공유하는 의미 있는 활동이며 이를 통해 세대(과거와 현재) 간의 교류도 가능해진다.

7) 다양화의 원리

노년기에는 기억력이 감퇴로 암기 위주의 교육방법보다 다양한 교육방법이 요구된다. 따라서 일방적인 강의식보다 만들기, 율동, 동영상자료 등을 활용한 시청각, 현장 체험 등 활동하고 직접 참여로 학습의 참여도 및 기억을 높일 수 있다. 따라서 노년교육의 방법을 다양화한다면 노인학습자들의 흥미를 유발시켜 교육효과를 증가시킨다.

8) 직관의 원리

직관은 인간의 감각기관으로 사물에 관한 구체적인 내용을 알게 되는 것이다. 강의식 교육은 교사의 음성을 통해 학습자의 청각에만 의존하게 되는데, 노인학습자들의 경우 하나의 감각기관을 통한 교육방법은 오히려 집중력과 참여도를 낮출 수 있다. 고령자 노인들은 신체적 노화에 따라 단일 감각기관에만 의존하는 교육방법은 자신감 저하를 일으킬 수 있다. 따라서 노인교육에서는 청각, 시각, 촉각 등 다양한 감각기관을 통해 습득하는 교육방법을 적용한다. 이렇게 다양한 감각과 도구를 활용함으로써 여러 감각기관을 자극하여 학습흥미와 교육효과를 높일 수 있다.

9) 개별화의 원리

노년기는 개인차가 크게 나타난다. 왜냐하면 노인들은 저마다 환경적 요인과 상황이 다르기 때문이다. 학력, 성격, 건강상태, 가정환경, 경험 정도, 관심분야, 교육의 필요성, 교육의 욕구 등이 다르므로 동일한 내용의 교육이라도 해석하고 받아들이는 것이 각각 다르다.

따라서 수업준비단계에서부터 개별화의 원래를 고려해서 노인들의 욕구와 필요를 정확히 파악하여 교육내용을 정하고 교육방법도 다양하게 적용해야 한다.

2. 노인교육을 위한 교수의 원리

노인을 위한 교육의 구체적인 방법과 전략은 학교 교육의 연속선상이나 그 테두리 안에서만 생각하면 안 된다. 노인학습자들은 수업에서 다루는 과제의 성격 또는 환경에 민감하게 반응하고, 심리적이고 비인지적인 요인들에 의하여 크게 영향을 받는다.

노인들의 학습을 방해하는 주요 요인은 노인의 내적인 요인보다는 외부의 사회적 편견과 환경에 더 큰 영향을 받는다. 따라서 노인의 학습장애나 노화에 따른 기능의 쇠퇴를 극복해 줄 수 있는 교수의 배려와 지원이 요구된다.

1) 자기학습의 원리(self-directed learning)의 원리

노인교육은 그 어느 교육의 영역에서보다 학습자의 역할이 크게 강조된다. 노인교육은 형식적이고 정형화된 학교 교육, 즉 교수자에 의해 필요한 지식이 학습자에게 전달되기보다 학습자가 관심을 갖고 있는 내용에 따라서 학습의 내용이 구성된다. 실험과 실습, 견학, 회상, 문제해결 중심의 과제 수행, 토의식 교수 등의 학습자 중심의 학습활동이 요구된다.

2) 유의미 학습(meaningful learning)의 원리

노인학습자들은 자신들에게 의미 있고 친숙한 학습과제에 더 잘 학습하는 경향이 있다. 노인교육기관에서는 학습자들의 흥미와 발달단계, 관심사, 직업, 학습동기 등에 비추어 관련성이 있는 유의미한 학습과제를 제시한다. 또한 거부감 없이 쉽게 접근할 수 있고 친숙하며 현실적이고도 구체적인 과제나 자료를 제시한다.

3) 융통성(flexibility)의 원리

시간 조절의 융통성은 자기보조(self-pacing)의 원리이다. 노인들은 시간제한이 있거나 장기간을 요하는 학습에는 적합하지 않다. 따라서 노인학습자들이 스스로의 특성과 능력에 맞게 학습시간을 조절할 수 있어야 한다. 다음은 프로그램 운영 방법의 융통성이다. 노인교육은 학습의 주제, 교수방법, 집단 편성 등이 형식교육과는 달리 보다 융통성 있고 학습자의 요구 중심으로 언제든지 조정될 수 있어야 한다.

4) 학습자 중심(learner-directed)의 원리

노인학습에서는 학습자의 역할이 학교교육에 비하여 훨씬 더 중요하다. 노인교육에 있어 교수자는 학습자의 요구와 필요를 진단하는 데 상당한 시간이 투자된다. 노인학습자들은 자신의 요구와 필요에 맞지 않을 때는 언제든지 다른 학습활동으로 옮겨갈 수 있다. 따라서 노인학습자에게 목표 설정단계에서 충분한 참여를 제공하여야 한다. 그리고 노인교육의 내용과 형식의 제공은 학습자들의 요구와 필요에 근거를 두고 이뤄져야 한다.

5) 상호존중(Mutual Respect)의 원리

노인교육의 공간은 부드러우며 따뜻하고, 온정적이어야 한다. 교수자와 학습자 간에 그리고 학습자들 상호 간에도 서로 존경하고 존중하는 분위기가 조성되어야 한다. 노인학습자들의 사회적 상호작용은 학습에의 참여를 위한 촉매제의 역할을 하므로 다양한 상호작용 방법들을 개발·보급하는 것이 중요하다.

6) 노인 중심(Eldery-Centered)의 원리

노인교육은 다양한 연령 집단이 한데 모이는 가운데 학습이 진행된다. 노인들은 오랫동안 교육과 유리되어 있었고 또 여러 신체적 기능과 감각 등의 쇠퇴로 학습을 하기에는 불리한 처지에 놓여있다. 따라서 가능한 한 학습장소의 환경이나 분위기, 과제의 준비에 있어 노인학습자에게 최대한의 배려를 해야 한다.

플로리오(C. Florio)의 '노인을 위한 교육 프로그램' 세 가지 형태

① 노인학습자에게 특별한 혜택을 주는 프로그램
② 기존 프로그램에 노인이 참여하는 경우
③ 노인을 위해 별도로 설계된 프로그램

펠드먼과 스위니(Feldman & Sweeney, 1989)의 '노인을 위한 교육'의 세 영역

① 생존을 위한 교육
② 적응을 위한 교육
③ 봉사와 성장을 위한 교육

피터슨(Peterson, 1983)의 노인교육의 7가지 과제

① 노인에 대한 고정관념의 문제
② 노인교육 재정 충당방법의 문제
③ 노인교육학의 책무성 문제
④ 다양한 매체의 활용
⑤ 직업교육에 대한 관심
⑥ 대상의 다양화 문제
⑦ 우선순위의 문제

맥클러스키(Howard Y. Mcclusky)의 노인들의 다섯 가지 교육욕구

- 노인문제에 대한 백악관회의 보고서 중 -

① 환경적응 욕구(coping needs)
② 표현적 욕구(expressive needs)
③ 사회에 공헌하고자 하는 욕구(contribution needs)
④ 영향을 주려는 욕구(influence needs)
⑤ 초월적 욕구(transcendence needs)

자비스(Jarvis, 1990) 노인교육 세 분야

① 노인들을 위한 교육
② 노인과 노화에 관한 교육
③ 노인교육사를 위한 교육

제2절 노인교육 방법

누구를 대상으로 교육을 하든, 학습자의 특성과 입장을 고려해서 적절한 교육방법을 적용해야 한다. 노인들도 처해 있는 환경적 상황, 발달과업과 특성, 교육적 욕구가 다른 연령집단과 다를 뿐 아니라, 노인 집단 안에서도 그들이 지나온 과거의 경험과 상황에 따라 교육적 욕구에 큰 차이가 있다. 노인들은 연령집단 간 차이가 클 뿐 아니라, 노인집단 내에서의 개인 간 차이도 크다.

따라서 노인학습자가 처한 상황, 노인학습자의 특성, 발달과업, 노인들의 특수한 교육적 욕구 등을 고려하여 어떻게 교육을 해야 하는지 고려하여 교육방법을 수립하여야 한다.

노인교육 방법으로 강의법, 토의법, 또래 학습법, 실습, 견학, 회상, 매체를 활용한 교육법 등 다양한 교육방법이 있다.

1) 강의법

강의법(Lectures)은 교사가 지식과 정보, 철학과 신념, 기술이나 기능을 언어적인 수단을 통해 체계적이고 자세하게 전달하여 학습자를 이해시키고 공감시킴으로써 학습자들이 교사의 견해를 받아들이게 하는 방법이다.

이 교수법은 가장 오래된 방법이며 교사 중심의 일방적인 수업형태로 실제 노인교육 현장에서도 가장 널리 쓰이고 있다. 강의법은 단시간에 많은 정보를 제공하고자 할 때나 학습자 인원이 많을 때 특히 유용하다. 강사들은 학습내용과 학습목표를 잘 조직하고 학습자들의 집중을 유도하면서 학습을 진개할 수 있는 다양한 동기유발이나 교육방법들을 사용하는 것이 필요하다.

강사들이 강의법을 통한 학습효과를 높이기 위해서 학습조건과 교수태도를 잘 갖추어야 한다. 또한 강사는 전달하고자 하는 내용에 대한 충분한 전문성을 가져야 한다. 강의내용을 숙지하여 강의 진행시 자연스럽게 학습자의 상황과 태도를 보아가며 강의를 진행할 수 있도록 준비하여야 한다.

강사들은 노인학습자들에게 예의 바른 자세와 말투를 취하고 복장도 예의와 상황에 맞게 갖추어 입는다. 노인학습자들 중에는 청력이 약한 사람도 있으므로 강사의 뒷말이 흐리고 목소리가 작으면 강의가 너무 빨라 따라가기 어려워 교육에 흥미를 잃을 수 있다.

강의를 진행하면서 다양한 예시나 시대적 이야기들을 포함시킬 수 있는데 이때 노인학습자들의 가족, 경제적 측면 등 취약할 수 있는 부분을 건드리지 않도록 주의해야 한다. 특히 정치나 종교 등 민감한 사안은 가급적 피하는 것이 좋다.

또한 강사의 지나치게 자기 자랑이나 어려운 학술용어 또는 외국어의 빈번한 사용은 노인교육에서는 그리 좋은 강의 태도가 아니다. 꼭 필요한 경우에는 쉬운 용어와 예시로 풀어서 설명하고 진행하는 것이 좋다.

강의법으로 우선 학습자의 자리를 배치할 때 노인학습자들의 청력과 시력 등의 건강 상태를 고려한다. 시각이 약한 학습자는 청각으로, 청각이 약한 학습자는 시각으로 학습내용을 잘 따라갈 수 있도록 다양한 수업보조자료를 활용한다. 강의와 전반적인 교육을 진행함에 있어 학습자의 반응속도를 고려하고 수업진행 속도를 조절하며, 학습자들이 강의에 집중할 수 있도록 적절한 시간 간격을 두고 휴식 시간을 갖도록 한다.

인쇄자료를 제시할 때에는 가급적 한글글자의 경우 13포인트 이상의 크기로 작성하고 강의에서 다룰 주요사항이나 준비물 등은 미리 인쇄하여 제공한다.

오스틴 웰스 외(Austin-Wells et al., Educational Gerontology 2003.2)에 따르면 노인학습자를 대상으로 강의를 할 때 파워포인트 전달방식이 가장 효과적인 것으로 조사되었다.

질문에는 분명한 목적을 두며 질문에 대하여 노인학습자가 반응과 답변을 하면 강사들은 충분한 격려와 칭찬을 통해 학습자의 자발성을 인정해주어야 한다.

2) 토의법

토의법(Discussion Methods)은 학습자 간의 언어적인 상호작용을 통해 의견이나 정보를 교환하여 결론을 도출하는 교육방법이다. 이 방법은 문제해결이나 대인관계 기술을 습득할 때, 태도 변화가 주된 학습목표일 때, 이론적인 개념을 실제 상황에 적용하려고 할 때 유용하다. 그리고 토론 그 자체가 학습목표이거나, 학습자의 적극적인 참여를 유도하기 위해 사용되기도 한다. 소규모 중심의 토의식 교수법이 가장 효과적이다.

토의라는 교육방법이 학교에 적용된 것은 비교적 최근의 이라 노인학습자들은 토의 문화에 익숙하지 않은 세대이다. 따라서 토의법을 하기 전에 '토의'의 의미와 방법을 미리 학습자들에게 교육하고 나서 토의법을 적용하고 토의가 진행되는 동안에는 잘못된 태도들을 중재하면서 진행한다. 특히 노인학습자는 토의할 때 객관적인 근거를 들기보다 개인적 추측이나 느낌에 의존하여 토의하려는 경향이 있다.

따라서 토의가 잘 이루어질 수 있게 토의 전 관련 자료들을 충분히 제시해 토의를 위한 선행 학습과 준비를 하도록 한다. 교육자는 토의절차를 안내하고 학습주제에서 벗어나지 않도록 조정하는 역할을 담당하고, 토의 중에는 가급적 간섭하지 말고 자료를 제공하거나 토의내용을 정리하는 일을 도와 노인학습자들의 자발적인 토의 참여를 돕는다.

교육자는 노인학습들자의 특성과 학습내용을 충분히 고려하여 적합한 토의법을 결정하고, 절차는 주제 결정, 안내, 토의 전개, 정리의 순서로 진행한다. 주제결정 단계는 교육자와 학습자가 협의하여 결정하고, 토의집단 구성, 학습자의 역할 분담, 준비물, 토의유형과 절차 설명, 좌석 배치 등 안내 활동을 한다.

토의전개 단계에는 자료나 객관적 근거를 토대로 학습자들에 주제에 대해 생각하고 실제 토의에 참여할 수 있도록 한다. 정리단계에서는 토의결과를 발표하고 토의과정에 대한 평가와 반성의 시간을 갖는다.

토의 결과의 발표는 노인교육의 학습효과를 높이고 토의과정에 대한 평가와 반성을 통해 학습자들에게 토의문화 및 다른 사람의 입장을 이해할 수 있는 대인관계 훈련의 기회가 되기도 한다.

3) 실습(Practice) 등 교육

노인학습자의 교육방법에는 연습, 실습, 견학 등과 다양한 매체와 감각을 활용하는 방법이 있다. 그리고 강의나 토의로 교육을 진행하면서 실습이나 연습 활동을 포함하거나, 교육프로그램 중 최소 1~2회는 견학 또는 체험학습을 활용한다.

실습이나 연습 활용은 노인들에게 사회생활에서 필요한 특정 지식이나 기술을 이해하게 한 다음 실제 체험과 반복훈련으로 몸에 익히게 하는 교육방법이다.

그리고 갈등 또는 정서적인 문제를 다룰 때는 역할연기법이 유용하다. 노인들이 흔히 경험하는 실제 상황을 설정해서 그들과 타인의 역할을 연기해 본 후, 연기내용에 대해 토의하고 문제의 대안적인 행동과 감정에 대해 다른 연기를 해본다.

그밖에 노인교육에서 가장 많이 사용하는 실습교육의 하나로 현장견학(field trip)이 있다. 교육과 관련된 주요 장소나 기관들을 직접 방문하여 관찰하고 관련 정보를 얻는 교육방법이다. 견학은 구체적이고 현실적인 주제의 학습을 선호하면서 비교적 시간적 여유가 있는 노인학습자의 교육 특성에 매우 적합하며 노인학습자들의 호응과 만족도 또한 높다.

노인학습자의 견학에는 시기적으로 환절기나 너무 춥고 더운 시기는 피하고, 전체 견학시간을 노인학습자들의 건강과 컨디션을 고려해야 한다. 견학장소는 신체적 특성을 고려하여 너무 멀지 않고, 견학을 가기 전에 교육자가 견학지를 사전 답사하여 쉬는 장소와 주의점, 소요시간과 지리, 견학지 위생 상태, 날씨 등을 점검한다. 전반적인 진행 상황과 사고, 환자발생 등 만약의 경우를 대비하여 교수자 외에 봉사자 또는 보조자가 동행한다.

4) 또래학습

또래학습(peer learning)은 각 노인학습자 스스로가 교수자 또는 보조자로 자원하는 것으로, 이전의 경험이나 잘하는 부분 등을 활용하여 다른 학습자의 학습을 돕는 방법이다. 교육이 이루어지는 집단 내의 노인학습자들 사이에는 특정 영역에서 개인마다 전문성과 학습능력에 개인차가 존재하는 경우가 많다. 이러한 학습자 간의 개인차를 긍정적으로 또래학습법을 활용할 수 있다.

또래학습은 노인학습자의 특성에 적절한 교육방법이라고 할 수 있다. 노인학습자들의 다양한 경험과 직업적 배경을 공유하여 서로 돕고 함께 배움으로써 학습효과뿐만 아니라 자존감을 높이고 협동심을 기를 수 있다.

또래학습은 강의나 실습이나, 독립적인 학습동아리(learning group)에서 이루어질 수도 있다. 그리고 교육장에서의 또래학습은 학습동아리 형성으로 연계되기도 한다. 따라서 또래학습은 노인학습자의 자발성을 증대시키는 매우 효과적인 방법이다.

5) 회상

회상(reminiscence)은 오랫동안 잊혀졌던 경험 또는 사실을 떠올리는 것으로 과거의 경험에 대해 생각하거나 말하는 과정이다. 노인교육에서 노인들의 과거 경험을 떠올려 회상을 활용한 교육활동을 한다.

세론(Sherron & Lumsden, 1990)에 따르면 회상은 노인의 삶의 만족도를 높여주고 일상의 스트레스를 극복하는 데에 도움이 된다. 이러한 회상은 노인교육에 매우 중요한 방법의 하나로 제안하였다.

노인들은 과거 자신들의 경험을 떠올리면서 정신활동이 활성화되고 성격이 밝아져 노인들의 정신과 신체적 활동에 효과적이다. 그렇기 때문에 회상은 노인교육뿐만 아니라 노인상담에서도 많이 활용된다.

엘렌 랭어(Ellen J. Langer, 1979)는 회상은 정신활동을 예민하게 해주며 심리치료를 하는 데에도 높은 효과를 나타낸다고 하였다. 그는 '시계 거꾸로 돌리기 연구(counterclockwise study)'에서 일주일간 그들이 50대였던 20년 전의 어느 하루처럼 말하고 행동하며 스스로 생활에 관한 일들을 직접 하도록 하였다. 그리고 일주일 후 검사결과 참여한 8명의 노인 모두가 시력, 청력, 악력, 기억력과 지능 등이 신체나이 50대 수준으로 향상되었다는 결과를 보고하였다.

회상을 활용한 노인교육에는 노인들의 과거 경험을 통해 역사적 사건, 시대에 관한 증언을 실제로 들어보는 구전 수업을 한다. 또는 학습자들과 함께 명절 풍속에 대해 회상이나 이전의 기억을 떠올려 그림을 그리는 미술치료 방법도 있고, 친숙한 음악을 듣거나 불러 회상을 촉진시키는 음악치료 방법이 있다.

회상의 활용 방법은 신문, 잡지, 영상자료나 영화를 통해 과거 사건들을 기억하고 토론하게 하는 방법, 옛 소장품이나 살림살이를 수업에 이용하여 기억을 회상하는 골동품 프로그램 방법, 역사의 각 단계에서의 개인의 경험을 연관시키는 방법, 시 낭송이나 시를 짓는 수업에서의 회상 등 다양한 수업 방식이 있다.

제3절 노인교육 평가

교육평가는 학습자의 성과 향상 정도, 교육목표 달성 여부, 교수방법의 효과성 등을 체계적으로 확인하고 개선하는 과정으로 정의된다. 즉, 교육활동의 결과를 객관적 기준에 따라 판단하고, 이를 바탕으로 다음 활동을 재설계하는 데 핵심적인 역할을 한다.

타일러(Tyler, 1949)는 이를 "교육목표가 어느 정도 달성되었는지를 밝히는 과정"으로 보았고, 크론바흐와 스터플빔(Cronbach & Stufflebeam, 1973)은 "교육 관련 의사결정에 필요한 정보를 수집·제공하는 활동"이라고 정의하였다. 비비(Beeby) 역시 단순 기술을 넘어 교육 결과에 대한 가치판단 과정으로 규정함으로써 평가의 실천적 의미를 강조하였다.

노인교육에서는 이러한 평가 원리를 적용하되, 학습자의 연령 특성과 삶의 맥락을 반영해야 한다. 평가를 통해 교육효과를 확인하고 학습자 피드백을 수집하며, 노인 학습자의 인지·정서적 변화와 생활 적용 가능성을 중심으로 교수방법을 개선하는 것이 핵심이다. 특히 노인교육은 경쟁이나 선발이 아닌 개인 성장과 자아실현을 지향하므로, 평가 방식도 학습 전후 변화, 과정 경험, 삶의 질 향상 효과를 포괄적으로 다루어야 한다. 최근에는 개별 성장 중심, 경험 기반, 학습자 주도 평가가 주류로 자리 잡으면서 노인교육 평가의 패러다임이 전환되고 있다.

1. 노인교육 평가의 기본 관점

노인교육 평가는 학습자 간 비교나 순위를 피하고, 개인이 교육을 통해 경험한 긍정적 변화를 중시한다. 노인은 과거 삶의 경험을 바탕으로 새로운 지식을 재해석하므로, 평가 결과도 이러한 삶의 맥락 안에서 해석하는 것이 필수적이다.

자기평가 방식은 학습자가 스스로 과정과 성장을 되돌아보게 하여 자율성과 내적 동기를 강화하는 데 특히 효과적이다. 2025년 이후 이러한 경향이 가속화되면서, 삶 속 학습 경험을 기록하는 경험 중심 평가(experience-based assessment)가 온라인·오프라인 프로그램에서 널리 활용되고 있으며, 이는 학습 의미 재확인과 지속 참여를 자연스럽게 유도한다.

2. 평가자 다양화의 원리

노인교육 평가는 교사 중심의 단선적 방식에서 벗어나 자기·상호·전문가·운영자 등 다층적 평가자 구조로 발전하고 있다. 이러한 다양화는 학습자에게 타인 관점을 통한 자기 인식과 동료 학습 관찰 기회를 제공하며, 평가 자체를 학습 과정의 일부로 전환시킨다.

최근 디지털 기술 접목으로 온라인 상호피드백, AI 분석 리포트 등이 새로운 평가 수단으로 등장하면서, 평가의 객관성과 접근성이 동시에 향상되고 있다.

3. 다양한 평가방법

노인에게 지필평가는 신체·심리적 부담을 초래할 수 있으므로, 관찰, 면담, 인터뷰, 실습, 프로젝트, 활동 참여도, 회상활동 등 포괄적 방법이 선호된다. 특히 포트폴리오 평가는 학습 기록을 종합 관리하며 인지·행동·정서 변화를 다각도로 확인하는 데 적합하다.

평가 범위도 인지 이해를 넘어 신체활동, 정서 변화, 사회 상호작용, 생활 적용력까지 확대되며, 디지털 포트폴리오(사진·영상·음성 포함)와 모바일 활동기록 앱이 현장에서 활발히 사용되고 있다.

4. 평가와 동기부여

노인교육에서 평가는 성취 확인을 넘어 지속 학습을 위한 심리적 지지체계 역할을 한다. 긍정 피드백, 칭찬, 인정 등 비물질 보상을 통해 자존감을 높이고, 최근 AI 자동 피드백, 성취 뱃지, 디지털 인증서 등이 학습 지속성을 높이는 것으로 입증되고 있다.

5. 노인교육 평가의 방향성

노인교육 평가의 미래 방향은 다음과 같다:

- 경쟁 → 개인 성장 중심 강화
- 점수 → 정성적 변화 기록 중시
- 디지털·AI 맞춤 피드백 체계 확대
- 지필 → 활동·참여 중심 전환
- 포트폴리오·경험 평가 부각
- 인지+신체·정서·사회적 다차원 평가 정착

현대 노인교육 평가는 단순 성취 측정이 아니라, 삶의 질 향상과 평생학습 동기 유지를 위한 총체적 실천으로 자리매김하고 있다.

제4절 디지털 역량 기반 액티브 에이징 교육 (Digital Capacity-Based Active Ageing Education)

21세기 중반을 맞아 노년기의 사회·기술 환경이 급변하면서, 노인교육은 전달 방식부터 학습 경험, 삶의 구조까지 근본적인 변화를 겪고 있다. 특히 2023년 이후 AI 기술의 일상화는 노인학 연구 영역을 디지털 분야로 확장시키고, 교육 실천의 패러다임을 재정의하는 계기가 되고 있다.

1. 디지털 노년학(Digital Gerontology)

디지털 노년학은 디지털 기술이 고령자의 삶 전반에 미치는 영향을 탐구하는 분야로, 전통 노년학을 기술 융합 영역으로 발전시킨 개념이다. 디지털 도구는 사회참여, 학습, 건강관리, 가족 연결의 핵심 수단이 되었으며, 노인교육은 단순 정보 전달에서 자기주도적 디지털 학습 설계로 전환되고 있다.

핵심은 노인이 기술을 어떻게 받아들이고 활용하는가에 있으며, 이는 편리성을 넘어 사회적 고립 방지와 삶의 질 향상의 직접적 요인으로 작용한다. 따라서 노인교육에서는 접근성 확보, 심리적 안정감 조성, 안전 사용 교육을 통합한 접근이 필수적이다.

2. 적극적 고령화 교육(Active Ageing Education)

적극적 고령화 교육은 고령자의 신체·정신·사회 기능을 유지·강화하는 교육 접근으로, 질병 예방을 넘어 삶의 만족과 참여를 높이는 것을 목표로 한다. WHO의 '적극적 노화(Active Ageing)' 프레임워크는 건강(Health), 참여(Participation), 보호(Security)의 3축을 제시하며, 고령화교육은 이것을 실현하는 핵심 전략으로 발전하였다.

이 교육은 신체활동, 인지훈련, 사회참여, 세대소통, 자원봉사 등을 포괄하며, 고령자가 능력과 경험을 재발견하고 사회적 역할을 강화하도록 돕는다. 결과적으로 심리 안정과 관계망 확대를 동시에 이루며, 최근 건강관리 기술, 디지털 기기 활용, 스마트 인지 프로그램 등 경험 중심 학습이 확대되고 있다.

3. 기술수용성(Technology Acceptance)의 확대

디지털 도구 제공만으로는 부족하며, 실제 활용은 노인의 기술수용성에 달려 있다. 이는 새로운 기술에 대한 태도와 의지를 의미하며, 연령·건강·경험·자신감 등에 영향을 받는다.

기술수용성을 높이기 위한 교육 전략은 다음과 같다:

- 기기 단순화: 직관적 인터페이스 우선
- 반복·체험 중심: 노년기 속도에 맞춘 학습
- 심리 지지: 실수 두려움 완화와 자신감 향상
- 실생활 연계: 건강·금융·교통 등 필요 기반

이러한 접근은 학습 성취를 넘어 사회참여와 디지털 격차 해소라는 교육적 가치를 실현한다.

4. 고령자 디지털 역량(Digital Literacy for Older Adults)

고령자 디지털 역량은 정보를 찾고·이해하고·평가하고·창조적으로 활용하는 능력으로, 자립생활과 현대 시민성의 핵심이다. 노인교육에서 강조되는 3대 범주는 다음과 같다:

- 기초 활용: 스마트폰 조작, 메시지·앱 사용
- 정보 활용: 검색, 공공서비스(정부24 등), 금융·보건 이해
- 디지털 안전: 사기·개인정보 보호, 가짜뉴스 판별

이 역량은 관계 유지, 서비스 접근, 자기보호를 지원하므로, 교육은 단계적 과정·소단위 학습·개인 안내를 포함해야 한다.

5. AI 기반 고령자 지원(AI-assisted Gerontological Learning)

AI는 노인교육과 지원에서 맞춤화·모니터링·자동화 영역을 혁신한다. 주요 접점은:

- 맞춤 학습: 속도·이해도에 따른 콘텐츠 자동 조정
- 음성 지원: 챗봇·음성비서로 접근성 향상
- 인지 프로그램: 게임·훈련으로 뇌 활성화·치매 예방
- 건강 연계: 웨어러블·스마트홈 데이터 활용

AI는 기술 편의를 넘어 삶의 질 향상과 교육·복지 가치를 창출하며, 노인교육의 미래 핵심 방향으로 자리 잡을 전망이다.

연구문제

1. 노인교육 방법의 원리를 설명하고 주변에서 일어나는 사례를 들어 논의해 봅시다.

2. 교육 현장에서 가장 흔하게 쓰이며, 단시간에 많은 정보를 제공하거나 학습자 인원이 많은 경우에 특히 유용한 교육방법은 강의법입니다. 노인교육에 있어서 강의법을 사용할 경우 교수자가 주의할 사항을 논의해 봅시다.

3. 노인학습자 대상으로 강의를 할 때 강사가 갖추어야 할 조건과 태도를 논의해 봅시다.

4. 일반 교육에서의 토의법 및 강의법을 노인교육에 적용한다면 특히 고려할 사항들을 논의해 봅시다.

5. 노인교육 평가 방법에 대하여 논의해 봅시다.

CHAPTER 08

우리나라 노인교육의 현황

개요

우리나라의 노인교육은 교육복지 측면에서 학교 이외의 공간에서 노인들의 교육 소외와 교육적 욕구를 충족시키는 측면의 접근과 함께 헌법에 보장된 기본적 인권으로서의 노인 학습권을 기반으로 노인의 삶의 질을 높이는 평생교육을 통해 구현되고 있다. 본 장은 노인교육과 관련된 법령들을 통해 노인교육의 법적 기반을 살펴보고 정책을 수행하는 정부 부처들의 사업 현황을 살펴볼 것이다. 운영 주체별 노인교육현황을 통해 현재 진행 중인 노인교육프로그램의 성격과 내용을 정리해 보고 마지막으로 노인들의 학습활동에 대한 통계 자료를 기반으로 노인들의 학습참여에 대한 이해를 높이고자 한다.

학습목표

1. 노인교육 관련 법과 정책을 이해하고 현장에서 적용할 수 있다.
2. 노인교육이 운영 주체에 따라 어떻게 시행되고 있는지를 파악할 수 있다.
3. 연령대 및 성별 노인들의 학습활동이 어떠한지를 분석할 수 있다.

주요 용어

평생교육과 교육복지, 노인교육의 법적기반, 운영주체별 노인교육현황, 노인 학습활동

제1절 노인교육에 대한 법적 근거

노인교육은 노인들의 삶의 질을 높이고 노화에 적응하는 것을 돕기 위해 법률적으로 규정함으로써 복지 차원의 접근에서 나아가 성공적 노화, 활동적 노화, 스마트 노화의 과정을 영위하도록 국가적 차원의 정책화가 필요하다.

노인교육과 관련된 법들이 존재하긴 하지만 관련 법령 안에서 보다 명확하게 노인교육에 대한 명료화가 되어있지 않고 노인교육을 시행하는 부서와 운영 주체도 다양한 상황이다. 주체가 너무 많고 여러 부서가 정책을 펼치고 있는 상황이라 통합적이고 실질적 효과는 미미한 수준이다. 성공적 노화(successful aging)는 생물학적, 심리학적, 사회학적 측면에서 질병이나 질병으로 인한 위험요인이 없고 인지적으로나 사회적으로 활동이 가능한 노인의 삶을 살 때 성공적 노화로 볼 수 있다(Rowe, J. W. & Kahn, R. L., 1987). 활동적 노화(active aging)는 나이가 들어도 삶의 질을 그 나이에 맞게 보장하는 과정으로 건강과 사회참여, 안전에 대한 보장 기회를 최적으로 보장하는 과정으로 정의된다(WHO, 2002). 활동적 노화는 자율권과 자기결정권 선택을 보존할 수 있도록 하는 것을 목적으로 한다(조은상, 이의규, 이상준, 2007 재인용). 스마트 노화(smart aging)와 관련 2017년 서울노년학 국제 학술심포지엄에서 스마트 노화를 위한 전략을 모색하면서 제4차 산업혁명시대 우리사회가 노인정책의 방향을 어떻게 설정하고 고령사회, 더 나아가 초고령사회를 준비해야 하는 국가적 과제와 대응에 대한 논의의 장이 이루어졌다. 일본을 비롯한 선진국들이 100세 시대 늘어난 노년을 미래사회 기술혁신과 정보의 융합, 복지와 다양한 미래 산업의 정책적 융합을 통해 대응해 나아가고 있다. 노인인구가 2022년 5월 기준 전체 인구의 17.5%에 달하는 우리나라 역시 노인교육에 대한 법률적 명료화와 함께 구체적인 정책화를 통한 사회 환경의 변화가 요구된다.

1. 노인교육을 어떻게 볼 것인가?

1) 교육복지와 평생교육

노인교육에 대한 올바른 접근을 위해 교육복지와 평생교육에 대한 이해를 바탕으로 노인교육의 의의와 법률에 근거한 정책적 시행 방법들을 살펴볼 필요가 있다.

이기범(1996)은 모든 사람들이 평생에 걸쳐 자신의 교육욕구를 충족시킬 수 있는 평생교육체제를 기본체제로 교육복지를 해야 한다고 하였다. 교육복지에 대한 종합대책이 수립된 것은 2004년 이후다. 복지 차원에서 노인교육의 개념을 협의로는 노인들의 교육 소외와 결손에 대한 교육기회 확충이고 광의로는 노인의 교육적 욕구충족으로 설명하기도 한다(황영희, 2013).

교육복지는 일반적으로 학교교육 현장 안에서 이해할 경우 저소득층 대상 경제적 혜택과 서비스제공과 같은 경제적 취약성을 보완하기 위한 지원사업과 교육취약계층에 대한 교육기회 확대로 인식되며 이때 교육취약계층은 장애학생이나 학습부진학생, 학교 부적응학생, 탈북민, 다문화가정 학생 등을 의미한다. 반면에 학교교육현장 밖으로 교육복지가 확장될 경우 학교 이외의 공간에서 다양한 교육기회를 제공하며 대상별 또는 계층별 삶의 질을 개선하는 교육활동을 의미한다. 이때 대상별·계층별에는 학생과 청소년을 넘어 여성, 노인, 청장년 등 모든 연령과 교육적 요구가 있는 다양한 계층을 뜻하며, 이들을 위한 교육기관의 예로 여성들을 대상으로 하는 여성인력개발센터와 중장년층 나아가 노년층을 위한 50+재단 등이 있다.

학교교육을 뛰어넘는 교육복지는 평생교육의 개념과 만난다.

평생교육은 인간의 전 생애에 걸쳐 이루어지는 형식교육, 비형식교육, 무형식교육을 포함한 교육활동으로 삶의 질 향상을 통한 인간존중을 기본원칙으로 하는 교육이다.

2) 평생교육이념에 근거한 노인교육

평생교육(lifelong education)이란 용어를 처음 사용한 랭그란드(Lengrand)는 개인이 태어나면서 죽을 때까지 전 생애에 걸친 교육의 통합을 주장하였다. 누구나 평생을 두고 교육을 받으면서 개인 발전을 최대한 도모할 수 있도록 보장하여 주는 것이 평생교육체제이며 이는 모든 국민의 교육권을 보장하는 기본적 인권으로서의 학습권을 의미한다. 노인 역시 경제활동의 가능성 여부와 별개로 교육기회를 갖고 삶의 질 향상과 자아실현을 추구할 권리가 있다는 것이 평생교육의 이념에 근거한 노인교육이다. 평생교육론이 유네스코를 중심으로 1965년 등장한 이후 유네스코는 1982년을 세계 노년의 해로 정하고 1991년부터 10월 1일을 세계노인의 날로 지정하면서 노인교육의 중요성을 알려왔다. 우리나라의 경우 1973년 유네스코 한국위원회에서 평생교육발전 세미나를 개최하고 1980년에 개정헌법에서 평생교육을 명문화하였으며, 1997년부터 10월 2일을 노인의 날로 지정하여 평생교육이념을 실현하고자 노력해왔다. 평생교육은 융통성, 교육의 민주성과 함께 개인, 조직·사회와 국가가 변화에 적응할 수 있는 능력을 길러주고 다양한 사회적, 직업적 능력을 개발할 기회를 제공하며 학습자들의 자발성을 특성으로 한다. 이러한 평생교육의 특성은 인간의 성장과 발달 및 욕구충족을 위해서 그리고 변화와 혁신을 위해서, 21세기 4차 산업혁명시대인 지금의 지식기반사회를 살아가기 위해서 노인에게도 동일하게 평생교육이 필요하다는 것을 보여준다.

2. 노인교육 관련 법

1) 헌법

대한민국은 헌법상 기본권으로서 모든 국민의 교육권을 명시하고 있다. 헌법 제31조 제1항 "모든 국민은 능력에 따라 균등하게 교육을 받을 권리를 가진다.", 제5항 "국가는 평생교육을 진흥하여야 한다.", 제6항 "학교교육 및 평생교육을 포함한 교육제도와 그 운영, 교육재정 및 교원의 지위에 관한 기본적인 사항은 법률로 정한다." 이상에서 볼 수 있듯 노인을 포함하는 모든 국민의 교육받을 권리가 법률로 명시되어 있다.

2) 평생교육법

평생교육이 전 생애에 걸친 요람에서 무덤까지의 교육을 의미하지만 우리나라의 경우 평생교육법 제2조 제1항에 학교교육을 제외한 모든 형태의 교육활동으로 정의되어 있다. 이는 우리나라 교육법이 학교교육과 사회교육으로 나누어져 있던 상태에서 1982년 사회교육법이 평생교육법으로 변경되면서 이에 따라 학교교육을 제외한 모든 교육으로 정의되면서 일반적으로 평생교육이 학교 이외의 교육, 성인교육으로 인식되고 있는 상황이다. 평생교육법 제2조 제1항의 평생교육은 "학교의 정규교육과정을 제외한 학력보완교육, 성인 문자해득교육, 직업능력 향상교육, 인문교양교육, 문화예술교육, 시민참여교육 등을 포함하는 모든 형태의 조직적인 교육활동"이라고 규정하고 있다. 평생교육법 제10조 제1항은 "국민의 평생교육을 위한 모든 형태의 사회교육은 장려되어야 한다"라고 하여 모든 형태의 사회교육 안에 당연히 노인교육이 포함된다.

평생교육법에 따른 평생교육기관은 학교형태의 평생교육시설, 학교 부설 평생교육시설, 사내 대학형태의 평생교육시설, 원격대학 형태의 평생교육시설, 사업장 부설 평생교육시설, 시민사회단체 부설 평생교육시설, 언론기관 부설 평생교육시설, 지식, 인력개발 관련 평생교육시설이 있고 이러한 시설들을 통해 다양한 형태의 노인교육이 이루어지고 있다.

3) 노인복지법

노인복지법(2021.12.21. 일부개정/2022.3.22. 시행) 총칙의 제1장 제1조에서 노인복지법이 노인의 심신의 건강을 유지하고 노후의 생활 안정을 위하여 필요한 조치를 강구함으로써 노인의 보건복지 증진에 기여함을 목적으로 한다고 규정하였다. 노인교육을 연관 지을 수 있는 관련 조항을 살펴보면, 제2조 제2항에서 노인은 그 능력에 따라 적당한 일에 종사하고 사회적 활동에 참여할 기회를 보장받는다. 제6조 제2항은 노인 인권교육과 관련 노인복지시설에서 노인들에게 인권교육을 실시할 수 있다. 제23조 제2항은 노인일자리 전담기관 설치와 운영에 대한 명시를 통해 노인인력개발기관, 노인일자리지원기관, 노인취업알선기관을 국가나 지방자치단체가 운영하며 법인이나 단체에 위탁운영도 할 수 있다고 명시하였다. 제36조에서는 노인여가복지시설로 노인복지관, 경로당, 노인교실을 규정하였고, 이들 노인 여가복지시설의 설치에 대한 조항을 두었다. 위의 조항들에서 알 수 있듯 노인인권교육을 언급한 제6조

제2항을 제외하고는 노인교육에 대한 분명한 언급은 없지만 노인으로서 살아가는 기간에도 여전히 사회적 활동과 취업을 위해, 노인들이 여가 시간을 보내며 심신의 건강을 유지하기 위해 교육적인 필요가 존재함을 인지하고 이를 위해 국가와 지방자치단체뿐 아니라 법인이나 단체를 비롯한 민간에서도 이러한 교육을 위탁받아 실시할 수 있도록 규정하고 있다.

4) 저출산 · 고령사회기본법

2005년 제정된 저출산·고령사회기본법은 2021년 일부 개정을 거쳐 2022년 6월 시행되어 고령사회의 노후생활을 위한 국가와 지방자치단체의 역할을 정책으로 규정하고 있다.

제1장 총칙의 제2조에서 국민이 건강하고 안정된 노후생활을 할 수 있도록 하는 것을 기본이념으로 명시하였다. 제2장 제2절의 고령사회정책은 제11조에서 노인 일자리 창출을 위해 국가와 지방자치단체가 필요한 조치를 강구해야 함을, 제14조에서 노인의 사회활동 참여를 촉진하는 사회기반 조성에 대해 언급하고 있다.

노인교육과 관련 제15조 제1항에 따르면 모든 세대가 평생에 걸쳐 학습하고 능력과 적성에 따라 교육을 받을 수 있도록 교육의 기회를 제공하고, 이를 위한 교육시설의 설치·인력의 양성 및 프로그램의 개발 등 필요한 시책을 국가와 지방자치단체가 강구해야 한다.

제15조의2 노후설계와 관련해서는 국민이 행복하고 활기찬 노후생활을 설계하기 위하여 재무, 건강, 여가, 사회참여 등 각 분야에서 적절한 상담과 교육을 받을 수 있도록 필요한 시책을 강구하여야 한다고 국가와 지방자치단체의 역할을 규명하여 보다 발전적이고 확대된 노인교육의 범위를 세시하고 있다.

5) 고령자 고용촉진법

2007년 일부개정을 거쳐 2008년 1월 시행된 고령자 고용촉진법은 제1장 총칙 제1조에서 고령자가 그 능력에 적합한 직업에 취업하는 것을 지원 촉진함으로써 고령자의 고용안정과 국민경제의 발전에 이바지함을 목적으로 한다고 명시하였다. 이를 통해 노인 역시 직업을 통한 경제 활동을 위해서 필요한 직업교육을 받을 수 있도록 하는 것을 정부와 사업주의 책무로 규정하며 제6

조에서 고령자에 대한 직업능력개발 훈련과 관련하여 보다 구체적으로 명시하였다.

노동부 장관이 고령자의 고용 촉진과 직업능력개발 향상을 위한 직업능력개발 훈련실시와 함께 제3항에서 이들 고령자의 신체적, 정신적 조건을 감안한 특별한 배려에 대해서도 법률로 적시하였다. 제8조는 사업주가 고령자교육이나 훈련 및 작업환경 개선을 통해 고령자 고용 촉진에 필요한 비용에 대한 정부의 지원을 적시하여 정부 차원의 고령자에 대한 교육비 지원을 직·간접적으로 할 수 있도록 하고 있다.

노인교육에 대한 직접적 명시는 아니지만 고령자 대상의 삶의 질을 높이고 노후 경제생활과 여가생활 등에 대한 사회의 변화를 반영한 이러한 법률의 제정과 시행은 미래 사회 노인의 삶을 준비하는 데 국가·사회적으로 노인교육의 중요성을 인정하고 필요한 교육을 실시해야 함을 내포하고 있다.

3. 노인교육 관련 부서별 정책과 효과

1) 교육부

우리나라 교육부의 노인교육 관련 정책은 평생교육을 통해 제시되고 시행되어왔다.

2018년부터 2022년까지 적용된 제4차 평생교육진흥 기본계획에 따르면 고령화와 기대수명 증가로 고령자 비중이 확대됨으로 인해 퇴직 후에도 72세까지 일자리를 희망하는 이들이 늘고 있다는 것이다. 이러한 상황을 반영한 노인들을 위한 직업교육과정 평생학습 수요를 반영하는 것이 언급되어 있다. 주요과제 중 하나인 국민 누구나 누리는 평생학습의 구체적 추진 과제로 학습자 여건에 맞는 맞춤형 학습지원에 있어서 노인들을 위한 고령자의 맞춤형 학습지원에 대한 세부내용은 다음과 같다.

첫째, 노년층의 제2 인생 설계를 위한 상담사, 지도사 등의 양성과정을 시민대학의 프로그램을 통해 활성화시킨다. 둘째, 고령자의 자발적 학습동아리를 지원하여 노인들의 관심사인 건강, 자주, 존엄 등에 대한 프로그램개발을 통해 궁극적으로 노인들의 자아실현과 존재의미를 탐색하는 것을 지원한다. 셋째, 2018년부터 고령층 비율이 높은 평생학습도시의 특성화를 지원하고 발굴한 우수사례는 평생학습박람회 등을 통해 확산한다. 넷째, 고학력의 노년층 대상 학위과정을 운영하기 위해 적합분야 발굴과 개설희망대학을 지원한다. 다섯째, 노인평생교육 전문가를 양성하기 위해 노인교육 관련 프로그램을 개발하고 노인을 위한 학습활동계획, 노인교육기관 운영에 대한 전문성을 제고하며 평생교육사 연수교육과정에 노인교육 관련 교과목을 반영한다고 명시하였다.

2) 보건복지부

보건복지부의 노인 관련 정책은 복지 차원의 접근인 치매검진사업, 치매치료 관리비 지원 사업, 노인실명예방관리사업 등 노화에 따른 노인 건강에 대한 사업들과 빈곤 취약계층 노인들을 위한 노인주거복지시설과 함께 교육적 차원으로의 접근을 함께하는 노인 맞춤 돌봄 서비스가 있다. 노인맞춤 돌봄 서비스에는 안전지원, 사회참여, 생활교육, 일상생활 분야의 서비스가 제공된다. 이 가운데 사회참여 분야에는 사회관계를 향상시키는 프로그램으로 여가활동과 평생교육활동, 문화 활동이 포함되어 있다. 생활교육분야는 신체건강 분야에서 영양교육, 보건교육, 건강교육을 제공하고 정신건강 분야에서 우울 예방프로그램과 인지활동프로그램을 제공하여 노인을 위한 교육을 정책적으로 수행하고 있다.

이들 정책과 함께 보건복지부가 노인들을 위한 지원 사업들을 시행하고 있는데 그 중 노인일자리 및 사회활동지원사업의 경우 공익활동이나 일자리, 재능 나눔 등 건강한 노인들이 다양한 사회활동과 경제적 활동을 할 수 있도록 하여 활기찬 노후생활을 하도록 지원하는 사업이다. 노인교육적인 사업으로 볼 수 있는 노인자원봉사 활성화 지원의 경우 노인들을 대상으로 자원봉사리더십 교육을 제공하고 노인 전문 자원봉사 프로그램을 개발, 보급하여 인적자원으로서 노인의 경험과 지식을 활용하는 노인에 의한 교육을 포함하는 사업이다. 이외 보건복지부에서 매장 위주의 장사제도를 화장 문화로 전환하는 장사제도 사업과 노인여가 복지시설인 노인복지관, 경로당, 노인교실을 지원하는 노인 여가 복지 지원 사업을 수행하고 있다.

3) 고용노동부

고용노동부의 노인을 위한 정책은 60세 이상 고령자의 고용을 촉진하기 위한 고령자 고용지원금을 지급하는 정책이 대표적이다. 매 분기별 고령자를 채용한 우선지원대상 기업 및 중견기업들에게 증가한 고령자 수 1인당 30만 원을 최대 2년간 분기별 지원하는 것이다. 2021년 9월 발표된 고령자 고용활성화 대책은 다음과 같다. 첫째, 주된 일자리에서 더 오래 일할 수 있도록 지원한다. 둘째, 주된 일자리 퇴직 후에도 계속 일할 수 있도록 노동이동과 재취업 지원을 활성화한다. 셋째, 풍부한 경험, 기술과 전문성을 보유한 중·장년 퇴직 인력이 준비된 기술 창업을 할 수 있도록 맞춤형 창업교육과 사업화를 지원한다. 이를 위해 고령자 맞춤형 직업훈련 확대와 고령자의 디지털 전환 적응을 지원하여 고령자의 직무역량을 강화한다는 내용과 고령자 고용을 위한 인프라 구축을 추진한다는 내용이 포함되어 있다.

4) 문화체육관광부

문화체육관광부는 노인대상 문화예술교육을 정책으로 시행하는데 주요사업으로는 인문정신문화진흥사업, 아름다운 이야기 할머니, 어르신문화프로그램 운영, 문화취약계층대상 문화예술교육지원사업 등이 있으며 이들 사업을 통해 노인교육에 일조하고 있다.

주로 노인복지기관에서 어르신 대상 문화 활동으로 공연, 동아리, 교육 관련 프로그램을 운영하며 세대교류를 가능케 하는 사회활동들을 문화프로그램으로 운영한다. 특히 만 56세부터 80세 여성 어르신들을 대상으로 하는 "아름다운 이야기 할머니" 사업은 여성 어르신들이 유아교육기관에 파견되어 전통이야기를 들려줌으로써 여성노인들에게는 봉사를 통한 자아실현과 사회참여기회를 제공하며 경제적인 도움도 받을 수 있고 유아들의 인성함양에도 기여하며 세대 간의 만남이 될 수 있어 의의가 있다.

이외 문화체육관광부는 어르신 대상 문화프로그램운영과 문화취약계층 문화예술교육지원사업을 통해 노인들의 건강하고 활기찬 노후를 보낼 수 있는 정책들을 추진해오고 있다.

특히 한국 노인종합복지관 협회의 2021 지역문화 플랫폼 프로젝트는 노인분야의 문화체육 관광부의 대표적 지원 사업으로 노년세대가 '문화적 어른'으로 자리 잡고 성장하는 노년, 나이 듦을 환대하는 사회를 지향하며 추진하는 사업이다. 더 이상 안티-에이징이 아닌 웰컴-에이징을 추구하도록 지역사회의 다양한 기관들이 노인과 다른 세대가 연대하고 공유하는 공공적 문화 플랫폼을 지향한다.

제2절 운영 주체별 노인교육 현황

1. 노인복지시설의 노인교육

우리나라 노인복지시설에는 노인주거복지시설, 노인의료복지시설, 노인여가복지시설, 재가 노인복지시설이 있는데 이들 가운데 노인교육 프로그램을 운영하는 곳은 노인여가복지시설로 분류되는 노인복지관, 경로당, 노인교실이다. 2021년 기준 보건복지부 e-나라지표의 통계에 따르면 노인복지관은 357개소, 경로당은 67,211개소, 노인교실은 1,255개소가 운영되고 있다.

1) 노인복지관

노인복지관이 본격적으로 설치 운영된 것은 2004년 보건복지부의 노인복지관 운영 지침이 마련되면서이다. 노인복지법 제37조에 근거한 노인복지관은 각 지역별로 노인인구와 지역 실정을 고려하여 최소 1개소 이상 건립을 원칙으로 한다.

노인복지법에 의해 설립된 최초의 노인복지관은 1989년에 설립된 서울 중부노인종합복지관(현 노원노인종합복지관)과 남부노인종합복지관(현 관악노인종합복지관)이며, 그 이전에는 대한노인회에서 설립한 1971년의 인천광역시노인복지회관이 있다. 초기의 상담, 사회교육, 재가 복지사업 중심의 단순한 기능에서 현재는 고령사회를 살아가면서 노인인구 증가와 사회환경의 변화를 반영한 보다 복잡하고 다양한 노인복지관의 기능으로 확대되었다.

2020년 기준 보건복지부의 정책사업으로 11개의 기본사업(일반상담 및 정보제공사업, 전문상담사업, 위기 및 취약노인지원 사업, 지역사회 생활자원 연계 및 지원사업, 건강생활지원 사업, 사회참여 지원사업, 노인권익증진 사업 등)과 각 지역 실정에 맞게 개별 노인복지관의 특성을 담은 선택사업을 시행하고 있다.

2018년에 발표된 노인교육과 관련 노인복지관의 사업현황 및 프로그램과 교육 관련 프로그램은 표 8-1, 8-2와 같다.

표 8-1에 따르면 기본사업으로 노인들의 교양, 정보화교육, 인문학 관련 평생교육과 여가를 보낼 수 있는 취미 활동 부분뿐 아니라 노인들의 신체적 노화로 인한 문제들, 인지적 문제와 관련된 치매에 대한 상담 부분이 포함되어 있다. 선택사업에서는 의·식·주와 가족에 대한 내용과 함께 지역 내 노인 관련 활동이나 노인복지에 대한 사업들로 구성되어 실질적 노인들의 수요를 반영한 프로그램들로 구성되어 있음을 볼 수 있다. 노인복지관의 교육프로그램 중 눈에 띄는 프로그램으로는 고용 취업 프로그램을 운영하는 것인데, 취업지원과 경제에 대한 부분 및 은퇴준비에 대한 교육이 과거 프로그램과 달라진 부분이다.

표 8-1 노인복지관의 사업현황 및 프로그램

	사업프로그램명	프로그램의 세부내용
기본사업	평생교육	한글/외국어/교양/정보화/인문학/예비노인
	취미여가	예능/문화/취미/체육/동아리
	기능회복	물리치료/양·한방/작업치료/운동재활/ADL
	요양	치매예방/주야간
	상담	노인발달/전문/심리/치매/노인학대
	사회참여	자원봉사/지역봉사/교통봉사/동아리
	위기독거	자립지원/기관연계/사례관리
	정서지원	우울자살/죽음준비/집단 자조모임
선택사업	건강증진	건강교육/건강상담/건강교실/이·미용
	급식	경로식당/밑반찬/푸드뱅크
	주거지원	주택수리/환경개선
	고용	사회활동/취업지원/경제교육/은퇴준비
	가족기능	봉사원파견/방문간호/노인돌봄
	가족통합	가족상담/가족관계/가족캠프/세대통합
	지역자원	자원봉사관리/후원개발/외부사업
	지역복지	기관연계/이동복지/지역협력
	노인권익	인권옹호/인식개선/편의시설/소비자 피해

표 8-2 노인복지관의 교육 관련 프로그램

	교육프로그램	세부내용
기본사업	평생	한글/외국어/교양/정보화/인문학/예비노인
	취미여가	예능/문화/취미/체육/동아리
	상담	노인빌딜/심리/지내/노인학내/건강
	사회참여	자원봉사/지역봉사/교통봉사/동아리
선택사업	건강증진	건강교육
	고용취업	사회활동/취업지원/경제/은퇴준비
	가족통합	가족상담
	노인권익	인식개선

출처: 최주영, 박성준(2019). 고령자 학습유형별 노인복지관 교육공간 프로그램분석.

2) 경로당

노인정이라고도 하는 경로당은 지역별로 노인들의 친목과 여가 활동 및 각종 자율 활동을 위한 공간으로 운영된다. 2016년 시행된 대한노인회 지원에 관한 법률 제2조의 활동에서 노인교실 및 경로당 관리·운용을 적시하고 있다. 대한노인회의 경로당 활성화 프로그램 분야는 다음과 같다.

표 8-3 경로당 활성화 프로그램 분야

대분류	중분류	내용	비고
건강운동	체조, 댄스교실 웃음교실 요가, 명상, 건강운동	노인들의 신체적·정신적 건강유지 및 증진을 위한 건강운동	전체 경로당에 치매예방 수칙 및 치매예방 체조 보급
건강관리	건강 관련 한방치료 안마교실, 방문간호		
교육상담	정보화교육 어학교육 인식개선교육 에너지교육 노인상담 생활안전교육 프로그램발표	노후생활 정보 등 다양한 교육을 실시함으로써 노인들의 건전하고 건강한 노후생활 영위를 위한 교육프로그램 제공	

대분류	중분류	내용	비고
여가활동	음악활동 바둑, 장기 교실 문학활동 미술활동 문화·공연활동	노래교실 등 각종 레크리에이션 활동 등을 통해 노년의 건전한 여가·취미 생활 유지	
권익증진	노인 성교육 소비자피해예방교육 노인자살 학대예방교육		
사회참여	방문 이·미용 서비스 시설방문 위문공연 자원봉사활동	경로당 이용 노인들 중심 지역사회 청소 및 재활용품 수집, 청소년 안전 지킴이 등의 봉사활동	
공동작업장	공동작업장	지역 특성에 맞는 일거리를 확보하여 공동으로 생산활동 참여	
기타		지역 특성에 알맞은 각종 활동	

경로당은 영리 목적의 운영이 아닌 회원들의 회비로 주로 운영되며 노인들의 지역 내 사랑방과 같아 체계적인 교육프로그램 운영보다는 일회성 프로그램이나 급식 제공 등을 주로 하며 공간적 제한과 전문성 부족으로 보다 많은 지역사회와 복지기관의 관심과 지원이 필요한 실정이었다. 2005년부터 사단법인 대한노인회에서 경로당 중앙지원 본부를 설치하고 국비를 지원받아 경로당 관리와 운용을 하며 보다 체계적인 노인교육프로그램을 지원하고 있다.

3) 노인교실

노인교육프로그램을 운영할 수 있는 노인교실은 1978년 학구단위 노인교실 설치요강을 근거로 시작되었다. 현재는 노인복지법 제36조의 노인여가복지시설로 분류되며 노인들을 위한 취미, 건강유지 등 노인들의 일상생활과 관련된 프로그램을 운영하고 있다. 초기 지역 노인들을 위한 초등학교 학구단위 노인학교 설립 목적에서 지금은 노인교육 관련 시설들이 노인교육프로그램을 운영할 경우 일반적으로 노인교실로 불리며 법적 등록이 의무사항이 아닌 선택사항으로 미등록으로 운영되는 노인교실이 많아 노인교실에 대한 실질적 통계나 관리가 잘 되고 있지 않은 상황이다. 국가 또는 지방자치단체 이외 개인이나 사회단체가 노인교실을 설립하기 위해서는 2인 이상의 직원(시설장, 강사 등)과 50명 이상 수용 가능한 33㎡ 이상의 강의실, 사무실(휴게실 겸용 가능), 화장실을 갖추고 관할 시·군·구에 신고하면 된다. 노인교실은 설립자에 의해 교육프로그램이나 운영 전반, 경비 등이 자체적으로 이루어지고 있다.

2. 대학 및 평생교육시설에서의 노인교육

대학이나 평생교육전문기관에서의 노인교육은 주로 노인대상 교육을 위한 지도자 과정이나 별도의 노인학습자를 위한 과정으로 구성되어있다. 대표적으로 부산가톨릭대학교 평생교육원의 인생 재설계 실버교육과정 프로그램의 경우 건강관리와 노인체육지도사 과정, 노인지도사 2급, 실버보드게임지도사 2급, 실버인지운동사 1급, 실버인지전문가 1급(치매예방관리사) 등으로 노인에 대한 교육이 주가 되어 진행되고 있으며, 평생교육전문기관으로서 은평구 평생학습관의 경우 늘배움학교라는 노인대상의 과정을 별도로 운영하고 있다. 늘배움학교는 성인문해교육과 함께 문화예술활동으로 영화보기, 그림 그리기, 시쓰기 과정이 있고, 시니어댄스특별활동과 웃음치료체험활동 등을 통해 몸과 마음의 건강을 유지하고 활기찬 노후를 살아가도록 돕는 노인을 위한 교육이 주가 된다. 이외 대학 평생교육원의 경우 주로 노후설계와 노후 준비를 위한 과정으로 중·장년과 노년층을 대상으로 하는 교육이 개설되어 운영되고 있다.

3. 종교단체 및 민간기관에서의 노인교육

종교단체의 노인교육은 종교단체가 속한 지역주민과 노인 교인들 대상 노인대학이나 시니어아카데미와 같은 이름으로 주로 운영되고 있다.

정릉교회 부설로 1975년에 설립된 정릉평생대학의 경우 대학의 성격을 띤 1년 2학기 제와 방학이 있고, 매주 목요일 오전 10시부터 오후 3시까지 진행되며 노래와 예배, 강의와 부서별 활동으로 운영된다. 노인 스스로 교양을 높여 존경받는 노인상을 정립하고 평생대학에서 새로운 벗을 사귀어 활기찬 노후를 보내는 것을 목표로 한다. 천주교 서울 대교구에서 운영하는 가톨릭 서울 시니어 아카데미 역시 조부모 신앙학교라는 프로그램을 통해 손자녀에게 천주교 신앙의 전수자 역할을 드리기 위해 개설되었으며 교인들 대상으로 운영된다.

4. 지방자치단체 및 공공기관

지방자치단체의 경우 노인교육 관련 사업을 주로 지역의 비영리 민간단체 등에 위탁하여 지역 노인들의 복지 차원에서 운영한다. 공공기관으로 국가 차원에서 노인교육프로그램을 운영하는 곳은 대표적으로 국민연금관리공단의 노후준비지원센터이다. 이곳에서는 주로 노후 재무관리를 위한 진단과 상담 및 교육이 주가 되지만 재무뿐 아니라 건강과 여가 대인관계에 대한 진단과 교육 등도 지원해 주고 있다.

한국노인인력개발원의 경우 노인일자리 및 사회 활동 지원 사업을 전담하여 운영하며 노인들의 공익활동, 자원봉사활동, 사회서비스형, 시장형 사업, 취업알선, 고령자 친화기업, 시니어 인턴십 등의 노인 관련 사업들에 참여하는 노인들 대상 필요한 교육을 제공한다. 또한 이러한 사업에 종사하는 종사자들 대상 인사노무교육, 세무회계교육과 노인의 이해 등의 프로그램을 통해 노인에 관한 교육, 노인에 의한 교육, 노인을 위한 교육이 다양하게 진행되고 있다. 이외에 청담종합사회복지관에서는 청담노인대학을 운영하여 65세 이상 노인대상 교양교육프로그램을 통해 현대화, 정보화 사회에 적응할 수 있는 교육을 운영함과 동시에 취미여가프로그램, 건강증진프로그램, 정보화교육프로그램과 기타 노인들의 동아리활동을 지원하고 있다. 즐거운 여가, 활기찬 노후, 배움의 기회를 통한 자존감 향상 및 아름다운 노후를 교육 목표로 하며 지역의 노인들을 대상으로 한다. 학기제로 운영되고 주로 교인들을 대상으로 하는 종교단체에서 운영하는 노인대학과는 차이가 있다.

제3절 연령대 및 성별 노인교육현황

2020년 실시된 노인 실태조사 보고서에 따르면 노인들의 학습활동 참여율은 남자 11.8%, 여자 11.9%로 비슷하였으며 월평균 9시간을 학습활동에 사용하는데 이 가운데 1시간에서 5시간이 가장 많은 것으로 나타났다.

1. 노인의 평생교육 참여를 통해 본 학습활동

노인들에게 학습활동은 사회적 관계망을 확장하며 정서적 지지그룹을 형성할 수 있는 수단(박해정, 2017)이다. 학습활동을 통해 노년기의 삶을 준비할 수 있을 뿐 아니라 평생교육의 자아실현과 성장을 경험하는 성공적 노화의 방법이기도 하다. 따라서 노인교육이 단순한 복지 차원의 프로그램을 넘어서서 평생교육, 고등교육으로서 더욱 체계적인 학습활동이 될 수 있도록 교육적인 접근이 필요하다.

표 8-4 노인의 학습활동 참여율 및 교육 참여시간

특성(1)	특성(2)	응답자 수(명)	학습활동 참여율(%)	평균 참여시간(시간)	월당 교육참여시간		
					1~5(시간)	6~10(시간)	11~15(시간)
성별	남자	512명	11.8%	9.6시간	49.2	24.8	9.0
	여자	686명	11.9%	8.5시간	48.3	25.9	10.3
연령	65~69세	377명	11.3%	8.8시간	48.8	25.5	8.5
	70~74세	286명	12.2%	9.8시간	47.2	24.1	11.9
	75~79세	286명	12.5%	9.0시간	47.9	25.2	11.5
	80~84세	160명	10.9%	8.2시간	52.2	29.2	5.0
	85세 이상	88명	13.7%	8.7시간	50.6	23.6	11.2

3년 단위로 실시되는 노인실태조사와 별개로 매년 실시되는 국가 평생교육통계 조사 결과 2021년 우리나라 성인들의 평생학습 참여율은 30.7%이며, 그 가운데 노년층인 65세부터 79세의 평생학습 참여율은 19.2%로 2020년에

비해 증가한 것으로 보고되어 노인들의 평생학습 참여율이 꾸준히 증가하고 있음을 알 수 있다.

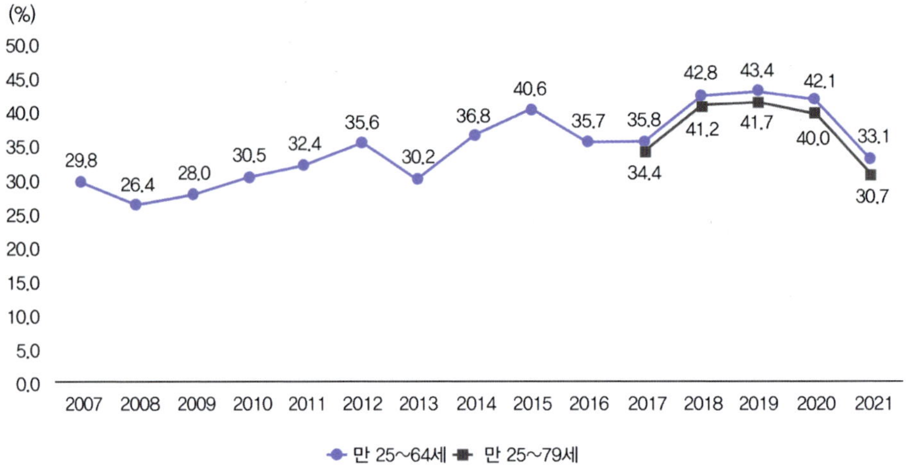

그림 8-1 성인들의 평생학습 참여율

출처: 교육부(2021). 국가평생교육통계 조사 결과 발표.

노인을 대상으로 하는 평생교육시설의 평생교육프로그램에 대한 연구(전수경 외, 2016)에 따르면 평생교육시설의 노인대상 프로그램은 다른 기관에 비해 가장 그 규모가 작은 것으로 나타났다. 노인들의 경우 평생학습관과 사업장 부설 평생교육시설의 프로그램을 가장 많이 사용하며 가장 선호하는 프로그램은 문화예술, 인문교양 프로그램이었다. 위 연구는 노인들이 소규모 오프라인 프로그램에 많이 참여하며 노인 세대의 특성을 고려한 프로그램과 자신의 재정적 형편에 맞는 프로그램에 주로 참여하고 있다고 분석하였다. 노인교육은 평생교육시설뿐 아니라 노인복지관을 비롯하여 노인 관련 단체나 기관에서도 활발하게 진행되고 있고 수요나 요구사항도 다양화되고 있다. 노인교육 프로그램을 구성하고 운영하는 데 있어 노인들만을 대상으로 하는 프로그램뿐만 아니라 노인들과 다른 세대의 성인들이 함께 참여할 수 있는 교육프로그램을 통해 세대 간의 이해를 더하고 사회 속에서 노인의 위치를 자리매김할 수 있는 프로그램의 운영과 노인 학습활동에 대한 사회적 지원이 고령사회에서 더욱 요구된다.

연구문제

1. 노인교육과 관련된 법령으로서 최근 우리 사회를 반영하는 저출산 고령사회 기본법과 고령자 고용촉진법은 노인교육과 관련된 법령이 있습니다. 위 두 법을 통해 노인교육이 추구해야 할 방향은 무엇이고 구체적으로 필요한 교육프로그램은 무엇이 있을지 생각해 봅시다.

2. 대학이나 평생교육시설에서 운영되는 노인교육프로그램이 노인복지시설이나 지방자치단체 등의 공공기관 노인교육프로그램과 차별성을 보이는데 이러한 차별성은 무엇 때문이며 이 차별성이 바람직한지에 대하여 자신의 생각을 논해 봅시다.

3. 노인들의 학습활동 참여율이 보여주는 노인교육의 실태를 자신의 언어로 정리해 봅시다.

CHAPTER 09

외국의 노인교육

개요

전 세계가 고령·초고령사회로 급속히 진입함에 따라, 노인교육은 단순 복지 차원을 넘어 국가 경쟁력 강화와 삶의 질 제고라는 핵심 정책 영역으로 부상하고 있다. 이 교육은 학습자의 자아실현·사회참여 확대·건강 증진이라는 교육적 가치를 추구하면서 동시에 사회적 고립 방지, 지역 통합, 건강수명 연장이라는 공공정책 목표를 통합적으로 실현한다.

선진국들은 노년기의 역할 상실과 은퇴로 인한 사회적 소외를 막고자, '제3의 인생(third age)'을 역동적·생산적 삶의 단계로 재정의하는 데 노인교육을 활용하고 있다. 국가·지방정부·대학·민간이 협력하여 구축한 체계에는 대학 기반 시니어 리커런트 프로그램, 자조학습 공동체 U3A(University of the Third Age), 지역 공민관 프로그램, 온라인·하이브리드 디지털역량 교육 등이 포함되며, 이러한 모델들은 노인의 지속 학습을 사회자본으로 전환하는 데 기여한다.

최근 디지털 전환 가속화와 더불어 고령친화도시(WHO Age-friendly Cities) 정책, 세대통합 교육, 건강·돌봄·학습 융합 프로그램 등 새로운 트렌드가 노인교육 체제에 적극 접목되고 있다. 이러한 변화는 노인교육을 단순 지식 전달에서 생애 전환 지원 체계로 발전시키는 핵심 동인으로 작용한다.

본 장에서는 유럽·북미·아시아 국가들의 노인교육 정책과 프로그램을 비교 분석함으로써, 각국의 맥락에 맞는 다양한 모델을 탐구하고 국내 적용 가능성을 모색한다.

학습목표

1. 선진국의 대학에서 실시하는 노인교육 방법에 대해 알아본다.
2. 유럽과 아시아 국가들의 노인교육 실태를 비교해 본다,
3. 각 국가의 다양한 노인교육기관과 프로그램을 알아본다.

주요용어

Campbell Senior Center, U3A, 공민관, UTA, the Third age clubs

제1절 미국

1. 노인교육 정책

미국의 노인을 위한 노인교육 프로그램은 1874년 뉴욕 근교의 샤토쿠아 운동에서 비롯되었다. 프랑시스 타운젠트(Francis E. Townsend)의 사회 보장은 1935년 노인 연금을 보완한 사회보장법의 계기가 되었다. 1950년 노인문제를 연구하는 국립노화회의(NCA: National Conference on Aging)가 출범되었고, 1951년 노인들의 사회보장과 건강을 다루는 연방 프로그램이 생겨났다. 1961년 노인대책백악관회의에서 노인들의 퇴직수입을 높여 주거를 개선시켰다. 1965년 노인정책의 가장 핵심적인 근거가 된 노인법(OAA: Older Americans Act)이 통과되면서 노인교육의 본격적인 시대를 맞이하였다.

주정부의 정책은 노인학습자들에게 학비를 면제해주는 무상교육 정책이었다. 1964년 켄터키 대학에서 최초로 실시된 이후 1970년대 중반까지 지속적으로 학비가 면제된 노인교육 프로그램이 대학에서 활성화되었다. 주정부는 대학이나 사설기관 정규과정의 진행에 방해가 되지 않는 시간과 공간을 찾아 노인들에게 무상으로 교육을 실시할 것을 명령하거나 권장하였다. 미국 사회에서의 노인의 수적 증가는 각 기관의 다양한 프로그램 개발을 초래하였다.

2. 노인교육기관 및 프로그램

1) 로드 스칼라(Road Scholar, 구 Elderhostel)

미국 보스턴에 본부를 둔 비영리 평생교육 기관인 로드 스칼라는 50세 이상 활동적 시니어를 대상으로 교육과 여행을 융합한 프로그램을 운영한다. 1975년 뉴햄프셔 대학 캠퍼스에서 저비용 평생교육으로 출발한 이래, 2010년 Elderhostel에서 Road Scholar로 명칭을 변경하며 베이비붐 세대를 포괄한 현대적 시니어층으로 대상대를 확대하였다.

이 기관의 핵심은 교실 강의, 현장 탐방, 문화 체험, 토론을 결합한 '교육여행(educational travel)' 형식으로, 인문·역사·예술·자연·어학·건강 등 다양한 주제를 통해 단순 관광을 지식 탐구와 경험 학습의 장으로 승화시킨다는 점이다. 현재 전 세계 150개국에서 연간 5,500여 개 프로그램에 10만 명 이상이 참여하는 세계 최대 규모의 시니어 교육여행 네트워크로 성장했다.

재정은 수강료와 기부·후원으로 충당되며, 일부 참여자에게 장학금과 지원을 제공함으로써 상업 여행과 차별화된 교육 중심 운영을 유지한다. 평생교육학적으로는 노년기에도 인지 능력과 학습 욕구가 지속된다는 점을 실증하며, U3A와 같은 정주형 프로그램과 대비되는 '이동성·현장 중심·경험 학습' 모델로서 글로벌 노인교육의 대표 사례로서 가치를 지닌다.

2) 지역대학(Community College) - 상록프로그램(Evergreen)

1970년부터 지역대학은 노화에 관한 네트워크 형성의 핵심이 되었다. 미연방노인청이 미국 지역대학연합회에 "미국 노인의 학습욕구에 대한 인식을 확산시키고, 지역사회를 기반으로 하는 기관들이 미국 노인의 삶의 질 향상에 기여해 줄 것"을 요청하면서 재정적 지원을 시작하였다. 이 프로젝트로 인해 지역대학들이 노인교육 프로그램에 박차를 가했고 지역대학의 약 30%가 노인학습자들을 위한 특별 프로그램을 제공하고 있다.

보스톤대학에서는 상록프로그램(Evergreen)을 통해 지적 호기심이 있고, 고령자라면 성별이나 학력을 가리지 않고 강좌당 15불 정도의 비용으로 청강을 허용하고 있다. 교육으로는 시청각 프로그램, 은퇴 후의 생활에 대한 프로그램, 노인문제에 대한 프로그램, 노인을 돌보는 가족을 위한 프로그램 등이 있다.

3) OASIS(Older Adult Service and Information System)

OASIS는 55세 이상의 성인에게 교육, 건강, 문화, 자원봉사 프로그램을 제공하기 위해 기업과 비영리 조직의 제휴를 통해 만든 합동 프로그램이다. 1982년 세인트루이스의 메이 백화점과 OASIS가 제휴하여 메이 백화점이 장소를 제공하였고 미연방노인청이 지원을 확대하면서 실시되었다. 현재 미국 내에서 가장 큰 규모로 노인교육 프로그램을 운영하고 있으며 회원에게 적극적으로 지역사회 활동에 참여하도록 지원하고 있다.

4) 셰퍼드 센터(Shepherd's Center)

셰퍼드 센터는 기독교 단체 연합의 후원 하에 노인용 프로그램을 제공하는 비영리 지역사회 기구이다. 1972년 엘버트 콜 목사가 미조리주 캔사스 시티에 여섯 명의 자원봉사자와 함께 첫 문을 열었다. 현재 25개 주에서 17만 5천명의 노인들이 이 프로그램에 참여하고 있으며 노인들이 그들의 지식, 재능, 관심을 동료들과 공유하는 데에 중점을 두고 있고 자원봉사자들이 교과과정, 교수진, 마케팅, 평가에 참여하고 있다.

5) 미국은퇴자협회(AARP)

1958년 에델(Ethel), 퍼시(Percy)에 의해 설립된 AARP는 50세가 넘는 사람들이 가입하는 비정치기구로 현재 4,000만 명의 회원을 두고 있다. 이는 미국의 50세 이상 인구 중 절반에 이르는 규모다. 워싱턴DC에 본부를 둔 AARP는 50세 이상부터 회원 자격을 부여하며, 연회비는 12달러 50센트로 사회나 국가로부터 소외된 노인을 위해 의료보험·자동차보험 등을 제공하고 있다.

6) 공공도서관

노인교육법은 노인들의 도서관 서비스 활용을 늘려야 한다고 규정되어 있다. 1965년 고등교육법에서는 처음으로 도서관에 재정적 지원을 규정하게 된다. 1971년 노인대책 백악관 회의를 준비하는 과정에서 교육국과 클리블랜드 공립 도서관이 공동으로 노인들을 위한 도서관 서비스에 관한 연구를 실시하여 노인들의 도서관 활용의 필요성에 관한 연방, 주, 지역 차원의 인식과 실제적인 노력이 부족하다는 연구결과가 나왔다. 1970년대와 1980년데 노인인구가 증가하면서 노인에게 정보교육과 도서관 서비스를 제공하자는 노력이 지속되었으며 1987년 노인정보서비스에서는 노인을 위한 도서관 서비스 지침을 제정하여 노인을 위한 공공도서관 서비스의 면모를 갖추게 된다.

7) 노인활동 네트워크(SCAN)

노인활동 네트워크는 50세 이상의 성인과 노인들을 대상으로 건강·문화·

교양 등과 관련된 학습 프로그램을 제공하는 기관이다. 매년 4,000여 명의 회원이 130여 개의 인문학, 사진, 예술, 댄스, 정보, 문화 등의 교육 프로그램을 수강하고 있으면 각 프로그램은 4학기제로 운영되고 있다. 선착순 등록을 원칙으로 하고 있으며 3과목까지 수강할 수 있는 수강료는 총 12달러이다. 수업의 강사는 전문성과 현장경험을 고루 갖춘 지역사회의 자원봉사자들이 담당하고 있다.

8) 재택 노인교육 프로그램(시니어 넷: Senior Net)

기술의 진보에 발맞추어 노인교육에도 새로운 변화하고 있다. 상대적으로 이동이 취약했던 노인들이 자신의 집에서 이용할 수 있는 프로그램들이 마련되고 있다. 이러한 프로그램들은 지역대학이나 지역사회 기관에서 교육받았던 노인들에게 학습의 새로운 장을 제공하고 있다. 수년 동안 주와 지역의 공공도서관들이 이동도서관, 케이블 TV, 도서발송서비스를 제공해 오고 있다. 게다가 도서관 직원이나 자원봉사자들이 노인들의 집이나 양로원으로 방문해 책이나 필요한 자료를 읽어주는 프로그램도 진행되고 있다. 가장 대표적인 재택 노인교육 프로그램이 시니어넷이다.

시니어넷은 최근의 미국 노인교육의 동향을 반영하는 대표적인 학습 단체 중 하나이다. 노인의 직업 교육과 관련한 정보화 교육에 초점을 맞추어 퇴직 전후 교육 프로그램이 활발하게 운영되고 있으며 컴퓨터와 인터넷의 사용을 통해 노인에게 세대 간의 교류와 의사소통 기회를 제공하고 있다. 무엇보다 노인에게는 자신의 지식과 경험을 타인과 공유함으로써 풍요로운 노년기를 보낼 수 있는 계기가 되고 있다.

제2절 일본

일본은 이미 고령화사회(1970년), 고령사회(1994년) 그리고 초고령사회(2005년)가 되었으며 2020년에는 65세 노인 인구 비율이 전체 인구의 28.7%에 달하고 있다. 이런 이유로 일본에서 고령화 문제는 오래전부터 중요한 사회문제로 여겨졌고 또한 노인 인구의 증가로 인해 고령화 문제를 복지로 해결하는 것이 재정적으로 불가능하다는 것을 깨닫게 되면서 새로운 접근, 즉 교육을 통해 노인의 사회참여를 유도함으로써 문제를 해결하고자 하였다.

일본에서는 성인을 대상으로 하는 학교 밖 교육으로 사회교육과 생애학습이 있는데, 이 둘 다 노인교육을 강조하였다. 먼저 노인교육에 관심을 보인 것은 사회교육이다. 일본에서는 1947년 교육기본법이, 1949년 사회교육법이 제정되었다. 사회교육은 교육기본법이 강조한 지역주민의 주체성, 자발성을 기르고, 지역사회의 민주주의를 발전시키려는 목적에서 시작되었다.

그리고 이러한 교육 목적을 달성하기 위해 일본 중앙정부의 간섭을 최소화하면서 주민들의 자치 능력을 기를 수 있도록 다양한 교육 프로그램을 계획하고 실천해왔다. 특히 빠르게 고령화되어 가는 시정촌의 공민관을 중심으로 고령자교실 등을 만들어 노인이 지역사회의 중요한 구성원으로 살아가는 데 필요한 교육을 제공해 왔다.

1990년 일본은 급변하는 세계 변화에 대응하기 위해 생애학습진흥법을 도입하였다. 사회교육이 기초지방자치단체인 시정촌을 중심으로 지역사회에 뿌리를 내린 것과 달리 광역자치단체인 도도부현에서는 제대로 뿌리를 내리지 못했다.

이런 가운데 인구의 고령화가 중요한 사회적 과제로 떠오르면서, 일본 중앙정부는 고령화를 위한 대책으로 도도부현을 중심으로 생애학습을 활성화하여 노인이 교육을 받을 수 있는 기회를 확대하고자 하였다. 실제로 중앙정부의 전폭적인 재정적, 제도적 지원을 받으면서, 도도부현을 중심으로 장수학원, 시니어칼리지, 고령자대학, 방송대학 등 다양한 노인교육기관이 생겨났다.

1. 사회교육에서의 노인교육

1) 노인교육의 등장 배경과 특징

전후 일본에서는 교육이 이전 군국주의 시대와 달리 개인의 자유와 주체성을 존중하고 발전시켜, 궁극적으로는 일본 사회가 좀 더 민주주의적인 사회가 될 수 있도록 하는 데 기여하기를 바랐다.

따라서 1947년 제정된 교육기본법은 정치권력으로부터 교육의 독립을 보호해야 한다는 점을 강조하고, 이를 법에 명시하였다. 이어 이러한 교육의 목적을 지역사회에서 실현하기 위해 1949년에 사회교육법을 제정하였다.

사회교육은 시정촌을 중심으로 공민관을 건설하여 지역주민을 위해 다양한 교육 프로그램과 활동을 제공하고자 하였으며, 교육기본법에 명시된 교육철학을 지키기 위해 이윤을 추구하는 기업 활동, 특정 정당의 활동, 특정 종교단체의 활동 등을 처음부터 배격하였다. 또한 주민참여, 주민자치 등을 법으로 보장하기 위해 사회교육법 제29조에 주민참여시스템으로서 공민관 관장의 자문기관인 "공민관운영심의회" 설치를 규정하였다.

사회교육은 사회교육법이 제정된 후 한동안은 재정적인 어려움으로 지역사회에서 활성화되지 못하다가 중앙정부가 재정지원을 시작한 1970년대 들어 지역사회에서 주요한 교육기관으로 자리 잡을 수 있었다. 1973년 중앙정부는 노인교육을 위해 지방정부에 재정을 지원하게 되었고, 그러면서 공민관을 중심으로 고령자교실이 활성화되었다.

고령자교실은 노인들이 스스로 자신들의 교육에 주체로서 참여할 수 있도록 함으로써 지역사회 발전을 꾀하고, 나아가 지역의 민주주의 문화를 조성하는 데 중요한 역할을 담당할 것을 기대하였다. 또한 노인의 참여가 지속적으로 가능할 수 있도록 공민관은 법에 규정된 제도를 적극적으로 활용하였다.

그리고 모든 공민관에는 사회교육을 전담하는 공무원인 사회교육주사를 상주하도록 하여 노인들과의 활발한 소통이 가능할 수 있도록 하였다. 사회교육주사는 이러한 소통 과정을 통해 자연스럽게 노인들의 교육 요구를 조사하여 프로그램에 반영하였고, 교육과정에 노인들의 적극적인 참여를 유도하였으며, 아울러 노인들이 학습한 바를 지역사회에 환원할 수 있도록 지역사회와의 교량 역할을 담당하였다.

2) 공민관 중심의 노인교육

공민관에서 이루어지는 대표적인 노인교육인 고령자교실은 이후 20년 동안 중앙정부, 지방정부의 지원을 받으면서 전성기를 맞게 된다. 교육과정은 노인들의 교육적 요구를 충족시키고자 하였으며, 따라서 노인들의 참여가 중요하게 여겨졌다. 또한 노인들이 학습한 것을 지역사회에 환원하게 하는 다양한 활동, 프로그램이 개발·제공되었다.

고령자교실에서 제공되는 프로그램은 공민관에 따라 조금씩 차이가 있지만 주로 다루어진 내용은 노인심리, 삶과 죽음, 종교학 등 노인들의 전반적인 삶과 관련한 내용, 노인의 건강과 관련한 내용, 일본사회와 관련한 내용, 취미와 전통예술에 관련한 내용, 지역사회에서 자원봉사자로서 기회 찾기, 지역 이벤드의 참여와 계획하기, 재활용, 복시기관 방문하기 등 지역사회와 관련한 내용 등이었다.

이처럼 고령자교실의 프로그램은 원래 사회교육이 추구하려고 하였던 노인의 자발성, 주체성을 강화하면서, 그들이 지역의 중요한 사회구성원으로서 역할을 할 수 있도록 하였다.

드히라시티(Dhirathiti, 2014)에 따르면, 고령자교실에 참여하면서 노인들이 가장 중요하게 느낀 점은 바로 노인이 자신들의 교육에 적극적으로 참여한 점이고, 실제로 그것이 가능할 수 있었던 것은 그들이 공민관과 평등한 위치에서 함께 지역사회 발전에 노력하고 있다는 것을 깨달았기 때문이다.

2. 생애학습에서의 노인교육

1) 노인교육의 등장 배경과 특징

일본 중앙정부는 세계화, 고령화 등으로 인해 빠르게 변화하는 사회에 대응하기 위해서는 생애학습이 필요하다는 점을 강조해왔다. 이런 맥락에서 1990년에 생애학습진흥법을 제정하였으며 사회교육이 뿌리를 내리지 못한 도도부현을 중심으로 생애학습센터를 세우는 등, 이의 활성화를 위해 다양한 노력을 기울였다.

먼저 도도부현을 중심으로 생애학습을 활성화하기 위해 생애학습위원회를 설치하였고 이어 문부과학성에 생애학습정책국을 만들었다. 뿐만 아니라 많은 교육부 예산을 생애학습에 할당하였다. 경제적 위기에서도 2007년 문부과학성은 생애학습에 문부과학성 예산의 8.5%에 해당하는 4,525억 엔을 할당하였다.

이처럼 일본 정부는 한동안 생애학습을 위해 행정적, 재정적 지원을 아끼지 않았다. 일본 정부가 1990년 생애학습진흥법을 제정하게 된 중요 배경 중에 하나가 일본의 고령화문제인 만큼, 일본 정부는 생애학습을 통해 노인의 안녕을 도모하고자 하였다.

생애학습에서의 노인교육의 목적은 고령자의 잠재력을 키워 그들이 적극적으로 사회에 참여할 수 있을 뿐만 아니라 생산 가능 인구가 급격히 감소하는 상황에서 계속해서 경쟁력 있는 노동자로서 남아있을 수 있도록 하는 데 있었다. 이러한 이유로 일본 중앙정부는 생애학습을 관할할 정부 부처에 문부성뿐만 아니라 통상산업성을 포함시켜 기업들이 고령자의 교육, 훈련에 좀 더 적극적으로 참여할 수 있도록 하였다.

2) 생애학습기관 중심의 노인교육

일본 중앙정부의 강한 의지와 행정적, 재정적 지원에 힘입어 1990년대 이후 도도부현을 중심으로 생애학습기관이 만들어졌고, 이를 중심으로 다양한 노인교육 프로그램이 빠르게 성장, 발전하였다. 대표적으로 도도부현에는 국고보조사업인 장수학원이 만들어졌으며, 수료자는 지역 활동의 지도자로서 일할 수 있게 되었다.

이외에도 고령자대학, 시니어칼리지, 실버칼리지 등 다양한 노인교육기관이 생겨났다. 프로그램은 크게 교양과목과 전문학과(문화학과, 건강복지학과) 과목으로 나누어졌는데 교양과목으로는 지진에 대비하여, 경제와 삶, 상속 · 유언의 일반상식, 생애학습과 고령자, 신문구독, 클래식 음악으로의 초대, 국제정세를 어떻게 볼 것인가, 지구의 환경을 지키다 등이, 문화학과의 전문 과목으로는 지역경제의 활성화, 자연과의 공생, 예능세상 이야기, 외국문화, 향토문학, 지역사회와 고령자 역할, 지역사회와 NPO 등이, 그리고 건강복지학과의 전문 과목으로는 노화와 노인병, 고령자의 심리, 가정간호, 자기발견과 인간관계, 일본 차의 역사와 효용, 고령자의 식생활 등이 제공되었다.

3. 일본 노인교육의 발전

일본에서는 노인교육을 복지로도, 교육으로도 접근해왔다. 그러나 복지적 접근의 노인교육이 상대적으로 안정된 상태에서 이루어지고 있는 데 비해 교육적 접근의 노인교육은 위에서 보았듯이 여러 우여곡절을 겪고 있다.

그러나 그럼에도 불구하고 빠르게 고령화되는 사회에서 복지로 접근한 노인교육과 달리 교육으로 접근한 노인교육은 노인이 계속해서 중요한 사회구성원으로서 역할을 할 수 있도록 필요한 교육을 제공해 오고 있다. 사회교육에서 학습자인 노인은 주체로서 모든 교육과정에 적극적으로 참여함으로써, 주체성, 자발성을 키웠고, 그러한 노인의 성장, 발전은 개인에 그치는 것이 아니라 지역사회의 성장, 발전으로 연결되었다.

사회교육에서의 노인교육이 처음 시작할 때는 미숙한 부분이 많았지만, 오랜 시간을 거치면서 학습자인 노인은 학습의 주체로서 성장하였고, 나아가 지역사회의 중요한 구성원으로 자리매김할 수 있게 되었다.

실제 정치권력의 보수화, 우경화로 인해 사회교육이 위기를 맞게 되지만 현재까지 살아남을 수 있었던 것은 바로, 이렇게 주체화된 노인들이 계속해서 노인교육의 중요성을 깨닫고, 지역사회에서 나름의 역할을 해 온 결과라고 할 수 있다.

사회교육과 달리, 1990년 이후 생애학습에서 이루어진 노인교육은 고령화되어 가는 일본 사회에 노인들이 계속해서 경쟁력 있는 노동자, 자원봉사자, 지역사회의 지도자로서 참여할 수 있도록 필요한 지식과 기술을 제공해 왔다.

그리고 노인들은 이렇게 얻은 지식과 기술을 토대로 적극적으로 사회에 참여해 왔다. 비록 사회교육에서처럼 노인의 주체성, 자발성을 강조하지는 않았지만, 노인들은 적극적인 사회참여를 통해, 스스로의 존재 가치를 깨닫고, 사회적 역할의 중요성을 알아갈 수 있었다.

이처럼 사회교육과 생애학습에서 제공한 노인교육에 참여함으로써, 노인들은 자신의 삶에 주체가 되는 것의 중요성을 깨닫게 되었을 뿐만 아니라, 사회구성원으로서 역할을 할 수 있는 지식과 기술을 배우고, 실제로 이렇게 배운 지식과 기술을 지역사회라는 구체적인 현장에서 실천함으로써, 사회의 성장과 발전에 기여할 수 있었다.

타카하시(Takahashi, 2016)는 교육 행위는 단순한 기술적 과정이 아니라 추구하고자 하는 가치에 대해 끊임없이, 그리고 열정적으로 질문하고 나아가 이를 구체적인 현장에서 실천해가는 과정이어야 한다고 주장하고 있다. 일본의 노인교육은 타카하시가 주장한 교육을 나름 실천하려고 노력했다고 할 수 있다.

사회교육의 경우 교육철학을 통해 추구하고 하는 가치를 직접적으로 강조하였고, 실제로 이것이 교육 현장에서 실천될 수 있도록 하였으며, 생애학습의 경우, 직접적이지는 않지만 학습자인 노인들의 자발적인 교육과정에의 참여와 적극적인 사회적 역할 수행을 통해 이를 실천하고자 하였다.

현재 일본 노인교육이 처한 상황은 그렇게 낙관적이지 않다. 일본 경제는 크게 나아질 가능성이 없고, 더 이상 교육으로서 노인교육이 이전처럼 강조되지도 않을 것 같다.

정부는 더 이상 생애학습에 크게 관심을 보이지 않고 있고, 그나마 시정촌에서 중요한 역할을 담당해 오던 사회교육은 교육 체제가 재편되면서 학교교육을 보조하는 역할을 수행하도록 재규정되고 있다.

그럼에도 불구하고 교육적 접근을 해온 노인교육은 직면한 위기를 그대로 받아들이지 않고 있다. 공민관을 중심으로 이루어지는 사회교육의 노인교육에서는 위기를 극복하기 위한 출구로서 노인들의 시민성, 민주성을 강화하려 하고 있고 이런 맥락에서 시민교육의 개발과 전개를 중요한 과제로 삼고 있다.

또한 생애학습의 노인교육에서는 정부로부터 독립하여 독자적으로 노인교육기관을 운영하고 있으며, 프로그램 역시 노인들의 교육 요구를 우선적으로 반영하고 있다. 이런 점들을 미루어 볼 때 일본의 교육으로서 노인교육의 미래는 다양한 가능성이 열려있다고 할 수 있다.

현재 초고령화 사회로 진입한 일본은 생산성 증대와 국민 개개인에 대한 삶의 질 향상이라는 측면에서 시니어 리커런트 교육(recurrent education, 사회인이 학교로 되돌아가서 받는 교육)을 주목하고 있다. 리커런트 교육의 원인은 초고령화 사회로 인한 라이프 스테이지의 변화, Society 5.0의 도래, 급속한 고용환경의 변화를 들 수 있다.

2022년 일본의 대학들은 학위취득형 시니어 리커런트 교육과정을 운영하고 있다. 비학위형 시니어 리커런트 교육은 오픈 칼리지 형태가 주를 이룬다. 현재 시니어 리커런트 교육은 취업 상태의 시니어와 비취업 상태의 시니어 모두에게 효과가 비용을 상회하는 성과를 나타내고 있다.

제3절 영국

1. 노인교육 정책

영국의 노인교육정책은 노인들의 기본적인 인권과 관련된 노인들의 욕구충족을 위한 국가의 최소기준을 구축하는 것이다. 노인 복지서비스의 틀을 만들고, 포괄성과 다양성을 유지하면서 노인들의 특성이 고려된 개별성을 보장해 주었다. 인구·사회·경제의 변화에도 적절하게 대응하여 변화를 추구하고 있다.

영국에서 실시하는 노인교육정책은 노인복지단체와 연계하여 노인들의 취업을 통한 소득보장, 학습의욕 충족, 자원봉사 기회확대 및 심신건강의 증진 등에 기본방향을 두고 추진하고 있다.

영국의 노인교육정책은 국가에서 세우나 정책을 프로그램화해서 전달하는 주체는 실제적으로 지역 정부이다. 지역 정부에서는 교육, 복지, 노동 각 분과의 특성을 내세우기보다 평생학습 사회실현에 대한 분명한 비전을 갖고 노인 평생교육을 주도하고 있다. 또한 특정한 요구와 필요에 따라 서로 협력하면서 서비스를 제공하기도 한다.

영국의 노인교육에 대한 기본개념은 접근(assess), 평등(equality), 교육의 질(quality), 책무(accountability)로 다만 누구든지 평생학습에 접근할 수 있는 기회가 부여되어야 한다는 것이다. 노인교육을 위한 재정확보 문제에 있어서 해당 부처들 간의 연계와 긴밀한 협력체계는 유지되고 있으나 재정에 있어 '후원은 하되 간섭은 하지 않는다'(support but control)는 원칙을 가지고 있다.

또한 노인교육의 질을 향상시키기 위해 노인 평생교육에 대한 끊임없는 연구들이 이루어지고 있으며 교육 기회의 평등을 위해 국가적 비전에 따라 일관성 있게 상호 연계된 법적·행정적·재정적 뒷받침이 잘 이루어지고 있다.

영국은 민주주의와 지방자치제도가 잘 발달되어 중앙의 교육부서가 매우 유연한 체제를 가지고 있다. 국가적인 차원에서 네트워크를 형성하여 각계각층의 인사들로부터 다양한 의견을 수렴하는 과정을 거쳐 정책이 이루어지고 있다. 또한 노인평생교육기관 간의 상호협력과 국가적인 차원에서 네트워크를 형성하여 전국적인 학습망(National Grid of learning)을 통해 온라인교육 기회에 접근할 수 있도록 하고 있다.

영국은 대학개방프로그램을 통하여 노인의 건강위생, 취미오락, 교양교육, 전문직업 재교육 등의 교육활동을 통해 모든 노인들에게 교육의 기회를 제공한다는 구호를 내세우며 실천하고 있다.

2. 노인교육기관 및 프로그램

영국의 노인교육은 기관, 단체 등 다양한 시설에서 운영되고 있다. 노인교육기관은 공공기관, NGO, 학교, 종교단체, 언론기관 등이 있으며, 공공기관에서는 중앙부처의 각 하부조직에서 노인교육을 실시하며 비정부기관의 노인교육은 민간단체에서 이루어지고 있다.

비정부기구(NGO)에 속하는 대표적인 것으로 Bishop Wearmouth 교회의 Sunderland 퇴직센터가 있으며, 이곳에서는 퇴직 전 준비프로그램과 카운슬링뿐만 아니라 퇴직자의 자원봉사활동 또는 재취업 기회를 제공해주기도 한다. 그리고 노인들에게 인기 있는 교육프로그램은 지역 정부가 운영하는 성인교육센터, 계속교육대학 및 대학의 평생교육프로그램, 시민단체에서 운영하는 프로그램이 있다.

1) 성인계속교육센터

영국 노인들은 대부분 통신을 이용한 가정학습이나 인문 교양과목과 취미를 개발할 수 있는 프로그램을 다양하게 제공하면서 지역사회 내에서 가까운 거리에 위치한 성인교육센터에서 학습을 선호한다.

성인계속교육센터(Institute for Adult Continuing Education)에서는 노인들에게 학습기회를 균등하게 배분하면서 노인의 삶의 질을 향상시키기 위한 노인교육을 실시하고 있으며 나아가 지역사회와 학습을 진흥하고 연계 및 협력적 정책을 수립하여 집행한다.

2) 계속교육대학

계속교육기관의 운영권이 '계속 및 고등교육법'에 따라 지역 정부로부터 독립되었다. 따라서 기존의 지역 정부에 할당하던 성인교육 재정을 직업교육 재정에도 분배하게 되었다.

이에 따라 지역의 계속교육대학(Future Education College)을 중심으로 한 교육 중에는 노인들이 선호하는 교양교육이 부족하게 되고 경로우대 할인제도가 축소되었으나 반대로 식업능력개발을 위한 과정은 늘어났다.

3) 개방대학 프로그램

영국의 성인교육과 고등교육에 있어 개방대학(Open University)의 설립은 노인교육 발전의 획기적인 전환점이 되었다. 전통적인 대학의 체제는 선별성이 강하여 폐쇄적인 체제여서 사회변화에 적절히 대처하지 못할 뿐만 아니라 성인교육을 수용할 자세를 갖추지 못하였다.

더구나 기존 대학들을 운영하는 교육부의 교육체제로서도 성인의 고등교육에 대한 욕구를 충족시키기 어렵다. 이러한 한계를 인식한 후 그 대안으로 개방대학을 설립하게 된 것이다. 이러한 개방대학은 성인교육의 발달, 교육방송 체제의 성장, 평등주의를 지지하는 노동당의 정책들 교육 조류에 영향을 받았다.

4) 노인자조학습 U3A(제3기 인생대학)

인생기 후반 학습조직 운동으로서, 2020년에 1,000개 이상의 U3A (University of third Age)가 운영되고, 400,000명 이상의 멤버가 활동하고 있다. '배우자, 웃자 그리고 인생을 즐기자(Learning, Laugh and Live)'라는 슬로건을 가지고 은퇴자들이 자립적으로 조직·운영하는 기관이다.

도입 초기 프랑스와 같이 대학을 중심으로 학습하는 형태의 방식을 검토하였으나 프랑스와는 문화적 풍토가 다름을 인식하고, 1981년에 케임브리지를 중심으로 정부나 대학과는 상관없이 은퇴자들이 스스로 중심이 되어 가르치고 배우는 자조(self-help) 운동 방식으로 발전하였다.

영국 U3A는 '대학(university)'이 공부하고자 하는 사람들의 모임으로 형성된 것에 착안하여 비형식적 학습조직임에도 불구하고 실제 '대학'이라는 단어를 계속 사용하고 있다. 런던에 U3A 중앙 본부가 있지만 각 지역 U3A는 노인들 스스로에 의해 운영 규칙 및 프로그램을 자율적으로 조직 운영한다.

전일제 노동을 하지 않는 사람들은 누구나 회원이 될 수 있다. 학습형태는 소그룹으로 자신이 흥미를 갖는 수업을 1~2개 정도 참여하는 것이 일반적이나 지역의 특성에 따라 다양하다.

배우는 사람과 가르치는 사람 간에 구분이 없어 회원 누구나가 가르치거나 수업을 이끌 수 있어 서로가 가진 것을 함께 공유하는 학습조직의 특성을 가진다. 각 U3A들은 독립적이며, 회원들의 위원회에 의해 민주적으로 운영된다.

COVID-19 이전부터 U3A에서는 오프라인 U3A 모임과 병행해서 온라인 U3A 코스 콘텐츠 운영을 시도해 왔다. COVID-19로 인해 더욱더 U3A에서는 ZOOM을 활용한 학습활동을 이어나가고 있다. 관련 자선단체들은 U3A가 각종 소프트웨어나 시스템을 무료 또는 저렴하게 사용하도록 지원해 주고 있다.

영국의 U3A는 사회 속에서 고립되는 노인이 발생하지 않도록 네트워킹을 하는 학습 공동체로서의 그 역할을 하였다. 특히 COVID-19 시대에서도 가정에서 ZOOM과 같은 컨퍼런싱 시스템을 이용해서 네트워킹하면서 학습을 할 수 있는 노인들의 새로운 학습의 모델의 역할을 하고 있다.

5) 자원단체

영국의 '헬프 더 에이지드(Help the Aged)', '에이지 컨선(Age concern)', '퇴직 전 연합회(Pre-retirement Association)' 등은 기본적으로 정부나 국가단체의 재정 지원 없이 독자적으로 운영되는 노인교육자원단체이다. 노인들의 권익을 보장하고 노인과 관련된 제 문제들을 해결하기 위해서 각종 로비활동과 지역 내 실질적 프로젝트 수행을 하고 있다. 그리고 노인에 대한 사회적 인식제고를 위한 노력과 노인들에게 필요한 학습프로그램을 제공하고 있다.

제4절 프랑스

1. 노인교육 정책

프랑스는 세계에서 가장 먼저 고령화 사회에 진입하였다 그러나 17세기부터 확립된 평생교육의 이념과 사상을 기반으로 노령기의 삶을 국가의 중요한 사회활동 정책으로 선택하였다.

프랑스 노인교육은 사회적 의무감이나 직업생활에서 자유로워진 제3의 인생을 보장해 주는 것으로 국가, 지역사회, 대학이 교육제도를 개발하여 U3A 등 노인교육 프로그램을 각국에 보급하였다.

프랑스 정부는 고령사회에 대처하는 충분한 시간을 확보하고 있어 적극적으로 출산장려, 대체이민 등의 정책들을 펼 수 있었다. 은퇴자들은 조직적인 사회참여와 활동 등으로 노인교육의 새로운 시사점을 발견할 수 있었다.

프랑스의 노인교육정책은 모든 교육을 노인들에게 개방하는 것이며, 노인들에게 고등지식을 전수받을 수 있도록 하여 노인들이 독립적 사고방식과 창조적 사고능력을 가지고 성숙한 한 시민으로 살아갈 수 있도록 하는 데 있다.

프랑스의 노인대학(UTA: University of the Third Age)은 "제3의 인생"의 중요성을 인식하여 대학을 중심으로 노인교육을 실시하는 것으로 전 세계로 파급되었다. 프랑스는 각 지역마다 노인클럽, 퇴직준비단체(Association for Active Retirement) 등 다양한 조직들이 있다. 이 단체들은 교육을 통하여 노년기에 대한 삶의 질 향상에 기여하고자 노인들에게 활동적인 취미생활을 제공한다.

프랑스는 고등교육기관을 통해 평생교육을 1950년대부터 도입하였다. 1971년 제정된 '들로르 법안'에서 대부분의 대학들이 평생교육원을 설립하면서 본격적인 체제를 갖추어 나가기 시작하였다.

2. 노인교육기관

1) U3A/UTA(University of the Third Age)

프랑스 최초의 노인대학인 툴루즈 대학의 U3A 프로그램은 평생교육 이념에 기초해서 세워졌다. U3A는 은퇴한 노인들을 대상으로 건강을 증진하고 육체적·정신적 활동을 장려하며, 지속적인 교육프로그램 제공으로 교육효과를 극대화하고, 나아가 자기계발의 기반을 마련해준다.

UTA는 노년기의 상실감과 신체적 퇴보로 의존적이고 고독한 노인 세대를 대학이라는 지식과 문화의 공간으로 끌어들여 노년기의 자아실현과 자율성을 함양하는 계기를 만드는 데 기여하였다.

1968년 고등교육 지침으로 평생교육을 진흥하기 위해 대학을 개방하고 아울러 다양한 활동을 전개할 것을 제도화하였다. 이러한 제도적인 뒷받침에 힘입어 U3A는 대학의 노인교육으로 자리매김하게 되었다. U3A는 툴루즈 대학에서 출범하여 1974년 벨기에, 스웨덴, 이탈리아, 스페인, 폴란드로 확산되었다. 그리고 1975년에는 U3A 국제연합체인 AIUTA(The International Association of Universities of the Third Age)를 결성하였다. 이후 U3A는 급속히 파급되어 중국, 호주, 아르헨티나 등으로 확산되었다.

UTA는 일정한 수준의 선수학습을 마친 프랑스어와 영어가 가능한 50세 이상의 성인 후기 학습자들을 대상으로 학점 중심의 대학교육을 제공하고 자격증을 취득하도록 편성되었다. UTA의 교육프로그램은 자격증 코스로 총 30학점으로 구성, 여가 및 취미교육 위주의 프로그램이 대학 개방의 다양성을 추구함으로써 연령을 초월한 새로운 평생교육체제를 실현하였다.

2) 3세대 노인클럽(the Third age clubs)

1975년 지역사회의 노인 보호 원칙으로 개발되어 현재까지 프랑스 노인들의 생활에 중요한 영향을 미치고 있는 고령자 클럽은 프랑스 노인교육에서 빼놓을 수 없는 중요한 제도 중 하나이다.

프랑스는 2007년 현재 전국 지방자치단체에 1만여 개의 3세대 노인클럽(the Third age clubs)이 운영되고 75만 명이 참여하고 있는데 프랑스 노인들의 80%는 보통 한 가지 이상의 클럽활동에 참여하고 있다.

노인클럽은 친교활동, 건강프로그램, 레크리에이션, 여행 등과 전문기술 습득교육 등 다양한 노인교육을 실시하고 있다. 프랑스 정부는 노인들의 여가활동을 돕기 위해 여행경비의 할인과 무료의 교통편의를 제공하고 있다. 문화시설 이용과 공연프로그램 관람에 있어서도 할인 및 무료 혜택을 보장한다.

3) 은퇴자 협회(Office des Retraites)

중앙에 전국연합이 있고, 전국의 각 도시마다 전문직 은퇴자들로 구성된 은퇴자협회가 조직되어 있다. 지역 도시별로 퇴직 전 준비교육과 자원봉사활동 등 다양한 은퇴자 교육프로그램을 자율적으로 전개하고 있다.

프랑스 브르타뉴(Bretagne)지역의 브레스트(Brest)시는 프랑스 내에서 가장 고령화 현상이 두각을 나타낸 도시로, 은퇴자 협회인 브레스트은퇴자협회(ORB, Office des Retraites de Brest)는 인터넷 교육, 친교활동, 문화, 예술, 스포츠 등 다양하고 재미있는 프로그램을 스스로 개발·운영하고 있다.

4) 대학과 평생교육원

프랑스는 대학이 노인교육프로그램을 주관하는 대표적인 기관으로 교육대상은 대부분 60세 이상의 노인층에 집중되어 있다. 특히 UBO(Université de Bretagne Occidentale)는 노년학 연구분야에서 전국 최우수대학으로 평가를 받았으며, 노인 관련 직종에 종사하는 많은 사람들은 선도적인 노인학을 배우기 위해 UBO의 평생교육원에 등록하고 있다. 최근에는 다양한 직종에 종사하고 있는 전문직들의 수강이 증가하는 추세이다.

이런 추세는 EU의 학생교류제도인 에라스무스(Erasmus) 시스템에 영향을 미쳐 비록 지역 대학인 UBO는 이 지역의 낮은 출생률에도 불구하고 매년 8백여 명의 유학생들을 불러들이고 있다.

제5절 독일

독일은 1950년대 말부터 성인교육의 틀 안에서 노인교육을 새로운 교육의 대상으로 하면서 학자들의 관심을 받아 발전·연구되기 시작하였다.

독일의 노인교육 목적은 사람들이 생애사에서 노년기를 새롭게 정의하고 노인의 삶의 질을 향상시키기 위해 자신의 삶을 스스로 성찰하고 남은 삶을 긍정적이며 활기찬 인생의 주기로 바꾸는 것이다.

따라서 노인교육을 노인이 성공적인 노년기를 보낼 수 있도록 먼저 노인 전문가들이 노년학의 지식을 노화과정을 통해 알려주고, 다음은 교육학적인 방향으로 노인들이 자율적인 노년기 생활을 할 수 하도록 역량개발을 촉진하는 것이다.

초기 노인교육에는 성인교육학적 지식을 많이 활용했지만 최근에는 제라고긱(Geragogik), 즉 노인교육학으로 발달하였다. 이것은 노인들의 일상적인 문제를 해결하여 주는 실용교육에서 노년기의 문제해결력을 증진하고 잠재력을 개발하여 적극적인 학습의 주체가 되도록 지원하고 있다. 따라서 현대의 노인교육영역은 차세대에게 단순히 문화적인 지식을 전달해 주는 것만 아니라 노인도 사회참여자로서의 시민교육과 3세대 간 통합을 위한 세대교육으로 구성되고 있다.

독일은 1960년부터 1980년까지는 사회복지, 노년과 노화 그리고 성인교육 중심으로 노인교육이 실시되었으나, 노인인구의 급속한 증가와 시대의 급격한 변화로 평생교육기관인 시민대학에서 노년을 위한 강의를 개설하도록 요구하게 되었다.

이후 평생교육기관인 시민대학과 일반대학들을 중심으로 노인교육의 연구와 발전이 본격적으로 이루어지기 시작하였다. 또한 노인들도 스스로가 교육에 참여하기 시작함으로써 자신들이 적극적인 교육 주체라는 것을 인식하게 되었다.

1. 노인교육 정책

독일은 노인교육을 노년을 위한 준비교육, 노화교육, 시니어교육, 50세 이상을 위한 교육, 제3의 시기를 위한 교육 등 매우 다양하게 불리어왔다.

독일의 노인교육은 노인기 노인의 삶의 질 향상과 긍정적이고 활기찬 인생주기로 '새로운 노년'으로 재탄생의 의지에서 시작하였다. 노인교육은 노인들의 다양한 교육적 욕구의 충족과 잠재력 개발까지 포함하는 매우 적극적인 개념이다.

1) 중앙정부의 노인교육 정책

독일은 2001년 '제3차 노인보고서'에서 노인 문제에 대한 정부의 입장을 표명하면서 독립적으로 노인자원봉사자와 노인계속교육에 관한 내용을 포함시켰다. 이 보고서의 노인계속교육 항목에서 나이에 관계 없는 평생교육프로그램의 중요성과 필요성에 대해 강조하고 있다.

독일 교육연구부는 평생학습을 진흥하는 정책을 수집하고 관련 프로젝트를 운영하고 있다. 먼저, 독일의 대학들을 지역 노인들에게 개방하는 것이다. 독일 대부분의 대학들이 노인들을 위해 유료 또는 무료로 과정을 개방하는 것이다. 다음은 퇴직예정자 또는 퇴직자들의 은퇴 후 적응 프로젝트이다.

그 외에도 독일의 지역평생학습센터라고 할 수 있는 시민대학(VHS)을 중심으로 한 노인교육프로그램지원이 이루어질 수 있도록 노력하고 있다. 이러한 이유로 독일의 시민대학에는 노인교육을 전담하는 평생교육사들이 많이 활동하고 있다.

2) 독일연방의 노인교육 정책

독일의 노인교육은 인문교육과 직업교육으로 구분되어 발달하였다. 연방교육연구부(Bundesministeriumfur Bildungund Forschung)와 주의 교육부(Bundesminsteriun) 사이에는 역할이 분리되어 있으며 동시에 협력체계가 마련되어 있다. 따라서 각 주는 서로 특색있는 노인교육제도를 만들어 운영하고 있고 연방의 교육연구부와 노동사회부는 직업훈련을 담당하고 있다.

독일의 노인교육은 연방이 직업교육법과 노동지원법을 통하여 직업교육을 책임지고 16개 주는 평생교육법에 의해 노인교육을 책임지고 있다. 따라서 평생교육의 보호 아래 노인의 학습권이 보장되고 있다. EU 법에서는 노인들이 연령차별을 당하지 않도록 연령차별을 금지하고 인적개발과 평등한 교육을 받도록 한다.

2. 노인교육기관 및 프로그램

1) 대학의 노인교육(Senioren - Universitat)

독일의 대학들은 세금으로 운영되어 학습자 또는 학생들이 부담하는 학비가 전혀 없다. 이러한 특성으로 독일에서 노년의 평생학습발전에는 큰 장점으로 작용한다. 새로운 지식의 습득은 노인의 자존감을 높여주며, 인문학, 독일문학, 철학, 예술사, 의학과 삶의 질 등의 과목은 노인들이 선호하는 강좌이다.

노인교육은 각 대학마다 특화되어 운영되고 교수법 또한 매우 다양하게 발전하였다. 그 이유는 각 대학의 특성과 제도에 따라 상이하게 프로그램이 운영되고, 학위취득을 위해 대학에 입학한 노인과 청강생들에게 대학의 모든 문호를 개방되어서 학생의 다양한 요구와 지역사회의 특성에 맞게 노인대학이 발달하였기 때문이다.

노인대학의 교육목표는 노인들이 학문적으로 학습에 참여함으로써 새로운 연구에 관한 정보도 얻고 노년기 생애를 잘 보낼 수 있도록 하고 직업교육으로는 새로운 직업 모델을 제시할 수 있는 자격을 갖도록 도움을 주고 있다.

이러한 목표 아래 각 대학에서는 노인교육과정을 구성하여 대학의 교수법과 인격도야(Bildung)의 개념을 넓혀 나가는 노인교육이 이루어지도록 최선을 다하고 있다.

노년학에서는 노인들의 대학교육에 관해 상반되는 견해들이 있지만 현재는 교양교육과 노년학적인 두 개의 중심축으로 하면서 서로 보완관계를 이루는 교육이 바람직하다고 알려져 있다.

2) 시민대학의 노인교육

독일의 시민대학은 1970년 시민들을 대상으로 평생교육을 보장하기 위해 국가의 주도하에 설립되었다. 시민대학들이 제공하는 프로그램들은 독일 내에 거주하는 14세 이상이면 누구나 수강할 수 있고, 특히 학교에 다니지 않는 청소년이나 성인들이 중요한 교육의 대상이다.

3) 시니어 아카데미(Senior Akademie)의 노인교육

시니어 아카데미의 노인교육은 제2의 직업을 구할 수 있도록 구체적인 직업기술을 교육이다. 조기 퇴직자들과 노인들을 위한 직업교육프로그램을 진행하며 노인교육 서비스도 제공한다.

이 아카데미의 노인교육 목적은 자신의 능력을 발전시키려는 학습자, 지식을 넓히려는 학습자, 자신의 지식을 타인에게 전달하고자 하거나 다양한 지식을 확장시키고자 하는 학습자에게 필요한 지식을 맞춤식으로 지도하고 있다. 또한 다양한 교육과정을 개발하여 제공함으로써 학습자가 자신에게 맞는 교육과정을 스스로 선택하도록 운영한다.

4) 노동조합의 노인교육

국가는 고령자 채용에 대한 기업의 경영자가 고령근로자에 대한 인식을 전환하는 지식을 쌓아 고령근로자들이 건강하게 정년을 마칠 수 있도록 기업경영을 지도한다.

국가는 근무성과가 낮은 고령자의 조기퇴직을 보호하는 대신, 기업들이 노인들의 건강을 보호하고, 평생학습을 통해 고용능력과 취업기회를 높이도록 요구한다. 기업은 이러한 일을 노동조합이 주체가 되어서 만들어 가도록 지원한다.

노동조합은 기업들이 노인들을 위한 근무조건을 잘 만들지 못하기 때문에 노인들이 조기퇴직하거나 장기실업자로 전락된다고 보았다. 노동조합이 노인퇴직자를 위해 단기근무제의 확대실시와 부족한 근로시간을 노인교육으로 대체하고 있다.

5) 종교기관의 노인교육

종교기관의 노인교육은 노인들의 행복한 삶을 주제로 하는 모든 프로그램에 지원하고 있으며, 특히 노인교육, 정신건강 유지, 폭력예방 등을 집중적으로 지원하고 있다.

종교기관은 공모를 통해 노인교육프로그램을 새롭게 기획하고 노인교육을 활성화할 수 있는 교육을 선정하여 재정적으로 지원하고 있다. 또한 우수한 노인교육프로그램의 확정을 위하여 종교기관 실무진들과 파트너십을 구축하기도 한다.

6) 노인클럽의 노인교육

볼나우(Bollnow, 1962)는 노인의 능력을 예술적인 창조에서 찾고 있다. 창의적 학습은 1980년대 말이나 1990년대 초부터 예술가나 연극인들 사이에서 유행되어 자신들이 갖고 있는 능력을 유감없이 발휘하면서 예술부분을 중심으로 성인학습이 시작되었다.

독일의 예술교육은 자생적인 그룹 활동으로 시작되었고 세대 교환프로그램을 통해 이루어졌다. 1990년에는 노인들을 중심으로 전통문화클럽이 결성되었다. 노인교육을 통해 노인들이 의사소통을 할 수 있는 기회가 마련되었다. 사회에서 노인들은 자신의 실존을 느끼는 체험이 가능해져 창의적인 예술 활동으로 치료적 작업의 효과도 함께 얻을 수 있어 노인들의 예술교육은 대단히 효과적으로 평가되었다.

제6절 기타 국가

1. 타이완

황푸승(黃富順, 2007)은 타이완의 고령교육의 발전 단계를 맹아기(1978~1983), 복리복무방향시기(1983~1993), 교육행정 개입시기(1993~2004), 정책연구시기(2004~) 등 4단계로 구분하고 있고, 황리핑(黃麗萍, 2011)은 교육부문에 집중하여 맹아기(1978~1988), 초창기(1989~2001), 발전기(2002~2010)의 3단계로 구분하였다.

웨이후이주안(魏惠娟, 2008)이 주장한 애심복무단계(愛心服務階段), 복리복무단계(福利服務階段), 학습권익단계(學習權益階段)는 다음과 같다.

1) 애심복무단계

애심복무단계는 국가의 체계적 교육계획이 수립되기 이전 NGO들의 자발적인 사랑의 마음에서 활동한 시기이다. 타이베이시 기독교 여성청년회가 1978년 윤리·도덕을 널리 보급하고 노인복지를 증진시키기 위하여 청등구락부(靑藤俱樂部)를 창립하였다. 이 구락부의 주요 노인교육은 강연·강좌와 기예 연습, 오락과 레저 활동 등 체계적인 노인교육프로그램을 제공하여 타이완 노인교육의 출발을 알렸다.

2) 복리복무단계

타이완 정부가 1980년 '노인복리법'을 발표한 후 각 지역은 체계적인 노인복리업무를 시작했다. 가오슝시(高雄市)의 사회국(社會局)이 가오슝기독교여성청년회와 함께 장청학원(長靑學苑)을 설치하여 타이완 정부의 조직적인 노인교육 활동을 시작하였다.

타이베이시는 독자적으로 1983년 타이베이 장청학원(台北市 長靑學苑)을 설치하였고, 타이완 정부는 1987년 대만성설치장청학원실시요점(臺灣省設置長靑學苑實施要點)을 발표하였다. 이 요점에 따라 타이완 정부의 사회처가 각 현시에 장청학원(長靑學苑)을 설치하였다.

2006년 말까지 전국에 265개 장청학원을 설치하고, 2,016개 학급을 개설하여 총 26만9,073명이 참여하는 등 양적으로 비약적인 발전을 하였다.

그러나 1980년에 공포한 노인복리법은 타이완의 노인 총인구가 4%에도 미치지 못해 고령화를 대비하는 방향과는 거리가 있고, 노화문제도 그렇게 중요하게 여기지 않는 등 법적인 결함이 있었다. 또한 타이완 정부의 사회정치분야가 노인교육의 주도권을 가지고 있고, 타이완 교육부와 지방정부는 노인교육 관련 예산이 없어 실질적인 효과를 발휘할 수 없었다.

3) 학습권익단계

타이완 교육부는 1989년 고령화 사회의 도래에 대비하여 제6차 전국교육회의에서 '성인교육체계를 건립하고, 전 국민의 교육 및 종신교육 목표에 도달하는 것'을 내용으로 노인교육실시계획(老人教育實施計劃) 3대 목표를 제시하였다. 첫째는 사회적응을 달성하게 하고 자아실현을 위한 노인의 재학습과 재사회화과정이고 둘째는 재교육, 재취업, 재출발 지원이며 셋째는 전통 경로존중의 미덕을 함양하자는 것이다.

타이완 정부는 1991년에 '성인교육발전 및 개선 5개년 계획 강요'를 발표하고 노인교육을 성인교육에 편입시켰다. 1993년에 '교육부지원 은퇴노인교육 및 가정 부녀자실시 교육요점'에서는 각 향·진·시·구(鄕鎭市區)노인학원 및 부녀학원의 개설을 지원할 수 있도록 하였다.

1998년에 '학습사회를 향한 백서'를 공포하여 종신학습 개념을 보편가치로 확산시켰고 2004년에는 종신학습법 제4조에 주관기관의 종신교육정책계획 및 활동을 명확히 하고 취약계층의 종신교육자원을 확보하였다. 종신학습법 제3조 제5항에 따라 셔치대학(社區大學)을 신설하여 지역사회 거주민들에게 종신학습의 교육기회를 제공하였다.

2006년 이후 노인교육은 대학과의 체계적 연계한 진행이다. 타이완의 대학들도 학령기 학생들이 감소로 경영전략을 바꾸어 고령자학생들을 모집했다. 그리고 대학은 고령자의 학습수요에 맞추어 고령확장교육을 실시했다.

타이완 교육부는 2008년 쭝쩡대학(中正大學)에 컨설팅 센터인 낙령학습자원센터(樂齡學習資源 : 즐거운 노인학습자원센터)를 만들어, 3년간 368개를 향·진(鄉鎮)에 설치하기로 하였다. 이 센터는 지역사회의 노인교육 거점센터 역할을 하고 있으며 타이완 교육부의 재정지원과 지방자치단체의 재정과 지원금으로 운영된다.

한편 2008년에는 유럽 국가들이 실시하고 있는 "Elderhostel Program", "노인기숙소" 또는 "제3의 연령대학(U3A)"의 경험을 벤치마킹하여 "노인단기기숙 학습계획"을 수립하였다. 2010년에는 대학에 "러닝대학(樂齡大學)"을 운영하도록 하였다. 이 러닝대학은 학력과 관계없이 신체 건강한 55세 이상 국민을 대상으로 18주를 한 학기로 2학기 제로 운영되며 교육과정은 학급수업과정, 세대 간 학습체험활동, 참여활동과정으로 구성되었다.

2. 홍콩

1) 홍콩 노인교육

2066년 홍콩의 65세 이상 노인 인구는 전체 인구의 34%를 차지할 것으로 예측됨에 따라 홍콩도 고령화 사회 문제에 대처하고 있다. 홍콩의 노인교육은 1980년대부터 비영리 기관은 지역사회 수준에서 노인에게 평생교육의 기회를 제공하는 것부터 시작하였다.

홍콩에서 노인을 위한 교육은 1984년에 처음 시작되었는데 처음에는 여가 관련 활동으로 개인발전형식 프로그램이 제공되었다. 이러한 프로그램은 사회서비스기관과 노인복지관 등에서 노인을 위해 제공되었지만, 입학요건이나 수료를 위한 평가 등은 없다.

이러한 비공식적 교육은 점차 노인의 실질적인 욕구에 가장 적합한 과정으로 변화되었다. 홍콩은 노인교육 발전 시기에 정부의 참여보다 비영리 기관의 참여가 높은 것이 특징이었다. 이러한 노인교육에 대한 비공식적 접근법은

1980년대부터 1990년대 후반까지 홍콩의 노인교육 발전에 기반이 되었다.

1997년 홍콩은 영국의 식민지에서 벗어나 중국의 특별행정구로 개편되었으며, 홍콩 특별행정구(Hong Kong Special Administrative Region) 정부는 그해 홍콩 노인 위원회(Elder Commission)를 설치하였다. 정부는 노인의 삶의 질 향상 및 "노인의 기여, 참여 및 부양"을 달성하기 위해 "노인 돌봄"을 정부의 전략적 정책 목표로 삼았다.

노인 위원회의 역할은 정부가 노인 복지를 실현하는 모든 부분에 대해 조언하는 임무로, 노인 복지, 주거, 보건의료, 특히 교육 등과 같은 광범위한 노인 관련 이슈에 대한 정책 및 계획을 다루고 있다. 위원회는 노인 돌봄 서비스 제공자, 다양한 분야의 전문가, 학자, 지역사회 지도자 등으로 구성된다.

노인 위원회는 평생교육이 노인에게 큰 도움이 된다는 것을 깨닫고 1997년 노인교육에 대해 정부가 능동적인 역할을 하고 조정할 수 있도록 조언하였다.

2002년 세계보건기구(WHO)의 보건, 참여 및 보장의 분야를 포함하는 활동적인 노화(Active Ageing) 정책 체제에 대응하여, 홍콩 노동복지국과 노인 위원회는 2007년부터 학교를 플랫폼으로 사용하고 홍콩의 독특한 기능을 보여주는 노인 아카데미 프로그램을 함께 시작하였다.

노인 아카데미(Elder Academy) 제도는 노인의 정신적 및 신체적 안녕(well-being)을 돌볼 수 있는 활동과 평생교육에 참여의 기회를 제공할 목적으로 추진하였다.

처음 노인교육 모델을 구성할 때 영국, 프랑스, 호주 등의 노인교육 모델을 참고했다. 이후 홍콩 노인 위원회에서는 홍콩 노인의 특성과 수요를 고려한 홍콩 노인들에게 맞는 노인 아카데미를 구성하였다.

노인 아카데미는 지역구(district)에 적어도 한 개의 노인 아카데미를 설치하도록 하였다. 홍콩 지역구는 18개로 각 지역구마다 위원회가 구성되어 있어 주민의 생활과 관련한 계획 및 관리를 한다.

또한, 노인 아카데미는 초등 및 중학교에 기반을 두고 홍콩의 특성을 갖춘 노인 아카데미 제도를 시작했다. 그리고 많은 노인들이 대학에서 학문적이고 심층적인 교육과정을 희망하였다. 이를 위하여 노동복지부와 노인 위원회는 노인 아카데미 제도를 고등교육 수준까지로 확대하였다. 노인 아카데미의 목표와 운영은 다음과 같다.

(1) 노인을 위한 평생학습 증진

충만한 삶을 성취하기 위해서는 학습이 필수적이다. 노인 아카데미의 설립은 평생교육을 장려하고 노인이 자신의 시간을 최대한 활용하여 새로운 지식과 기술을 습득함으로써 세상의 변화에 맞춰갈 수 있도록 장려한다.

(2) 건강한 신체, 정신적 안녕(well-being) 유지

노인 아카데미에 다니는 노인들은 건강하고 충만한 삶을 영위할 수 있다. 학습을 통해 인생의 새로운 목표를 세우고 일상생활에서의 변화에 대처함으로 성취감과 자신감이 향상된다.

(3) 노인의 가치를 깨닫고 목적을 실현

노인들이 그들의 지식을 공유하면서 창의력을 발휘하여 지역사회에 봉사함으로써 지속적으로 사회에 기여할 수 있는 플랫폼을 제공한다.

(4) 기존 자원의 최적화

노인 아카데미는 지역의 학교 자원을 활용한다. 학교는 학습 프로그램에 필요한 기본 자원 및 시설을 방과 후 및 주말에 사용할 수 있도록 학교캠퍼스를 제공하여 프로그램 운영비용을 줄인다.

(5) 노인과 청년 간의 조화 증진

학생들은 노인 아카데미 활동에 참여하여 노인들과의 의사소통, 즉 세대 간의 소통을 향상시킬 수 있다. 노인과 청소년들 간의 사회적 네트워크를 확장할 뿐만 아니라 세대 간 조화 및 라포(rapport)형성을 증진한다.

(6) 시민교육 강화

학교 학생들 특히 스카우트 협회 및 적십자 등의 그룹 또는 특별활동을 위한 그룹은 학교캠퍼스에 오는 노인을 위하여 자원봉사활동을 한다. 이는 학생의 시민교육을 증진하고 지역사회 시민 정신을 북돋는다.

(7) 지역사회에서 유대 강화

학교 내 이해 당사자, 고등 교육기관 및 복지기관, 내국세 수입 법령(Inland Revenue Ordinance) 제88조 항에 따라 등록된 기관들과 학부모-교사 협회 간의 협력을 통해 학교와 지역사회 간의 유대를 강화한다.

2) 노인 아카데미 네트워크 모델

노인 아카데미 네트워크 모델에서 정부는 교육과정 제공을 위한 재정지원을 함으로써 학교, 고등교육기관, 비영리 기관 간의 조정을 통해 노인에게 '신체 및 정신건강을 유지하고 가치성을 느끼며 세대 간 조화, 시민교육 및 분야 간 협력 촉진을 위한 학습을 지속'하도록 장려한다.

노인 아카데미를 통해 세대 간 교류 및 소통의 기회를 제공하여 젊은 세대가 사회에 이바지하는 책임감을 키우고 노인 사회에 대한 이해를 높일 수 있게 된다.

타 국가의 노인교육에 비해, 홍콩의 노인 아카데미에서는 세대 간 조화를 강조한다. 어린 학생들이 튜터로서의 활동 또는 자발적인 봉사를 통하여 학습을 도와주는 조력자 역할로 참여하도록 권장한다.

노인들이 새로운 기술에 대해 배우고 지식을 습득하여 변화하는 사회에 맞춰가는 동시에 학생들은 노인의 다양한 삶의 경험을 통하여 긍정인 삶의 관점을 형성하도록 한다. 결과적으로 세대 간 조화는 다양한 활동을 통하여 서로의 이해 수준을 높여준다.

학제 간 협력은 노인이 지식을 얻을 뿐만 아니라 사회적 네트워크를 확장하고 건강한 정신과 신체를 유지하며 노년을 사회에 이바지할 수 있도록 한다. 동시에, 노인 아카데미에 참여하는 학교는 학생들의 학습범위를 넓히고 도덕 및 시민교육을 위한 교육자료와 실제 삶에 대한 교육을 제공한다.

노인 아카데미를 통하여 학생은 노인의 경험을 바탕으로 개인의 성장과 건강한 생활에 관한 문제에 대처하고 가족과 더 잘 대화하는 법을 배울 수 있다. 홍콩의 특성을 가진 노인 아카데미 네트워크 모델의 부문 간 협력 접근법은 세계 여러 지역의 노인 학습의 일반적인 접근법과는 다른 차별성이 있다.

프랑스와 영국의 모델과는 다르게, 홍콩의 노인 아카데미 네트워크는 홍콩의 특성에 따라 다양한 학교, 기관, 조직과 네트워크를 형성하고 다양한 전통적, 혁신적, 공식적, 비공식적 과정을 개발하여 정부와 다양한 이해관계자 간의 공동 투자 및 참여를 요구한다.

네트워크가 효과적으로 작동하기 위해, 교육 제공자 네트워크 간의 상호작용, 연결 및 협력이 명확하게 정의되고 효과적인 조정이 필요하다. 네트워크라는 개념은 정부, 학교, 기관, 단체, 참여자를 포함한 모든 관련 이해관계자 간의 공통요소 및 연결 원칙으로서 지역사회 개념을 강조한다.

이러한 네트워크 형성은 부문 간 협업으로 인해 더욱 지지적이고 협조적이며 비용 측면에서도 효과적일 수 있다. 또한, 정부가 추진하는 것 이상으로 지역사회에서의 자원 및 창의적 노력을 끌어내는 협력적 리더십 및 책임의 기회가 있다.

3. 스웨덴

1) 노인교육 현황

스웨덴은 인구(820만)가 작은 나라이지만 노인교육에 있어서는 다른 선진국에 비해 앞서가고 있다. 1887년 고령화 사회로 진입, 1972년에 고령사회, 2011년 초고령화 사회로 고령화 추세 또한 어느 나라 못지않게 빨리 진행되었다.

스웨덴은 오래전부터 교육에 큰 가치를 부여해 왔다. 특히 성인교육에도 많은 변화가 있었는데 최근에는 성인들을 위한 학습 기회를 확대하고 직업훈련을 중요한 학습영역으로 정착시켰다.

1969년 교육부 장관 파르메(Palme)에 의해 주창된 리커렌트교육(Recurrent education)은 종래의 계속교육(Further Education)이나 영속교육(Continuing Education)의 개념과는 달리 노인평생교육의 새로운 학습형태이다.

리커렌트 교육은 사회인이 학교로 되돌아가서 받는 교육이라는 의미로 과거와 같이 일정한 연령에 도달하면 정규교육이 끝나는 것과 달리, 현대사회에서 학습은 기초교육을 마친 다음에도 일생동안 순환적인 방법으로 학습이 계속되어야 한다는 종합적인 계획이다.

리커렌트 교육은 기존의 아동기, 교육기, 노동기, 은퇴기라는 비가역적인 과정과 다르게, 교육기-노동기-은퇴기를 유연하고 자유롭게 편성하는 생활주기로서의 전환이 가능한 교육구조이다.

2) 노인교육정책과 프로그램

(1) 노인교육정책

스웨덴 노인교육 정책은 순환(current) 교육의 체계화 등을 통해 전개되고 있다. 1977년 교육개혁을 통해 25세 이상 직장 경험 4년 이상인 자에게 대학의 입학 정원 1/4의 범위에서 입학을 가능케 하는 소위 "25:4 계획"을 도입하고 있다.

중등교육을 마치지 않고 별도의 통로를 통해 고등교육에 접근할 수 있는 기회도 보장된다. 성인교육 분야에서도 순환 교육을 정책원리로 도입해 기관에서 이수한 교육을 학교교육과 동등한 위치에 둠으로써 성인을 위한 학습 기회를 넓혀가고 있다.

또한 거점대학 중심으로 전국을 구획해 고등교육 구를 만들어 대학을 지역 발전과 연계시켰다.

(2) 노인교육 프로그램

스웨덴의 노인교육은 개개인의 권리로 누구든 교육을 더 받기를 원하는 사람들에게 재교육의 기회를 주고 있으며 이를 위해 국가나 지역사회에서 다양한 형태로 노인교육을 실시하고 있다.

또 노동 인력의 확보나 고급화, 생산성 향상과 대중의 교양수준을 높이는 정치, 사회, 문화적인 차원에서 다양한 학습프로그램들을 편성해 운영한다. 특히 순환 교육의 효과를 증가하기 위해 아웃리치(Outreach) 프로그램과 교육 유급휴가제도 등을 실시하고 있다.

(3) 직업훈련 프로그램

스웨덴의 직업훈련 프로그램은 단기 프로그램과 장기 프로그램 그리고 기능 프로그램이 준비되어 있다. 그리고 50~60세에도 언제든 직업교육을 받을 수 있도록 하는 1~2년제 직업학교 제도(YH, Yrkeshögskolan)가 있다.

이 직업학교(Higher Vocational Education)는 고급 직업교육들은 판매, 제조기술과 더불어 기업금융과 행정 분야 내에서 제공하며 전 국가적으로 수백 가지의 프로그램을 가지고 있다.

스웨덴의 대학들은 실용적인 교육내용이 직업과 연계되는 측면이 강해 산업계와 교육계의 긴밀한 연대가 이루어지고 있다. 그래서 성인들을 위한 제2의 교육 기회들이 많다. 고령자들은 취업을 목적으로 교육을 받고 싶을 때는 누구나 원하는 시기에 자유롭게 받을 수 있다.

4. 캐나다

1) 노인교육 현황

캐나다도 다른 선진국들과 마찬가지로 보건의료 기술의 발달로 평균수명이 연장돼 노인인구가 증가하고 있다. 캐나다 노인들은 지역사회를 위한 자원봉사활동에 매우 적극적이다. 65~74세 노인 중 15% 이상의 노인들이 지역사회에서 요구되는 각종 봉사활동에 참여하고 있는데 이는 지방자치단체로부터 봉사에 소요된 재정을 지원을 받고 있기 때문이다.

대부분의 대학에서는 65세 이상 노인들을 대상으로 역사, 음악, 미술, 관광, 컴퓨터 등의 강좌를 무료로 개설하고 있다. 이것은 모두 연방정부가 해당 대학에 지역 노인을 대상으로 하는 프로그램 개설에 소요되는 비용을 보조해 주고 있기 때문이다. 또한 캐나다 전체 노인의 4.5%가 각 대학에서 제공하는 학습 프로그램에 참가하고 있는데(Statistics Canada, 2006) 앞으로 이러한 프로그램은 더욱 활성화될 것이라고 한다.

2) 고령자센터(Senior Center)

고령자센터는 지역사회 노인들이 취미, 오락과 스포츠, 교양강좌, 생활상담, 그리고 점심식사 서비스를 받으며 동료 노인들과 여가를 즐기도록 프로그램이 짜여 있는 시설로 우리나라 경로당의 기능과 그 성격이 비슷하다.

노인들은 낮에 혼자 자택에 머물기보다는 동료들과 어울리며 대화도 나누고 게임도 하기 위해서 이곳에 모여든다. 고령자센터는 지역 단위로 조직돼 있는 노인단체 회원들에 의해 자치적으로 운영되고는 있지만 소요비용의 대부분은 지방자치단체로부터의 보조금에 의해서 충당된다.

연구문제

1. 미국의 Campbell Senior Center 노인교육 프로그램과 우리나라의 노인교육 프로그램을 비교하고 차이점을 찾아 논의해 봅시다.

2. 일본 대학들의 시니어 리커런트 교육과정에 대하여 논의해 봅시다.

3. 영국의 개방대학(Open University) 노인교육 프로그램과 노인자조학습 U3A (University of third Age; 제3기 인생대학)의 노인교육 프로그램을 특징을 논의해 봅시다.

4. 프랑스 UTA(University of the Third Age, U3A)의 성과에 대하여 논의해 봅시다.

5. 독일의 노인교육기관과 노인교육 프로그램에 대하여 논의해 봅시다.

PART 04

노인교육의 실제

CHAPTER 10

노인 경제교육

개요

노인의 경제활동은 노후준비, 은퇴와 퇴직준비를 어떻게 하였느냐에 따라 어떤 경제활동을 하며 노년기를 보낼지가 결정된다. 노인의 경제활동이 성공적이고 활동적인 노화 속에서 자신의 지식과 경험을 사회에 기여하며 노후의 삶의 질을 높이는 활동이 되기 위해서는 충분한 은퇴와 퇴직 전의 준비가 필요하다. 본 장은 퇴직 준비교육에 대한 전반적인 내용과 유형에 대한 정리와 함께 재무교육을 통한 노후의 재정적 안정 측면을 짚어 볼 것이다. 마지막 절에서 노인들의 은퇴 후 재취업과 경제활동에 대한 내용들을 공부할 것이다.

학습목표

1. 퇴직과 은퇴 후 경제적 문제에 대한 준비를 할 수 있다.
2. 퇴직 준비교육 프로그램 유형을 파악하고 분석할 수 있다.
3. 은퇴 후 경제활동을 위한 정보를 찾고 재취업에 적용할 수 있다.

주요 용어

노인 경제활동, 퇴직준비교육, 재무교육, 노인 재취업

제1절 노년기를 위한 경제적 준비

2020년 노인 실태 조사 보고서에 따르면 노인의 경제활동 참여율이 계속 증가하는 것으로 나타났다. 65세 이상 노인의 2008년 30.0%였던 경제활동 참여율은 9년 후인 2017년에는 0.9%가 증가한 30.9%를 보이다가 3년 후인 2020년에는 36.6%로 나타났고 65세에서 69세로 한정할 경우 2020년 기준 55.1%까지로 70세 미만의 노인들 과반수가 경제활동에 참여하고 있다. 이들이 경제활동을 하는 이유는 생계비 마련이 73.9%로 가장 많고 이어 건강유지 8.3%, 용돈 7.9%, 시간 보내기가 3.9%로 노인이 되어도 여전히 경제적 문제는 생존과 직결할 만큼 절실한 상태로 볼 수 있다. 특히 고학력으로 소득이 많은 노인들의 경우 경제활동을 하는 이유가 자신의 능력발휘나 사회 기여 등의 이유로 경제활동을 하지만 그렇지 않은 대다수의 노인들에게 경제활동은 선택이 아닌 필수가 되고 있다. 이러한 통계 결과와 연계하여 노인 일자리 사업 참여도 지속적으로 증가하는 걸로 나타났으며 참여 노인의 71.9%는 경로당 중식도우미, 에코공원 지킴이, 지하철 시각장애인 안내 도우미, 노노케어 긴급 돌보미 등 공익활동에 참여하는 것으로 나타났다. 베이비부머 세대의 노인인구 편입과 건강수명의 연장, 고령사회에서 초고령사회로의 진입을 앞둔 사회적 상황 등을 고려해 볼 때 노인의 경제활동이 경제적 수준과 학력상승 등 노인인구와 사회의 변화에 적응하지 못한 채 복지 차원의 경제적 지원 수준에 불과하여 실질적인 노인들의 경제활동을 다양한 측면에서 지원하기 위한 교육 프로그램의 활성화와 길어진 노년기 삶을 살기 위한 경제적 준비에 대한 교육이 더욱 중요해지고 있다.

1. 은퇴(Retirement) 이후의 삶

은퇴를 퇴직과 동일시하는 경우가 있는데 은퇴가 퇴직 이후의 삶을 의미하며 노동시장으로부터의 퇴장을 나타내는 개념인 반면에 퇴직은 완전한 노동시장으로부터의 퇴장이 아닌 재취업 등을 통한 지속적 경제활동의 여지를 갖는 비자발적인 주된 일자리로부터의 퇴장을 뜻한다. 법적으로 퇴직 연령이 되었지만 여전히 건강하게 일할 수 있는 사람들이 많고 노년기에도 여전히 생활비와 의료비 등 재정적 부담으로 일하는 노인들이 늘어나고 있다.

100세 시대를 살기에 완전한 은퇴에 앞서 퇴직을 한다는 것이 주된 일자리에서 주변 일자리로의 이행을 뜻하는 경우가 많아지면서 퇴직 이후에도 여전히 노동시장에 잔류하는 경우가 많아지고 있다. 그러나 누구에게나 은퇴의 시간이 오기에 은퇴를 생애주기로 받아들이고 은퇴 이후의 삶을 준비해야 한다. 은퇴 후에도 경제적 어려움 때문에 일을 해야 하는 상황이 될 경우 노후의 삶의 질은 훨씬 떨어지게 된다. 반면에 fire족(Financial Independence Retire Early)이라는 신조어가 나올 만큼 젊은 나이에 생애 전반에 대한 경제적인 부담을 해소하고 조기 은퇴를 하는 사람들이 생기면서 은퇴의 개념 뒤에는 긍정적인 측면도 있다.

워버튼 등(Warburton et al., 1995)은 은퇴를 통해 사회적 책임이나 역할로부터 오는 짐을 덜고 자신의 삶을 돌아보며 신체적 정신적 건강을 회복할 수 있는 긍정적인 면과 함께 사회적 지위나 경제적 안정을 잃게 되는 부정적인 측면을 갖게 된다고 하였다. 은퇴가 긍정적인 삶의 시간이 되기 위해서는 노후생활을 위한 경제적 준비가 중요하다. 은퇴로 인해 발생하는 정서적 심리적 위축과 신체적인 노화와 건강상의 문제, 사회적 관계의 문제들을 잘 해결해야 하는 노년기에 경제적 어려움으로 일을 할 수밖에 없다면 노년기 삶의 질은 매우 떨어지게 된다. 퇴직과 은퇴를 위한 준비는 노인교육의 전 분야에서 다루어져야 한다. 일반적인 퇴직 준비교육과 함께 경제적인 측면에서의 보다 구체적인 은퇴 이후의 삶을 위한 준비가 필요하다.

2. 퇴직 준비

1) 퇴직의 의미와 퇴직 준비

퇴직은 공식적으로 한 개인의 직업적 역할이 끝난 것으로 인정되는 절차이자 생활 주기상 노년기로 들어서는 분기점이 되는 중요한 사건이다(신효식, 이선정, 2007).

퇴직에는 정년퇴직과 조기퇴직(명예퇴직)이 있으며 퇴직 후 인생 후기 단계로 일보다는 여가나 취미 활동에 더 많은 시간을 보내는 은퇴가 있다. 우리나라 노인들은 노년기의 건강이나 생활환경에 따라 완전한 은퇴로 살아가기보다는 은퇴 후에도 근로를 희망(64.1%)하고 72세까지는 일하기를 원하는 것으로 나타났다(경제활동 인구조사 고령자 부가조사, 2018).

퇴직이 개인에게는 경제적인 부분의 재정 감소와 함께 늘어난 시간적인 공백과 사회적 관계망의 감소로 느껴질 수 있기에 퇴직 준비교육은 퇴직 이후 겪게 될 스트레스를 줄이면서 능동적으로 변화에 대처할 수 있도록 기업과 사회, 국가가 함께 머리를 맞대고 준비해야 한다. 퇴직 준비 교육의 효과는 교육내용의 실용성과 교육의 질에 대한 만족도에 따라 높아질 수 있기 때문에 퇴직 준비 교육 유형에 맞는 적절한 프로그램이 제공되어야 한다.

(1) 우리나라 퇴직준비 교육 유형(김일성, 2002)

첫째, 퇴직을 하나의 사건으로 인식하고 변화에 대응하기 위한 각종 전략을 제시하는 전문가 주도 교육 유형

둘째, 퇴직을 인간 발달의 자연스러운 과정으로 보고 새로운 전환기인 퇴직을 연계하며 인생설계를 하고 미래의 계획을 세우는 관점으로 소집단과 상호작용, 촉진적·민주적 참여 등을 강조하는 유형

셋째, 일을 떠나는 것보다 이직에 관심을 두는 유형

(2) 외국의 퇴직준비 교육 유형(Giordano & Giordano, 1983)

첫째, 은퇴생활에 초점을 둔 정보와 자료를 제공하는 유형

둘째, 전문가의 교육이 중심이 되는 유형

셋째, 상호작용 및 소통이 중심인 유형

넷째, 통찰 및 과정 중심의 유형

국내·외 퇴직준비교육유형과 관련 연구들을 통해 퇴직 준비 프로그램에는 최소한 두 가지 영역이 포함된다. 실질적 노후의 생활에 필요한 정보 부분으로 그 정보 속에는 신체적 건강관리, 사회적인 활동을 영위할 수 있는 주거생활을 비롯한 경제적인 부분들을 해결할 수 있는 전반적인 정보의 영역과 노년기에 경험하는 심리적·정서적 문제에 대한 도움을 줄 수 있는 심리사회적 영역이 포함되어야 한다.

표 10-1 퇴직 준비 프로그램의 유형 및 내용

연구자와 내용	Manion(1976)	Tiberi et al.(1978)	Giordano & Giordano(1983)
정보가 필요한 실질적 주제	강의와 자료중심 대처 프로그램	자료제공 중심 개별지원 모델	일반적 교육중심 계획모델
	전문가 중심 교육적 프로그램	전문가 교육 중심 설명-교육 모델	시청각 교육중심 성인교육모델
심리·사회적 주제	상호작용 중심 반구조화 프로그램	집단 상호작용 중심 촉진-상호작용 모델	참여자 소통 중심 상담 모델
	문제해결 중심 통찰적 프로그램	사례 및 토의 중심 격려 및 토론 모델	과정중심 인간발달 모델

출처: 이예림(2022). 은퇴 준비 프로그램에 관한 연구 동향 분석. 재인용.

노년기 삶에서 가장 큰 문제는 경제적 빈곤의 문제와 질병 등 건강의 문제, 고독감과 같은 사회적 관계 단절에서 오는 문제들이기에 퇴직 준비교육에는 이러한 부분들에 대한 교육이 포함되어야 한다.

다음 절에서는 퇴직 준비 교육 중 경제적 부분의 재무교육과 소득을 창출할 수 있는 취업 및 노년기에 필요한 재정 관련 정보의 영역을 중심으로 퇴직 준비교육을 정리한다.

제2절 퇴직준비교육

1. 퇴직으로 인한 변화에 대처하는 정보 위주의 교육

퇴직 이후의 변화에 대처하기 위한 준비를 위해서는 다섯 가지 영역의 준비가 필요하다. 무엇보다 다음 다섯 가지 영역을 준비할 수 있도록 돕는 정보들이 제공될 수 있는 교육 프로그램이 필요하다.

첫째, 신체 건강 부분이다. 노화로 인해 약해진 신체적 문제를 어떻게 극복하고 어떻게 건강을 유지할 것인가?

둘째, 일에 대한 방식을 정리하는 것이다. 퇴직과 은퇴가 수입을 창출하는 일로부터는 퇴장을 하더라도 하루하루를 무엇을 하고 보낼 것인지, 사회 활동이나 봉사활동 등 지속적인 일거리를 무엇으로 할 것인가?

셋째, 정서적인 부분에서 오는 여러 가지 문제들에 어떻게 적응하고 대응할 것인가?

넷째, 노년기의 생활비와 의료비, 주거문제 등 경제적인 문제를 어떻게 해결할 것인가?

다섯째, 사회적 관계와 지지를 유지하기 위해 어떠한 취미생활을 하며 친구나 이웃 등 사회적 관계를 지속할 수 있는 사람들을 어떻게 구성할 것인가?

2. 재무교육

국민연금관리공단은 노후준비 정도에 대한 진단과 상담서비스를 다음의 4대 영역(재무, 건강, 여가, 대인관계)에 대해 시행해 오고 있으며 재무진단을 통해 자신의 노후를 위한 재무 설계와 자금 설계 및 국민연금 준비 정도를 알아볼 수 있도록 웹사이트를 마련하였다. 국민연금관리공단의 중앙노후준비 지원 센터는 인터넷 사이트를 통해 4대 영역(재무, 건강, 여가, 대인관계)을 대상으로 맞춤형 강의를 제공한다. 재무준비와 관련 자신의 기본정보와 은퇴 후 필요한 노후자금과 자신이 준비 중인 개인연금, 퇴직연금, 국민연금 등을 입력하면 자신의 노후준비에 대한 재무 분야의 자가진단을 할 수 있다. 이를 기반으로 노후준비를 위한 상담도 가능하며 재무와 관련된 각종 온라인 교육을 받을 수 있다.

그림 10-1 노후준비서비스 4대 영역

출처: 국민연금관리공단 중앙노후준비센터.

1) 노후 3층 보장체제와 노후 의료비 준비

일반적으로 노후의 재정적 안정을 위해서는 모든 국민이 가입 대상인 국민연금과 직업을 갖는 동안 직장에서 가입하는 퇴직연금, 개인적으로 준비하는 개인연금의 3층 보장체제를 제안한다. 노후 수입원으로 연금과 함께 재무적으로 고려해야 할 것이 지출 부분이다.

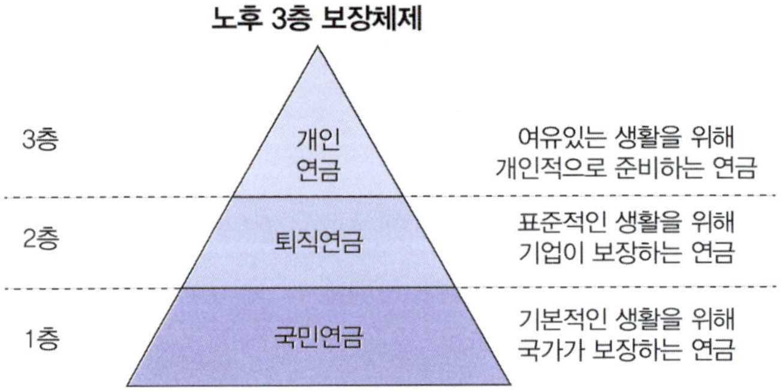

그림 10-2 **노후 3층 보장체제**

출처: 국민연금관리공단 중앙노후준비센터.

노후에 가장 많이 지출해야 하는 항목 중 하나가 의료비이다.

우리나라 인구의 65세 이상 노인인구 비중은 2018년 13.9%, 2019년 14.5%, 2020년 15.4%로 계속 늘어 지표상으로도 전체인구대비 노인인구가 14%를 넘어 고령사회가 되었다.

우리나라는 국민건강보험을 통한 의료비 지원이 잘 되어있지만 노년기에 지속적으로 늘어나는 의료비도 재무교육을 통해 준비해야 하는 항목이다.

표 10-2 2020 건강보험통계연보에 담긴 65세 이상 인구 진료비 현황

	2016년	2017년	2018년	2019년	2020년
전체 인구(천 명)	50,763	50,941	51,072	51,391	51,345
65세 이상 인구 (천 명)(비율, %)	6,445 (12.7)	6,806 (13.4)	7,092 (13.9)	7,463 (14.5)	7,904 (15.4)
65세 이상 진료비 (억 원)(증가율, %)	252,692 (13.6)	283,247 (12.1)	318,235 (12.4)	357,925 (12.5)	376,135 (5.1)
노인 1인당 연평균 진료비(천 원)	3,983	4,255	4,568	4,910	4,870
전체 1인당 연평균 진료비(천 원)	1,275	1,391	1,528	1,681	1,688

출처: 메디칼업저버(http://www.monews.co.kr)

노년기에 늘어나는 의료비에 대비하여 국가 차원에서 보장하는 국민건강보험, 노인 장기요양 보험과 함께 개인 차원의 실손의료보험을 확인하고 자신에게 필요한 보험에 가입하는 것도 노후 의료비 지출에 대비할 수 있는 방법이다.

3. 퇴직 준비교육 현황과 프로그램

1) 공무원과 교원

공직자의 경우 퇴직제도와 퇴직 준비교육은 2000년에 시작되었다. 이후 공무원연금공단의 퇴직 예정공무원 교육프로그램인 생애설계, 미래설계, 행복설계, 전직집중 과정과 퇴직 후의 사회적응(미래설계), 취·창업(전지설계) 과정을 통합 운영하며 퇴직지원센터를 통해 사회공헌 활동 참여와 일자리 매칭을 연결해 왔다(최무현 외, 2021).

일반직 공무원 대상 미래설계의 경우 은퇴에 대한 의미와 퇴직 후 변화, 자아의 재발견과 같은 내용의 은퇴설계와 노화에 대한 이해, 재무설계를 통한 자산관리와 은퇴자금 확보, 귀농이나 귀촌 컨설팅 등으로 구성되어 실질적 도움을 줄 수 있는 은퇴 맞춤형 프로그램과 심신의 재충전을 위한 체험형 과정을 포함하여 실질적 은퇴설계를 할 수 있도록 돕고 있다.

퇴직 예정 교원을 위한 프로그램에는 인생설계, 소통설계, 재무설계, 건강

설계와 같은 영역으로 나누어 퇴직 후의 삶을 설계할 수 있도록 돕고 있는데 공무원과 교원의 경우 연금에 대한 이해와 은퇴자금 확보 및 활용이 재무설계에서 주 내용이 되고 있다.

(1) 퇴직공무원 지원 프로그램

① 퇴직공무원 적합 직종 발굴

퇴직공직자의 사회참여를 활성화할 수 있도록 하는 것으로 정책 모니터, 정책 컨설턴트, 기간제 교원, 배움터 지킴이, 시간강사, 복지 및 식품위생 현장지원 등에 퇴직공무원들을 활용

② 전직지원 컨설팅

인사혁신처가 민간전문기관과 파트너십을 구축하여 퇴직예정 공무원 대상으로 취업이나 창업 등을 1:1 맞춤형 컨설팅

③ 퇴직공무원 사회공헌(knowhow+)사업

50세 이상 퇴직자 중 국민안전, 행정 멘토링, 컨설팅, 공직인재양성, 중앙·지방 협력 사업 등에 기여할 수 있도록 자격을 갖춘 사람을 선발하고 실비 지급

④ 퇴직공무원 지원센터

서울을 포함 8개 공무원 연금공단에 설치되어 운영되고 있으며 상담(연금 및 진로상담, 변화관리 및 심리상담), 교육(사회 참여활동 지원, 정보화, 문화, 생활 강좌, 재능 나눔), 사회참여활동지원, 일자리 정보 등을 제공

⑤ G-시니어

퇴직공무원의 인력풀 관리와 사회참여 지원시스템으로 퇴직공무원을 위한 전용공간

⑥ 공무원 공로연수제도

퇴직공무원의 사회적응을 돕기 위해 정년퇴직이 6개월에서 1년 이내로 남

은 퇴직예정 공무원을 위한 연수제도

퇴직공무원의 생활 만족 요인에 대한 연구(서정욱 외, 2019)에 따르면 퇴직 후의 생활에 중요한 영향을 주는 것은 퇴직 전 받았던 퇴직준비교육과 퇴직 후의 자원봉사 활동과 경제 활동으로 이러한 활동에 참여하는 사람들이 퇴직 이후의 생활에 잘 적응하는 것으로 보고되었다. 특히 퇴직공무원의 경우 이들 자원봉사나 경제활동이 재정 부족에 따른 경제적 이유보다는 대인관계와 사회적 관계를 높이기 위해서인 경우와 공직에서의 경험과 지식을 사회에 기여하고 싶다는 생각 등 사회적 인정이나 지지가 중요 동기로 작용한다고 보았다. 공무원들을 위한 퇴직 준비교육에는 은퇴 이후의 경제활동을 위한 보다 구체적인 재취업을 위한 일자리 교육이 장기간 공직생활을 통해 축적된 지식과 경험을 활용할 수 있는 양질의 일자리를 창출하는 데 도움이 될 수 있도록 구성되어야 한다. 자원봉사 활동을 위해서는 퇴직공무원들의 의지나 퇴직 이후 삶을 위한 계획을 반영하면서 지역사회 내 다양한 기관들과 연계한 자원봉사 활동의 참여를 이끌어낼 수 있도록 프로그램화할 필요가 있다.

표 10-3 공무원 퇴직 지원 제도 및 프로그램 현황

단계	제도 및 프로그램명	주요내용	
퇴직 전	퇴직 준비 교육	공무원연금공단	· 웰에이징 아카데미: 사회변화 트렌드, 건강관리, 은퇴설계 필요성 등 은퇴 준비 기본교육 · 은퇴설계과정 : 일(work)을 주제로 자기 탐색, 사고확장, 토론 등을 통한 개인별 계획수립 · 사회공헌전문과정: 사회공헌에 필요한 전문교육(해외협력, 재능나눔, 전문컨설팅 등)
			공무원 교육기관(중앙·지방)
퇴직 직전-직후	공로연수 (각 부처 자율운영)	20년 이상 근속, 정년퇴직 6개월 이내인 공무원 대상으로 사회적응능력 배양 *중앙행정기관의 장이 필요하다고 인정할 경우 정년퇴직 6개월 초과 1년 이내	

<table>
<tr><td></td><td colspan="2">전직지원컨설팅
(인사혁신처)</td><td>1:1 맞춤형 컨설팅을 통해 재취업, 사회적 기업 등 창업 지원</td></tr>
<tr><td rowspan="5">퇴직 후</td><td colspan="2">퇴직공무원 사회공헌
사업(know-how+)
(인사혁신처)</td><td>퇴직공무원의 전문성을 국민안전, 사회통합, 행정혁신, 경제활성화 등 공공분야에 활용</td></tr>
<tr><td rowspan="4">사회참여
활동
지원사업
(공무원연
금공단)</td><td>G-시니어</td><td>자원봉사, 교육 등 다양한 퇴직 후 정보 제공 및 커뮤니티 서비스 제공(www.g-senior.kr)</td></tr>
<tr><td>상록
봉사단</td><td>상록봉사단(퇴직공무원의 자생·자율·자발적인 지역사회 밀착형 봉사조직) 활동지원 및 유관기관과의 협업을 통한 자원봉사 등 참여지원</td></tr>
<tr><td>연금
아카데미</td><td>퇴직공무원의 평생교육지원, 퇴직 후 봉사활동 등과 연계</td></tr>
<tr><td>퇴직공무원
지원센터</td><td>상담, 사회참여 활동정보 등 퇴직공무원 대상 맞춤형 서비스 제공(서울, 부산, 대전, 광주, 강원, 대구, 전북, 제주, 경인, 세종 등 10개소)</td></tr>
</table>

출처: 인사혁신처.

2) 일반인 대상 서울시 50+ 재단

서울시 50플러스 재단은 인생 후반전의 삶을 준비할 수 있도록 상담과 정보제공, 교육과정 지원, 일과 활동의 플랫폼 역할을 하며 생애전환에 필요한 종합서비스를 제공한다. 주요 서비스로는 상담, 일, 활동, 교육이 있다.

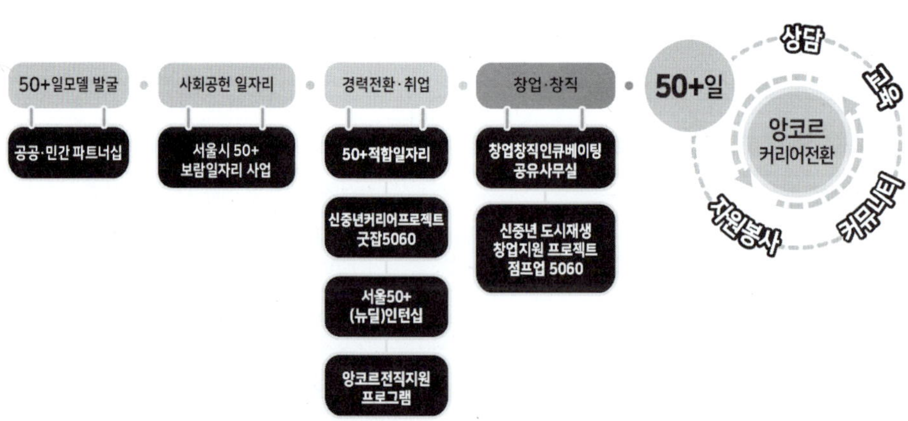

그림 10-3 생애전환 종합서비스

출처: 서울시 50플러스 포털.

(1) 상담

생애설계 자가진단을 통해 일, 활동, 관계, 재무에 대한 자신의 상태를 확인하고 상담을 받을 수 있다.

(2) 일

일 모델 발굴, 사회공헌 일자리, 경력전환과 취업, 창업 창작을 도우며 아래와 같은 내용을 지원한다.

(3) 활동

자원봉사, 시민강사, 커뮤니티 활동 등이 있다. 자원봉사의 경우 사업별로 참여자를 별도 모집하는 공모형과 50플러스 캠퍼스 교육과정을 수료한 수료자에 한해 활동자를 모집하는 연계형이 있다. 시민강사는 교양, 건강, 디지털, 신직업, 여가 등 관련된 주제로 활동하는 시민강사들의 장이다. 커뮤니티 활동은 서울 각 지역별 캠퍼스와 센터 단위로 활동을 한다.

(4) 교육

K-MOOC와 연계하여 다양한 온라인 강좌를 무료로 제공하고 취·창업·프리랜서 관련 역량 개발을 도우며 자격증 취득과 현장 연계를 할 수 있는 교육 콘텐츠를 제공한다.

제3절 노인과 경제활동

우리나라의 노인 인구는 2022년 9,018,000명으로 총인구수 51,439,000명의 17.5%를 넘어섰다. 2021년 16.5%로 고령사회에 진입한 이후 지속적으로 증가하고 있어서 통계청 자료에 의하면 2025년에는 20.3%로 노인인구가 20% 이상일 경우를 의미하는 초고령사회에 진입할 것으로 예상된다. 노인으로 살아갈 시간들이 상대적으로 늘어나면서 노인이 되어서도 우리는 여전히 다양한 사회적 활동을 해 나가야 한다. 활동이론(Activity theory)에 따르면 행복한 노후는 사회적으로 연결되어 경제활동을 비롯하여 자원봉사, 정치, 사교, 취미, 종교, 학습활동 등을 통해 삶의 만족과 삶의 질을 높일 때 가능하다.

| 활동이론(Activity theory)과 노인의 삶의 만족 |

하비거스트(Havighurst, 1961)에 따르면 노인은 활동을 통해 자아개념 확인을 위한 역할지지 인식이 되고 이것이 긍정적인 자아상을 확립하게 되어 삶의 만족도를 높인다.

노후에도 기존의 역할과 활동을 계속함으로써 사회와 연결되었을 때 노인들은 심리적 만족감과 생활의 만족도를 높일 수 있기 때문에 사회적 활동은 계속해야 한다. 특별히 재화와 서비스를 생산하고 소비하는 경제적 활동에 참여하는 노인이 참여하지 않는 노인보다 삶의 만족도가 높다(강종필·윤지영, 2017). 경제활동의 지속이 노년기의 행복증진과 유지에 도움이 되고(Maimaris, 2010), 경제활동 참여가 삶의 만족도에 유의미한 영향을 미치는 중요한 변수라는 연구(오연경, 2019) 등을 통해 경제활동은 빈곤 여부를 떠나 노년기에도 중요한 삶의 일부분이다.

1. 노인 경제활동 참여 현황

통계청 자료에 따르면 2021년 5월 기준 65세 이상 79세 이하 노인 인구 중 42.4%가 노동시장에 참여하고 있다. 2017년 30.9%에서 꾸준히 증가하고 있는 추세이다. 노인 1인 가구의 증가와 평균수명이 늘어남으로 인해 사회적인 기초연금 제도가 도입됨에도 노인들의 빈곤은 노년기 삶의 질을 위협하는 중요한 요인이다. 우리나라의 노인빈곤율은 2020년도에 시장소득기준 58.6%, 가처분소득 기준 38.9%에 이르렀다(노인실태조사, 2020).

노인일자리와 관련 단순노무직과 농림·어업 숙련직 62.2%, 관리·전문직 8.8% 등으로 대부분의 노인들이 단순노무직이나 농·어업을 통해 경제활동을 하고 있으며 현재 일자리 만족도는 70.2%로 노인들이 경제활동을 하는 것만으로도 행복감을 느끼고 만족하는 것으로 볼 수 있다. 이와 같이 경제활동이 증가하는 이유는 노년기가 늘어나면서 기존 소득만으로 오랜 기간을 살아가기 어렵다는 경제적이고 실질적 이유뿐 아니라 노인 인구 구성이 다양화되면서 사회적으로도 노인의 삶이 예전과 달리 활동적이고 생산적인 삶을 살 수 있도록 변화되어 가고 있기 때문이다.

2. 노인 재취업교육

고령자들이 직업을 갖고 경제적 소득을 얻는다는 것은 가능한 일자리가 있다는 전제하에 그 직업에서 필요한 부분에 대한 훈련을 제공하고 취업활동이 가능할 수 있도록 지원한다는 것이다. 정부 차원에서 운영하는 대표적인 재취업 교육기관으로는 서울시 노인복지센터에서 운영하는 어르신취업지원센터와 경기도의 노인일자리지원센터가 있다. 서울시 어르신취업지원센터의 경우 시니어직업능력학교, 내일행복학교, 찾아가는 교육 등의 프로그램을 통해 노인재취업을 돕고 있다. 경기도 노인일자리지원센터는 노인복지법 제23조 저출산 고령사회기본법 제11조에 따른 노인일자리 창출지원 조례에 의거 노인일자리 전담기관으로서 역할을 하고 있다.

1) 시니어직업능력학교

구직을 원하는 고령자들을 대상으로 적성과 직무 이해를 돕는 교육 프로그램을 제공한다. 취업준비교육, 취업설계교육, 직업훈련, 신규 적합 직업훈련 프로그램이 있다.

(1) 취업준비교육

재취업을 위한 소양교육과정으로 고령자들에게 필요한 최신 취업정보를 제공한다. 고령자 재취업 시장의 현황과 시니어 인턴십제도에 대한 소개 및 실질적으로 필요한 이력서 작성이나 면접 성공법 등의 교육프로그램으로 구성되어있다.

(2) 취업설계교육

노인 스스로 자신의 재능을 탐색하고 적합 직종을 찾아 어떻게 구직을 할 것인지, 필요한 기술이나 지식은 어떻게 습득할 것인지 전반적인 취업계획을 세우는 것을 지원하는 교육과정이다.

(3) 직업훈련

고령자 친화적인 직업을 중심으로 그에 맞는 실무능력을 키우기 위한 직무역량 강화 교육을 한다. 고령자 취업이 가능한 교육훈련으로 배달원, 주차원, 건물 청소원, 편의점 판매관리원, 주유원, 가사관리사, 반려동물 돌보미 훈련 등이 있다.

(4) 신규적합직업훈련

고령자 채용이 가능한 기업을 대상으로 기업과 연계하여 기업이 요구하는 직무교육을 실시하여 해당 기업 취업을 돕는 훈련을 한다.

2) 내일행복학교

시니어직업능력학교가 단순 노무 위주의 생계형 직업훈련을 주로 제공하여 저소득 노인들을 돕는다면, 내일행복학교의 경우 전문직이나 고학력 노인들 등 생계형 직업보다는 노후 삶의 질을 높이고자 하는 노인의 경력이나 취미와 연결시킨 직무교육 프로그램이다. 보다 미래지향적 직무교육 프로그램을 제공한다.

(1) 창의직종 교육

확장된 노인들의 사회진출 영역으로 취미와 경험을 연계시킨 교육과정을 운영한다. 콘텐츠 크리에이터, 동년배 상담가, 도심형 식물공장 관리자, 돌봄매니저, 내일행복특강 등이 있다.

(2) 경력개발교육

보다 심화된 기술과 소양교육을 통해 전문적 경쟁력을 키우는 교육이다. 사서도우미교육, 들꽃가드닝교육, 동년배상담가 교육, 강사양성교육 등이 있다.

(3) 찾아가는 교육

개별 구직자를 대상으로 필요한 강사를 파견하는 등의 맞춤형 교육프로그램을 지원한다. 사전에 교육과정 컨설팅이 수요에 맞게 운영된다. 기초교육(취업준비교육)과 직종교육(경비, 배달원, 건물 청소원, 편의점 판매관리원, 주유원 교육 등) 및 기타 노인 사회활동 지원과 관련된 소양교육, 취업자 노무교육, 구직자 스트레스 해소 교육 등을 한다.

3) 노인 일자리 사업

노인에게 일자리는 소득 보전을 통한 생계유지를 돕는 것뿐 아니라 노인들의 사회활동 기회를 제공하여 정신적인 건강을 유지하고 소외와 고립으로부터 벗어날 수 있는 중요한 의미를 갖기에 사업 유형도 다양하게 구성된다. 자신의 지식이나 경험을 통해 사회에 공헌할 수 있는 사회활동을 지원하는 사업을 포함하며 공공형, 사회 서비스형, 시장형으로 구분된다.

(1) 공공형

만 65세 이상 기초연금수급자를 대상으로 지역사회 공익증진을 위한 자발적 봉사활동을 한다. 노노케어, 취약계층지원, 공공시설 봉사 및 자신의 경험과 지식 등 삶의 지혜를 전수하는 경륜전수 활동을 한다.

(2) 사회 서비스형

만 60세 이상으로 사회적 도움이 필요한 영역에 서비스를 제공하며 구체적으로 서비스 영역별 직업은 다음과 같다.

표 10-4 서비스 영역별 일자리

가정 및 세대 간 서비스	취약계층 전문서비스	공공 전문서비스
보육교사보조, 돌봄서비스 이용 아동의 등·하교 및 귀가 지원, 급식지원	장애인 보호시설 대상자 보조 및 지원	노인 일자리 안전사고 예방활동 및 안전교육
한부모가족의 아동보호 및 교육지원	시설 이용 노인 서비스 지원 및 환경정비 지원, 노인맞춤 돌봄 서비스 업무보조	시니어 취업상담, 동행 면접, 정보제공 및 기업 일자리 발굴 등
새터민 정서지원을 통한 정착지원 등	시니어 금융업무지원, 소비피해예방, 취약계층 교육지원 등	산재 신청 안내, 공항 출·입국 관리, 도서대여, 공공정보 수집 및 구축지원 등

출처: 보건복지부 노인일자리 및 사회활동 지원 사업.

(3) 시장형

만 60세 이상 사업 특성 대상자로 시장형, 취업 알선형, 시니어 인턴십, 고령자 친화기업이 있다.

① 시장형

노인에게 적합한 업종으로 소규모 매장 및 전문직종 사업단을 공동으로 운영하여 일자리 창출

예 식품제조 및 판매, 공산품 제작 및 판매, 매장운영, 지역영농, 운송 등

② 취업 알선형

구인 수요처와 연계하여 수요처의 필요에 맞는 업무능력을 갖춘 자를 연계해주고 적절한 일정 임금을 받도록 도와줌

예 시험감독 보조, 경비원, 시설 관리자 등

③ 시니어 인턴십

기업이 노인들을 인턴으로 고용할 경우 기업에 인건비를 지원하는 방법으로 고령자의 고용을 유도함

예 한식 조리, 매장 관리원, 영화관 보조원, 검사 대행원 등

④ 고령자 친화 기업

기업에 직접 지원하는데 고령자에 적합한 직종이면서 고령자를 다수 고용하여 노인 일자리를 창출한 기업이 대상

노인들에게 경제활동이 갖는 의미는 실제 생활에 있어 생계유지를 위한 삶의 수단이기 되기도 하지만 은퇴 후 사회와의 연결 고리로, 노년기의 삶의 질을 높이며 활동적이고 성공적인 노화로 가는 중요한 의미를 갖기도 한다. 그러나 최근 2020년부터 2022년 노인과 경제활동에 대한 연구를 보면 노인들이 빈곤과 경제적 필요에 의해 은퇴 이후에도 노동시장에 다시 진입해야만 하는 처지(최성헌, 2020)에 놓여있고, 특히 1인가구나 여성노인들의 경우 취업이 경제적 필요에 의해 결정(김선희 외, 2022)된다는 결과들이 발표되어 노년기를 대비하고 실질적인 준비를 할 수 있도록 돕는 경제교육의 중요성이 커지고 있다.

이와 함께 정부 차원에서 지원하는 노인일자리 사업도 좀 더 다양화되어 노인들의 경제적 자립을 도우며 직업역량을 키울 수 있도록 질적인 부분에 대한 고민과 함께 사회적인 차원의 대책이 필요하다.

연구문제

1. 인생에서 은퇴가 의미하는 삶의 변화를 생각해보고 자신이 생각하는 바람직한 은퇴 이후의 삶은 어떠한 것인지 정리해 봅시다.

2. 퇴직준비교육에서 가장 중요한 것은 무엇이고 특별히 경제적 준비가 안된 상황에서 노후를 위해 실천해야 할 것들에는 어떤 것이 있는지 자신만의 실천 리스트를 작성해 봅시다.

3. 노인들의 경제활동에 있어서 현재 시행되고 있는 노인 일자리사업이나 시니어 직업능력학교를 통한 교육들을 분석해 보고 문제점과 개선점을 찾아 논해 봅시다.

CHAPTER 11

노인 정신건강 교육

개요

노년기는 일반적으로 다른 연령대보다 가족 문제, 경제문제, 건강문제, 주거문제, 상실문제와 같은 생활 사건들로 인한 스트레스를 더 많이 경험하며 높은 수준의 스트레스에 직면하고 평균 이상 수준의 스트레스를 인지한다. 초고령사회를 앞둔 우리나라에서 노인의 정신건강 문제는 상당히 심각한 사회문제로 인식되고 있다. 이에 정신건강에 대한 정의를 알고, 노인 정신건강의 개념, 정신질환의 원인과 증상에 대해 알아보고자 한다. 이 장에서는 대표적으로 노년기에 가장 빈번하게 일어나는 신경인지장애인 치매와 섬망, 정서적 장애인 노화불안, 우울증, 자살과 같은 노인 정신질환의 원인과 증상, 그리고 진단에 대해 알아보고, 현재의 노인 정신질환의 심각성에 대해 인지하고 이해하는 데 목표를 둔다.

학습목표

1. 노인의 정신건강에 대해 이해한다.
2. 노인성 정신질환의 종류에 대해 학습한다.
3. 노인성 정신질환의 원인과 증상에 대해 학습한다.

주요 용어

노인 정신건강, 노인 정신질환, 정상적 노화, 신경인지장애, 우울증, 노화불안

제1절 노인 정신건강 이해

1. 노인의 정신건강

정신건강이란 창의적이고 생산적으로 일하고, 상호 만족스러운 방식으로 다른 사람들과 관계를 맺으며, 그리고 보통 풍요롭고 성취감 있는 내면을 개발함으로써 혼자 있을 때, 편안함을 느낄 수 있는 능력을 의미한다(Gross & Muñoz, 1995). WHO는 정신건강을 개인이 자신의 능력을 인지하고 삶의 일상적 스트레스에 대처할 수 있으며 생산적이고 성과 있는 일을 하고 지역사회에 기여할 수 있는 안녕 상태라고 규정하고 있다.

노인 정신건강은 에릭슨의 심리사회적 발달단계에 바탕을 두고 자아통합단계에서 자신의 삶을 온전히 수용하면서도 지속적으로 자아발전적인 생활을 하며, 홀로 고독을 누릴 수 있는 정도를 말한다.

현대 사회는 고령화가 급속도로 진행됨에 따라 노인문제가 갈수록 심각해지고 있다. 노년기에는 퇴직으로 인한 사회적 역할상실, 경제적 빈곤, 가족간의 갈등으로 인한 사회적 소외감은 증가하고, 신체적 건강문제, 인지 장애는 물론 노인 우울증 및 자살 등의 심리사회적 문제와 관련한 정신질환자의 수는 증가하고 있어 노인 정신건강 증진을 위한 구체적이고 체계적인 솔루션은 중요하게 다루어져야 한다.

2017년 노인실태조사에 의하면, 전체 노인의 21.1%는 우울증상을 지니고 있는 것으로 나타났는데, 이는 만 19세 이상 성인인구의 우울감 경험률이 11.2%로 나타난 조사결과(국가 정신건강현황 보고서, 2019)에 비해 거의 2배 높은 수준이다. 또한 노인의 연령이 높을수록 우울 증상 비율이 증가하는 경향을 보였으며, 85세 이상 연령군의 우울증상 비율은 65~69세 연령군의 2배 이상 높은 수준으로 밝혀졌다. 또한 자살의 경우는 6.7%가 자살을 생각해본 적이 있으며, 이중 13.2%는 자살을 시도한 경험이 있는 것으로 보고되었다(김자영, 2021).

노년기에 나타날 수 있는 신체기능의 노화는 사회적 활동성을 저하시키고, 그로 인해 대인관계의 폭이 좁아지는 심리적 위축을 발생시킬 수 있는데, 이러한 심리사회적 위축은 노년기에 흔히 우울감을 유발시킬 수 있다. 그렇다면 노인 관련 전문적인 지식을 얻고자 하는 현재의 노인 정신건강 전문가나 미래의 노인 정신건강 전문가로서 다음의 문제를 생각해 볼 수 있어야 한다. "노화와 관련하여 우리는 과연 무엇을 알 수 있는가? 우리가 반드시 알아야 할 것은 무엇인가?"

다음 사례와 같은 노인의 심리적 상황에 대해 정신건강 전문가로서 어떻게 반응하며 대처해야 하는지에 대해 생각을 해보자.

사례 11-1

75세 할머니 C씨는 남편인 80세 할아버지 K씨가 날이 갈수록 걱정스럽다. 할아버지의 기억이 점점 나빠지는 것 같기 때문이다. 할아버지는 슈퍼에 가서는 사야 할 물건의 종류를 빠뜨리고 오고, 쉽게 지치고, 취미 생활에도 별 흥미를 보이지 않으며, 경로당에 가는 것도 즐거워하지 않는다. 할아버지는 자신이 별문제 없다고 하지만 할머니는 할아버지가 걱정스러워 조언을 구하며 다음과 같이 질문을 하였다. 할아버지가 치매가 온 것 같은데 치매진단을 받아야 할까요?

사례 11-2

지역 노인복지관의 사회복지사 B씨로부터 다음과 같은 의뢰가 왔다. 79세 할아버지 D씨는 예전에는 일주일에 서너 번씩 복지관에 갔으나 5개월 전 친구가 죽은 이후로는 전혀 나가지 않고 있다. 복지사 B씨가 할아버지께 안부전화를 해서 친구의 죽음 때문에 힘들어서 복지관에 나오지 않고 계신지 묻자 할아버지는 그렇지 않다고 완강히 부인하였다. 그냥 요즘 통증이 심해져서 그렇다고 하면서 전화를 급히 끊었다. 복지사 B씨는 할아버지가 적절한 의료치료를 받지 못하고 있는 듯해서 걱정이 되어 다음날 할아버지 댁에 방문하기로 약속을 하였다.

사례 11-3

요양원에서 거주하는 77세 할머니 K씨는 숟가락을 수집한다. 식당에 있는 숟가락을 자신의 방에 가져와 서랍에 넣어둔다. 요양보호사들이 와서 숟가락을 다시 가져다 놓으려고 하면 자신의 숟가락을 훔치려고 한다고 하면서 폭언을 퍼붓는다.

만약 누군가가 이러한 문제로 당신에게 도움을 요청한다면, 당신은 어떻게 반응하겠는가? 당신은 어떤 심리적인 이유로 이러한 문제를 지니게 되었다고 생각하겠는가? 당신은 이러한 문제를 해결하기 위해 어떠한 솔루션으로 접근을 하겠는가?

이러한 질문에 대한 당신의 답은 노화와 정신건강에 대한 당신의 생각과 전문적인 지식 정도와 관련이 있다. 다음 장(제12장 노인 심리상담)에서는 다양한 정신건강과 관련한 심리상담 이론과 평가 그리고 중재 방법을 살펴볼 것이다. 그 과정에서 정신건강 상담이론이 평가와 중재를 위한 솔루션이 될 것이며, 노인과 그 가족과의 관계에도 영향을 준다는 것을 알게 될 것이다.

2. 노년의 정상적 정신건강

노년기의 정상적 정신건강의 특성을 알려면 노화와 노화예방 및 치료의 연구인 노인의학에 대한 일반적인 이해에서 시작해야 한다. 이를 바탕으로 노인의 행동이 정상적인 애도 과정의 일부인지 아니면 우울증이나 정서장애와 같은 정신질환인지를 알아야 한다. 그러기 위해서는 먼저 정상적 노화와 비정상적인 노화가 무엇인지를 알아야 한다.

1) 정상적 노화의 개념

발테스와 발테스(1990)는 정상적인 노화와 최적의 노화와 비정상적 노화에 대해 다음과 같이 정의하였다.

> 정상적인 노화는 생물학적 병리나 정신적 병리가 없는 상태를 말한다. 즉, 한 사회에서 명백한 질환을 앓고 있지 않은 대부분의 사람에게서 나타나는 노화 과정을 말한다. 최적의 노화는 이상적인 상태로서 발달을 최적화하고 노인 친화적인 환경 조건에서 나이 드는 것이다. 비정상적인 노화는 알츠하이머성 치매처럼 의학적 원인이 있고 질환의 증상이 있는 것이다.

정상적 노화를 정의하는 또 다른 관점은 명백한 질환의 정의에 근거한 것으로 질환의 유무보다는 질환의 영향에 초점을 둘 수 있다. 노인의 장애 유병률을 고려해 보면, 기능적 장애가 노인 질환의 한 가지 척도가 될 수 있다. 기능적 장애는 노년기에 무엇이 정상이고 무엇이 비정상적인지에 대한 구분에 달려있다. 앞서 사례 2의 79세 할아버지 D씨 사례를 살펴보면 이해가 될 것이다.

> 방문했을 때 할아버지 D씨는 표정이 없고 기력도 없는 매우 야윈 79세의 노인이었다. 사람들과의 왕래도 없고 사회적으로 고립된 듯 보였다. 식사는 챙겨 먹는 듯 보였으나, 근래에는 음식을 잘 먹지도 않고 잠도 잘 자지 못 한다고 하였다.

D씨 할아버지의 기능에 문제가 있는가? 할아버지가 79세임을 고려할 때 할아버지의 행동은 정상적인가? 아니면 비정상적인가? 여기에 대한 답은 장애 정도가 기능적 활동의 범위를 어떻게 정하는가에 달려있다.

예를 들면 4.5kg을 들고 옮길 수 있는가? 신문을 읽을 수 있는가? 상대방의 말을 이해할 수 있는가? 보편적으로 상대방의 발을 들을 수 있는가?와 같은 활동 기준으로 범위를 정할 수 있다. 다른 기능적 범위기준으로는 목욕하기, 실내에서 움직이기, 침대에서 일어나기 등 일상생활활동 기준과 빨래하기, 식사준비, 장보기와 같은 도구적 일상생활활동 중심의 기능적 기준이 있다.

이처럼 기능에 대한 서로 다른 기준은 그것을 수행할 수 있는 능력이 사회적·인지적·신체적 기능을 반영하기 때문에 정확히 구분 짓는 것이 중요하다. 이에 따라 할아버지 D씨의 기능적 기준에서의 정상적인가 비정상적인가의 정상 정도가 결정된다.

2) 비정상적 노화의 개념

앞서 살펴본 정상적 노화는 신체적·기능적 기준에서 살펴보았으나 정신적·심리적 문제는 고려하지 않았다. 발테스와 발테스(1990)에 따르면, 비정상적인 노화는 우울, 불안이나 알츠하이머성 치매처럼 의학적 원인이 있는 정신질환의 증상이 있는 것이다.

> 처음에 할아버지 D씨는 복통을 심각하게 호소하지 않았다. 하지만 친구의 죽음에 대해 언급하자 할아버지는 배를 움켜잡으며 통증을 호소하였다. 이후 누워서 친구에 대한 이야기를 하였다. "죽은 그 친구는 어렸을 적부터 둘도 없는 단짝 친구였어요. 그 친구는 유일하게 쓸모없는 나에게 변함없이 대해준 친구였다. 하지만 나는 그 친구한테 아무런 도움을 주지 못했어요. 항상 산에 같이 가주거나 나의 말동무였어요. 이제는 산에 같이 갈 사람도 없어요."

D씨 할아버지는 정신질환이 있다고 할 수 있는가? D씨 할아버지는 적응적

삶을 살고 있는가? 여기에 해답을 찾기 위해서는 먼저 노인의 정신건강을 어떻게 정의할 것인지를 결정해야 한다. 이에 비정상적 정신건강인 노인성 정신질환에 대한 관점과 차이점을 구체적으로 살펴보고자 한다.

3. 노년의 비정상적 정신건강

1) 비정상적 정신건강의 개념

노년기의 비정상적 정신건강은 비생산적이며 삶의 일상적 스트레스에 대처할 수 있는 능력이 부족하여 삶의 질이 낮은 불안정한 상태라 하겠다. 비정상적 정신건강은 정신질환의 증상 정도에 따라 평가할 수 있다. 노인의 정신질환의 정도는 『정신장애의 진단 및 통계편람: DSM-5』에 제시된 미국정신의학회의 분류체계의 지침을 따른다. 수백 개의 정신질환이 이 편람에 수록되어 있으며 각 질환에 대한 특정한 진단기준도 제시되어 있다.

그림 11-1에 따르면 정신질환의 50%는 14세에 이미 시작되며 75%는 24세, 90%는 42세 이전에 시작된다. 그 결과 정신질환의 대부분은 아동기 이후에 시작되며 아주 소수만이 노년기에 발병한다(Kessler et al., 2005). 이에 따르면 정신질환이 있는 노인들을 심리상담할 때는 언제 증상이 처음 발병했는지를 알아보는 것이 매우 중요하다. 예를 들면, 장기간 우울증을 앓은 노인은 노년기에 처음 우울증이 발병한 노인에 비해 훨씬 더 장기적이고 복합적인 심리치료가 필요하다.

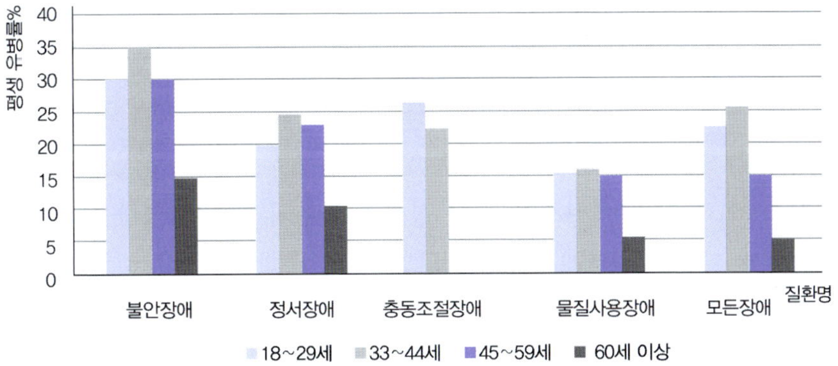

그림 11-1 WHO가 발표한 DSM에 근거한 연령별 평생 유병률(미국공병률조사)

출처: Kessler et al.(2005).

앞서 살펴본 그림 11-1의 정신질환의 유병률에서 알 수 있듯이 연령이 증가하면 정신질환을 경험하는 성인의 수는 감소하며, 노인들은 어느 연령보다 인지 장애를 제외한 모든 정신질환의 빈도는 낮다. 그리고 어느 연령이든 단지 소수의 사람만이 정신질환을 앓는다. 따라서 정신질환은 정상적인 노화과정의 일부가 아니다. 65세 이상 성인의 약 20%가 정신질환의 조건에 부합하는데 경도 인지장애를 고려한다고 해도 정신질환을 앓고 있는 노인은 소수에 불과하다. 결국 비정상적 노화, 즉 정신질환의 구분을 인식하는 것은 매우 중요하다(Daniel L. et al., 2016).

2) 노년기 신체질환과 정신질환의 공병률

D씨 할아버지가 보이는 증상인 무력감, 사회적 소외, 우울감, 신체적 통증은 공병률(정신질환이나 신체적 질환의 두 가지 이상의 결합)의 중요성을 알린다. 미국의 노인 의학자인 코헨(Cohen, 2001)은 노인의 신체적·정신적 상태 상호작용의 이해를 돕기 위해 네 가지 틀을 제시하였다.

첫째, 심인성 스트레스는 신체적 건강문제로 이어질 수 있다. 할아버지 D씨 사례에서는 복통이 친구의 죽음에 대한 심리적 반응일 수 있다.

둘째, 신체적 건강문제는 심리적 장애를 유발할 수 있다. 노년기에는 청력의 쇠퇴로 외부에서 일어나는 소리를 변별할 수 없어 혼란과 착각이 일어날 수 있다.

셋째, 정신적·신체적 건강문제가 공존할 시 서로 상호작용할 수 있다. 치매와 같은 인지적 장애는 정신적 장애와 신체적 장애 간의 상호작용이 더 자주 일어난다. 특히 노인의 인지적 장애와 관련된 진단과 치료가 쉽지 않은 이유가 여기에 있다. 예를 들면, 섬망, 경도 인지장애, 알츠하이머 치매, 혈관성 치매 유형을 구분하는 것은 쉽지만은 않다.

넷째, 사회적 자원은 신체적 또는 정신적 질환의 예후에 영향을 줄 수 있다. 사회적 지지는 스트레스의 감소와 스트레스 대처능력의 증진에 도움을 준다. 치매노인에게도 사회적 지지환경은 개인의 존엄과 삶의 질을 향상시킬 수 있다.

3) 노년기 정신건강 문제의 특수성

전 생애를 볼 때 노년기에 증가하는 성숙함과 함께 여러 가지 심각한 문제들을 인식하는 것이 중요하다. 노년기에 전반적으로 일어나는 일상 생활적 문제로는 만성 신체질환, 사랑하는 사람의 죽음과 상실에 대한 애도, 아픈 가족 부양, 심리적 질환 등이 있다. 임상적으로 불안하거나 우울하거나 일상생활을 관리하지 못한다고 비정상적인 노화는 아니며, 정신질환이 있다는 것을 인식하게 되면 빠른 시일 내에 적절한 치료를 받아야 한다는 것이 무엇보다 중요하다. 이러한 문제들은 상담, 심리치료, 재활 또는 중재를 통해 극복할 수 있다.

제2절 노인 정신질환의 이해

1. 노인 정신질환의 개념

정신질환의 원인, 과정 및 치료를 설명하는 심리학적 접근은 다양한 이론들로 설명이 가능하다. 노년기 정신질환을 효과적으로 이해하기 위해서는 진단과 치료의 복잡성을 최대한 줄이면서 개인의 취약성을 보호 또는 악화시킬 수 있는 다양한 수준의 상호작용에 대한 효과적인 이해가 필요하다. 다음 사례 4의 경우에 우리는 무엇을 고려해야 할 것인가?에 관해 생각을 해봐야 한다.

사례 11-4

어느 날 아래의 편지를 받았다.

저는 올해 78세입니다. 제 아버지 그리고 여자 형제들 모두 노망이 났습니다. 나도 노망의 길로 들어섰다고 생각해서 병원진료를 받았습니다. 약을 평생 먹어야 한다지만 약을 잘 안 먹어서 너무 고통스러운 지경에 이르렀을 때 복용을 하고자 합니다. 현재 제 기억력은 현저히 떨어지고 있으며 종종 고통스러운 정신착란증세도 있습니다. 그리고 자신도 저와 같이 노망에 걸릴 수밖에 없을 것이라는 생각에 암울하게 시간을 보내고 있는 48세 제 딸도 있습니다. 물론 의사 선생님은 약물로 치료가 가능하다고 합니다. 저는 두렵습니다. 조언 부탁드립니다.

이러한 할머니의 걱정은 정상적 노화의 일부인가? 아니면 심각한 정신질환인가? 당신은 어떤 답변을 줄 수 있는가? 이 사례에 대한 임상적 판단을 즉시 내릴 수 있겠는가? 당신은 발달적 역학, 임상적 탐색, 노인의 심리에 대한 정보를 암묵적으로 통합해야 한다. 요즘 듣기 힘든 노망이라는 단어 사용을 어떻게 볼 것인가? 만약 할머니가 심각한 정신질환이 있다고 판단된다면 어떤 중재를 해야 할 것인가? 여기에는 노인 정신건강전문가로서 질환의 원인과 증상에 대한 이해 정도에 달려있다고 하겠다.

2. 노인 정신질환의 원인

가츠 등(Gatz et al., 1996)은 노인이 가진 정신질환의 원인과 증세에 대한 네 가지 요인을 강조하였다(Daniel L. et al., 2016).

첫째, 개인의 취약성 요인으로, 생물학적 취약성과 위험에 영향을 주는 심리적 요인의 산물이다. 둘째, 스트레스로, 사회적·환경적 스트레스를 모두 포함한다. 셋째, 보호 요인으로, 심리적·생물학적·사회적 완충 역할을 한다. 마지막으로 보호요인과 위험요인의 상호작용이 정신질환의 경과에 대한 개인의 민감성에 영향을 준다.

따라서 노인 정신질환을 이해하기 위해서 이러한 다층적인 생태학적 관점은 증상의 명명, 임상적 증상의 정의, 사례 진단, 평가와 치료 전략에 영향을 줄 것이다. 다음은 노인 정신질환의 종류와 그에 따른 원인과 증상에 대해 구체적으로 살펴보고자 한다.

3. 노인 정신질환의 증상과 진단

1) 노화 불안

노화는 시간의 흐름에 따라 유기체의 생물학적, 심리적, 사회적 측면에서 나타나는 정상적인 발달과정상의 점진적 변화로서 주로 퇴행적 발달을 의미한다(권중돈, 2015). 이와 같이 인간은 누구든지 미래에 다가올 노화에 대해 어느 정도 두려움과 불안을 내재하고 있다. 이것을 노화불안이라 한다. 말하자면, 나이가 들어가는 노화 과정에서 예측 가능한 예기불안 상태를 말한다.

래셔와 폴켄더(Lasher, K., & Faulkender, P., 1993)는 노화불안을 가지는 네 가지 요인을 언급하였다. 첫째, 노인에 대한 두려움은 노인과 생활하는 것에 대한 두려움이다. 둘째, 심리적 걱정은 자신이 노인이 되었을 때 경험하게 될 문제들에 대한 걱정이다. 셋째, 신체적 외모에 대한 걱정은 나이가 들어감에 따라 흰머리나 주름이 늘어나거나 하는 등 자신의 용모가 늙어가는 것에 대한 두려움이다. 넷째, 상실의 두려움은 노년기에 상실하게 된다고 생각하는 우정이나 신체적 건강, 결정 능력, 존경, 삶의 의미 등과 관련된 불안을 뜻한다(서은희 외, 2018).

노화불안이 심해지면 불안장애나 우울증으로 이어질 수 있는데, 노화불안을 느끼는 노인일수록 우울증에 빠지지 않기 위해서는 가족이나 주변 지인과 같은 사회적 지지가 중요한 역할을 한다.

2) 신경인지장애

인지는 주의력, 언어, 기억력, 시공간능력, 문제해결력, 의사 결정력, 집행 기능을 포함한다. 그리고 각 인지 영역 내에는 하위 기능들이 있다. 그림 11-2와 같이 인지 위계 조직은 높은 수준에 있는 모든 복잡한 인지 활동의 기초적 역할을 하는 단순한 기능을 반영한다. 다시 말해서, 주의력과 같은 기본적인 과정에 장애가 생기면 모든 위의 단계 기능은 부정적인 영향을 받게 되어 신경인지장애가 발생하게 된다.

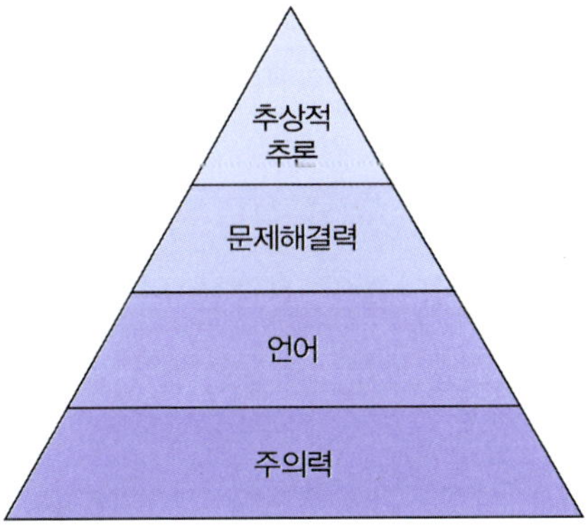

그림 11-2 인지기능의 위계

신경인지장애(neurocognitive disorders: NCDs)는 일상생활 기능을 변화시키는 인지 기능이 손상되었음을 의미한다. 노년기 일반적인 신경인지장애로는 섬망, 치매 그리고 우울증으로 볼 수 있다. 노인 심리상담가라면 신경인지장애의 원인과 결과, 그리고 치료적 접근에 대해서는 알고 있어야 한다.

(1) 섬망

섬망(delirium)은 돌연 나타나는 의식의 혼란으로 진행되고 있거나 기존의 치매로 더 잘 설명되지 않는 인지변화를 동반한다. 섬망은 '급성혼란 상태' 또는 '가역적 치매'라고도 불린다. 주로 노인에게서 많이 발생한다는 점 때문에 섬망을 치매와 헷갈려한다. 치매와 섬망의 가장 뚜렷한 차이점은 '지속성'이다. 표 11-1은 섬망과 치매의 대표적 차이점이다.

표 11-1 섬망과 치매의 차이점

섬망	치매
· 증상이 급격히 발생하며, 원인이 교정되면 수일 이내에 증상이 호전된다. · 하루 동안에도 증상의 기복이 심하다. · 다른 신체질환을 경고해주며, 치사율도 높은 편이다.	· 수개월 걸쳐 천천히 점진적으로 증상이 나타난다. · 증상의 심각성도 비교적 큰 변동 없이 일정한 편이다. · 사망까지 치매 증상 회복이 안 된다.

① 섬망의 원인

섬망의 일반적인 의학적 원인으로는 기력저하에 따른 급성질환, 중추 신경질환, 심혈과 질환, 대사 질환, 탈수 등이다. 노인 입원환자의 30%가 섬망 진단을 받는다고 하는데, 이는 주로 입원과 관련 있지만(예: 수술 감염, 염증, 약 처방의 변화, 심혈관 상태), 기존에 인지 장애가 있는 경우 위험성은 증가한다. 비록 가역적이지만 섬망은 질환과 사망률의 심각한 위험요인이기도 하다(Daniel L. et al., 2016).

② 섬망의 증상

섬망의 증상으로는 첫째, 발현이 갑작스럽고 전형적이지 않은 행동이 나타난다. 예를 들면, 자신이 어디에 있는지, 누구인지, 누구와 함께 있는지를 알지 못한다. 둘째, 사고장애로 인한 비논리적 사고나 피해망상증세가 나타나고 심지어는 폭력적인 언행과 행동을 보이기도 한다. 셋째, 인지장애 외에도 수면-각성 주기의 혼란과 불쾌한 정서(예: 공포, 우울, 분노)가 발생하기도 한다. 넷째, 특히 주의력 장애가 두드러지고 이로 인해 높은 수준의 인지 기능(예: 지남력 저하, 문제해결력)에서 문제가 발생할 가능성이 높다. 다음은 섬망 증상을 보이는 사례이다.

사례 11-5
G씨 할머니의 딸은 한 주 동안 너무 많이 변한 할머니의 모습에 놀랐다. 텅 빈 눈으로 말하는 할머니는 대화에 관심도 없고 간간이 상황에 맞지 않는 말을 하거나 머리도 빗지 않고 옷도 아무렇게나 입고 있다. 근래는 산책도 잘 나가지 않는다.

표 11-2 섬망의 진단적 특징에 따르면, G씨 할머니는 의식적 주의력이 감소가 되었으며 지남력이 떨어지고 증상이 갑작스럽게 발현된 것이다.

표 11-2 섬망의 진단적 특징

A. 의식의 장애(환경에 대한 인식의 명료성 감소)와 초점, 유지, 주의력의 감소가 있다.
B. 인지수준의 변화(기억 결핍, 언어 이해와 발설 장애, 지남력 장애) 또는 치매가 아닌 원인으로 인한 지각적 능력 장애가 있다.
C. 장애가 갑작스럽게 나타나며(몇 시간 또는 며칠) 하루 동안 증세의 변화가 심하다.

출처: DSM-5(APA, 2015).

(2) 치매

치매는 사회적 기능과 직업적 기능을 방해하는 인지적 기능의 비가역적 쇠퇴를 일으키는 뇌 질환군이다(APA, 2015). 치매는 일상 기능을 방해하는 기억장애와 다른 인지 장애를 유발한다. 일반적으로 인지적 감퇴는 점진적으로 일어나며 특별한 변화 지표 없이 퇴화가 일어나며 사망 전까지 지속된다.

71세 이상 노인의 14%, 80~89세 노인의 24%와, 90세 이상 노인의 27%는 치매로 진단할 수 있음을 알리고 있다(Plassman et al., 2007). 연령의 증가는 치매 가능성을 증가시키는데 65세 이후 5년마다 2배씩 늘어난다(Jorm, et al., 1987). 급격한 노화 추세로 치매 유병률은 추후 20~30년간 2배로 증가할 수 있을 것으로 예상된다(Daniel L. et al., 2016).

초기 치매증상으로 오인하는 대표적 증상은 건망증이다. 치매증상이 있는 사람은 자신의 결핍에 대해 어느 정도는 인식하고 있지만 그 수준을 과소평가하며, 원인이 심각한 질환일 수 있다고 생각하지 않는 경향이 있다. 왜냐하면 자신이 심각한 인지장애가 있다는 것을 수용하기는 매우 힘들어하기 때문이다. 그래서 일반적으로 치매증상을 처음 인식하는 사람은 가족이다. 치매의 원인으로는 알츠하이머 치매, 혈관성 치매, 루이체 치매, 전두엽 치매, 파킨슨병 치매, 헌팅턴병 치매, 물질로 유발된 치매가 있다.

표 11-3 **치매와 건망증의 차이점**

치매	건망증
• 사건의 광범위한 부분을 잊는다. • 사건의 발생 자체를 잊는 경우도 있다.	• 사건의 세세한 부분만을 잊는다. • 전체 사건에 대해서는 잘 기억한다.
• 귀띔을 해주어도 기억하지 못한다.	• 귀띔을 해주면 금방 기억을 한다.
• 본인의 기억력 저하를 모르거나 부인하는 경우도 많다.	• 대부분 기억력 감소를 인지하고 메모 등을 이용하여 보완하려고 노력을 한다.

① 치매 원인에 따른 분류

치매의 주된 원인은 신경의 퇴행이지만 그 원인은 50가지나 된다(Daniel L. et al., 2016). 치매는 원인질환의 종류에 따라 동반되는 종류나 출현 시기, 경과 등에서 차이를 보인다. 가장 일반적인 원인은 알츠하이머병으로, 치매의 70%를 차지한다. 혈관성 치매는 17%이며, 나머지 치매는 13%이다(Plassman et al., 2007). 치매 원인에 따라 분류된 특징을 살펴보면 표 11-4와 같다.

표 11-4 **치매 원인에 따라 분류된 특징**

치매 원인	특 징
알츠하이머 치매	• 대표적 퇴행적 질환으로 초기 주로 기억감퇴가 나타나기 시작하여 다양한 인지 기능에서 천천히 점진적으로 퇴화한다. • 인지기능 저하뿐만 아니라 성격변화, 초조행동, 우울증, 망상, 공격적 성향, 수면 장애 등의 정신 행동 증상이 동반되며 말기에 이르면 경직, 보행이상 등의 신경학적 장애, 대소변 실금 욕창 등의 신체적인 합병증까지 나타난다. • 높은 신경학적 세포의 손실과 동시에 높은 밀도의 아밀로이드 그리고

치매 원인	특 징
	신경 노인반(plague)의 증가된 이환율과 뇌의 피질, 편도체, 해마 부위에 세포 내 신경섬유다발을 보인다.
혈관성 치매	· 초기 보행 장애나 운동 마비, 발음이상 등 다양한 신경학적 증상으로 나타난다. · 혈관 폐쇄, 뇌경색, 뇌출혈로 인한 신경 세포의 상실에 의해 나타난다. 치매의 인지적 증상뿐만 아니라 뇌혈관 질환이나 뇌의 국소적 손상에 대한 증상이 나타나야 한다. · 혈관성 치매의 예후는 알츠하이머병과 비슷하여, 다양한 인지 기능에서 천천히 점진적으로 퇴화한다.
그 외 치매	· 파킨슨병, 윌슨병, 전두엽 치매, 헌팅턴병이 해당된다. · 이들의 공통점은 알츠하이머성 치매와는 달리 학습장애, 언어장애, 그리고 동작 장애보다는 기억 회상의 문제가 먼저 나타난다.

② 치매 진단

치매가 일상생활에 미치는 영향은 일상적인 자기 관리에 약간의 영향을 주는 것에서 자기 관리 능력을 완전히 상실하는 것으로 점진적으로 진행된다. 치매 초기에는 도구적 일상생활활동이 힘들어지는데 대개 환자는 이를 감추려 든다. 이후 치매 증상이 진행됨에 따라 가장 기본적인 일상생활활동도 어려워진다.

노인성 치매 진단은 무엇보다도 환자 가족의 보고를 통한 정확한 병력 청취가 중요하다. 그리고 진단 과정에서 인지기능의 변화 정도와 그 시기 등을 확인하는 것은 기본이다.

전문적 치매진단 검사로는 첫째, 신체검사와 신경학적 검사로, 환자의 인지기능에 영향을 줄 수 있는 신체질환 및 뇌신경계 질환의 징후를 검사한다. 둘째, 정신상태 검사로, 인지기능을 평가하고 섬망과 같은 의식장애가 있는지, 우울증이나 환각 등을 동반한 정신행동증상이 있는지를 진단한다. 셋째, 일상생활 기능수준 검사로, 식사하기, 옷 입기, 씻기, 대소변 가리기, 전화하기, 돈 관리 등의 일상생활 동작에 대한 평가를 한다. 넷째, 혈액 검사로, 노인성 치매를 유발하거나 악화요인이 될 수 있는 여러 신체 질환 여부를 파악한다. 그 외 뇌영상 촬영 검사(MRI, CT), 신경심리검사 등의 진단 검사 방법이 있다. 표 11-5는 DSM-5에 의거한 치매의 일반적인 진단의 특징이다.

표 11-5 주요 치매의 일반적인 진단특징

A. 한 가지 또는 그 이상의 인지 영역(실행기능, 언어 능력복합, 주의력, 학습 및 기억력, 지각-운동기능, 사회인지)에 대해 이전의 수행 수준보다 유의한 인지 기능 저하의 증거가 확인되어야 한다. ① 환자 자신, 환자의 상태를 잘 알고 있는 정보 제공자, 또는 임상가가 인지 기능의 유의한 저하가 있음을 염려한다. ② 표준화된 신경심리 검사 결과, 또는 그렇지 못할 경우 수량화할 수 있는 임상가 평정을 통해 인지적 수행에서 실질적인 손상이 확인되어야 한다. B. 인지적 결함이 독립적인 일상적 활동 수행을 방해 한다(즉, 최소한 복잡한 도구적 일상생활 활동에서 도움이 필요한 경우, 가령 물건값 지불, 약물 관리 등에서 도움이 필요한 경우). C. 인지 결함이 섬망의 맥락에 한정해 발생하지 않는다. D. 인지 결함이 다른 정신장애(예: 주요우울장애, 조현병)로 설명되지 않는다.

출처: DSM-5(APA, 2015).

4. 노년기 우울증

1) 노년기 우울증의 원인

우울증은 정서장애의 범주로 분류되며(DSM-5), 기분 변화가 가장 대표적인 특징이다. 우울은 신체적 질환보다는 개인의 심리적·사회적 스트레스가 누적되어 삶의 적응 능력의 균형이 깨어졌을 때 우울 발생 빈도와 우울 정도의 심각성이 급증하게 된다. 특히 노화로 인한 미래의 정신적 악화에 대한 두려움과 미래의 개인손실에 대한 걱정은 불안장애와 우울증으로 이어질 수 있다. 노년기의 우울은 65세 이상 노인 10.073명 중 21.1%가 노인우울증이 있다고 응답을 했을 정도로 가장 빈번하게 발생하는 정서 상태이면서 노년의 삶의 질에 부정적인 영향을 미치는 심리적 장애요인이다. 65세 이상 노인 10.073명 중 우울증으로 진료를 가장 많이 받은 연령대 순서로, 70~74세가 28.4%로 가장 많았으며, 65~69세 26.9%, 75~79세 24.6%, 80~84세 13.7%이다(2017년 보건복지부 노인실태조사).

2) 노년기 우울증 증상

흔히 노년기에는 다양한 신체증상이 늘어나며 기억력과 기력이 감소하면서 수면이나 외부활동도 줄어드는 것으로 생각하기에 노년기 우울증은 내과적 질환으로 여겨지기 쉽고 가족 또는 주변 사람들이 잘 인식하지 못한다. 또한 우울한 성인들이 보이는 증상과는 차이가 있어 우울 성향을 보이는 노인의 세심한 보살핌이 더욱 필요하다.

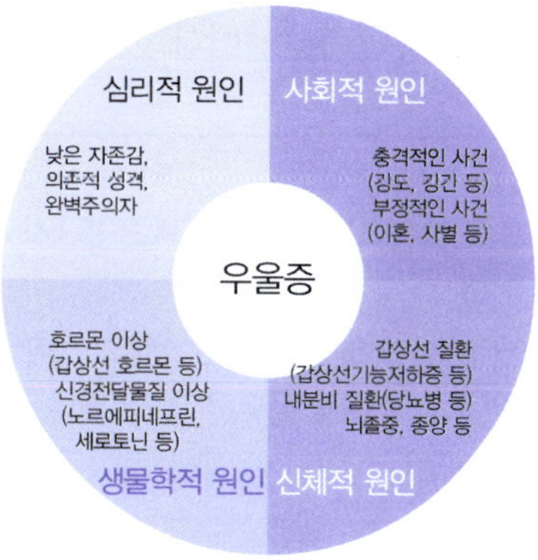

그림 11-3 우울증의 원인

출처: 서울아산병원

노년기의 주요 우울증상은 불안과 함께 동반되며 슬픔이나 죄책감과 같은 정서적 증상보다는 인지 기능과 관련된 집중력과 기억력 저하에 대한 염려와 집행 기능의 결함, 신체 기능과 관련된 피로나 수면 장애, 식욕감퇴, 건강염려증적 신체적 증상의 호소가 두드러지며, 히스테리성 행동, 망상 등 삶에 대한 흥미 상실이 더 빈번하게 일어난다. 심할 경우 자살에 대한 생각이 6배나 증가되어 자살의 위험으로 이어질 수 있다.

사례 11-6

B씨 할머니는 4년 전 남편과 사별을 했다. 산 사람은 살아야 한다고 다짐을 하지만 사는 게 막막하다. 자녀들이 자주 전화하고 방문도 하지만 상실감에서 헤어 나오지 못하고 있다. 새로운 일은 물론 일상 생활사를 다룰 기운조차 없다. 매일 새벽 3시에 눈이 떠지지만 다시 잠들 수 없다. 항상 짜증이 나는 자신을 보면서 다른 사람들도 자신을 가까이하기 싫을 것이라 생각한다. 그림 그리기가 취미였으나 이제 관심도 없다. G씨 할머니는 자신의 기억력이 감퇴하고 있다고 느끼며 어느 것에도 집중하기 힘들다고 걱정을 한다. 종일 TV만 켜 놓고 앉아서 졸고 있다.

B씨 할머니 사례에서 우리는 무엇을 알 수 있겠는가? 할머니의 행동과 증상이 어떻게 이해되는가?에 관해 고민을 해보자. B씨 할머니는 우울증 증상인 불면증, 피로, 짜증, 사회적 철회, 주의집중력 저하, 일상생활의 많은 부분에서 흥미 상실을 보여주고 있으나 특별히 불쾌하거나 슬프거나 과하게 울지 않기 때문에 주변 사람들은 할머니가 심각하게 우울하지 않다고 생각할 수

있다. 심지어는 노년기에 겪을 수 있는 정상적 변화과정이라고 생각한다. 하지만 임상적 진단으로 B씨 할머니는 주요우울장애(major depressive disorder: MDD)로 판단될 것이다.

사례 11-7
H씨 할머니는 3개월 전부터 평소와는 다른 징후를 보이고 있다. 표정이 자주 멍해지고, 조금 전 들었던 말도 잘 기억하지 못하고, 옷을 입을 때도 뒤집어 있거나 단추를 엇갈려 채우는 일이 많아졌다. 게다가 3일 전에는 집 재산이 다 거덜 났다며 자신이 거지가 되었다는 등의 엉뚱한 말을 했다. 하지만 실제로 경제적으로 궁핍한 상태는 아니었다. 가족들은 할머니가 치매가 아닌가 걱정스러웠다.

위의 사례에서 드러나는 H씨 할머니의 증상으로 기억력 저하, 일상생활 기능력 저하, 비현실적인 망상까지 보이니, 누가 봐도 치매증상으로 볼 것이다. 하지만 H씨 할머니의 임상적 진단은 주요우울장애로 판단된다. 이것은 H씨 할머니의 심리 상담 과정에서 드러난 할머니의 심리내적 역동을 살펴보면 이해가 될 것이다. H씨 할머니는 평소 활달한 성격으로 이웃과도 잘 지냈으며, 3개월 전까지만 해도 큰딸 부부살림을 도맡아 할 정도로 건강했다. 특히 큰 손주를 애지중지 키웠으며 손주는 대학에 가서도 할머니를 끔찍이 챙기고 잘 따랐다. 갑자기 손주가 군 입대 후로 할머니는 한숨을 쉬고 눈물을 흘리는 날이 많아졌다. 결국 치매에 걸린 것처럼 보였던 할머니는 애착관계가 깊었던 손주와의 이별에서 오는 상실감으로 인한 우울증에 걸린 것이다.

노년기 우울증은 조기에 치료할 경우 회복률이 80%나 되는 높은 경과율을 보이는 질환으로, 조기에 정확한 진단과 평가가 이뤄져야 한다. 치료에는 정신치료와 약물치료, 전기경련요법 등이 있다. 특히 심리치료는 인지 기능 손상이 없거나 지적능력이 높은 환자들에게는 효과적이다. 심리 치료적 접근에는 정신역동치료, 인지행동치료, 실존치료 등이 있다. 또한 약물병행치료는 치료적 효과를 증진시키고 재발을 감소하는 데 도움을 줄 수 있다. 그러나 무엇보다도 중요한 것은 우울증을 극복하기 위해서는 다른 사람들과의 관계증진과 사회적 활동이 필요하다.

표 11-6은 DSM-5에 근거한 주요 우울증의 진단기준이며, 5개 이상이 해당되면 우울증으로 진단된다.

표 11-6 DSM-5에 의한 우울증 진단 기준

DSM-5 기준으로 9개 중 5개 이상 해당되면 우울증으로 본다.
· 2주 이상, 거의 매일 지속되는 우울한 기분
· 일상 대부분의 일에서 관심 및 흥미 감소
· 식욕 감소 또는 증가(한 달에 5% 초과 또는 감소 증상)
· 불면 또는 과다 수면
· 정신 운동 지연 또는 정신 운동 초조
· 피곤 또는 에너지 감소
· 무가치감, 부적절한 죄책감
· 집중력 저하, 우유부단
· 반복적인 자살 생각 위에서 언급된 증상

출처: 서울아산병원 https://www.amc.seoul.kr

3) 우울증과 인지장애

우울증은 인지적 결핍과 인지적 수행의 감소와 관련이 있다. 우울증상이 있는 사람은 자신의 기억력에 대해 걱정한다. 우울증과 관련된 부정적인 사고(예: 나는 아무짝에도 쓸모가 없어졌어)는 인지 기능 외에도 많은 영역에서 부정적 자기평가를 하게 된다. 하지만 인지장애가 우울증에 기인할 경우 우울증을 치료하면 인지기능이 회복이 된다.

우울증상을 보이는 노인은 일상생활로부터 자신의 삶을 철회를 한다. 다음 사례는 노인성 우울증상의 전형적인 사례이다. 할아버지는 자신의 장애를 걱정하면서 평소 즐기던 활동들로부터 철회를 한다.

사례 11 8
C씨 할아버지는 자신의 기억에 대해 끊임없이 걱정한다. 집중력과 기억력이 떨어져 그간 즐기던 신문읽기와 서예 글씨를 중단하였다. 그리고 근래 와서는 자신이 할 수 있는 최소한의 일만 한다. 할아버지의 가족은 알츠하이머병을 의심하면서 걱정하고 있다.

노년기 우울증은 치매 증상과 임상적으로 유사한 부분이 많아서 구별하기가 쉽지만은 않다. 치매환자의 약 30%가 초기 치매와 우울증 진단을 받는다(Teri, 1996). 노인들에게 나타나는 다른 요인들, 예를 들면 인지 기능저하, 수면장애, 불안, 무감동, 사회적 철회 등의 증상이 보여 치매로 진단되기도 한다. 이런 상태를 '가성치매(pseudodementia)'라 한다.

앞서 살펴본 인지장애들은 서로 유사한 증상을 보일 뿐 아니라 질환이 공존할 수 있기에 전문가의 진단이 필요하다. 예를 들면 치매의 수동성이 우울증으로 보일 수 있고, 섬망으로 인한 주의력 문제가 치매로 보일 수 있다. 하지만 노년기 우울증은 치매에 비해 효과적으로 치료될 수 있다고 보기 때문에 치료시기를 놓쳐 자살과 같은 심각한 결과를 낳게 되기도 한다. 그렇기에 노인을 부양하고 있는 가족은 조금 더 관심을 가지고 부모님의 행동 패턴이나 얼굴의 표정 등을 자세히 관찰할 필요가 있다. 그리고 평소와 다른 행동이나 증상이 발견된다 싶으면 조기에 전문가와 상담을 진행하는 것이 무엇보다 중요하다.

노년기 우울과 치매와의 대표적 차이점은 인지기능의 회복이다. 다음은 대한신경정신의학회에서 언급한 치매증상과 달리 보이는 노인 우울증상의 구체적인 특징이다.

① 우울한 기분이 매우 두드러진다.
② 일반 치매에 비해 인지 기능 손상이 갑자기 나타난다.
③ 대개 치매 환자들은 기억력 저하를 감추려고 하는데 반면, 우울증 환자들은 기억력저하에 대해 호소를 하기도 한다.
④ 최근 사건에 대해 치매환자들은 기억이 나지 않더라도 비슷하게 맞추려고 하는데 반면 우울증 환자는 '그냥 모르겠다'고 한다.
⑤ 우울증상의 경과에 따라 인지기능도 따라 좋아졌다가 나빠지기도 한다. 그러나 치매는 인지 기능의 저하가 비교적 일정하게 유지된다.
⑥ 우울증에서 회복되면 인지기능도 회복된다.

4) 노인 우울검사

노인 우울을 측정하는 데 활용되는 도구로는 CES-D(Center for Epidemiologic Studies Depression Scale)와 단축형 GDS-K(Korea-Geriatric Depression Scale)가 있다. 이 장에서는 GDS-K를 소개하고자 한다. 총 15문항으로 긴장과 우울정서, 삶에 대한 불만족, 무기력감, 인지적 곤란, 기분저하와 의욕 상실 등의 내용을 포함한다(기백서, 1996).

표 11-7 GDS-K검사(Korea-Geriatric Depression Scale)

지난 1주일 동안의 나의 상태에 해당되는 것에 ✔(* 역채점)		예	아니오
1	당신은 평소 자신의 생활에 만족합니까?		
2	당신은 활동과 흥미가 많이 저하되었습니까?*		
3	당신은 앞날에 대해서 희망적입니까?		
4	당신은 대부분의 시간을 맑은 정신으로 지냅니까?		
5	당신은 대부분의 시간이 행복하다고 느낍니까?		
6	당신은 지금 살아 있다는 것이 아름답다고 생각합니까?		
7	당신은 가끔 낙담하고 우울하다고 느낍니까?*		
8	당신은 지금 자신의 인생이 가치가 없다고 느낍니까?*		
9	당신은 인생이 매우 흥미롭다고 느낍니까?		
10	당신은 활력이 충만하다고 느낍니까?		
11	당신은 자주 사소한 일에 마음의 동요를 느낍니까?*		
12	당신은 자주 울고 싶다고 느낍니까?*		
13	당신은 아침에 일어나는 것이 즐겁습니까?		
14	당신은 결정을 내리는 것이 수월합니까?		
15	당신의 마음은 이전처럼 편안합니까?		
평가	0~4점은 정상상태/ 5~9점은 경증/ 10~11은 경증과 중증의 경계/ 12점 이상은 중증으로 심한 우울상태		

출처: 정미경(2017).

5. 자살

1) 노인 자살의 원인

우리나라 현재 노인 자살률이 OECD 1위, 노인빈곤율이 OECD 평균의 3배로, 그 원인 중 노인의 정서적·경제적 문제가 가장 심각하다. 우리나라는 2020년 기준 노인 인구비율이 15.7%로 고령사회이며, OECD 국가 중 초고령사회의 진입속도가 1위, 2025년경에는 20%를 넘어 초고령사회에 도달할 것으로 예측된다(국가통계포털, 2020).

노년기는 신체적 건강의 악화, 은퇴, 배우자 또는 가까운 지인의 사망으로 인한 상실감과 같은 다양한 성격의 스트레스가 발생하는 시기이다. 특히 노인에게 평균 이상의 스트레스가 장기적으로 야기될 시에는 우울감과 자살생각을 더욱 증가시킬 수 있으며, 노인 자살률은 매우 높기 때문에 심각한 사회문제로 이어지게 된다.

노년기 자살 주요 위험 요인은 우울증, 사회적 고립, 절망감, 약물남용, 배우자와의 사별, 과거 자살 시도, 신체 질환, 가족문제, 재정 문제, 스트레스 사건이다. 자살을 완수하는 대다수의 노인은 다른 질환이 없어 비교적 쉽게 치료가 가능한 첫 우울삽화를 경험한 노인들이 대부분이다. 심지어 자살 완수한 노인들 대다수인 약 75%가 자살하기 한 달 전에 일차 의료진을 만난다는 것이다(Conwell, 1994). 그러하기에 무엇보다도 우울한 노인들의 자살생각과 의도를 반드시 평가해야 한다.

노인이 자살 충동에서 벗어나기 위해서는 무엇보다도 그 원인을 제거해주는 것이 무엇보다 중요하다. 하지만 문제해결을 위한 현실적 상황은 어려운 실정이다. 우리나라 노인이 자살을 생각하는 이유 중 1위는 경제적 어려움이다. 2위는 건강문제이며, 3위는 부부, 자녀와의 갈등, 그 외의 이유로는 외로움, 가까운 사람의 사망, 배우자 가족의 건강문제 순으로 나타났다.

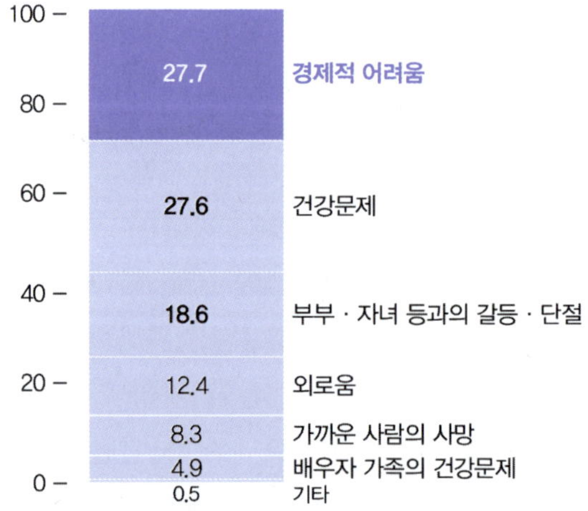

그림 11-4 노인의 자살생각 원인

출처: 한국보건사회연구원 노인실태조사(2018).

2) 노인의 자살 징후에 보이는 특징

노인 자살 징후에 보이는 특징을 세 가지로 구분하면, 첫째는 감정적 표현이고, 둘째는 언어적 표현이고, 셋째는 행동적 표현이다. 다음은 노인 자살 징후의 특징에 대해서 구체적으로 살펴보면 표 11-8과 같다.

표 11-8 노인의 자살 징후에 보이는 특징

특징	하위 부류의 내용
감정적 표현	• 근심과 슬픔이 가득한 표정을 짓는다. • 자주 눈물을 흘린다. • 감정을 잃어버린 듯 멍한 표정을 짓는다.
언어적 표현	• "더 살아서 뭐하나" • "살 만큼 살았다" • "너희들에게 더 이상 부담되기 싫다" • "나는 아무짝에도 쓸모가 없다"
행동적 표현	• 자꾸만 혼자 있으려고 한다. • 옷차림이나 위생에 신경을 등한시한다. • 병에 걸려도 약을 먹지 않는다. • 재산이나 신변을 정리한다. • 소중히 여기던 물건을 나누어 준다. • 약을 구입하여 모은다.

3) 노인 자살 신호에 대한 대처법

노인들은 심리적으로 어려운 상황일수록 겉으로 표현하기보다는 혼자 감내하려는 태도를 보인다. 그렇기 때문에 만약 노인들한테서 우울증상이나 자살 징후가 보인다면 가족이나 주변 사람들은 평소 보다 더욱더 세심한 관찰과 보살핌이 필요하다. 다음은 중앙자살예방센터에서 개발한 자살예방 프로그램을 참고한 것으로, 암묵적 노인 자살 신호에 대한 일곱 가지 대처법을 살펴보고자 한다.

① 자살을 어떻게 생각하는지, 자살에 대해 적극적으로 물어본다.
② 만약 노인의 자살 신호를 감지했다면 자살에 대해 생각하고 있는지 물어본다.

③ 어떤 이유로 죽으려는 마음이 들었는지 귀 기울여 경청하고 그 마음을 공감해주어야 한다.
④ 자살 생각을 좀 더 이해하기 위해서 입장 바꾸어 생각해본다.
⑤ 말의 내용뿐만 아니라 그 말에 담긴 감정에 주의를 기울이며 세심하게 반응한다.
⑥ 옳고 그름을 섣불리 판단하지 않는다.
⑦ 죽고 싶다는 말은 곧 도와달라는 신호이니 놓치지 말고 도와주려는 적극적인 자세를 취한다.

제3절 노인 정신건강과 교육

손덕순 외(2018)에서 노인복지 현장 실무자를 대상으로 노인 정신건강 관련해서 필요한 교육에 대해 조사한 결과 압도적으로 많은 실무자들이 가장 필요하다고 보고 한 교육과정은 노인 정신질환에 대한 이해증진이다.

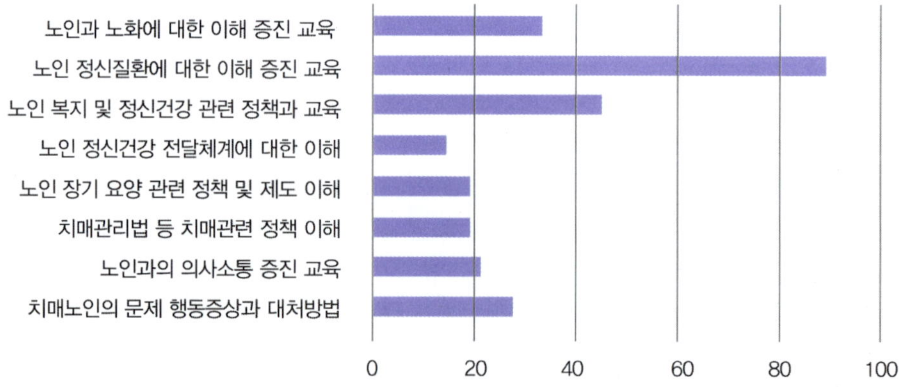

그림 11-5 노인 정신건강 관련 교육의 필요성에 대한 조사

출처: 손덕순 외(2018).

이러한 결과가 말해주듯 노인 대상의 현장 실무자들은 노인의 다양한 정신질환의 이해에 대한 욕구가 크다는 것을 알 수 있다. 하지만 현재로서는 노인 심리상담전문가들의 활약보다는 사회복지사나 요양보호사 교육 수준 정도 차원에서 다양하고 복잡한 노년의 신체적·정신적 건강을 케어하고 있는 실정이라 교육계 차원에서 보다 정신·심리 관련 전문적인 교육시스템이 절실히 요구된다.

연구문제

1. 전 생애 발달단계 중 노년기에서 나타나는 신체적·정신적 특징에 대해서 정확히 인지하고, 정상적 노화와 비정상적 노화에 대한 이해도를 높여 봅시다.

2. 노인의 정신질환에 대해서 주변의 인물들과 연관하여 생각해보고, 가족문제, 사회적 문제와 관련하여 노인정신건강의 문제점에 대해 토론해 봅시다.

3. 소아 우울증, 청소년 우울증, 성인우울증, 노인우울증의 증상에 대해 비교해 보고 공통적 증상과 차별적 증상에 대해 알아봅시다.

4. 현재 우리나라 자살률이 심각한 수준에 머무르고 있는 원인에 대해 생각해 보고, 자살률 감소와 자살문제에 대한 해결 방안에 대해서 발표해 봅시다.

5. 신경인지장애의 대표적 증상인 기억력감퇴와 인지력 저하 증상감소를 위한 기억력 증진법에 대해 생각해보고 일상생활에서 그 방법을 실험해보고 그 결과에 대해 토론해 봅시다.

CHAPTER 12

노인 심리상담

개요

노년기의 신체적 기능의 변화와 여러 가지 상황에서의 상실감은 노인의 활동성을 저하시키고, 노인의 심리와 성격의 변화 등 정신건강에 영향을 미친다. 이렇듯 다양한 노인문제가 발생하고 있는 현시점에서 노인의 표출되지 못한 욕구는 정신질환의 원인이 된다.

노인상담은 노년기에 일어난 내담자의 심리적 문제를 해결하는 데 도움을 주어 일상생활을 잘 할 수 있도록 적응력을 높여주며, 만족스러운 노년기를 보내도록 돕는 것을 목적으로 한다. 이 장에서는 노인 심리상담의 의미와 필요성 그리고 목적에 대해 살펴본다. 그리고 대표적 노인 심리상담 이론에 대한 개념을 이해하고, 그에 따른 심리상담 기법과 상담의 실제 과정에 대해 살펴보고자 한다.

학습목표

1. 노인 심리상담의 목적과 필요성에 대해 이해한다.
2. 노인 심리상담 개념에 대해 학습한다.
3. 노인 심리상담 기법에 대해 학습한다.
4. 노인 심리상담 사례를 통해 실제적 상담과정을 이해한다.

주요 용어

노인 심리상담, 정신분석 심리상담, 실존주의 심리상담, 상담기법

제1절 노인 심리상담의 이해

1. 노인 심리상담의 의미

심리상담(心理相談 psychology-counseling)이란 전문적 훈련을 받은 심리상담자와 내면의 어려운 문제를 지닌 내담자 간의 상호작용을 통하여 내담자의 심리적 문제를 해결할 뿐만 아니라 내담자의 자아성장을 돕는 과정이다. 하지만 스트레스를 받거나 고통스러운 문제가 생긴 사람들도 아직은 전문적인 상담을 받아 보라는 권유에 "내가 상담을 받으면 정신적으로 문제 있는 사람으로 취급받지 않을까?", "상담을 받으면서 내가 진짜 이상한 사람으로 확인받으면 어떻게 하지? 등의 생각을 하면서 심리상담받기를 주저한다. 실질적으로 상담을 받고자 하는 사람은 많지만 직접 상담받는 것을 실천하는 사람은 많지 않다. 특히 노인들은 자신이 살아온 과정에서 각자가 경험하고 터득한 방법으로 자신의 문제를 스스로 해결하려 하기에 다른 연령대보다는 심리상담에 회의적이다.

그럼에도 불구하고 심리상담을 받는 내담자는 일상생활 속에서 심리적 갈등이 견디기 어렵기 때문에 상담을 받는다. 자신의 마음을 잘 이해해 주고 고통스러운 문제를 해결해 줄 수 있는 사람을 찾는 것이다. 즉, 가까운 지인도 아닌 그들이 찾는 사람은 상담에 대한 전문적인 능력을 가지고 있으면서도 자신이 이해받을 수 있는 인간적인 면모를 가진 상담자이다.

2. 노인 심리상담의 필요성과 목적

1) 노인 심리상담의 필요성

많은 사람들은 전문적인 심리상담을 받지 않고도 어려운 문제를 해결하면서 삶을 살아간다. 심리상담은 스스로 해결할 수 없는 심리적인 문제로 일상생활에 적응해나가는 데 힘겨운 사람들에게 필요하다. 다음 사례는 심리상담이 필요한 예이다.

사례 12-1
65세 J씨는 언젠가부터 명치끝이 답답해서 늘 소화제를 달고 산다고 한다. "90세 홀시아버지를 모시고 산 지 10여 년 지났는데 시아버지 밥상 차리는 것조차도 싫어졌어요. 요즘 들어서는 두통도 심해지는 것 같고요. 이런 상황을 남편과 자식들에게 얘기해도 이제 들어주지도 않아요. 이러다가 내가 암이라도 걸릴까 봐서 불안도 하구요."

위 사례와 같이 사람들은 심리적인 문제가 신체적 통증으로 나타나는데도 심각하게 생각하지 않거나 다른 방법으로 해결하려 하기 때문에 전문가에게 상담받는 시기를 놓치게 된다. 상담을 통한 문제해결에서 가장 중요한 것은 내담자 스스로가 상담에 대한 필요성을 느끼고 자신이 변화하고자 하는 자발적 동기가 무엇보다 중요하다.

노인 상담은 종래에 가족과 친척, 가까운 지인에 의해 이루어졌던 정서적 지지와 심리적 문제 해결과 예방의 역할을 대행하여 현대 사회에서 소외되어 가는 노인에게 제공할 수 있는 1차적 사회관계망의 역할을 해준다. 그리고 노인상담은 일상생활 속에서 기능적 능력을 증진할 수 있도록 도와 보다 더 자신감 있게 노년기를 보낼 수 있도록 사회적·정서적 지지를 제공해 준다. 나아가서는 내담자인 노인뿐만 아니라 노인을 부양하는 가족구성원으로 하여금 노인에 대한 이해를 돕고 더불어 잘 지낼 수 있도록 하는 건강한 가족관계 증진을 제공한다.

2) 노인 심리상담의 목적

노인 심리상담의 목적은 노인 내담자와 상담자 간의 상호관계에서 상담자가 내담자의 심리내적 문제를 잘 다룰 수 있도록 조력하는 것이다. 상담을 통해 변화해야 하는 것은 무엇일까? 다양한 상황에서 다양한 문제를 안고 있는 내담자의 문제를 해결하기 위해 내담자가 가진 내적·외적자원도 모두 다르기 때문에 내담자의 상황에 따라 상담의 목표는 달라져야 한다.
구체적으로 노인 심리상담의 목표는 다음과 같다.

첫째, 내담자가 상담자에게 호소했던 주 호소 문제를 해결하는 것이다. 둘째, 내담자가 "나는 잘못 살았어", "그렇기 때문에 내 주변에는 아무도 없어" 등의 부정적 자기개념에서 벗어나서 문제를 정확하게 인지하고 문제해결을 위해 자신의 여러 가지 긍정적 자원과 주변인들의 지지적 자원을 효율적으로 활용할 수 있도록 돕는 것이다. 셋째, 상담 중 또는 상담이 종결한 후에도 내담자가 일상생활에서 건강하게 잘 적응할 수 있도록 조력하는 것이다.

3) 노인 심리상담 목표의 구성요인

J씨 사례를 위한 상담목표는 어떻게 세우는 것이 좋을까? 다음은 구체적으로 상담목표를 세우기 위한 구성 요인을 소개하고자 한다.

첫째, 상담목표는 상담자와 내담자 간의 합의하여 세우는 것이 원칙이다. 이것은 상담자와 내담자의 상담 동맹관계를 이루어지게 되어 상담진행이나 상담 효과를 증진시킬 수 있는 요인이 된다.

둘째, 상담목표는 구체적이어야 한다. 목표가 막연하거나 추상적인 목표는 상담 진행성과와 목표 도달에 멀어질 수 있으며, 상담 도중에 상담이 종결될 수 있는 원인을 제공한다.

셋째, 상담목표는 현실 가능해야 한다. 현실 가능한 목표일수록 내담자에게 성취감을 줄 수 있으며 스스로 문제 해결함에 있어 자신감을 북돋을 수 있다.

넷째, 상담목표는 내담자의 주 호소문제나 심리적 문제를 전반적으로 이해할 수 있어야 한다. 이를 위해서 상담자는 내담자의 초기 1, 2회기 상담 과정에서 파악된 내담자 내용과 다양한 심리검사 등을 종합해서 상담자가 바라본 내담자의 이해, 즉 사례개념화를 세워야 한다. 이 사례개념화를 토대로 내담자와 상의하에 상담목표가 정해져야 한다.

이처럼 상담목표를 체계적이고 명료하게 세우는 것은 쉽지만은 않다. 하지만 상담자는 상담목표의 중요성에 대해서 이해하고 있어야 효과적인 상담을 신행할 수 있다.

4) 노인 심리상담자의 자질

노인 심리상담자는 기본적으로 노인에 대한 존경심을 가지고 있어야 하며, 노년기 노인의 신체적·심리적 발달에 대해 이해하고 있어야 한다. 그리고 심리상담자는 내담자의 성장과 발전을 바라는 성숙한 마음을 지녀야 하며 그것을 실천하는 능력과 의지가 필요하다. 최근 들어 심리상담에 대한 관심이 급증하면서 상담이란 용어도 생활 전반에 걸쳐 다양하게 사용되고 있다. 심리적 어려움을 호소하는 내담자를 돕겠다는 의욕만으로 심리상담을 진행할 수는 없다. 이는 마치 환자를 치료하겠다는 의욕만으로 환자의 병을 치료하겠다는 것과 마찬가지이다. 심리상담을 잘 수행하기 위해서는 상담자로서의 인격적 성숙과 자질, 그리고 전문적인 능력을 갖추어야 한다.

(1) 심리상담자의 전문적 자질

먼저 심리상담자는 전문적인 심리학적 지식과 다양한 심리상담 이론을 이해하고 있어야 하며, 그것을 토대로 다양한 사연을 가진 내담자에 능동적으로 사용할 수 있는 능력이 있어야 한다. 상담에 필요한 기술을 효과적으로 적용할 수 있어야 한다. 다양한 정신질환에 관한 지식도 갖추고 있어야 한다. 내담자를 이해하기 위해서는 그들이 경험한 다양한 환경과 문화를 이해할 수 있어야 한다. 상담자로서의 지켜야 할 상담윤리를 잘 알고 이를 준수할 수 있어야 한다.

(2) 상담자의 인간적 자질

상담자가 인격적으로 성숙한 만큼 내담자를 도울 수 있다. 이 말은 상담에 대한 전문적인 지식 습득도 중요하지만은 그보다 인간적인 자질이 매우 중요하다는 의미이다. 상담자가 인격적으로 성숙하지 못하면 내담자의 다양한 문제를 다룸에 있어 유연함과 탄력성이 부족해지기 때문에 상담 결과에 부정적 영향을 미칠 수 있다. 특히 상담 과정에서 일어나는 상담자 역전이는 상담자 자신의 감정 동요가 일어나 내담자를 진정으로 도움을 주지 못하게 할 수도 있다. 따라서 상담자가 이러한 문제를 극복하기 위해서는 자신의 무의식적인 욕구를 잘 파악하고 내적 갈등문제를 해결하는 것이 우선되어야 한다.

제2절 노인 심리상담 이론

1. 정신분석 상담이론

1) 정신분석 심리상담의 주요개념

정신분석(psychoanalysis)은 지그문트 프로이트(Sigmund Freud, 1856~1939)에 의해 창시된 심층심리학의 이론체계이다. 프로이트는 정신장애가 심리적 원인, 즉 무의식의 갈등에 의해서 유발될 수 있으며 인간의 행동 대부분이 무의식에 의해서 결정됨을 제시한 최초의 인물이다. 프로이트는 자기기만과 위선의 장막을 걷어내고 정직하게 인간의 마음을 깊이 직시하고자 했다. 정신분석이론은 인간의 갈등과 문제에 가장 심층적이고 총체적으로 접근하는 심리상담 이론이다.

프로이트는 인간의 의식을 '빙산의 일각'에 비유하였다. 이 말의 의미는 그만큼 우리가 인지하고 있는 의식은 삶의 원동력의 일부라는 것을 강조한다.

2) 마음의 구조

정신분석이론에 따르면 인간 마음의 구조는 의식(conscious), 전의식(preconscious), 무의식(unconscious)단계와 성적인 본능적 추동으로 이루어진 원초아(id), 본능적 충동과 요구를 중재하는 자아(ego), 그리고 사회의 윤리·도덕직 가치관을 반영하는 초자아(superego)로 형성되어 있나. 원초아는 일차적 원리를 따르는 쾌락적 사고영역이며, 자아는 현실원리를 따르는 이차 과정의 사고영역이며, 초자아는 도덕적 명령을 따르는 영역이다.

인간의 심리성적 발달단계는 본능적 충동만을 지닌 상태로 태어난 유아는 부모와 상호작용을 하며 구강기, 항문기, 남근기, 잠복기, 성기기 단계를 거치면서 성격발달을 이룬다.

어린 시절 부모와의 갈등 경험은 무의식 속에 내재화되어 성장 과정 속에서 발생하는 심리적 문제의 근원이 된다. 정신장애는 무의식적 갈등, 즉 원초아, 자아, 초자아 간의 갈등으로 인한 불균형, 어린 시절에 겪은 부모와의 갈등 그리고 이러한 갈등으로 발생하는 불안을 통제하기 위해 작동하는 미숙한 방어기제에 의해서 유발된다. 그림 12-1은 인간의 마음구조와 정신장애가 발생하는 원리를 도식화한 것이다.

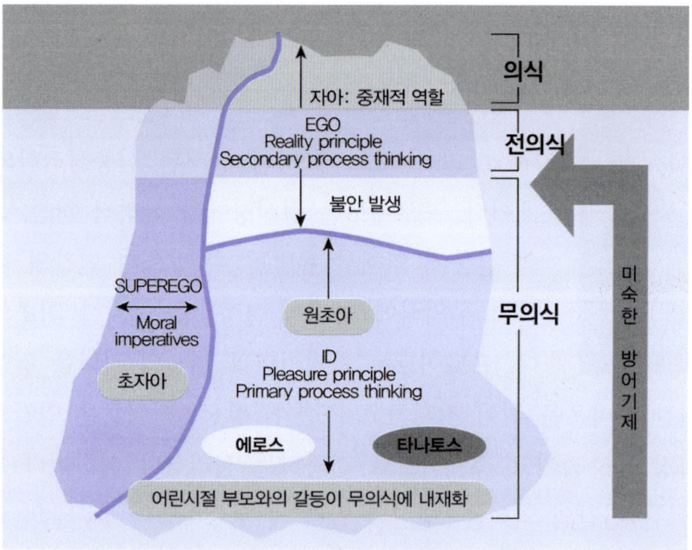

그림 12-1 **인간의 마음구조와 정신장애 발생 도식**

3) 심리성적 발달단계

프로이트는 유아 성욕을 주장하면서 어린아이가 쾌락을 추구하는 신체부위는 나이에 따라 변하며 이러한 욕구충족 경험이 성격형성에 중요하다고 보았다. 즉 어머니를 비롯한 양육자와의 상호작용에서 유아는 입, 항문, 성기를 통해 쾌락을 추구하는데 이 과정에서 아이가 겪게 되는 욕구의 만족과 좌절 경험이 성격 형성에 중요하게 영향을 미친다는 것이다. 특히 심리성적 발달 과정에서 과도한 만족이나 좌절은 유아의 성격형성에 부정적인 영향을 미쳐서 성인기의 심리적 장애를 유발하는 원인이 될 수 있다. 표 12-1은 심리성적 발달단계에 따른 특성을 설명한 것이다.

표 12-1 심리성적 발달단계에 따른 특성

발달단계	특성
구강기 oral stage (0~1세)	· 입의 활동에서 쾌락을 추구하는 시기 · 심리 성적에너지가 입, 입술, 혀 등에 집중하는 시기
항문기 anal stage (18개월~3세)	· 대소변 배설하는 행위를 통해 쾌락을 충족하는 시기 · 대소변 훈련을 시기는 부모의 태도, 반응, 감정에 따라 성격 형성에 지대한 영향을 끼침 · 항문기 경험을 통하여 자기조절, 독립심, 자율성, 자존심이 형성 · 강박적 성격 또는 반항적 성격
남근기 phallic stage (3~6세)	· 심리성적 에너지가 성기의 특정 부분으로 이동 · 성 주체성을 확립하기 위한 기초가 되는 시기 · 오이디푸스 콤플렉스가 형성되는 시기 · 거세불안
잠복기 latent phase (6, 7~12세)	· 성적 관심이 거의 없는 것처럼 보이는 시기 · 동성의 부모를 동일시하여 남성다움과 여성다움을 형성 · 교육을 받으면서 자아가 자라는 시기 · 이 시기에는 공격 충동이나 파괴적 충동을 스스로 조절하는 내적 조절 능력이 형성
성기기 genital stage (사춘기 이후)	· 2차적인 성 특징들이 발달되면서 이성에 관한 관심과 성적인 충동이 다시 증가되는 시기 · 급변하는 신체적인 변화로 성욕과 공격성의 증가로 인한 정서적 불안정에서 안정적으로 적응하는 시기 · 의존과 독립의 갈등 사이에서 부모에 이유 없는 반항이 나타나는 시기 · 자아 주체성이 확립되는 시기

4) 방어기제

자아는 원초아와 초자아 사이를 중재하는 성격의 중심구조로 이들과의 균형을 잘 유지해야 하는 책임을 지고 있다. 하지만 자아의 기능이 약해지거나 다른 영역의 힘이 강해지면 자아는 불안을 느끼게 된다. 방어기제(defense reaction)는 불안을 감소하기 위하여 무의식적으로 작동하는 자아의 기능이다. 방어기제로는 프로이트가 언급한 기본적인 방어기제인 억압, 부인, 투사가 있으며, 나머지 방어기제는 그의 막내딸인 안나 프로이트(Anna Freud: 1895-1982)

가 제시한 것이다. 다음은 대표적인 방어기제를 제시한 것이다.

① 억압(repression)은 의식적인 경험을 무의식적인 것으로 전환하는 것으로, 내담자가 수용하기 힘든 원초적 욕구나 불쾌한 경험이 의식에 떠오르지 못하도록 무의식 속에 눌러두는 것이다.

② 투사(projection)는 용납할 수 없는 자신의 감정이나 욕구를 타인의 것으로 돌리는 것이다.

③ 부인(denial)은 자신의 감각이나 사고 또는 감정을 심하게 왜곡하거나 인식하지 못함으로써 고통스러운 현실을 부정하는 것이다.

④ 반동형성(reaction formation)은 받아들이기 어려운 심리상태와 반대되는 행동을 함으로써 불안을 회피하는 것이다.

⑤ 합리화(rationalization)는 빈약한 성과나 실패와 같이 불쾌한 상황을 그럴듯한 이유로 정당화함으로써 불안을 회피하는 것이다.

⑥ 퇴행(regression)은 이전의 발달단계로 되돌아감으로써 현재의 불안을 회피하는 것이다.

이 밖에도 다양한 방어기제인 동일시, 주지화, 승화, 대치, 이타주의, 행동화, 내사 등이 존재한다.

5) 특정한 정신장애의 원인

프로이트에 따르면 히스테리(hysterie), 즉 전환장애(conversion disorder)를 비롯한 다양한 신경증은 자아가 성격의 중심적 역할을 하면서 원초아와 초자아의 강력한 요구에 대처하기 위해 다양한 방어기제를 동원한 결과이다. 반면에, 정신분열과 같이 현실 판단력을 상실한 정신병은 자아의 기능이 와해된 결과로 본다.

(1) 범(汎)불안장애

범불안장애는 이유를 알 수 없는 걱정과 불안이 항상 지속되는 장애로, 성격구조 간의 불균형에 의해서 경험되는 불안이 특정한 대상에 고정되지 않고 다양한 대상에 옮겨 다니는 불안으로 억압된 원초아의 충동이 강해져서 통제 불능의 위협을 경험하는 자아가 느끼는 신경증적 불안을 의미한다.

(2) 강박장애

강박장애는 특정한 생각과 행동을 반복하는 장애로, 주지화, 고립, 반동형성, 대치와 같은 방어기제가 작동하는 것이다. 특히 수용하기 힘든 성적인 욕구나 공격적 충동을 지적인 사고의 형태로 주지화하여 집착하는 동시에 관련된 감정들을 분리하여 고립시킨다.

(3) 우울증

우울증은 상실로 인한 분노를 자신에게 내향화한 것이다. 원망과 분노는 그 표출대상이 사라진 상태에서 자기 자신에게 향해져 자책감, 죄책감, 자기비하, 자해나 자살과 같은 자기 파괴적 행동으로 나타나게 된다.

6) 정신분석 심리상담의 목적

정신분석 심리상담의 목적을 한마디로 요약하면, 무의식을 의식화시키는 것이다. 내담자가 알아차리지 못하는 감정과 동기를 의식화시키는 것이며, 무의식적 갈등을 의식화시켜서 개인의 성격구조를 재구성하는 것이다. 이것을 이루기 위해서는 자아의 힘을 강화시켜서 '건강한 자아'를 형성하는 것이다. 프로이트는 미숙한 자아와 성숙한 자아에 대해 아래와 같이 말하였다.

> '미숙한 자아'는 온 힘을 써서 불안을 잠재우려고 하지만 그리 쉽지 않다. 그래서 신경증의 증세로 불안을 무마하거나 정신병적인 증세로 도피하게 된다. 반면, '건강한 자아'는 이 갈등을 중재하고 현실과 환경을 참작하여 합리적으로 욕구를 충족하고자 노력하면서 현실에 적응하게 된다. 결국 자아가 건강할수록 마음의 여유를 가지고 살아갈 수 있다.

7) 정신분석 심리상담 기법

심리상담 과정에서 상담자는 중립적인 태도를 취하면서 내담자가 무의식적인 자료를 떠올리도록 촉진한다. 그리고 상담자는 내담자가 나타내는 모든 반응에 대해서 고르게 주의를 기울이는 것이 매우 중요하다. 이러한 태도를 유지하면서 내담자가 자신의 무의식을 탐색하면서 그 의미를 깨달을 수 있도록 돕는다.

(1) 자유연상

자유연상(free association)은 내담자가 편안하게 누운 상태에서 아무런 억제나 논리적 판단 없이 마음에 떠오르는 생각을 솔직하게 이야기하는 기법이다. 상담자는 내담자의 이야기에 경청하며 그 내용뿐만 아니라 감정, 목소리, 침묵 등과 같은 다양한 반응에 세심히 관찰한다.

(2) 꿈 분석

프로이트는 꿈은 무의식에 이르게 하는 왕도라고 말했다. 꿈 분석은 내담자의 꿈에 나타난 주제나 내용들을 면밀히 분석함으로써 무의식의 갈등을 알아차리는 것이다. 수면상태에서는 의식적 억제가 약화되기 때문에 억압되었던 무의식적 내용이 의식에 떠오르게 된다는 것이다. 꿈은 내담자가 기억하는 꿈의 내용인 현재몽(manifest dream)과, 그 꿈의 내용의 의미를 잠재몽(latent dream)이라고 하였다. 꿈 분석의 목적은 현재몽을 통해 잠재몽의 의미를 이해하는 것이다.

(3) 전이 분석

전이(transference)는 내담자가 과거에 중요한 타인에게 느꼈던 감정이나 환상을 무의식적으로 치료자에게 나타내는 것이다. 전이분석을 통해서 내담자의 무의식적 갈등과 방어기제가 자각될 수 있다. 따라서 상담자는 상담 과정 중에 내담자가 보이는 전이를 잘 다루어야 한다.

(4) 저항 분석

저항 분석(resistance analysis)은 내담자가 상담과정에서 나타내는 비협조적이고 저항적인 행동의 의미를 분석하는 것이다. 상담자는 내담자가 보이는 저항행동(예: 상담을 무단으로 결석, 상담시간을 지키지 않는 것, 자유연상이 잘되지 않는 것 등)의 분석을 통해서 내담자의 무의식적 의도와 갈등을 살펴볼 수 있으며 내담자에게 저항의 무의식적 의미를 깨닫게 할 수 있다.

(5) 해석

내담자는 상담 과정에서 스스로 자신의 무의식적 갈등에 대한 통찰을 얻게 된다. 모든 내용에 통찰은 일어나기 어렵다. 그렇기 때문에 상담자는 적절한 해석을 해 줄 수 있다. 해석의 효과는 치료자가 제시하는 해석의 정확성보다 내담자의 수준을 고려하여 해석 정도를 조절해야 한다. 성급한 해석은 오히려 상담의 역효과를 나타낼 수 있으므로 유의해야 한다.

(6) 훈습

무의식적 갈등이 어떻게 현실생활에서 나타나고 있으며 그에 대한 깨달음을 어떻게 적응적 행동으로 실천할 수 있는지를 검토하며 변화하는 점진적인 과정을 훈습(working-through)이라 한다. 정신분석의 마지막 단계인 훈습과정에서 내담자는 점차적으로 미숙한 방어와 증상들을 포기하고 새로운 적응적 방식으로 충족시키게 된다.

2. 실존주의 심리상담 이론

1) 실존주의 심리상담의 주요개념

죽음은 인간이 가장 두려워하는 불안의 원천으로, 인간은 죽음이라는 실존적 조건 속에서 살아가는 존재이다. 많은 현대인들이 인생의 의미를 발견하지 못한 채 허무감과 무의미감을 느끼는 '실존적 우울증'에 빠져 있다. 실존주의 심리상담은 내담자의 심리적 문제를 인간의 실존적 조건에 초점을 맞추어 이해하고 치유하는 상담방법이다.

실존주의 심리상담은 실존주의 철학에 뿌리를 둔 심리상담 이론이다. 실존주의는 인간 존재에게 주어진 궁극적인 속성인 실존에 대한 탐구를 기본으로 하며 죽음, 자유, 고독, 무의미와 같은 존재의 궁극적인 문제를 다루는 동시에 이를 직면함으로써 삶을 적극적으로 선택하고 의미를 발견하여 진실한 삶을 살게 하는 실천적 철학이다.

이러한 실존 철학에 기반하고 있는 실존주의 심리상담은 내담자로 하여금 자신의 실존적 조건(죽음, 자유, 고독, 무의미)을 직면하여 인식하고 자신의 삶에 대한 의미와 가치를 발견하면서 실천적 삶을 주체적으로 살도록 돕는다. 반면, 실존주의 심리상담은 명료한 이론체계나 구체적인 치료기법을 중시하지 않으며 일종의 치료적 철학으로서 다양한 입장이 존재한다.

실존주의 심리상담은 정신분석과 행동주의에 대한 반발로 생겨났다. 무의식과 성적인 충동 그리고 과거에 사로잡힌 인간관과 더불어 사회적·문제적 조건에 의해 통제되고 조작되는 인간관에 반대하면서 실존주의 심리상담이 일어났다.

실존적 심리상담은 인간의 주관성과 자유를 중시한다. 실존적 관점에서 바라본 내담자의 심리적 문제는 자신의 실존적 조건을 직면하지 못한 채 회피하거나 무력감을 느끼는 상태와 관련되어 있다고 본다. 실존주의에서 바라본 인간은 죽음, 자유, 고독, 무의미라는 실존적 조건을 용기 있게 직면하고 수용함으로써 자신의 현실적 문제를 자유와 책임의 관점에서 바라볼 수 있는 존재이다. 따라서 실존주의 심리상담에서 내담자는 자신의 소중한 가치와 의미를 창의적으로 추구할 수 있는 존재로 인식하고, 실존주의 심리상담은 인간이 자신이 선택한 자유에 책임을 지면서 진실한 삶을 살 수 있도록 돕는 심리상담 방법이다.

실존주의 심리상담 과정에서 중요한 것은 내담자가 자신의 실존적 상황에 대한 자각을 증진하도록 촉진하는 것이고, 그리고 내담자가 의미 있는 삶을 영위할 수 있도록 자신의 선택을 탐색하려는 의지를 촉진하는 것이다.

2) 실존주의적 인간관

실존주의적 관점에서 바라본 인간관을 요약하면, 첫째, 인간은 자기 인식능력을 지닌 존재이다. 둘째, 인간은 실존적 불안을 지니고 살아가는 존재이다. 셋째, 인간은 선택의 자유와 책임을 지닌 존재이다. 넷째, 개인은 자신만의 주관적 세계 속에서 이해되어야 한다. 마지막으로 인간은 삶의 의미와 목적을 추구하는 존재이다.

3) 네 가지 실존적 조건

(1) 죽음

인간은 언젠가는 죽음을 맞이해야만 하는 존재이다. 그러하기에 죽음은 인간에게 격렬한 실존적 불안을 야기한다. 많은 현대인들은 죽음의 자각을 회피한 채로, 과도하게 돈과 일, 쾌락에 집착하는 것은 죽음에 대한 방어일 수 있다고 본다. 대부분의 정신 병리는 죽음에 대해 적절하게 대처하지 못한 결과라고 본다.

크루거와 한나(Krueger & Hanna, 1997)는 죽음에 대한 공포는 죽음을 회피하는 사람에게는 무력감을 초래하지만, 죽음의 불가피성을 수용하는 사람은 죽음을 회피하려고만 하는 진부한 삶으로부터 해방될 수 있다는 점에서 죽음은 역설적 특성을 지니고 있다고 했다.

이렇듯 실존철학자들은 죽음을 부정적인 것으로 보지 않고 삶에 긍정적 기여를 하며 삶의 의미를 부여하는 인간의 기본조건으로 본다. 영원히 살 수 있다면 우리의 삶은 어떠할 것인가? 유한한 삶이기 때문에 현재의 삶이 소중한 것임을 절감해야 한다.

(2) 자유

어떠한 결과를 초래할지도 모르지만 매 순간 삶을 위한 선택을 하며 한 치 앞을 알 수 없는 것이 인간의 삶이다. 이러한 불확실성은 실존적 불안의 근원이 된다. 자신의 의지로 선택한 것에 대해서는 책임을 져야 한다. 자유와 책임은 동전의 양면과 같다. 비록 인간은 자신의 의지와 상관없이 이 세상에 던져졌지만 인간이 살아가는 방식과 변화되는 모습은 스스로 선택할 수 있다. 이 말의 의미는 인간은 자신의 삶을 이끌어야 할 책임을 스스로 받아들여야 한다는 것이다. 이것을 실존주의 철학자들은 인간은 피투(被投)된 존재에서 기투(起投)된 존재로 살아가는 존재라 했다.

(3) 고독

인간은 각자 실존적으로 혼자이다. 그리고 어떤 관계에서도 소외를 제거할 수 없다. 소외는 인간의 근원적인 고독으로서 대인관계의 고립을 넘어선다.

하지만 인간은 관계적 소외에 대한 불안을 피하기 위해 사랑을 한다. 사랑을 통해 고통을 경감함으로써 다른 사람과 소외를 공유할 수 있다. 진정한 고독한 자만이 참된 관계를 맺게 된다. 인간 존재의 고립된 상황을 인식하고 그것에 단호하게 직면하는 사람은 비소유적 사랑으로 타인과 관계를 맺을 수 있다.

인간관계와 관련된 정신 병리는 실존적 소외에 대한 두려움에 그 뿌리를 둔다. 부적응적인 대인관계는 고독과 소외에 대한 방어이거나 타인과 진정한 관계를 맺기보다 상대방을 이용하려는 관계패턴을 보인다. 실존적 소외에 직면하지 못하고 두려움에 압도되면 타인을 고독에 대한 방패로 사용하여 지배적이거나 소유적인 관계에 집착할 수 있다.

(4) 무의미

무의미성은 실존적 불안과 우울의 근원이다. 무의미한 세계에서 의미를 발견하는 것은 인간의 중요한 과제이다. 의미는 세계에 그냥 존재하는 것이 아니라 인간이 부여하고 발견하며 창조하는 것이다. 이러한 의미는 최선을 다해 일하고 사랑하며 창조할 때 생겨나는 부산물이다. 따라서 의미는 추구하는 것이 아니라 발생하는 것이다. 빅터 프랭클(Viktor Frankl, 1905~1997)은 삶에서 의미의 부재는 실존적 스트레스의 가장 큰 원인으로 보았으며, 그는 내담자의 삶의 의미를 발견하는 것을 목표를 둔 의미치료를 개발했다.

4) 특정한 정신장애의 원인

실존치료자에 따르면, 대부분의 정신 병리는 인간에게 주어진 실존적 조건을 직면하면서 느끼는 실존적 불안에 대한 방어기제에 기인한다. 실존적 불안에 대한 방어(예: 억압, 회피, 부인 등)가 지나치면 신경증적 적응상태로 빠져들어 자발적이고 창의적으로 사는 능력이 위축된다. 불안과 우울은 인간의 실존에 대한 가장 대표적인 두 가지 정서 반응이다.

(1) 불안장애

실존적 문제에 직면하며 해결책을 추구하는 실존적 투쟁과정의 산물이다.

인간 실존의 불안정성이 일상생활 전반에 스며들게 될 때 다양한 걱정과 우려로 나타날 수 있다. 공황장애 역시 죽음이라는 실존적 주제와 밀접하게 관련되어 있다.

(2) 우울증

자기 존재의 무의미함과 무가치함에 대한 자각은 우울증상으로 나타난다. 특히 자신의 실존적 조건에 직면하면서 겪는 좌절감을 실존적 우울증이라고 한다. 허무감, 절망감, 자기 무가치함, 의욕상실, 도덕적 의식 상실은 실존적 우울증의 특징이다. 무의미감이 극단적인 경우에는 자살로 이어질 수 있다. 실존 심리치료사 부겐탈(Bugental, 1987)은 우울증은 무언가를 소망하는 것이 차단된 상태에서 열심히 해볼 가치가 있는 것이 없다고 느끼는 낙담상태라 했다.

(3) 일중독

실존적 불안을 회피하려는 방어적 노력은 일중독(the workaholic)으로 나타날 수 있다. 대다수의 현대인들은 많은 시간 동안 과도하게 일하며 살아갈 뿐만 아니라 일을 하지 않으면 불안을 느낀다. 일에 몰두하는 것은 자신이 진정 원해서가 아니라 해야 한다는 의무감과 압박감 때문이다. 특히 현대사회는 물질주의적 가치와 성취를 통해서 실존적 불안의 부정과 회피를 조장하고 있다고 볼 수 있다. 일중독자의 특징 중 하나는 자신이 앞으로 진보하며 상승하고 있다는 확고한 신념이다.

(4) 자기애적 성격장애

자신의 특별함에 대한 신념을 통해 죽음 불안에 대처하는 사람은 대인관계 문제가 나타날 수 있다. 이러한 사람이 자신은 어떤 것에 의해서도 손상되거나 폄하되어서는 안 된다는 신념과 더불어 타인의 중요성과 권리를 무시하는 경향성을 지니게 되면 자기애적 성격장애로 발달할 수 있다.

(5) 강박장애

근본적인 실존적 불안을 회피하기 위해서 사소한 생각과 행위에 반복적으로 매달리는 방어의 결과로 본다.

5) 실존주의 심리상담 목표와 상담원리

(1) 심리상담 목표

실존주의적 심리상담의 핵심목표는 삶의 의미를 발견하는 것이다. 내담자로 하여금 자신의 실존적 조건에 대한 인식을 증가시킴으로써 삶을 주체적으로 선택하고 책임지는 진실한 인간이 되도록 돕는 것이다. 내담자로 하여금 자신이 세상에 존재하는 방식을 스스로 발견하도록 촉진하고 과거에는 전혀 인지하지 못한 관점에서 문제의 해결방법을 발견하도록 돕는다.

(2) 심리상담 원리

실존적 심리상담 목표를 이루기 위한 상담 원리는 다음과 같다.

첫째, 내담자가 죽음이라는 실존적 상황에 직면하도록 한다. 둘째, 내담자가 자신의 삶에 대한 자유와 책임을 자각하도록 촉진한다. 셋째, 심리상담자는 내담자로 하여금 실존적 고독을 직면하게 하면서 자신의 인간관계 방식을 점검하도록 한다. 넷째, 심리상담자는 내담자로 하여금 삶의 의미를 발견하도록 하고 창조하도록 돕는다.

(3) 실존주의 심리상담 과정에서 내담자의 깨달음

① 과거의 선택과 결정에 의해서 스스로 자신을 여러 방식으로 얽매어 두고 있었다.
② 타인의 기준과 판단에 따라 자신의 정체감을 구성했다.
③ 과거로부터 배울 수 있으며 이러한 배움을 통해 미래를 재구성할 수 있다.
④ 자신의 삶에 대한 선택을 할 때 불안을 회피하기 위해서 타인에게 의존적 삶을 살아왔다.
⑤ 죽음에 너무 집착하여 그동안 인생을 충분히 즐기지 못했다.

6) 심리상담 기법

실존주의 심리상담은 실존철학을 토대로 진행하는 상담이론이라 구체적이고 체계적인 기법을 제시하지 않는다. 하지만 내담자로 하여금 자기이해 증진과 실존적 조건에 직면하도록 돕는 상담 기법에 대해 소개하고자 한다.

① 한계상황으로서의 죽음을 직면시키기
② 책임을 수용하고 수용하기
③ 자신의 소망을 자각하고 선택하기
④ 삶의 의미 발견하기
⑤ 자유 경험하기
⑥ 꿈 작업하기

7) 실존주의 심리상담의 실제

(1) 심리상담 진행 과정

실존주의 심리상담자들은 다른 심리상담자들에 비해 정신과 약물의 사용에 대해 엄격한 입장을 보이는데, 이들은 내담자가 한시적 고통에도 약물을 복용하기보다는 그 순간을 진실하게 경험하기를 권장한다.

표 12-2 **실존주의 심리상담 진행 과정**

단 계	진행 내용
초기	• 내담자의 문제를 탐색하고 관계형성을 위해 노력한다. • 내담자의 실존적 태도를 담색하며 명료화한다.
중기	• 내담자가 처한 상황에 따라 실존적 조건에 직면하도록 격려한다. • 자기 인식이 증가하면서 새로운 관점에서 자신의 삶과 문제에 대해 살펴보게 한다. • 진정한 소망과 삶의 의미를 발견하도록 촉진한다.
종결	• 내담자 스스로 자신의 삶을 헤쳐 나갈 수 있는 자신감을 얻게 되면 종결단계를 준비한다. • 상담과정에서 다루어진 내용들을 되돌아보며 정리한다. • 실존적 관점에서 이별에 대해 다룬다.

(2) 심리상담자의 역할

인간은 자기 인식능력이 있기 때문에 자신의 삶에 대해서 반성하고 선택할 수 있다. 심리상담자는 이러한 능력이 내담자에게 있음을 믿고 내담자의 현실생활에 관심을 가진다. 다음과 같은 실존치료의 기본 조건을 실천한다.

첫째, 내담자가 죽음이라는 실존적 상황에 직면하도록 격려한다. 둘째, 내담자가 자신의 삶에 대한 자유와 책임을 자각하도록 촉진한다. 셋째, 상담자는 내담자로 하여금 실존적 고독을 직면하게 하여 자신의 인간관계 방식을 점검하도록 돕는다. 마지막으로, 내담자로 하여금 삶의 의미를 발견하고 창조하도록 돕는다. 무엇보다도 내담자로 하여금 책임을 인정할 수 있도록 돕는 것은 치료적 변화에 가장 중요한 상담자의 역할이다.

제3절 노인 심리상담의 실제

1. 노인 심리상담 기법

노인 상담은 내담자의 상황을 가능한 한 명확하게 인식하도록 돕고 내담자 스스로 잠재력과 변화의 의지를 알아차리는 것이다. 이 장에서는 효과적인 노인 상담을 위한 상담 기법에 대해 설명하고자 한다.

1) 꿈 분석

꿈 분석(dream analysis)은 꿈에 나타난 꿈 내용의 상징들을 분석함으로써 무의식의 갈등을 탐색하는 것이다. 프로이트가 "꿈은 무의식에 이른 왕도"라고 말했듯이 꿈 해석은 내담자의 무의식적 활동에 관한 정보를 얻는 주요한 수단이다.

2) 관심 기울이기

상담자가 노인 내담자에 관심을 기울인다는 것은 내담사의 행동과 감정을 민감하게 관찰하는 것이다. 즉, 외모, 얼굴표정, 손짓 등의 비언어적 표현과 어투나 어떤 단어를 반복적으로 쓰는지 등의 언어적 표현에 관심을 기울인다. 이것은 상담자가 내담자를 이해하는 첫 단계이다.

3) 경청하기

노인들은 누군가 자신의 말을 귀 기울여 들어준다는 것만으로도 상담에 적극적으로 동참하게 할 수 있다. 적극적인 경청을 위한 상담자의 태도로는 비언어적 반응이나 언어적 반응을 하는 것이다. 예를 들면 눈 맞추기(eye contact), 고개 끄떡임, 미소 짓기, 예, 으흠, 아, 되묻기, 내용 요약하기 등의 반응으로 상담자가 내담자와 함께 가고 있다는 느낌을 줄 수 있다. 이것은 상담과정에서의 동맹관계를 촉진할 수 있다.

4) 공감하기

공감하기는 노인 내담자가 이야기하는 내용과 감정, 태도, 신념 등을 상담자가 정확하게 이해하고 표현함으로써 내담자로 하여금 자신이 이해받고 있다는 느낌을 준다. 이것은 상담에 필요한 관계 형성에 도움을 주어 내담자가 적극적으로 상담에 참여할 수 있도록 한다. 공감 반영하기에는 "~하게 느끼시는 것 같네요", "~ 때문에 ~를 느끼시는군요", "~해 보이시네요"와 같은 감정반영을 한다.

5) 요약하기

요약하기는 노인 상담에서 자주 활용되는 기법으로 내담자의 길고 반복되는 이야기를 요약해서 반영해주는 것이다. 이 기법은 상담자의 적극적이고 진심 어린 경청의 자세가 필요하다.

6) 칭찬하기

내담자에게 있어 칭찬은 자신의 문제를 스스로 해결하고 능동적 삶을 추구할 수 있는 잠재력을 발견하는 데 도움이 된다. 상담 과정에서 칭찬하기는 노인 내담자가 가지고 있는 긍정적 자원이나 과거의 성공담, 상담과정에서 보이는 자그마한 변화에도 칭찬으로 지지해주는 것이다.

7) 정보 제공하기

내담자의 문제 해결을 위해 필요한 정보가 있다면 적절히 정보를 제공한다. 다만 정보 제공시 유의점은 내담자의 문제 상황과 관련된 정보만을 제공해야 하고 충고식이나 어르신을 가르치려는 어투나 반응은 조심해야 한다.

8) 과거 문제해결 경험 찾기

노인 내담자는 살아온 과정에서 많은 경험을 가지고 있다. 상담 과정에서 다루어지는 문제들 또한 과거에 겪어본 유사한 일들도 있을 것이다. 그렇기에 상담자는 내담자가 과거에 어떤 방법으로 문제들을 해결해 왔는지를 다루고 그 과정에서 현실의 문제에 적용할 수 있는 방법을 스스로 알아차릴 수 있도록 돕는다. "어르신 과거에도 이와 유사한 일이 있으셨나요? 그럼 그때는 어떻게 하셨나요?", "과거 우울할 당시 어떻게 보내셨나요?"

2. 노인 심리상담 과정

내담자가 제시하는 문제의 유형과 심각도에 따라 상담의 접근방법과 상담기간이 달라질 수 있다. 내담자들은 현재 당면한 주 호소문제가 해결되기를 원하지만 상담이 진행되면서 좀 더 깊은 내면의 문제가 드러날 수가 있다(예: 남은 삶의 가치, 삶의 의미, 죽음 불안 등). 그러므로 상담자는 노인 내담자가 가지고 온 표면적이 문제 이면의 본질적인 문제에도 민감하게 파악할 수 있어야 한다. 그림 12-2는 노인 심리상담의 과정을 네 단계로 제시한 것이다.

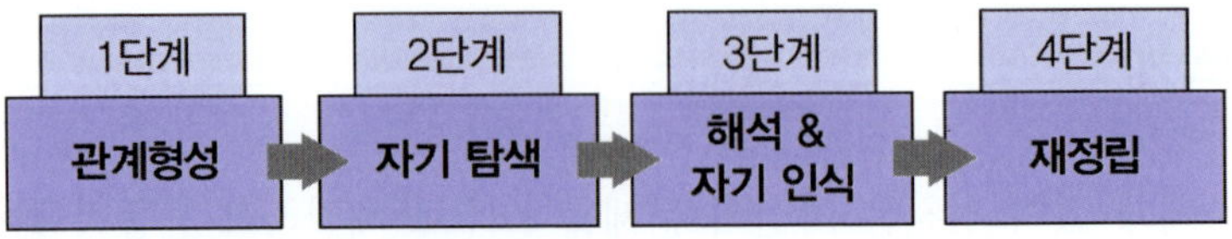

그림 12-2 노인 심리상담 과정의 네 단계

노인 심리상담의 첫 단계는 관계형성 단계로, 상담자는 내담자와 친밀하면서도 동등한 관계를 형성하기 위해 노력한다. 첫 단계에서 형성된 견고한 상담 동맹관계는 상담 효과를 결정하는 데 주요한 요건이 된다. 이를 위해서 상담자는 내담자의 주 호소문제에 초점을 두면서 이야기를 공감적으로 경청하고 그의 주관적 경험을 따라가며 내담자가 추구하는 목표를 명료화시킨다. 이 단계에서 사례개념화를 세운다.

두 번째는 자기탐색 단계로, 내담자를 이해하기 위해 내담자의 다양한 삶의 경험들에 관한 정보를 수집한다. 이때 내담자에 관한 객관적인 정보뿐만 아니라 주관적인 인식도 탐색한다. 이러한 내담자의 이야기를 통한 정보를 통합하여 내담자의 생활양식에 대한 전반적인 이해를 갖게 한다. 여기서 말하는 생활양식(life style)은 아들러(Adler)가 말한 생활양식으로, 인간은 누구나 자신과 타인 그리고 세상에 대해서 지니는 나름대로의 신념체계뿐만 아니라 일상적인 생활을 이끌어나가는 감정과 행동 방식을 가지고 있음을 의미한다.

세 번째는 해석과 자기인식 단계로, 전 단계에서 이루어진 자기 탐색을 통해서 내담자의 자기 이해와 통찰을 촉진하는 단계이다. 이러한 과정을 통해서 내담자는 자신에 대한 이해를 증진시켜 통찰을 하게 된다. 통찰은 자기 이해를 통해서 건설적인 행동의 변화를 유발하는 깨달음이다.

네 번째는 재정립 단계로, 전 단계에서 얻은 통찰을 통한 자기 수용이 이루어지고 변화를 통한 구체적인 행동으로 실천하도록 격려하고 훈습하는 단계이다. 상담자는 내담자로 하여금 인생의 의미나 목표를 수정하거나 재설정하도록 돕고 그러한 목표를 실현하기 위한 효과적인 행동계획을 수립하여 행동에 옮기도록 촉진한다.

3. 상담 사례

다음 사례를 통해 심리상담을 진행하기 위한 상담구조화는 어떤 형식으로 구성되어야 하는지를 소개하였다. 일찍이 남편과 사별하고 1남 1녀 자녀를 홀로 키우면서 열심히 살아온 72세 할머니 사례이다.

사례 12-2
"30여 년 홀로 자식들을 키우면서 넉넉하지 못한 살림에 나는 좋은 거 못 먹고 안 입어도 자식들만큼은 기 안 죽이려고 부단히 애썼어요. 아파도 제대로 병원에 잘 안 가고… 근데 이제 와서 자식들은 나한테 관심도 없고 귀찮아하는 것 같아서 외롭고 허전하고 그러네요. 밥맛도 없고 집에만 있고 싶고 뭘 해도 즐겁지 않고 그러네요. 이렇게 살아서 뭐하나 싶고요."

(1) 내담자 기본정보

① 내담자 가족 사항

배우자: 사망, 아들: 회사원, 며느리: 회사원, 딸: 자영업

② 첫 면접 시 행동관찰

소박하지만 깔끔한 외모에 체격은 왜소한 편이다. 얼굴 표정은 다소 긴장되어 보이지만 가끔씩 입가에 미소를 짓기도 한다. 주로 창문 너머의 허공을 응시하기도 한다. 어투는 다소 빠른 편이나 목소리에는 힘이 다소 빠져 있다.

③ 건강상태

평소 위장장애가 있으며 가끔 편두통이 있다.

④ 경제력

자녀들이 주는 용돈과 작은 과일가게를 운영하고 있다.

⑤ 내담자 자원

- 강점: 상담에 우호적이다. 건강상태는 좋다. 경제력이 있다.
- 약점: 주변의 지지적 자원이 부족하다. 가족관계가 소원하다.

⑥ 심리검사

- 그림검사: 빗속의 사람 그림검사(person in the rain: PITR)는 내담자의 스트레스와 스트레스 대처능력 정도 그리고 우울 정도를 파악하기 위한 투사그

림검사이다.
- 노인우울검사(GDS-K): 11점

(2) 상담 구조화

① 내담자 주 호소문제

"요즘 뭘 해도 재미가 없고, 살아서 뭐하나 해요."
"자식들은 있지만 이러다가 혼자 죽을까 봐 무섭기도 해요."

② 사례개념화

사례개념화(상담자가 바라본 내담자 문제 이해)는 다음과 같다. 일찍이 남편과 사별하고 오랫동안 1남 1녀 자식들을 홀로 키우면서 대학까지 보낼 정도로 갖은 고생을 하면서 살아왔다. 하지만 자식들은 현재 왕래가 뜸할 정도로 가족과의 관계는 소원한 상태이다. 자식들 하나만 바라보면서 살아온 세월에 야속함과 배신감 마저 들고 있다. 평생 일만 하다 보니 주변에 친구도 없고 노인복지관에 다녔던 것도 요즘 들어 잘 가지도 않아 외로움과 쓸쓸함을 호소하고 있는 상태이다. 신체적 질병으로는 위장장애와 편두통이 있는 것으로 보아 심리적 억압, 예를 들면 솔직한 감정 표현 부족, 자기주장 부족 등으로 인한 스트레스가 높은 편이라 하겠다. 심리검사 결과 스트레스와 우울이 높은 편이며, 현재로서는 스트레스 대처능력이 부족한 상태로 판단된다.

③ 상담 목표

- 삶의 의미를 되찾을 수 있도록 한다.
- 남은 인생은 진정한 자신으로 살아가기를 선택하도록 한다.

④ 상담 전략

- 내담자가 편하게 진솔하게 이야기를 할 수 있도록 상담 분위기를 조성한다.
- 내담자의 감정표현능력 증진을 위해 경청과 공감적 반영을 적극적으로 한다.
- 실존주의적 상담접근법을 적용하여 실존적 조건에 직면하도록 한다.

- 일상생활 사건에 대해 구체적으로 활용 가능한 자기표현을 하도록 촉진한다.
- 회상기법을 통해 진취적 삶을 살아왔던 과거력을 회복시켜 현실에 적용하도록 한다.

⑤ 상담 성과

내담자는 상담을 통해 자기 생각과 감정을 언어적으로 표현하는 데 자신감을 가지게 되었으며, 틈틈이 취미시간을 가져 주변인들과의 만남도 자연스러워졌고, 적절한 상황에서 타인에게 도움을 요청할 수 있게 되었다. 그리고 현재의 삶에서 스스로에게 격려하고 앞으로의 삶에도 작지만 희망을 잃지 않으며 살아가겠다는 태도를 가지게 되었다.

연구문제

1. 노인 심리상담자의 자질과 역할에는 어떤 것이 중요한지에 대해 토론한 후 만약 자신이 노인 대상의 심리상담을 한다면 어떤 자질과 역할을 갖추어야 하는지를 생각해 봅시다.

2. 프로이트가 말하는 원초아, 자아, 초자아는 자신의 마음속의 어떤 현상과 기능을 의미하는가에 대해 생각해 보고, 과연 자신의 원초아는 어떤 경우에 어떤 모습으로 나의 행동으로 발현되는가?에 대해 이야기 나누어 봅시다.

3. 자신이 흔히 사용하는 주요 방어기제는 무엇이고, 노인들은 주로 어떤 방어기제들을 사용하는지에 대해 이야기해 보고, 이러한 방어기제로 얻게 되는 유익한 점과 불리한 점은 무엇인지 생각해 봅시다.

4. 실존주의 심리상담에 따르면, 자유로운 만큼 책임을 져야 하며, 책임질 수 있는 만큼 자유로울 수 있습니다. 그렇다면 자신은 자유와 책임 중 어떤 것을 더 우선시하며 살고 있는가에 대해서 토론해 봅시다.

5. 한 번뿐인 인생을 어떻게 사는 것이 최선일까? 소위 성공한 사람들처럼 안정된 출세의 길을 따라가는 것이 잘 사는 것일까? 아니면 불안정하고 불확실한 길이더라도 자신만의 새로운 길을 만들어가는 것이 잘 사는 것일까? 자신의 노년기에는 어떤 삶을 더 가치 있는 것으로 여기며 살고 있을까?에 대해 생각해 봅시다.

CHAPTER 13

노인 문화예술 교육

개요

초고령사회를 앞둔 우리나라는 노년계층의 삶의 질에 대한 우려와 국가적 차원에서 현재 노인 평균수명이 길어짐에 따라 노년기를 어떻게 건강하게 행복하고 가치 있는 삶으로 보낼 것인지에 대한 관심이 매우 높아졌다. 다양한 노인 복지 사업 중 노년계층을 위한 문화예술 활동은 신체적·정신적 건강 증진에 긍정적 영향을 미쳐 실제로 노년의 삶이 보다 더 활기차고 행복해지는 데 있어 매우 중요한 역할을 담당하고 있다. 더불어 노인 정신건강 증진 차원에서도 문화예술 활동과 교육이 보다 더 활성화되어 성공적 노화에 중심이 되어야 한다.

이 장에서는 노인 문화예술 교육의 개념과 목적, 그리고 창의적 노화와 창의적 예술 개념과 역할을 살펴보고, 그리고 국내외 노인 문화예술 교육 프로그램을 소개하고자 한다.

학습목표

1. 노인 문화예술의 의미와 필요성을 학습한다.
2. 창의적 노화의 개념과 특성을 이해한다.
3. 창의적 예술의 개념과 특성을 이해한다.
4. 창의적 노화를 위한 문화예술프로그램을 알아본다.

주요 용어

노인 문화예술 교육, 창의적 노화, 창의적 예술, 노인 문화예술 프로그램

제1절 노년을 위한 문화예술 교육

1. 노년기 문화예술 교육의 이해

1) 문화예술 교육의 개념

(1) 문화예술의 의미

문화(culture)란 인간사회에서 일어나는 다양한 정신 활동을 포괄하는 현상의 흐름이다. 이러한 문화의 현상 속에서 함께 존재하는 것이 예술(art)이다. 예술은 창조(創造, creation)라는 의미가 직접 적용되는 독자적 분야로, 인간의 창조적인 능력에 의해 수행되는 창의적인 상상력과 상징적인 표현을 동반하는 행위이다. 또한 예술은 인간의 심미적 활동이며, 보편적으로는 아름다움을 추구하기도 하면서 아름다움을 창조하기도 한다. 하지만 모든 예술작품이 아름다운 것은 아니며, 또한 아름답지 않아도 얼마든지 예술작품일 수가 있다. 그렇다면 과연 예술이란 무엇이라고 할 수 있을까? 이 질문에는 고대부터 현대이론의 다양한 사상과 미학적 관점으로 바라볼 수 있다.

예술에 대한 정의는 크게 세 관점으로 나누어 볼 수 있는데, 첫째, 플라톤(Platon)이나 아리스토텔레스(Aristoteles)의 관점처럼 본질(idea)의 모방으로 보는 관점, 둘째, 생각과 감정을 적절한 매체를 통해 표현하는 것으로 보는 관점(Croce, 1978; Collingwood, 1938), 셋째, 형식에 초점을 맞추어 인간의 삶과 사회에 대해 감상하는 이들과 소통하는 형식으로 보는 관점이다(최승은, 2021).

또한 부지불식간에 습득된 문화예술적 경험은 일상생활 속에서 비슷한 문제 상황을 만났을 때 탄력적으로 상황 대처능력으로서 절묘하게 활용될 수 있다. 인간이 문화예술적 환경에 노출되거나 실제 예술작품 활동의 경험을 하게 되는 것은 인간의 질적 사고의 증진에 도움이 되며, 나아가서는 창조적 에너지를 발현시키는 데 촉진적 역할을 한다. 그리고 문화예술은 공감과 창조적 행위의 기능으로 사람들을 결합시키고, 감정이나 사상을 전달하는 도구적 목적으로서도 그 중요성이 더 부각되고 있다. 이렇듯 문화예술은 그러한 행위를 통해 인간과 인간들 사이의 관계와 만남에서 서로 교감하고 소통하면서 사회문화 전반에 드러나게 된다. 따라서 문화예술의 경험은 상호교감적 소통의 산물이라 정의할 수 있다(양원영, 2022).

(2) 문화예술 교육의 의미

우리는 문화예술이 삶의 활력이며 인생을 살아가는 동안 어떠한 모습으로든 우리의 삶과 함께할 것이라는 것을 안다. 그렇다면 문화예술적 경험을 무엇으로 정의할 수 있을까? 문화예술적 경험은 인간의 사고나 감정을 타인이 공감할 수 있는 방식을 동원해 의도적으로 표상되며, 이를 통해 소통해 본 적이 있는 심리적·물리적 활동의 총체이다. 여기에는 미술, 무용, 문학, 연극영화, 사진, 디자인, 공예, 건축 활동 등이 있으며 전통적, 응용 및 종합 문화예술 분야에서 직접 주체로서 창작한 경험이나 타인의 창작물을 통해 소통하는 감상 경험으로 개념화된다(최승은, 2021).

문화예술 교육은 문화와 예술을 통해 어떻게 느끼고 무엇을 전달할 것인지 고민하며, 단순한 지식정보의 전달이 아니라 인간에게 내재된 심층적 욕망의 가치실현이라 할 수 있다(이영란, 2017). 또한 문화예술 교육은 지식을 습득하기 위한 교육이 아닌 개인의 정체성을 갖게 하는 것이며 타인과 자신이 하나가 될 수 있는 동질성을 느끼게 하는 것이다. 그리고 문화예술교육은 학습자의 정서적, 감성적 성숙의 과정이 있어야 진정한 의미를 가진다. 따라서 문화예술교육은 학습자의 삶과 연계되는 교육이어야 한다.

문화예술 과정은 교양교육의 중심적 역할을 한다. 교양교육은 교양(教養, culture)이라는 개념과 교육(教育)이라는 개념이 통합된 말로, 교양교육은 교양을 어떻게 이해하느냐에 따라 다양하게 해석될 수 있기에 먼저 우리에게는 '교양'에 대한 분명한 이해가 필요하다. 먼저 교양의 사전적 의미를 살펴보면, 교양을 뜻하는 영어 'culture'의 원뜻은 '경작(耕作)'이고, 독일어의 'bildung'으로 번역되는 'formatio animae'의 원래 의미는 수공업적인 작업에서의 재료의 가공, 즉 '형성(form, build)'이라는 뜻이므로, 교양이라는 단어에는 인간정신을 개발하여 풍부한 것으로 만들고 온전한 인격을 형성해 간다는 뜻이 포함되어 있다(양원영, 2022).

문화예술교육의 의미를 교양교육의 철학적 관점에서 살펴보면 다음의 세 단계로 접근할 수 있다.

① 지적 교육단계: 지적교육은 세계에 관한 합리적·지적 이해이다. 이것은

정보를 수집하고 지식의 토대를 만들기 위해 그 정보를 통합하고, 지혜를 얻기 위해 지식을 응용하거나 고려하는 것이다.

② 도덕교육단계: 도덕교육은 사려, 절제, 인내, 정의, 신덕, 덕망, 애덕, 겸손이라는 가치관의 발달을 목표로 한다. 즉, 도덕교육은 인간의 이해를 넘어서신 것의 탐구에 직접 관련된다.

③ 일반교육 단계: 일반교육은 직업 교육과 대비되지만 직업을 위한 훈련이라기보다는 자신을 위한 도야를 중시한다. 일반 교양교육은 실천적이고 실용적이라기보다는 오히려 개념적이고 윤리적이며 직관이나 사색에 의한 것이다. 결국 진정한 교양교육은 전 생애에 걸쳐서만 달성될 수 있다.

2) 문화예술 교육의 필요성

문화예술 교육의 필요성을 사회문화적 차원에서 살펴보면, 첫째, 시대적 흐름에 따라 지식·문화 사회가 촉구하는 창의적인 인력에 대한 수요가 증가 때문에 문화예술 교육에 관한 인력양성이 필요하다. 그 이유는 창의적인 문제해결 능력을 갖춘 글로벌 인재의 양성을 위한 교육은 인성과 감성능력이 더욱더 요구되는 추세이며, 이러한 역할을 문화예술 교육이 해낼 수 있기 때문이다.

둘째, 급변하고 있는 글로벌한 사회현상에 문화 환경을 적극적으로 대처하기 위해서는 문화예술 교육이 중요한 역할을 담당한다. 예를 들면 호주, 미국, 영국 등 이민족들과의 화합을 위해서 예술교육 참여율을 높인 연구에서 예술교육이 민족적·문화적으로 다양한 나라의 국민 행복도의 증진에 기여했다는 결과가 있다(김소영, 2016). 이는 문화예술 교육이 창의적 인력 양상과 지역사회의 차원에서 반드시 필요함을 의미한다.

3) 문화예술 교육의 목적

문화예술 교육지원법 제3조에 의하면 문화예술 교육은 모든 국민의 문화예술 향유와 창조력 함양을 위한 교육을 지향한다. 즉, 모든 국민은 나이, 성별, 장애, 사회적 신분, 경제적 여건, 신체적 조건, 거주지역 등에 관계 없이 자신의 관심과 적성에 따라 평생에 걸쳐 문화예술을 체계적으로 학습하고 교육받을 수 있는 기회를 균등하게 보장받을 수 있다. 유네스코(2019)는 예술교육에 대한 두 가지 접근 방법으로 문화예술을 통한 학습(learning through the arts and culture)과 문화예술 안에서 학습(learning in the arts and culture)을 제시하였다(엄소라, 2021).

이는 문화예술이라는 장(場 field) 안에서의 교육을 강조하고 있으며, 개개인이 자신을 표현하고 상호적 관계에 주체적으로 참여하는 존재가 될 수 있도록 다양한 표현 방식의 교육적 접근으로 삶의 질이 향상될 수 있음을 의미한다. 다음은 이러한 문화예술 교육의 궁극적 목적을 위한 네 가지 구성요인을 살펴보고자 한다.

첫째, 문화적 창의성의 제고이다. 여기에서 창의성은 인문학적 관점하에 예술의 영역과 연관되는 것으로 규정한다. 이에 문화예술 교육을 통하여 누구나 잠재되어있는 창의성을 계발하게 함으로써 개개인이 만족할 수 있는 삶을 누릴 수 있게 된다.

둘째, 문화적 정체성의 강화이다. 이를 통하여 삶의 질에 대한 인식은 자신이 살고 있는 지역사회에 대한 분명한 정체성으로부터 출발한다. 따라서 문화예술 교육은 문화적 정체성과 동질성의 강화를 통하여 시대적 사회문화를 파악하게 하고 그 속에서 앞으로 지향해야 할 목표를 분명하게 설정할 수 있게 한다.

셋째, 문화적 다양성의 확대이다. 다양한 문화적 가치와 문화예술 활동 및 접근 기회를 확대하는 것은 개인이나 사회의 시야를 확장시키고, 그뿐만 아니라 이를 통해서 서로 다른 가치와 문화에 대한 존중과 타인에 대한 배려, 자신에 대한 성찰을 불러옴으로써 자신의 삶을 새롭게 바라보고 느끼며 그 가치를 확인할 수 있는 기회를 제공한다(김상진, 2018).

넷째, 문화적 해득력의 제고이다. 자신의 생각과 느낌을 효과적으로 전달하고 다른 사람과의 의사소통을 주체적으로 참여하기 위해서는 다양한 표현 수단에 대한 활용 능력뿐만 아니라 사회적 상호작용의 과정이 어떠한 맥락에서 이루어지고 있는지를 분별할 수 있는 능력이 요구된다(김세훈, 2015).

4) 문화예술 교육의 역할

한국문화정책개발원(1994)에 따르면 문화예술 교육은 도시의 황량함에 대응하고, 상실된 의사소통 관계를 회복하여 상실된 감수성을 회복, 비판적인 판단과 기준 교육 및 매체활용 능력강화, 여가생활의 대응, 창의적이고 독립적인 능력개발, 삶의 내용에 대한 의미 부여를 할 수 있는 성찰적 능력의 확대 등을 담당할 수 있는 것으로 규정한다.

이에 따라 문화예술 교육의 역할을 살펴보면, 첫째, 문화예술 교육은 발전적인 인간의 삶을 통해 그들의 시야를 넓혀주며 세련되고 교양 있는 태도와 문화적 능력을 증진할 수 있는 기회를 제공한다.

둘째, 문화예술 교육은 인간의 미적 감수성과 전인적 성장의 기초를 마련하며 치유와 치료를 위한 교육적 역할을 한다.

셋째, 문화예술 교육은 사회 구성원들의 사회성과 공동체로서의 정신을 함양하기 위해, 학생은 물론 성인들도 문화예술 교육을 통해 소속감을 느끼며 서로 간의 공동체를 형성하여 사회통합이라는 순기능의 역할을 부여한다(박영주 외, 2020).

마지막으로 오늘날 글로벌 사회에서 더 강조되는 문화예술 교육의 역할에는 타인을 이해하고 소통하기 위한 문화적 해독력(cultural literacy) 증진의 역할과 문화의 차이에서 오는 사상, 의식, 습관, 생활양식, 가치관 등의 문화적 다양성의 관점에서 바라볼 수 있는 사고·사유 능력 증진이다.

2. 노인 문화예술 교육의 개념

1) 노인 문화예술 교육의 의미

과거 노년층은 삶의 질 향상보다는 경제적 도움과 노후 생활의 환경개선이 중요하였지만, 지금의 노년층은 고학력화의 영향으로 사회활동 참여 욕구, 문화예술 체험 욕구, 정신건강증진 욕구, 다양한 사람들과의 교류 욕구 등이 높아지고 있다. 「문화예술 교육모델 발굴 연구」에 따르면, 노인은 경제활동뿐만 아니라 적극적이고 지속적으로 다양한 문화적 사회활동에 참가함으로써 전 생애에 걸쳐 문화적 권리를 향유할 수 있어야 한다(기영화 외, 2010).

이러한 시대적 변화에 따른 노인의 욕구를 충족시키기 위해서는 사회적 관계망을 통한 소통과 사회적 참여에 영향을 줄 수 있는 문화예술 활동과 교육이 다차원적으로 구축되어야 한다. 이러한 것이 실현되기 위해서는 문화예술

복지에 대한 사회적 관심과 지원이 확대되어야 한다. 이것은 문화적 향유자로서 세대 간의 소통 부족과 한정된 노인 여가 문화생활, 그리고 노인 문화예술에 대한 낮은 참여도라는 문제점을 해결하기 위한 수단으로 문화예술 교육 시행의 중요성을 뜻한다.

노인 문화예술 교육지원 사업을 바탕으로 이루어진 노인 문화예술 교육 효과분석 연구(2012)에 따르면 참여자는 비참여자보다 즐거움과 도전정신이 높고 건강한 삶에 대한 긍정적 사고를 하며 스트레스가 적어지고 자존감이 높아졌다는 결과를 보고하였다(한국문화예술교육진흥원, 2017).

이렇듯 노인 문화예술 교육은 노인들에게 적극적인 사회 참여를 촉진하고 소속감을 주며 창의적인 활동을 통해 노년의 풍요로운 삶을 향유하게 한다. 이 과정에서 길러지는 창의성(creativity)은 노인계층에게 다양한 사고와 지적 능력의 계발과 자기성찰에도 도움을 준다. 따라서 노인 문화예술 교육은 노년의 행복 추구와 복지향상에 도움을 줄 수 있는 필수적 교육과정임을 부인할 수 없다.

2) 노인 문화예술 교육의 역할

미래의 노인 문화예술 교육은 단순히 여가 시간을 보내기 위한 교육에서 벗어나서 노년기 삶의 의미를 재발견할 수 있는 학습의 과정이 되어야 한다. 이에 따른 노인 문화예술 교육의 역할은 노인들의 사회참여 기회를 확대하는 데 효과적인 수단이 되며, 신체적·정신적 영역에 이르기까지 다방면으로 긍정적인 영향을 미친다. 노인 문화예술 교육은 예술 활동을 통해 감정적 정화를 가능하게 함으로써 고통, 분노, 소외와 같은 부정적인 감정을 믿음, 존중, 책임감 등으로 전환함에 도움을 주고, 광범위한 노인들에게 문화 향유의 기회를 제공함으로써 문화적 양극화를 해소시켜주며, 나아가 문화예술 교육을 통한 공동체 의식 형성에 기여한다(기영화 외, 2010).

다음은 노인 문화예술 교육과정이 담당하는 역할을 제시하였다.

① 문화예술 교육을 통하여 새로운 정보와 지식에 대한 관심과 흥미를 유발시킬 수 있다.

② 문화예술 교육은 신체기능을 강화시킬 뿐만 아니라 정서적 안정을 도모할 수 있다.

③ 사회적 관계를 형성하는 데 도움을 주는 등 자신들만의 문화를 형성할 수 있는 계기를 제공한다.
④ 창작 능력과 상상력을 제공하여 삶의 원동력을 증진시킨다.
⑤ 노인 문화예술 교육은 문화 복지라는 개념을 넘어 '치유'의 개념으로 확대될 수 있다.
⑥ 노인 계층의 육체적 쇠퇴에 따른 인지능력에 도움을 주며 지속적인 지적발달과 감수성 자극을 통한 사회적 활동 연장에 많은 도움을 준다.
⑦ 자율성, 창의성, 자아존중감 등 주변 환경에 대한 개방적인 사고능력에 도움을 주며, 자기 통제와 소외감 극복에도 영향을 준다.
⑧ 급변하고 있는 사회 환경에 능동적인 판단을 할 뿐만 아니라 인지적 능력 향상에도 도움을 준다.

이에 따른 노인 문화예술 교육의 지향성은 노인들의 생산적인 삶의 질을 추구하는 도구적인 수단이 아니라 노인들의 일상생활 속에서 생애사적 성찰과 사회적 지지 그리고 생산적인 활동을 촉진할 수 있는 변화의 장을 마련하는 것이다(박응희, 2016).

제2절 창의적 노화와 창조적 문화예술 교육

1. 창의적 노화의 이해

1) 창의적 노화의 배경

앞으로 다가올 노년 세대는 경제발전, 건강의 향상과 높은 교육 수준을 지닌 노인들이 유입되기 시작하면서 노인집단 성격은 다양화되고 있다. 또한 과거 수동적이고 의존적인 성향의 노인들과는 달리 현재 노인들은 부정적 정서 경험을 되도록 피하고 충분한 정적 자극을 받을 수 있는 사회적 상황을 선택함으로써 자신의 주관적 안녕감을 유지하려는 능동적이고 적극적인 노력을 기울인다(유경, 민경환, 2005). 즉 과거 노인에 대한 인식은 노년기의 다양한 노화현상으로 새로운 가치를 창출할 수 없는 의존적인 성향이었다면 이제 노년기의 삶도 독립적이며 생산적인 가치를 누릴 수 있다(손희영, 2017)는 인식이 새롭게 대두되었다.

이와 같이 변화되어 가는 노년기의 사회적 변화를 이전의 노인 관련 사회문제 관점에 초점을 두는 것에서 벗어나서 인문학적 관점의 인간 존재(being)적 탐구의 측면에서 개인과 사회가 함께 나이 들어갈 수 있는 방법을 고민하는 것이 동시대의 과제이다. 즉 21세기 노화와 관련한 담론은 '안티 에이징'(anti aging)이 아닌 '어떻게 나이들 것인가?'로 시작하여 웰빙(well-being), 웰다잉(well-dying), 성공적 노화(successful-aging) 등의 이슈가 제기되었다. 이와 같은 현 상황에서 노인의 존재(being)와 진실(true)의 의미를 탐구하고 실현하는 일은 더욱 필요한 시대가 되었다.

또한 최근 노인 연구에서는 노년의 잠재력에 대한 관심이 증가되면서 노인의 경험과 지혜의 사회적인 가치가 인정되고 있고(Irving, 2014), 창의적 노화담론과 함께 노년의 창의성이 화두에 오르고 있다. 노인학의 주장에 따르면, 나이가 들면 기억력이 감퇴하지만 그렇다고 사유 능력까지 퇴보하는 것은 절대 아니며, 전체 맥락을 읽어내는 추상적 사유 능력과 개념적 사유능력은 오히려 커진다는 것이다(김정운, 2014). 이것이 미래의 노년기에서 중요하게 다루어져야 하는 존재적 관점이다.

2) 창의적 노화의 의미

지금까지 고령화사회 이후의 노인 개념의 전향을 살펴본 바, 노인을 바라보는 시대적 요구에 부합할 수 있는 관점이 바로 창의적 노화이다. 창의적 노화(creative aging)는 노년의 다양한 창조적인 활동을 통해 현존하는 삶 속에서 자신의 존재감을 적극적으로 표현하면서 더욱 능동적인 삶을 살 수 있도록 촉진하는 개념이다. 창의적 노화는 노인 또는 시니어 층이 다양한 예술 활동을 단순히 향유하는 것에서 그치는 것이 아니라, 예술 창작 활동 참여를 통해 신체적, 정신적, 사회적 나아가 경제적 영역을 아우르는 통합적 관점에서 노인의 건강하고 의미 있는 삶을 만드는 것을 목적으로 한다.

창의적 노화 개념의 공식적 논의는 1961년 미국의 백악관 회의에서 시작되었다. 창의적 노화는 노인의 창의적 능력에 대한 믿음과 창의적인 노화 정책, 노인을 위한 창의적 서비스에 대한 대안적 개념을 아우르는 핵심어이다(양원영, 2022).

창의적 노화와 유사한 의미의 성공적 노화는 최적의 노화, 즉 생물학적·심리사회적 기능의 수준이 높고, 삶의 만족과 환경 적응 수준이 높은 상태의 노화를 의미한다. 카렌(Karen, 2016)은 성공적 노화를 위해 창의적 예술이 필수조건임을 언급하면서, 노인은 창조적 예술 활동을 통해 노화 과정에서 올 수 있는 상실감, 우울과 같은 부정적 정서 상태를 극복하여 자기만족적 삶을 이룰 수 있음을 주장하였고, 성공적 노화를 위한 창의성 증진의 중요한 핵심으로 예술의 힘을 강조하였다.

이것은 예술이 갖는 전 인류적인 공감과 소통을 가능하게 하는 예술의 강력한 원동력인 "표현함"에서 비롯된다. 그리고 문화예술 활동을 통한 창의성은 문제해결 기술, 동기 부여 및 인식의 개발을 장려하여 개인이 일상생활을 관리하는 방식에서 실용적인 창의성으로 변환되도록 장려함으로써 창의적 노화를 촉진한다.

2. 창조적 문화예술 교육의 특성

1) 창조적 문화예술의 의의

미국의 국립예술기금재단(2016) 보고서에 따르면, 세계보건기구에 의해 최초로 인증된 고령친화 도시가 된 뉴욕에서는 문화예술이 노인들의 사회적 고립을 타파하고 세대 간 나이와 문화적 차이를 연결시킴으로써 공동체를 형성할 수 있는 가교적 역할을 하므로 건강한 노화를 위해 필수적인 것으로 언급하였다(탁지현, 2017).

고령사회에서 노인의 삶을 성공적으로 이끌어내는 데 창조적 예술(creative art)이 중요한 것은 예술과의 만남 과정에서 발현되는 창조성이 존재하고 있기 때문이다. 창조력은 인간으로 하여금 끊임없이 변화하고 발전할 수 있도록 그 자체적 에너지를 품고 있는 힘이다.

코헨(Cohen, 2006)이 창조적 활동과 의미 있는 문화예술 작업은 주관적 웰빙과 노인의 신체적·심리적 건강 개선과 관련이 있다고 했듯이 특히 시각예술 활동은 정신적인 삶을 풍요롭게 하고 색과 질감의 관능적 즐거움을 촉진하고 새로운 도전을 제시한다.

따라서 노년기의 창조적 문화예술 활동은 노인의 삶에 축적된 경험과 지혜에 예술성과 공적인 의미를 부여해 주는 통로이며, 노년기의 잠재적 욕구를 충족시키고 창의성을 발현시키는 과정이며, 그들로 하여금 창의적으로 살아가게 하는 삶의 행위이다.

2) 노년기 창조적 문화예술 교육의 영향

노년기 예술 활동을 통한 창의적 경험에서는 노년의 예술 활동을 통하여 창의적인 상상과 몰입경험이 이루어지는 것으로 나타난다(Hanna, et. al., 2011). 창의적 상상은 노년기의 축적된 생애 경험과 지혜를 토대로 이루어졌으며, 창의적인 예술 활동을 통하여 자기 치유, 즐거움, 타인과의 공감적 소통이라는 긍정적인 영향을 경험할 수 있다(김하나, 2020). 문화예술 활동에서 나타나는 자아 표현이나 자아 일치감의 상태가 창의성이 발현되는 내적 상태이며 이것은 곧 심리적·정서적인 면에 대한 치유적 기능으로 발현된다. 이러한 개인의 내면세계에서 일어나는 창의성의 발현은 예술치유의 과정에서도 중요한 관점이다.

문화예술 활동이나 교육적 경험의 지속성은 노년기의 삶에서 발현되는 창조적 힘으로 노년의 역할 변화와 상실에서 비롯될 수 있는 심리·사회적인 혼란을 막아준다. 특히 노화로 인한 불편과 신체적 한계를 조절하며 자신의 노화 과정을 안정적으로 경험하게 된다. 그리고 죽음에 대한 초월적인 태도와 죽음에 집착하기보다는 남아 있는 삶을 미래지향적이고 도전적인 삶의 자세를 보인다.

제3절 노인 문화예술 교육 프로그램

1. 해외 노인 문화예술 교육

1) 미국

(1) 미국의 노인 문화예술 교육 프로그램 현황

미국은 1960년대 뉴딜정책의 일환으로 예술가의 예술 활동 및 취업을 정부에서 지원하는 노동 정책적 측면에서 시작되었으며, 1965년 미국연방의회에서 문화예술 분야와 예술가에 대한 공공지원 및 문화예술교육 제공 목적으로 미국 연방예술기금(NEA: National Endowment for the Art)을 설립하였다. 미국 연방예술기금(NEA)은 미국의회에 의해 설립되어 독립적인 연방기관으로 미국인 모두가 공정하게 예술에 참여하고 상상력을 발휘하여 창의적 능력을 개발할 수 있는 기회를 제공하여 지역사회의 창의적 역량 강화를 위해 지원한다.

출처: Natalie. R.(2010).

1980년~1990년대에는 특정 문화예술에 대한 지원보다 장르 구분 없이 예술적 활동 참여를 높이기 위해 문화예술 인프라 구성, 교육훈련 개발 등 제반적인 환경 조성에 열중하였으나 예산 삭감으로 인해 창작자와 공급자 중심에서 향유자와 수요자 중심으로 예술문화정책에 변화를 주었다. 이에 전미예술연합회(American Federation for the Art), 미국인을 위한 예술(American for the Art) 등은 협업체계를 구축하여, 예술가에 개별적으로 보조금을 지원하는 방식에서 지역 공공예술단체를 통한 기금 재분배 및 문화예술 기관 및 단체에서 시행되는 프로젝트 지원 형식으로 운영하였다(문화체육관광부, 2019).

미국의 문화예술교육 프로그램의 경향은 크게 세 가지로 구분할 수 있다(박민석, 2021). 첫째, 국가정책에 따른 프로그램을 운영한다. 문화예술교육을 통한 지역사회의 예술교육은 확장과 사회적 합의를 위한 도구로써 기업의 사회적 공헌을 독려하는 프로그램 생산과 촉진의 기대효과를 창출하는 정책이다.

둘째, 지역민을 위한 문화예술교육 프로그램이 단발성을 가진 백화점식의 프로그램이 아닌 지역민들의 지속적인 참여를 이끌어낼 수 있는 프로그램 개발을 지원하고 있으며, 국민들이 사회적 구성원으로 인식할 수 있도록 하는 기대효과를 가진다.

셋째, 지역 내 다양한 운영 주체들과의 협력을 가진 프로그램이다. 다양한 가치의 네트워크 중심으로 문화예술 기반의 확장을 기대할 수 있는 정책을 펼치고 있다.

(2) 미국의 노인 문화예술 프로그램

'창의적 노화 국립센터'(The National Center for Creative Aging: NCCA)는 NEA의 재정적인 지원을 받아 2001년 설립되었다. NCCA는 노인의 창의적인 표현능력을 증진시키며, 삶의 질을 높이는 것이 노인 사회에서 매우 중요한 요건으로, 이것을 사회구성원에게 이해시키는 것에 목적을 두었다. NCCA는 창의적 노화와 관련된 예술 활동에 대한 정보구축과 공유를 위한 정보망을 구축하고 있으며, 노화 관련 예술 프로그램들을 평가하고 우수 프로그램을 선정하였다(김상진, 2022).

노인 복지 증진의 필수 요건인 예술 프로그램을 지원하기 위해 정책수립을 위한 이익단체의 역할을 하고 있으며, 노인의 삶에서 창의적인 표현이 가지는 역할을 증명하기 위한 기록과 연구에 대해 후원을 한다. 그리고 교육 프로그램을 제공하며 창의적인 노화와 관련된 자료를 조사하여 노인에게 예술 관련 프로그램을 제공하기 위해 전문가 양성과 관련된 단체의 정보를 수집하여 활동하고 있다. NCCA에서 운영하고 있는 프로그램을 소개하면 **표 13-1**과 같다.

표 13-1 NCCA 노인 문화예술 프로그램

제목	프로그램 분야	도시	지역
아티스트 아웃 프로젝트 (Artist Out Project)	무용, 디자인, 민속/전통예술, 문학, 미디어아트, 박물관, 음악, 뮤지컬, 오페라극장, 시각예술	산후안 카피스트라노 (San Juan Capistrano)	캘리포니아
아트 에이징 (Arts the Aging) (AFTA) Joy in Generation	무용, 문학, 박물관, 음악, 뮤지컬, 시각예술	록빌 (Rockville)	메릴랜드
예술융합 (Arts Fusion)	무용, 문학, 박물관, 음악, 뮤지컬, 연극, 시각예술	샬러츠빌 (Charlottesville)	버지니아
예술 단계 ART SAGE FOR ARTS & AGING	예술 및 노화를 위한 커넥터, 컨버너 및 촉매	웨이자타 (Wayzata)	미네소타
크리에이티브 에이징 (Creative Aging Cincinnati)	무용, 문학, 미디어아트, 박물관, 음악, 뮤지컬, 오페라, 시각예술	신시내티 (Cincinnati)	오하이오
창조적 노화 우리 지역사회 도서관 프로젝트(Creative Aging Our Communities The Libraries Project)	무용, 디자인, 민속/전통예술, 문학, 미디어아트, 박물관, 음악, 뮤지컬, 오페라극장, 시각예술	뉴 로셸 (New Rochelle)	뉴욕
창의성 발휘 (Engage in Creativity)	무용, 민속·전통 예술, 문학, 미디어예술, 뮤지컬연극, 시각예술	버뱅크 (Burbank)	캘리포니아
빌라 뮤지카의 크리에이티브 에이징 프로그램(Villa Musica's Creative Aging Program)	댄스, 음악, 뮤지컬 극장, 공연장	산 디에고 (San Diego)	캘리포니아

출처: 김탁현(2015).

2) 일본

(1) 일본의 노인 문화예술 프로그램 현황

2021년 기준 65세 이상 인구가 무려 29.1%나 되는 초고령사회로 들어선 일본은 수명연장에 따라 노인의 삶의 질과 행복을 사회적 차원의 문제로 인식하고 있다.

일본은 1994년부터는 '고령자 사회 참여 촉진사업'을 통하여 교육을 넘어서 노인의 적극적인 사회참여에 초점을 맞추어 변화하였다. 일본의 문화예술 정책은 2000년에 들어서며 2001년의 「문화예술진흥 기본법」 개정을 시작으로 문화예술 발전에 국가가 적극 개입한다는 입장을 표명하였다. 최근의 문화예술정책 흐름은 시설의 건립과 같은 시민들의 문화권 접근을 위한 정책보다 오히려 문화예술 시설의 안정적인 운영에 초점을 맞춰 수입 증대 방안 모색 및 창조도시산업의 일환으로 예술 부흥 전략이 부각되고 있다.

또한 문화예술 프로그램으로는 전통문화, 예술, 그리고 참여 대상을 강조한 생활문화 프로그램과 지역의 특색이 드러나는 축제 중심의 지역문화진흥사업 등에 몰두하고 있다. 특히 2015년 4차 기본방침을 제정하여 2020년 도쿄올림픽을 중심으로 하여 문화예술 중장기 정책의 기본 틀을 마련하여, 국가 주도형 문화예술정책을 강화 및 시행되고 있다(문화체육관광부, 2019).

일본의 행정기관인 문부과학성은 교육을 담당하는 부서로써 고령자들에게 효율적이고 더 많은 학습의 기회를 제공할 수 있는 체제를 갖추고 있으며, 구체적으로 평생학습을 전담하여 추진할 수 있는 기반과 시설을 설치하고 정비하고 있다. 그 이외에도 학습을 시행하는 기반 시설과 학습 정보를 제공하고 구축하여 학교개방사업, 고등교육 기관의 정비, 평생 스포츠 추진 사업 등을 장려하고 있다.

문부성 관련 시책으로는 '평생학습 자원봉사활동 종합추진사업', '장수화 대책사업' 등의 직접적으로 고령자를 대상으로 학습과 사회참여 활동 두 가지를 촉진하는 사업들이 있다(한정란·박성희, 2006). 일본은 노인을 위한 보건·복지정책과 함께 은퇴 후의 삶을 윤택하고, 건강하며, 활기차게 노년을 보낼 수 있는 선구적 모델을 추구한다.

(2) 일본 노인 문화예술교육 프로그램

일본의 문화예술교육은 국민들이 문화의 중요성과 필요성을 제대로 이해한 후, 전통문화의 계승을 중요시하고 개인과 가정 그리고 지역, 국가가 연계하여 문화예술을 향유할 수 있도록 한다. 그리고 문화예술을 시행하는 예술가의 직접적인 지원과 지위향상을 위한 노력을 게을리하지 않는 것이 일본 문화예술교육의 강점이다.

① 사이타마현의 골드 씨어터

노인극단 사이타마현의 '골드 씨어터'는 초고령사회의 의미 있는 모델로 평가받고 있다. 그중 사이타마현의 연극 프로그램은 각종 위험에 노출되기 쉬운 노인의 삶을 케어하고, 사회적 네트워크 형성에 기여하며, 심리적 위로와 교육, 정보전달을 위한 수단이 되었다. 2006년 시니어극단을 창설하였고 고령자를 뜻하는 '실버'가 아닌 '골드'라는 단어를 넣어 '골드 씨어터'라는 이름의 시니어 극단을 출범하였다. 55세 이상의 노인을 대상으로 국내외에서 단원들을 공개 모집하였으며, 1011명이 오디션에 참가하였고 20명으로 규정했던 정원의 두 배 이상인 47명을 선발하였다. 첫 회인 2007년 6월 일본 글 작가 이와마츠 료의 첫 정식 공연을 시작으로 2021년 최종공연으로 막을 내렸다(장지영, 플레이DB 홈페이지).

② 후생성 노인복지센터 프로그램

후생성은 '고령자의 삶의 보람과 건강 만들기 추진 사업'이라는 이름으로 지역마다 특색 있는 사업으로 진행하고, 각 지역마다 노인을 위한 클럽을 개설하여 이를 지원해주는 '각종 노인 클럽육성사업' 등을 장려하고 있다(한정란·박성희, 2006).

1953년 동경에서 실험적으로 시작된 노인 클럽은 주로 레크리에이션 정도의 모임이었으며, 1963년 노인보건법의 제정으로 국고지원이 되면서 활발하게 활성화되었다. 일본의 노인복지센터 프로그램은 노인복지센터와 데이케어센터 그리고 작업소로 나뉘는데 노인복지센터의 프로그램을 보면 표 13-2와 같다.

표 13-2 일본 노인복지센터의 프로그램

구분	서비스 내용
기능회복 훈련	보행보조임대, 물리치료(치료체조, 운동치료), 작업치료(수예, 공작, 원예, 회화, 조각), 심리치료(대화요법), 그룹치료(뇌졸중 후유증, 교통사고 후유증), 목욕서비스
운동·스포츠지도	체력검사(노인체력검사, 건강검사), 스포츠(원반 던지기, 탁구, 배드민턴, 게이트볼)
교양 강좌	바둑, 장기, 다도, 서예, 연극, 수묵화, 조각, 도예, 뜨개질, 인형, 컴퓨터, 요리, 민요, 포크댄스, 가라오케, 시무, 검무, 팬 연습, 대금 연주, 꽃꽂이, 원예, 농예
레크리에이션	바둑, 장기, 취미·스포츠 경연대회, 작품전시, 여행
노인클럽 활동	수예, 공작, 원예 회화, 보건, 안전, 문예 등의 학습, 시사문제, 생활, 영양, 보건, 복지, 종교 등의 강의, 노인시설, 교육시설, 생산시설, 문화시설, 재활시설 등의 견학, 자원봉사 서비스
주요 행사	연예대회 바둑, 장기대회, 운동회, 민요발표회, 문화예술 작품전, 영화감상회, 사회견학, 카드놀이 대회, 음악제, 게이트볼 대회

출처: 임원숙(2009).

2. 국내 노인 문화예술 교육

1) 국내 노인 문화예술 프로그램 현황

우리나라의 문화예술교육 사업은 다양한 노인 문화예술교육 프로그램의 개발과 시행이 적극적으로 확대되지 못한 경향이 있으며, 노년층은 문화예술을 접하는데 여전히 거리감을 느끼고 있다. 또한 대부분의 노인평생학습기관에서 제공되는 평생학습 프로그램은 제한적이며 여가활동의 개념으로서만 문화예술분야의 교육 프로그램을 제공하고 있는 실정이다.

2000년대 초반까지만 해도 노인복지법에 의거하여 노인의 건강과 경제에 관련한 최소한의 복지 차원에서 노인 대상의 교육프로그램이 진행되었다면, 그나마 노인복지회관에서 실시하는 사회교육 프로그램 일환인 건강 체조, 노래교실, 사군자교실, 원예교실, 탁구 등 다소 제한된 영역에서의 단순 강습형 프로그램이 노인 문화 복지 프로그램을 담당하고 있었다.

2006년에 개설된 한국문화예술교육진흥원의 사회문화예술 교육지원 사업이 시작되면서 본격적으로 노인에 대한 문화예술 교육이 시작되었다. 지자체 기관에서는 2008년부터 서울문화재단이 '꿈꾸는 청춘 예술대학'을 시작하였으며, 2015년에는 문화관광부 인문정신문화과 소관으로 한국문화위원회의 '인생 나눔 교실' 사업이 있다(엄소라, 2021).

노인 문화예술교육의 활성화에 큰 힘을 실어준 문화예술교육 5개년 종합계획(2018~2022)의 3대 추진과제를 살펴보면, 하나는 지역의 기반 생태계를 구축이며, 두 번째는 수요자 중심을 다각화이며, 세 번째는 문화예술교육의 고도화이다. '문화예술교육 5개년 종합계획' 추진과제의 구체적 내용은 첫째, 지역계획구축을 통한 지역문화 중심 문화예술교육 추진 체계화, 지역 문화예술교육 공간 및 자연과의 연계 강화, 문화예술교육 협력망 활성화이며, 둘째, 수요자 중심의 교육 다각화를 위하여 생애주기별 맞춤 문화예술교육 확대와 소외 계층을 대상으로 하는 문화예술교육 지속 확대를 추진하여 문화예술교육 지원 다각화를 목표로 하는 것이다. 셋째, 문화예술 고도화를 기반으로 한 기획 및 연구 역량 강화, 문화예술교육 전문 인력 역량강화, 문화예술교육 국제교류 활성화와 가치 확산 및 홍보 강화의 계획을 수립하는 것이다(문화체육관광부, 2018).

문화예술 교육 5개년 종합계획 당시 노인 문화예술 프로그램 세 가지를 소개하고자 한다. 첫째, 문화체육관광부와 한국문화원연합회의 어르신 문화프로그램 '문화로 청춘'이 있다. '문화로 청춘'은 적극적이고 주체적인 문화예술 활동 참여를 통해 활기찬 노년의 생활에 기여하고자 교육형, 동아리형, 혼합형으로 이루어진 노인 교육프로그램이다. 이 프로그램 안에는 문화예술 콘텐츠를 지원하는 어르신 문화 활동 지원 사업, 사회문제 해결형, 세대 교류형, 지역 연계형으로 구분하여 참여를 도모하는 어르신 사회활동 지원 사업이다.

둘째, 한국문화예술교육진흥원의 농산어촌 이동형 문화예술 교육지원 사업 '움직이는 예술정거장'의 경우에는 특화형 체험 버스, 트럭, 병원선을 이용해 문화예술의 접근성이 떨어지는 농산어촌 및 도서지역을 대상으로 직접 찾아가서 8개의 다채로운 프로그램을 150회가량 운영하며 문화 소외 지역민과 노인의 문화 향유에 대한 불평등 해소를 위해 노력하고 있다(문화체육관광부, 2019).

셋째, 보건복지부 산하 한국노인인력개발원에서는 활기차고 건강한 노후생활을 영위할 수 있도록 다양한 일자리 및 사회활동을 지원하는 노인일자리 및 사회활동 지원 사업을 운영하고 있다. 지원 사업을 중에서 문화예술 재능나눔 활동을 통해 음악, 미술, 공연, 전시, 체험 등과 관계된 문화예술 활동을 지원하고 은퇴 후 생애 설계 프로그램을 통해 자원봉사와 재취업을 돕고 지역사회의 발전에 힘쓰고 있다(김소영, 2016).

2) 생애주기별 노인 문화예술 교육 정책

생애주기별 맞춤형의 문화예술교육 확대가 문화예술교육 5개년 종합계획의 주요 과제로 선정되면서 한국문화예술교육진흥원은 유아, 아동·청소년, 청년·중년, 장년·노년 4단계로 전 연령층을 구분하여 세부 추진과제를 설정하였다(엄소라, 2021). 전 연령층의 추진과제로는 주체적·자발적 문화예술교육 활동 지원이며 주요 내용으로는 일반 국민이 자발적으로 활동하는 예술 동아리의 교육 프로그램지원을 통해 시민예술가를 양성하는 것이다. 장년층의 추진과제는 고령사회에 대비하는 문화예술교육 지원으로 은퇴를 맞이하는 50~64세의 생애 전환기의 중장년층 대상 중심으로 문화예술교육을 지원하는 것이며, 노년층은 문화예술교육 지원의 다각화이다(아르떼, 2022).

3) 고령사회에 대비하는 문화예술 교육지원 추진현황

고령사회에 대비하는 문화예술교육 지원 사업에는 생애전환 문화예술학교를 운영하여 노인 문화예술교육 지원의 다각화를 위해 미디어를 활용한 노인 문화예술교육과 문화예술 소양 함양, 기초적인 매체 이해력, 제고 및 이를 활용한 참여활동 강화, 보훈복지문화대학에 재학 중인 국가유공 노년층대상 문화예술교육 운영, 독거노인 등 시설 밖 어르신 대상 문화예술교육 프로그램 운영지원 검토 등의 사업이 있다.

고령사회에 대비하는 문화예술교육 지원 현황에는 생애전환 문화예술교육, 노인복지관 문화예술교육, 노인 영상미디어 교육, 상이군경 문화예술교육이 있다. 그 내용은 표 13-3과 같다.

표 13-3 고령사회에 대비하는 문화예술교육 지원 추진현황

구분/연도	2018년	2019년	2020년
생애전환 문화예술 교육	· 기획프로그램 운영(109명 참여, 문학과 함께 한 달 살아보기) · 신규 프로그램 개발 운영(5개 지역 센터, 142명 참여)	· 2개 기획프로그램 운영(143명 참여, 자연과 함께 한 달 살아보기) · 생애전환 특화 프로그램 개발·운영 (5개 지역 센터, 347명 참여)	· 광역센터별 특화프로그램 개발 운영(7개, 1,144명 참여) · 기초지자체 신중년 문화예술 교육 프로그램 운영(5개 지역 센터, 572명)
노인복지관 문화예술 교육	· 전문예술강사 및 교육프로그램 지원 · 235개소–316개 프로그램 · 6,276명 참여	· 전문예술강사 및 교육 프로그램 지원 · 252개소–314개 프로그램 · 6,199명 참여	· 전문예술강사 및 교육프로그램 지원 · 245개소–274개 프로그램 · 4,723명 참여
노인 영상미디어 교육	· 지역영상미디어센터 12개소 지원 · 18개 프로그램–245명 참여 · '18 권역별 지역 영상 미디어센터 영상제 참여(실버섹션)	· 지역영상미디어센터 12개소 지원 · 16개 프로그램 · 217명 참여 · 유튜브·누리 소통망 활용 1인 미디어 및 뉴미디어 교육	· 지역영상미디어센터 12개소 지원 · 17개 프로그램 · 218명 참여
상이군경 문화예술 교육	· 상이군경 및 가족 대상 문화예술교육 프로그램 운영 · 16개 시설 · 16개 프로그램 · 335명 참여	· 상이군경 및 가족 대상 문화예술교육 프로그램 운영 · 16개 시설 · 16개 프로그램 · 301명 참여	· 상이군경 및 가족 대상 문화예술교육 프로그램 운영 · 11개 시설 · 11개 프로그램 · 172명 참여

출처: 문화체육관광부(2021).

4) 국내 노인 문화예술 교육 프로그램

2019년 서울시민대학의 공모사업 프로그램은 일반과정 13개, 심화과정 4개 총 17개이며 이중 노년층이 참여할 수 있는 프로그램을 소개하면 표 13-4와 같다.

표 13-4 2019년 서울시민 예술대학 프로그램

구분	프로그램명	장르	내용
일반(단기)	숨겨진 나를 찾아서	사진+공예+영상+미술+인문	· 새로운 숨겨진 '나'를 찾는 과정
	나의 첫 전시회 (fit 판화)	미술	· 나만의 판화를 제작을 통해 생활 속 예술 즐기기
	Body Signal	무용	· 몸의 다양한 신호와 규칙을 느끼고 표현을 하는 과정
	7080 낭만 프로젝트	음악+문학	· 나만의 이야기가 담긴 글과 음악 남기기
	나의 인생. 그림책으로 말하다	미술	· 나의 인생을 담은 그림책 만들기
일 반(연속)	나의 이야기, 연극으로 살다	연극+인문	· 배우로 활동을 원하는 누구나, 즉흥극 형식 '플레이 백 씨어터'를 통해 자기발전 및 표현 경험
	예술이 바라보는 인류	움직임 기반의 융복합창작	· 자연환경 오염을 주제로 한 융복합 창작 활동
	창작부터 전시까지 환경煥: 아름다움에서 鏡:메시지까지	설치미술+추상화+환경미술	· 협업작가들과 함께 창작활동을 경험하여 온전한 자신만의 예술과정을 전시로 완성
	위풍당당 시민 예술단	연극+세대통합	· 각 세대에 대한 생각과 인식들을 연극적으로 향유하고 표현

출처: 오현주(2021).

3. 국내외 문화예술 교육 프로그램 현황분석

한국, 일본, 미국의 문화예술정책 차이를 비교·정리하면 표 13-5와 같다. 미국은 NEA를 중심으로 문화예술에 대한 전반적인 체계가 구축되어 있다. 한국은 문화예술 진흥법, 문화예술 교육지원법, 공연법이 제정되어 있다. 일본은 여가문화정책이 포함되어 있지 않으며 그 대신 노인의 문화, 예술, 복지와 연계된 정책이 일반정책으로 포함되어 있다. 노인 문화예술 관련 정책의 흐름이 이전에는 대부분 단기간 노인교육 전문가 양성에 중점을 두었다면 현재는 고령자 사회참여 촉진사업을 통하여 사회적 관계증진에 힘을 기울이고 있는 것으로 전환하고 있다.

표 13-5 **국내외 문화예술교육 프로그램 현황분석**

구분	한국	미국	일본
교육관장 부서	문화체육관광부	미국연방예술기금	일본 문화청
전략 목표	사람이 있는 문화, 국민 모두가 협력하여 만드는 문화정책	모든 미국인이 문화예술 참여를 통해 예술을 향유하고 모든 공동체가 예술을 통한 열망과 성취를 이뤄내는 것	문화예술의 다양한 가치를 활용하여 미래를 만드는 것
특성	개인의 문화적 권리 확대와 문화권 보장을 국가 문화정책의 기초로 강조하고 있으며, 이를 통하여 국민의 문화향유 기회를 확대하고 확충하는 문화정책 수립을 적극적으로 모색하는 자세를 보여줌	연방정부 직속 문화부 없이 독립행정 기관인 연방예술기금에서 예술 진흥정책 및 사업을 총괄, 정부의 개입은 최소화하고 민간단체와 기관을 중심으로 운영	일본의 고유 전통문화와 관련된 예술활동을 적극적으로 국민에게 장려하고 국내 문화예술 수준 향상 도모와 동시에 일본에 대한 이미지 향상

출처: 김상진(2022).

4. 창의적 노화를 위한 창조적 문화예술 교육

1) 의의

창조적 삶의 방식을 택하는 사람들은 주어진 일만을 행하는 사람이 아니라 하고자 하는 일을 만들고 행하는 사람이다. 또한 자신의 삶에 답을 구하기보다 자신의 삶을 끊임없이 계획하고 스스로 세계에 질문을 던지는 사람이다. 코헨(Cohen, 2006)은 노년기에 창의성이 발휘되면 잠재력을 활용할 가능성이 있으며 이 창의성은 예술프로그램의 효율적 개발과 지속적인 교육으로 끌어낼 수 있다고 보았다(Hanna & Perlstein, 2008). 이 말이 의미하는 것은 이 시대 노년층은 이전 세대보다 문화예술과 지역사회 활동에 높은 관심과 참여 욕구를 가지고 있으며, 주체적으로 자신의 삶을 즐기며 살고자 한다는 것이다.

이에 창의적 노화를 위한 창의적 문화예술 활동의 의미는 첫째, 창조적 예술경험을 통한 노인의 잠재력 발현과 자기실현적 삶의 실천이다. 인간의 잠재력 발현은 학습의 영역이며, 이러한 학습은 사회복지 차원으로만은 해결할 수 없는 자아실현의 문제로 귀결되기 때문에 학습의 본질적인 문제제기가 필요한 것이다. 왜냐하면 노년의 자아실현은 온전한 성숙과 초월을 배제하고는 이루어질 수 없으며, 인격의 성숙은 나이가 든다고 얻을 수 있는 것이 아니라 지속적인 배움의 노력과 열정을 쏟아야만(이관춘, 2014) 이룰 수 있는 발달단계의 정점이기 때문이다.

둘째, 노인에게 문화예술 활동은 노인의 삶을 성숙에 이르게 하는 과정으로, 미래 사회의 노화에 대응하는 새로운 패러다임인 창의적 노화를 통한 노인의 신체적·정신적 건강의 증진은 물론 더 나아가 지역사회를 건강하게 만들고 고령사회를 지나 초고령사회를 대비한 노인 문제를 해결할 수 있는 하나의 대안으로 제시될 수 있다.

2) 역할

결과적으로 창의적 노화를 위한 창조적 문화예술 교육은 노년기의 지혜로운 삶의 안내자이자 촉진적 역할을 수행하며 현 시대적 흐름에 편승한 평생학습의 지평에서 창의적 노화의 발전에 기여할 것이다. 나아가서 창조적 문화예술은 노인의 온전한 자기 삶을 살아가기 위한 경험과 자기 이해를 노인 학습자에게 제공하면서 그들의 성숙한 삶을 위한 실천방향을 제시하여 평생학습 과정에서 중추적 역할을 할 것이다.

5. 예술 작업 및 작품 감상의 치유적 역할

출처: Natalie. R.(2010).

문화예술 경험으로 예술 작품 감상 및 미술작업은 노인들로 하여금 시간적·경제적으로 긍정적 영향을 주며, 사회적 관계망을 형성하는데 적극적 역할을 담당한다. 그리고 예술 작품 감상과 미술 작업의 과정 자체가 노인들에게 치유적 경험을 제공한다. 이에 따른 예술작품 감상 및 미술 작업의 긍정적인 요인을 세 가지로 살펴볼 수 있다.

첫째, 예술 작품 감상은 작가의 의도보다는 작품 속에 감상자의 내적 상황을 투사하면서 공감대가 형성되고 자기 위안의 경험을 하게 된다.

둘째, 미술 작업은 화지가 자신만의 세계가 되어 언어적으로 표현할 수 없는 내면의 세계를 그림이라는 언어를 통해 펼쳐지게 된다. 이러한 과정을 통해 표현력 증진은 물론 많은 사유적 과정과 정서적 활동을 필요로 하며, 그들의 니즈(needs)를 통해 얻는 정서적 만족은 심리적 안녕감으로 이어진다(양원영, 2018).

셋째, 예술 작품을 매개로 타인과의 상호 소통은 노인들에게 간접적이지만 안정적인 의사소통을 제공한다. 즉 안정적인 사회적 관계망을 형성할 수 있어 자연스럽게 보다 적극적인 사회활동에 참여할 수 있게 된다.

따라서 예술 작품을 감상 및 미술 작업은 노인들로 하여금 카타르시스와 공감력 증진과 더불어 자기 성찰을 통한 자아통합이 심리치유적 효과를 나타낼 수 있게 된다.

연구문제

1. 다양한 관점에서 문화예술 경험은 우리의 삶 속에서 어떠한 영향을 끼치는지에 대해 생각해 봅시다.

2. 여러 국가의 다양한 문화적 경험과 예술적 경험을 생각해보고, 문화예술 경험의 긍정적 영향에 대해 생각해 봅시다.

3. 창의적 노화를 위한 창의적 예술의 필요성과 그 역할에 대해서 토론해 봅시다.

4. 노인학습자가 참여할 수 있는 문화예술 교육 프로그램에는 어떤 것이 있는지 생각해 봅시다.

5. 노인학습자의 신체적·정신적 건강증진을 목표로 하는 문화예술 프로그램 계획을 구성해 봅시다.

CHAPTER 14

노인 정보화 교육

개요

정보화시대에 있어서의 전체 구성원들은 공유해야 하는 주요 정보를 취득하고 이를 활용하기 위해서는 인터넷과 같은 새로운 정보접근 방식을 활용해야 하며, 특히 고령화사회로 진입하고 있는 현 상황에서 노인도 이에 대해 적극 대처해야 한다. 노인의 입장에서 보면 노인은 육체적, 심리적, 사회적으로 상실을 인정할 수밖에 없는 시기로서 실제 사회적 역할 상실이나 소외감을 경험하게 되고 이것이 고령화사회에 진입하면서 초래되는 문제로 확장되지 않고 이를 효율적으로 해결하기 위해서는 노인을 대상으로 하는 노인교육이 필요하다. 특히 노인 정보화 교육은 노인이 새로운 세상과 소통하기 위한 수단이며, 노인 자신들의 잠재력을 개발하여 보다 만족할 수 있는 노후생활을 촉진하고 삶을 영위해 나갈 수 있도록 돕는 평생교육 차원에서의 교육이다.

본 장에서는 정보화 사회의 개념과 특성을 살펴보고, 노인대상의 정보화교육의 필요성, 노인 정보화 교육의 유형 및 운영 실태에 대해 제시하였다.

학습목표

1. 정보화 사회의 개념과 의미를 파악할 수 있다.
2. 노인 정보화 교육의 필요성을 설명할 수 있다.
3. 노인 정보화 교육의 유형과 실제를 파악할 수 있다.
4. 노인 정보화 교육의 과제를 확인할 수 있다.

주요 용어

정보화 사회, 정보화교육, 인터넷

제1절 노인 정보화 교육의 이해

1. 노인 정보화 교육의 개념

1) 정보화 사회의 개념

인간이 살아온 역사를 돌이켜보면 어떤 재질의 도구를 사용했느냐를 기준으로 석기시대, 청동기시대, 철기시대 등으로 구분하기도 하고, 혁명적으로 인간의 삶이 변화되는 모멘텀을 기준으로 1차 농업혁명, 2차 산업혁명, 3차 정보기술혁명으로 구분하여 설명하고 있다. 최근에는 곧 도래할 것으로 예견되고 있는 AI를 중심으로 한 4차 산업혁명이라는 용어도 심심치 않게 등장하고 있다.

우리가 살아가는 사회는 정보통신기술을 통해 발 빠르게 성장, 발전하고 있음은 부인할 수 없는 현실이다. 특히 정보화 사회는 정보가 중심이 되어, 가치를 창조하는 사회로서 정보 사회 또는 탈산업 사회라고도 부른다. 정보화 사회에서는 당연히 정보가 가장 중요한 자원으로서 정보를 활용한 지식산업이 주요한 산업으로서의 위치를 점하고 있다. 누가 더 많이 질 좋은 정보를 취득하느냐에 따라 국가나 사회가 성장하고 발전하는 데 큰 영향을 미친다고 해도 과언은 아니다. 4차 산업혁명의 중심 키워드인 AI도 정보기술의 발달을 전제로 하고 있다.

정보기술의 발달은 많은 측면에서 긍정적인 가치를 지니고 있다. 가령 컴퓨터와 같은 디지털기술의 발전과 인터넷과 같은 통신기술의 발달로 인해 기업이나 기관에서 이루어지는 행정업무가 매우 신속하고 편리하게 이루어지고 있으며, 은행을 찾지 않더라도 모바일 앱이나 컴퓨터 등을 통해 입출금 등의 금융 관련 업무를 소화할 수 있으며, 쇼핑 역시 직접 마트에 방문하지 않고 TV홈쇼핑이나 컴퓨터, 모바일 등을 통해 쇼핑이 가능하며, 웹툰이나 게임과 같은 여가생활을 즐길 수 있는 등 다양한 방면에서 생활의 편리함과 효율성이 가능하게 되었다. 그림 14-1은 정보통신기술의 다양한 활용에 대해 나타내는 자료이다.

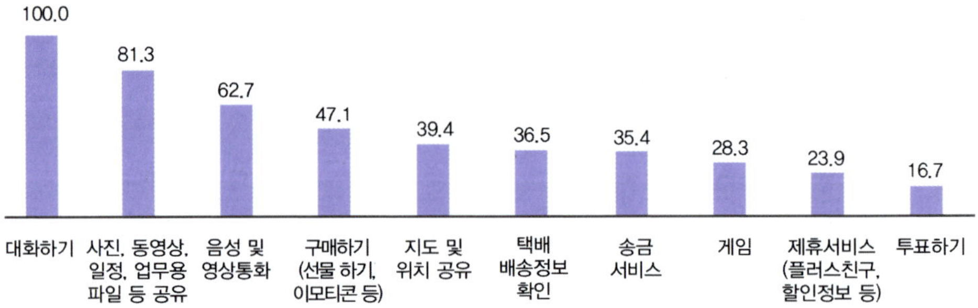

그림 14-1 정보통신기술 활용 현황

출처: 한국지능정보사회진흥원(2024). p. 18.

최근 전 세계적으로 K-팝, K-드라마, K-푸드 등 우리나라의 문화가 정보통신기술의 발달을 기반으로 세계 곳곳에 영향을 미치고 있고, 우리나라의 이미지나 위상이 현격하게 향상되게 된 것도 이러한 정보화사회가 갖는 매우 의미 있는 장점이라 할 것이다. 다만 이러한 정보화사회가 갖는 단점도 간과해서는 안 된다. 즉 정보취약계층이 존재하며, 이러한 계층에서 겪어야 할 정보 불평등과 정보격차문제가 야기된다. 특히 노인계층의 경우 은퇴 이후 소득감소, 사회적 소외, 신체기능의 저하, 정서적 적응의 어려움과 함께 질 좋은 정보에 접근하기가 어려운 것이 사실이다. 이와 같은 취약계층에게 있어 매우 빠르게 발전하는 정보통신기술은 더욱 이들에게는 엄청난 스트레스나 불안요인으로 다가올 수 있다.

최근 실태조사 그림 14-2에 따르면 60세 이상의 노인계층에 있어서 대표적인 정보통신기술이라 할 수 있는 '인터넷' 이용률이 증가하고는 있지만 젊은 계층에 비해서는 낮은 것이 사실이다.

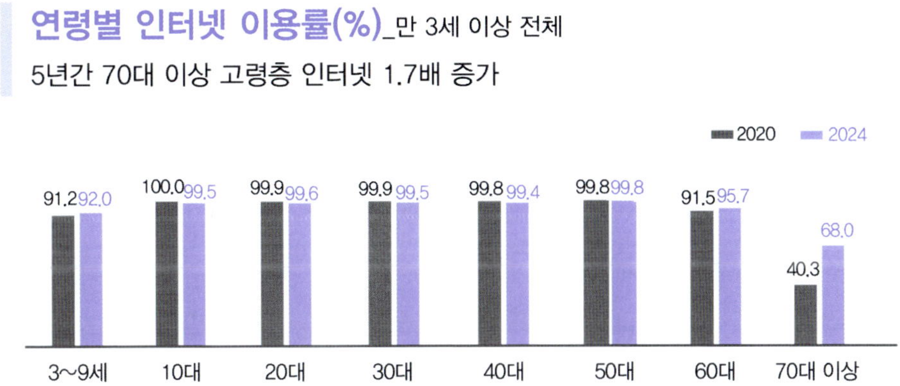

그림 14-2 **연령별 인터넷 이용률**

출처: 한국지능정보사회진흥원(2024). p. 16.

2) 노인 정보화교육의 개념

정보화사회에서 노인에 대한 정보화교육은 노년층에게 정보화 교육을 제공함으로써 노인들이 겪는 사회부적응이나 최신 정보통신기술의 발달이 오히려 노인층이 겪게 되는 심리적, 지적, 기능적인 소외감에서 벗어날 수 있도록 하여 삶을 살아가는 데 있어 긍정적이고 할 수 있다는 자신감을 제공함으로 노인들의 삶의 질을 향상하는 데 큰 역할을 할 수 있다. 김진숙 외(2018)는 노인 정보화교육의 개념을 소외되고, 열악한 환경에 있는 노인들에게 평생학습과 같은 복지적 차원의 교육을 제공하며, 세대 간 정보의 격차를 해소하는 체계적이고 제도적으로 정부와 사회가 개입하고 있다고 보고 있으며, 최운실(2017)은 노인 정보화 교육의 개념을 노인복지의 증진을 위하여 노인계층을 대상으로 정보를 생산, 유통, 활용하여 이루어지는 정보화를 위한 노력 및 과정, 즉 '노인복시를 증신시키기 위하여 노인계층을 대상으로 정보를 생산, 유통, 활용하여 노인의 제반문제를 해결하고 이의 효율화를 도모하는 것'이라고 정의하고 있다.

여러 정의를 살펴볼 때 노인 정보화 교육이란 노인계층을 대상으로 정보화사회에 적응하고 소외되지 않도록 평생교육의 차원에서 사회의 관련 교육기관이 주체가 되어 노인의 정보화를 증진하기 위한 프로그램을 개발, 교육하는 일체의 교육과정이라고 정의할 수 있다.

제2절 노인 정보화 교육의 필요성

1. 노인 정보화 교육의 필요성

정보화 사회에 있어서 노인들을 위한 독립적이고 생산적인 활동, 액티브한 삶을 영위하는 데 있어서 정보의 활용 능력이 갖는 중요성은 매우 크다. 특히, 노인의 은퇴 후 재취업 등을 통한 경제활동, 기부나 자신의 삶의 의미를 확장하기 위한 자원봉사활동, 관계망 구축 등 사회구성원으로서의 사회참여활동 등 다양한 활동분야에서 노인 정보화교육은 활동 범위를 확장하고 활동 수준을 높이는 데 큰 도움을 제공하는 교육이라고 할 수 있다. 이미 고령화사회로 진입하고 있는 현실에 비추어 이제는 노인을 단지 젊은 계층이 부양해야 하는 부담적 존재가 아닌 사회에서 필요한 생산적인 주체로서 활동하고 사회적 역할을 담당할 수 있도록 돕는 것이 필요하다.

평생교육으로서의 노인 정보화 교육을 통해 노인 스스로 자기 계발을 이루어나가야 하며, 노인학습자도 다양한 학습을 통한 지식을 요구하고 있는 것이 사실이다. 인공지능사회의 도래로 인한 사회변화의 가속화가 진행되면서 노인들은 사회에 적응하고 문제해결 능력을 대처하기 위한 노인 정보화 교육의 필요성은 더욱 증가할 것이다.

2. 노인 정보화 교육의 의의

노인 정보화 교육이 갖는 의의는 노인들이 사회에서 요구하는 지식이나 기술을 배워나감으로써 사회구성원으로서의 중심에서 벗어나지 않게 하고 특히 젊은 세대와의 화합뿐만 아니라 이들을 이끌어갈 수 있는 계기를 제공한다는 것이다. 지금과 같이 하루가 다르게 급속히 변화하고 새로운 기술, 시스템이 요구되는 사회에 효율적으로 적응해 나갈 수 있게 하며, 노인학습자의 정보화교육을 통해 노인이 갖고 있는 역량과 지식, 경험 등을 다시 사회로 환원할 수 있다는 점에서 노인 정보화 교육이 갖는 의의는 크다 할 것이다.

3. 노인 정보화 교육의 목적

노인 정보화 교육의 목적은 기존의 컴퓨터 및 인터넷 활용지식만이 아니라 향후 요청되는 스마트기기, 인공지능 관련 내용을 교육함으로써 세대 간의 정보격차를 해소하고 아웃사이더가 아닌 사회 주요 구성원으로서의 역할 및 성공적 노화와 사회적응을 꾀하는 것이다. 이와 같은 거시적인 목적에 따라서 다음과 같이 노인 정보화 교육의 세부목적을 정리하였다.

첫째, 노인 정보화 교육은 노인학습자에게 사회적응에 필요한 정보지식과 기술을 제공한다.

둘째, 노인 정보화 교육은 세대 간의 정보격차를 줄이고, 나아가 사회통합을 이루도록 한다.

셋째, 노인 정보화 교육은 성공적인 노화를 가능하도록 한다.

넷째, 노인 정보화 교육은 액티브 시니어로서의 역할을 가능하도록 한다.

다섯째, 노인 정보화 교육은 다가오는 미래사회를 대비할 수 있게 한다.

제3절 노인 정보화 교육을 위한 노인 유형과 교육방안

1. 노인교육 대상 네 가지 유형

최흥식(2011)은 노인교육 대상을 의지와 능력의 보유를 기준으로 네 가지 유형으로 나누어 이에 해당하는 노인에게 필요한 교육이 이루어져야 한다고 강조한다. 네 가지 유형의 노인으로는 의지와 능력이 전무한 노인, 의지는 없으나 능력은 있는 노인, 의지는 있으나 능력이 없는 노인, 의지와 능력을 모두 갖춘 노인이다.

2. 정보화교육을 위한 노인 유형에 따른 교육방안

최흥식(2011)에 따르면, 노인 정보화 교육은 각 유형에 맞게 제공되어야 하며, 이에 대한 교육방안에 대한 내용은 다음과 같다고 밝히고 있다.

1) 의지와 능력이 전무한 노인

- 정보화 교육의 필요성 인지
- 교육 참여의 동기 유발
- 교육 필요성 적극 홍보
- 다양한 참여 기회 증진

2) 의지는 없으나 능력은 있는 노인

- 교육 참여의 유익성 인지
- 정보화 교육 참여 동기 유발
- 교육 이후 진전된 사례 홍보
- 정보 활용의 실효성 인식
- 다양한 교육과정 개설

3) 의지는 있으나 능력이 없는 노인

- 정보화 교육의 장을 마련
- 노인만의 커뮤니티 공간 조성
- 문해능력 향상 프로그램 제공
- 컴퓨터 및 인터넷 기초교육 실시
- 지속적인 정보생활화 독려·활용

4) 의지와 능력을 모두 갖춘 노인

- 정보화 교육의 심화과정 제공
- 건전한 정보 활용 및 활동 환경 조성
- 사회참여 기회 확대
- 정보화 비인식 노인의 역할 모델
- 정보화 상담 및 교육 활동 전개

제4절 노인의 정보화 실태

1. 인터넷 환경의 정보격차

1) 인터넷 이용률 현황

과학기술부와 한국지능정보사회진흥원(2024)의 2024 인터넷실태조사에서 연령별 이용현황을 살펴보면 10대는 자료 및 정보 획득, 커뮤니케이션, 교육·학습 분야에 주로 이용하는 특징을 보이며, 20대는 커뮤니케이션, 자료 및 정보 획득 등의 특징을 가지며, 30대의 경우도 20대와 유사한 특징을 보이고 있다. 40~50대의 경우는 마찬가지로 커뮤니케이션, 자료 및 정보 획득 비중이 매우 높은 특징을 보이고 있다. 노년계층이라 할 수 있는 60대 이상의 인터넷 이용의 특징은 역시 소통을 위한 인터넷 활용이 두드러졌다. 인스턴트메신저의 이용률을 보면, 60대 이용률이 97.2%, 70대 이상도 89.8%로 높은 이용률을 나타냈으며, 또한 60대의 43.0%, 70대 4명 중 1명 이상(24.6%)이 SNS를 이용하며, 이용 이유를 살펴보면 '친교·교제를 위해서'라는 답변이 64.5%로 가장 높았으며, '타인이 게시한 콘텐츠를 살펴보기위해서'가 53.6%로 그 뒤를 이었다. 또한 동영상 서비스 이용률도 높았는데 60대 92.2%, 70대 이상이 79.3%를 나타냈으며 만 3세 이상 동영상 서비스 이용자의 98.0%가 하루에 1회 이상 이용하는 비율이 81.7%로 매우 높아졌다(그림 14-3 참조).

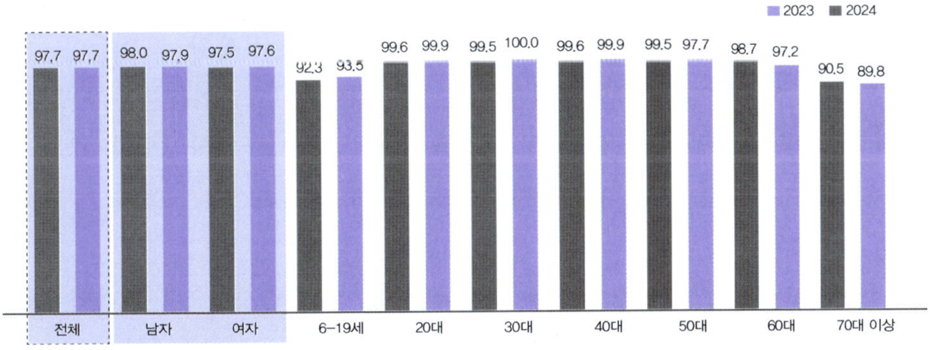

그림 14-3 성·연령별 인스턴트메신저 이용률(%, 만 6세 이상 인터넷 이용자 기준)

출처: 한국지능정보사회진흥원(2024). p. 147.

SNS 이용률은 그림 14-4와 같이 성별에 관계없이 비슷한 수준(남자 97.9%, 여자 97.6%)을 보였으며, 연령대별로는 30대(100%), 20대와 40대가 99.9%로 나타났다.

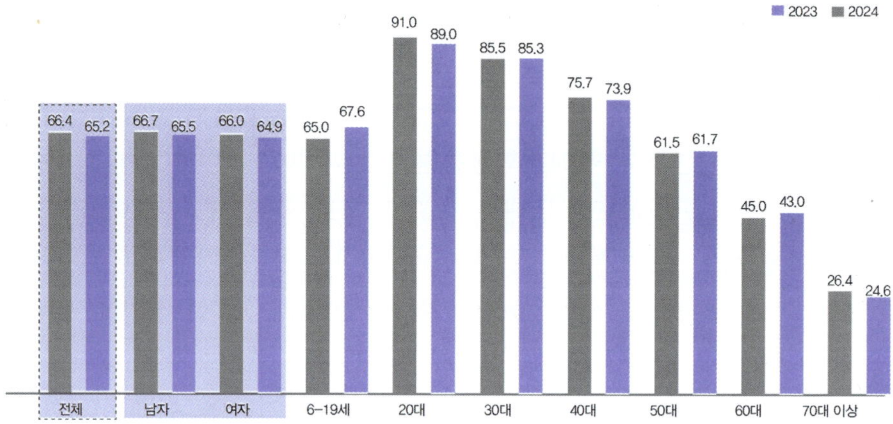

그림 14-4 성·연령별 SNS 이용률(%, 만 6세 이상 인터넷 이용자 기준)

출처: 한국지능정보사회진흥원(2024). p. 151.

연령별 인터넷 이용률을 살펴보면, 20대 99.6%, 10대 99.5%, 30대 99.5%, 40대 99.1%로 대부분이 인터넷 이용자로 나타났으며, 70대 이상의 이용률이 전년대비 3.6%p 상승하였다.

이러한 사실은 점차 인터넷 이용이 일상생활에 편리함을 제공해준다는 것을 의미하며, 단지 인터넷을 통해 정보를 얻거나 메신저 역할만을 하는 것이 아니라 대화하기, 사진·동영상 공유, 음성 및 영상통화, 게임, 구매, 송금 등 다양하게 활용하는 것으로 나타났다.

최근에는 인공지능에 대한 긍정적 인식이 확산되면서 생활 속 이용이 증가하고 있는 추세이다. 2024년 7월 기준 인공지능 서비스 이용률은 60.3%로 국민 10명 중 6명이 인공지능 서비스를 경험한 것으로 나타났으며, 주거 편의, 교통, 교육·학습 등 다양한 방면에서 인공지능 서비스의 경험이 이루어지고 있다.

인공지능 서비스의 향후 이용 의향에 대해 물은 결과, 그림 14-5와 같이 87.9%가 향후 인공지능 서비스 이용 의향이 있는 것으로 나타났다. 성별로는 '남자'(89.4%)가 '여자'(86.4%)보다 높게 나타났으며, 연령별로 20대가 96.0%로 가장 높았으며, 연령별로는 '30대'(95.9%), '40대'(94.2%) 등의 순으로 나타났으며 ‘70대 이상’은 65.4%에 그쳤다.

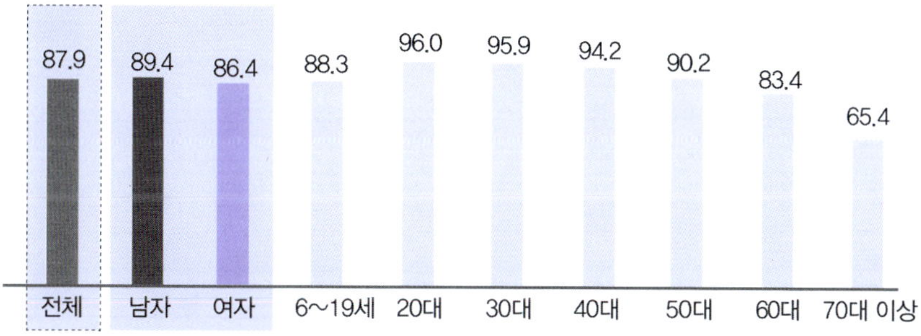

그림 14-5 **인공지능 서비스 향후 이용 의향(복수응답, %, 만 6세 이상 인구 기준)**

출처: 한국지능정보사회진흥원(2024). p. 195.

한편 스마트폰 이용률을 살펴보면 2024년 기준 만 3세 이상 인구의 92.3%가 스마트폰 이용자로 조사되었으며, ‘남자’(93.2%)가 ‘여자’(91.4%) 대비 1.8% 높고, 10대에서 50대의 경우 대부분이 스마트폰을 이용하고 있으며, 심지어 60대의 경우에도 93.1%나 이용하고 있음을 알 수 있다. 다만 70세 이상은 65.0%에 그쳐 노년기에 접어들면서 스마트폰 이용도 점차 감소됨을 알 수 있다.

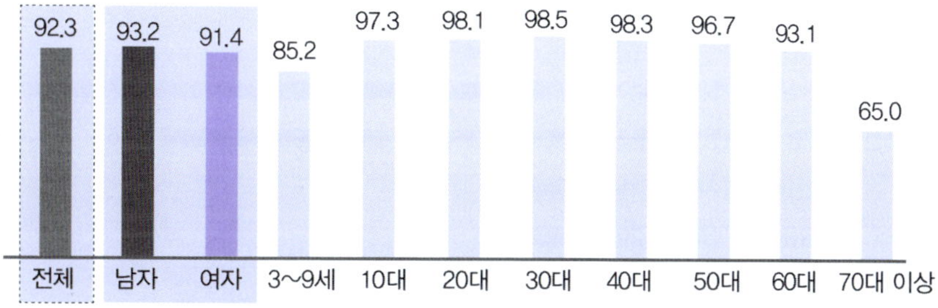

그림 14-6 **성·연령별 스마트폰 이용률(%, 만 3세 이상 인구 기준)**

출처: 한국지능정보사회진흥원(2024). p. 68.

2) 인터넷 비이용자 및 비이용 사유

인터넷 비이용자의 연령대별 구성비를 살펴보면, 60세 이상(60대 11.9%, 70대 이상 72.7%)의 노년층 비율이 84.6%를 차지하였다.

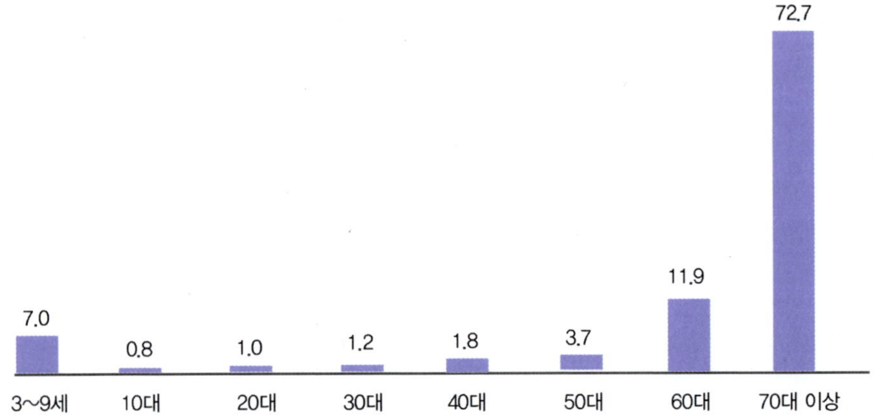

그림 14-7 인터넷 비이용자 구성비 성·연령별(%, 만 3세 이상 인터넷 비이용자 기준)

출처: 한국지능정보사회진흥원(2024). p. 200.

또한 그림 14-8과 같이 인터넷 비이용자의 비이용 사유를 살펴보면 '관심 또는 필요가 없어서'라는 응답이 76.2%로 가장 높았고, 이어서 '이용할 자신이 없거나 이용방법을 몰라서'라는 응답이 56.5%로 뒤를 이었다. 이와 같은 비이용 사유를 통해 노년층에 특화된 생활밀착형 정보활용교육 및 정보화 역기능 대응 교육의 확대, 다양한 활용 용도 개발과 보급 등이 필요성이 요구된다.

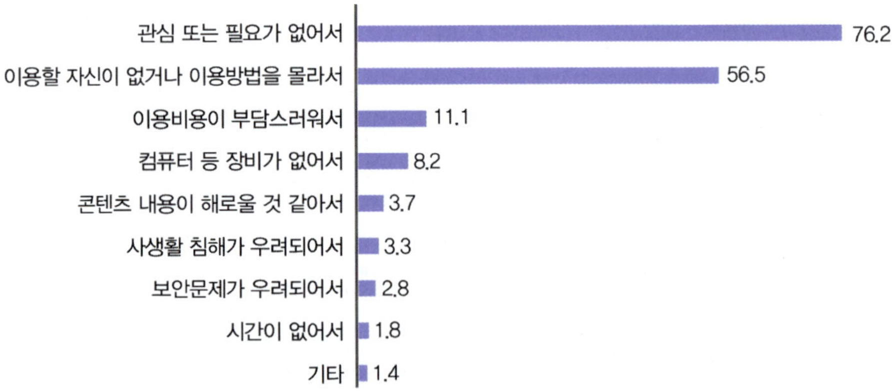

그림 14-8 인터넷 비이용 이유(복수응답, %, 만 3세 이상 인터넷 비이용자 기준)

출처: 한국지능정보사회진흥원(2024). p.202.

제5절 요청되는 노인의 정보화교육 프로그램 유형

1. 디지털 문해능력 향상 프로그램

현대는 문자생활이 지배하는 영역이 매우 확대되고, 사회구조가 가정생활, 사회생활, 문화생활의 장에서도 광범위한 문자생활의 활용이 요구되고 있다. 특히 기존의 도서나 종이신문에서 벗어나 전자책, 포털사이트 뉴스, 정보검색 등을 위해서는 디지털 문해능력을 향상시켜야 한다. 디지털 기기는 앞으로 더욱 발전하고 새로운 기기들이 출시될 것이 예측됨에 따라 노인을 대상으로 한 문해능력 향상 프로그램은 노인 정보화 교육에 있어 가장 기본이 되는 프로그램이라 할 수 있다.

2. 인터넷 관련 프로그램

인터넷을 통해 의사소통이나 정보취득 등 한정된 욕구만을 채우는 시대에서 벗어나 점차 교육, 쇼핑, 오락, 취미, 교양, 네트워킹, 커뮤니티형성 등 매우 다양한 욕구를 만족시키는 상황으로 변화되어 가고 있다. 상대적으로 고립되고 신체적으로 열악한 노인들은 이와 같은 인터넷과 관련한 다양한 프로그램을 접함으로써 당면한 문제를 해결하고 나아가 적극적으로 삶에 적용 가능한 역량을 제고하여 보다 윤택한 삶을 만들어갈 수 있다. 이를 위해서는 컴퓨터 활용 프로그램, 메신저 활용 프로그램, SNS 활용 프로그램 등 인터넷과 관련한 다양한 프로그램 개발 및 적용이 필요하다.

3. 스마트폰 활용 프로그램

이제 스마트폰 하나로 다양한 욕구를 만족시킬 수 있는 시대가 되었다. 전화나 문자를 통한 커뮤니케이션, 정보검색, 동영상 시청, 사진촬영, 음악 감상, 쇼핑, 홍보, 취미활동, 계산기, 알람, 뱅킹, 커뮤니티 가입 및 활동 등 헤아릴 수 없는 문명의 이기로 자리매김하고 있다. 당연히 노인들에게 이를 활용할 수 있는 프로그램이 요구된다. 특히 70세 이상의 노인계층은 스마트폰 이용률이 현격히 줄어드는 것으로 나타남에 따라 이에 대한 교육이 필요하다.

4. 스마트기기 활용 프로그램

스마트기기에는 스마트폰 이외에도 노트북, 태블릿 PC, 키오스크, 빔프로젝터 등 다양하며 와이파이, 블루투스 등 이와 관련한 연결장치에 대한 이해도 요구된다. 점차 이들 스마트기기는 일상생활 속에서 크게 활용될 것이며 노인들도 이에 대한 기기 활용법과 관련한 교육프로그램은 필요불가결할 것이다.

5. 인공지능 관련 프로그램

'에이트(인공지능에게 대체되지 않는 나를 만드는 법)(이지성, 2019)'라는 책에서 강조하는 것은 다가오는 4차 산업혁명 시대에 인공지능에게 지배당하는 것이 아니라 인공지능을 활용할 수 있는 능력을 키우는 것이다. 청·장년들뿐만 아니라 노인들도 이에 대해 적극 대비를 해야 한다. 따라서 이와 관련한 프로그램 개발과 적용은 매우 중요한 과제가 될 것이다.

6. 기타 프로그램

컴퓨터나 노트북을 구입하면 가장 먼저 확인할 수 있는 것이 윈도우와 같은 OS환경이다. 만일 이러한 OS가 존재하지 않는다면 스스로 설치하거나 전문기관에 의뢰해야 한다. 솔직히 젊은 계층도 쉽지 않은 작업이다. 또한 한글과 같은 워드프로그램, 엑셀이나 PPT와 같은 통계나 문서작성, 포토샵과 같은 이미지나 동영상 편집, 다양한 앱 활용, 포털사이트 활용을 위해서는 이러한 프로그램을 다운받거나 하는 작업이 필요한데 이에 대한 교육프로그램이 요구된다.

또한 코로나 19로 인해 우리나라뿐만 아니라 전 세계적으로 대면교육에서 비대면교육으로 대체되는 상황을 경험하면서 이에 따른 다양한 교육방법과 원격교육을 위한 활용방법 등에 대해 교육할 필요가 생겼다. 줌(ZOOM), 구글 미트(Google MEET), 스카이프(SKYPE), 웹엑스(Webex) 등을 활용한 비대면 교육이 등장하고, 심지어 이를 통해 소통하고 커뮤니티를 구성하기도 하였다. 따라서 노인 정보화 교육에도 이러한 비대면 소통도구를 활용하는 프로그램도 요구된다.

한편 노인 정보화교육은 컴퓨터에 대한 기본적인 이해와 컴퓨터 소양에 대한 학습에서 그 도구를 활용하는 데 필요한 지식이나 기술만을 익히는 것에 그쳐서는 안 된다. 그 이유는 인간에게 편리하도록 만들어졌지만 반면 올바른 태도나 인성을 갖추지 않는다면 오히려 인간에게 해를 줄 수 있다. 가령 익명을 통해 악성 댓글을 달거나 해킹, 바이러스 공격을 통한 피해가 대표적이라 할 것이다. 따라서 노인 정보화교육에는 이를 올바로 사용하고 남에게 피해를 주지 않는 윤리적 측면에서의 교육프로그램도 포함하여야 한다.

제6절 노인의 정보화교육 프로그램 실제

우리 사회는 노년층의 정보소외를 해소하기 위해 다양한 단체나 기관에서 정보화교육을 실시하고 있으며, 주로 노인복지관에서 평생교육 범주에 프로그램을 편성하여 부담 없는 수강료나 대부분 무료로 실시하고 있다. 이에 노인을 대상으로 실시하고 있는 정보화교육 프로그램을 전국 각 시도의 노인복지관을 한 곳씩 선정하여 살펴보기로 한다.

<서울 강동 노인종합복지관>

컴퓨터 초·중·고급, 스마트폰, 키오스크 활용 등

<인천 서구 노인복지관>

컴퓨터 기초, 컴퓨터 활용, 핸드폰 활용, UCC, 스마트폰 카메라 활용 등

<경기 일산 대화 노인종합복지관>

컴퓨터 기초, 스마트폰 기초, 스마트기기 활용, 생활 PPT 발표왕, 생활회계 엑셀왕, 생활한글문서, 온라인 줌 배우기 등

<강원 강릉시 노인종합복지관>

스마트활용 초·중급, 컴퓨터 초급(윈도우, 인터넷 기초), 컴퓨터 중급(한컴오피스, 엑셀), 동영상 초·중급, 블로그 등

<충남 공주시 노인종합복지관>

컴퓨터 초·중급, 스마트폰 교실

<부산광역시 노인종합복지관>

스마트폰(A/B/C), 컴퓨터(첫걸음/문서작성/인터넷 활용/동영상 제작)

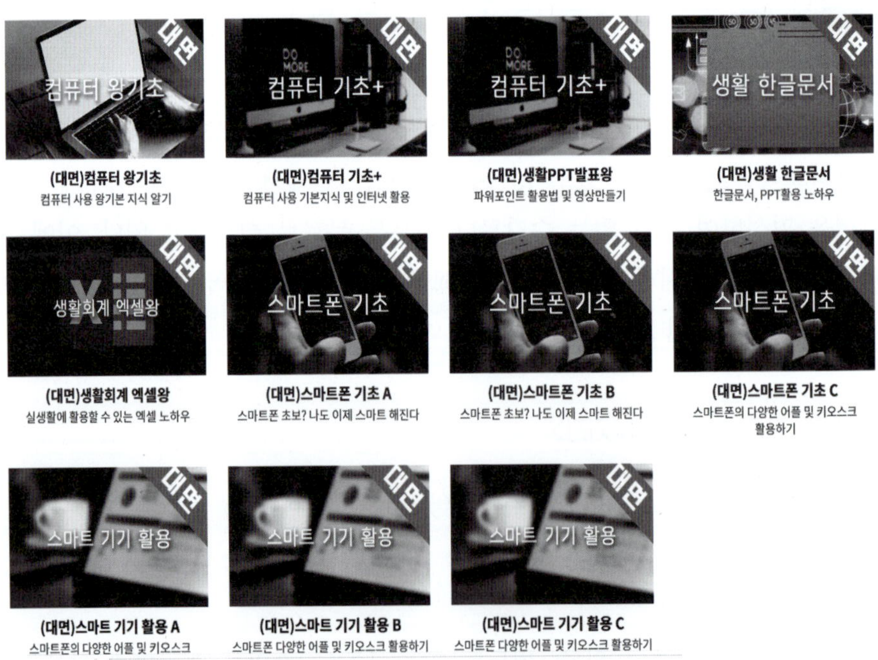

그림 14-8 경기 일산 대화노인종합복지관 노인 정보화 교육 프로그램

출처: 경기 일산 대화노인종합복지관 홈페이지.

<전북 익산시 노인종합복지관>

컴퓨터 기초, 스마트폰, 인터넷활용, 문서활용, 워드, 사진편집 등

<제주특별자치도 노인복지관>

스마트기기 활용, 컴퓨터 활용, 컴퓨터 초급 심화 등

각 노인복지관에서 실시하고 있는 정보화교육 프로그램은 대부분 컴퓨터를 다루는 활용법, 스마트폰 활용법, 인터넷 활용, 스마트기기 활용 등임을 알 수 있다. 앞서 언급한 디지털 문해교육, 인터넷 활용 윤리교육, 인공지능 활용교육 등 앞으로 도입해야 할 프로그램들이 현재 부족함을 알 수 있다. 따라서 평생교육이나 사회복지 차원에서 보다 적극적으로 노인 정보화교육을 위한 다양한 프로그램의 개발과 적용이 시급하다.

제7절 노인의 정보화교육의 과제

1. 교육운영기관과 관련한 문제

노인 정보화 교육과 관련한 교육기관은 노인복지관 및 기타 노인 관련 시설에서 운영되고 있다. 하지만 이들 기관은 노인 정보화 교육만을 담당하는 것이 아니라 다양한 사업을 시행 중에 있어서 특화되기 어려우며, 정보화 교육에 대한 인식이나 홍보부족, 기자재의 부족 등의 열악한 환경도 개선해야 할 과제이다. 교육부, 보건복지부 등 관련 정부의 협업과 연계를 통해 적극적인 지원과 프로그램 개발 및 운영을 위한 예산확보 등도 넘어야 할 과제라 할 것이다.

2. 교수자의 문제

교육현장의 주체는 프로그램 운영자와 교수자, 그리고 학습자가 주된 주체라 할 것이다. 노인복지 차원에서 노인학습자에 대한 교육지원은 매우 바람

직하지만 또 다른 주체인 교수자에 대한 문제도 풀어야 할 과제라 할 것이다. 즉 교수자의 처우, 인력 확충, 역량강화교육 지원 등을 통해 교수자의 자질과 역량을 향상시켜야 할 것이다. 아무리 좋은 프로그램을 개발하였다 해도 훌륭한 교수자를 선발하지 못하거나 자질이 뒷받침되지 못하면 노인 정보화 교육의 목적을 이룰 수 없다.

3. 프로그램과 관련한 문제

앞서 전국에서 실시되고 있는 노인 정보화 교육 프로그램 현황을 살펴본 바와 같이 노인 정보화 교육 프로그램은 중복되고 다양하지 못하며, 향후 필요할 것으로 예견되는 프로그램 개발과 적용에 있어 관심과 인식이 부족한 것이 사실이다. 이미 노인 정보화 교육의 필요성과 의의에 대한 인식에 공감대가 형성되고 있음은 노인 정보화 교육 프로그램 개발과 활용에 따른 정책과 지속적인 지원 필요하다. 특히 우수한 정보화교육전문가의 확보를 통해 적극적인 교육프로그램 개발과 역량강화를 통한 미래지향적인 프로그램의 활용은 우리나라 노인 정보화 교육을 한층 질적으로 높일 수 있는 계기가 될 것이다.

4. 노인학습자와 관련한 문제

이제 초고령화사회로의 진입에 따른 노인인구의 증가와 함께 젊은 세대의 책임가중과 출산의 감소로 점차 노인들에게 계속해서 사회구성원으로서뿐만 아니라 오랜 경험을 통한 리더로서의 역할을 요구할 수밖에 없는 시대적 상황에서 노인들에게 다양한 정보화교육을 통해 사회구성원으로 주체적인 삶을 영위하고 사회의 리더로서의 역할도 충분히 해낼 수 있게 될 것이다. 따라서 노인학습자에 적합한 교육프로그램의 개발과 노인특성을 고려한 교육이 시행되어야 한다. 노인의 신체적·인지적·사회적 특성에 맞게 정보화교육에 대한 인적·물적자원을 지원하고 노인복지관과 더불어 방문교육 등 다양한 형식의 교육방식과 시설환경의 지원이 필요하다. 이를 통해 노인학습자의 사회재참여가 가능하게 하고 노인들의 경험과 지혜를 사회에 환원할 수 있도록 정보활용능력을 통한 봉사활동의 확대와 노인 일자리 등 기회가 확대될 수 있도록 해야 한다.

연구문제

1. 노인 정보화 교육의 필요성에 대해 논해 봅시다.

2. 노인 정보화 교육의 실태에 대해 생각해보고 발표해 봅시다.

3. 노인 정보화 교육의 과제에 대해 생각해보고 발표해 봅시다.

PART 05

노인교육의 과제와 전망

CHAPTER 15

노인교육의 과제와 발전 방향

개요

고령화사회로의 전환에 따른 노인 인적자원에 대한 관심과 시각에 대한 변화가 감지되고 있다. 전통적으로 노인은 '복지의 대상'으로 복지의 혜택을 받는 대상으로 여겨졌으나 최근에는 저출산·고령화로 생산인구가 감소하면서 노인은 '새로운 인적자원의 대상'으로 주목받고 있다. 노인빈곤율과 자살률이 세계에서 가장 높은 현실에서 기존의 노인교육은 복지관점에서 정책 설계, 시행된 측면이 강했던 것이 사실이다. 이러한 패러다임의 변화와 발맞추어 노인교육 역시 생산적인 변화가 필요한 시점이다. 이제 노인교육은 '복지와 여가를 위한 교육'에서 '인적자원 개발로서의 교육'으로의 변화를 모색할 시점이다. 초고령사회를 목전에 둔 우리나라의 노인교육은 다시 강조하지만 노인을 새로운 인적자원으로 여기고 인식의 전환뿐만 아니라 현실적으로 사회를 위해 활용할 수 있는 방법을 모색해야 한다. 따라서 이 장에서는 노인교육의 현 상황과 문제점을 살펴보고 이를 해결할 수 있는 미래발전과제로서 논의해 보고자 한다.

학습목표

1. 현재 노인교육의 현실에 대해 이해할 수 있다.
2. 현재 노인교육이 갖고 있는 문제점과 풀어야 할 과제에 대해 설명할 수 있다.
3. 노인교육이 나가야 할 미래의 방향에 대해 이해할 수 있다.
4. 다양한 학자들의 의견을 살펴보고 우리나라 노인교육의 발전방향에 대해 설명할 수 있다.

주요 용어

노인교육의 문제점, 노인인적자원, 성공적 노화, 액티브 시니어, 노인교육의 미래

제1절 노인교육의 현실과 과제

1. 노인교육의 현실

고령화사회로의 전환에 따른 노인 인적자원에 대한 관심과 시각에 대한 변화가 감지되고 있다. 전통적으로 노인은 '복지의 대상'으로 복지의 혜택을 받는 대상으로 여겨졌으나 최근에는 저출산·고령화로 생산인구가 감소하면서 노인은 '새로운 인적자원의 대상'으로 주목받고 있다. 노인빈곤율과 자살률이 세계에서 가장 높은 현실에서 기존의 노인교육은 복지관점에서 정책 설계, 시행된 측면이 강했던 것이 사실이다. 이러한 패러다임의 변화와 발맞추어 노인교육 역시 생산적인 변화가 필요한 시점이다. 즉 노인교육을 '복지와 여가를 위한 교육'에서 '직업교육'으로의 다변화를 모색할 시점이다.

1) '액티브 시니어'로서의 노인상 변화

의과학 발달로 노인의 인구비율은 기하급수적으로 증가하는 상황이며, ICT 사회와 4차산업 시대의 도래는 육체적 힘보다 인지적 능력이 우수한 노인들을 신인류로 탄생시키는 자연스러운 토대가 되고 있다. 이제는 초고령사회로 청장년이 구주류, 노인이 신주류로 변화되는 상황에 이르렀으며, 이와 관련하여 노인의 '성공적 노화'나 '액티브 시니어'라는 단어가 관심을 받게 되었다. 성공적 노화(successful aging)란 사전적인 의미로 나이가 들어가도 신체와 정신적 기능이 일상생활을 영위하는 데 어려움이 없으며, 안정적인 사회적 관계 유지, 여가를 즐길 수 있는 경제력, 주관적 안녕감 등을 지닌 상태를 말하며(김춘경 외, 2016), 액티브 시니어(Active Senior)란 은퇴 이후에도 하고 싶은 일을 능동적으로 찾아 도전하는 50~60대를 일컫는 말로, 적극적으로 소비하고 문화 활동에 나선다는 점에서 '실버 세대'와 구분된다. 이들은 외모와 건강관리에 관심이 많고 여가 및 사회 활동에도 적극적으로 참여한다(김환표, 2013).

2) 노인 新 인적자원 활용

생산을 책임지던 청장년은 감소하는 추세이며, 이와는 반대로 노인은 지속적으로 증가하는 상황으로 변화되어 가고 있다. 이러한 생산인구의 감소는 국가의 존망이 걸린 문제라고 할 만큼 중대한 의미를 지닌다. 이러한 문제를 해결하기 위한 방법으로서 전통적인 고정관념을 깨고 노인을 새로운 인적자원으로 활용하자는 인식이 대두되고 있다. 즉, 국가는 노인을 '복지의 대상'에서 '새로운 인적자원'이라는 인식으로 전환할 필요가 있으며, 선진국처럼 정년제도를 폐기하는 것도 검토할 필요가 있다는 것이다.

3) '새로운 인적자원' 계발을 위한 노인교육

노인교육은 단순히 노인문제의 해결을 위하여 프로그램을 제공하는 기존의 틀에서 벗어나 노인의 사회적 자본(social capital)과 시민의식의 발현을 통한 지역사회 발전 및 민주주의 성숙과 국가 경쟁력 제고의 관점에서 접근되어야 할 것이다(이정복, 2013). 노인교육은 노인을 새로운 인적자원으로 만들어가기 위한 가장 최선의 방법으로 인식되어야 하며, 이를 위해서는 최소한의 비용으로 가까운 지역에서 참여가 가능한 노인교육기관의 확충이 필요하며, 또한 노인의 니즈에 맞는 노인교육프로그램의 확충이 필요한 상황이다.

2. 노인교육이 갖는 문제점과 과제

김윤재 외(2017)는 노인교육이 갖는 문제점 혹은 풀어야 할 과제를 다음과 같이 제시하고 있다.

① 노인교육정책의 부재 : 노인교육을 전적으로 담당하는 정부 부처가 확정되지 않았고 따라서 별도의 노인교육에 대한 정책이 부재한 상황이어서 이에 대한 적극적인 대처가 필요한 상황이다.

② 법령의 부재 : 노인교육은 외형적으로는 평생교육법과 노인복지법에 의해 중복되어 관리되고 있는 상황이며 노인교육을 지원하고 관리하는 법령이 마련되어 있지 않은 상황이다. 노인복지법의 어느 조항에서도 노인교육과 관련하여 언급된 내용이 없으며, 평생교육법의 경우에도 학습

대상으로서 노인이나 노인교육 관련 시설에 대한 언급은 찾아볼 수 없다.

③ 재정적 지원부족 : 노인교육 전담 정부부처의 부재는 노인교육 프로그램이나 시설에 대한 재정적 지원 부족으로 나타나고 있다. 노인교실, 노인복지관 등은 재정적 지원을 받고 있지만, 대부분 운영비와 인건비 명목일 뿐 실질적인 교육 프로그램을 위한 지원은 거의 이루어지지 않고 있다.

④ 노인교육의 전문성 부재 : 노인교육이 고등교육 체제와 적절한 연계를 가지지 못하고 있다. 우리나라 대학 학부, 대학원 과정에도 노인교육 전공이 전무한 상태이며, 평생교육사 자격증 취득에서도 노인교육론은 필수과목이 아닌 선택과목이며, 노인복지관 인력 정원의 30% 이상을 평생교육사가 아닌 사회복지사로 충원되고 있는 것이 현실이다.

⑤ 노인교육에 대한 관심과 인식 부족 : 노인교육을 노인만을 위한 교육이라고 하는 인식이 팽배해 있는 상황이며, 노인복지 차원의 취미나 여가 프로그램 정도로만 인식하고 있는 것이 사실이다. 이런 상황에서 노인교육을 평생교육의 연속성이나 광범위한 노인복지에서 예방적이고 적극적인 복지의 시각에서 바라보지 못하고, 한쪽으로 치우친 시각 안에 노인교육을 제한해 왔기 때문이며, 이러한 인식은 노인 및 노화에 관한 부정적인 인식과도 관련된다.

⑥ 국내 노인교육 프로그램의 한계 : 고령화로 인해 야기되는 문제는 단지 노인만의 문제만이 아니라 모든 세대가 관련된 공통의 풀어야 할 문제이다. 우리가 살아가는 사회에는 유아에서부터 노인에 이르기까지 여러 세대가 공존하고 있으며, 전 세대가 함께 화합하고 협력해 나감으로 말미암아 고령화에서 초래되는 문제들을 지혜롭고 효과적인 방법으로 해결해 나갈 수 있음을 인식해야 한다.

⑦ 노인교육의 콘텐츠 부실 : 노인학습자들이 자신을 위한 교육에 선뜻 높은 비용을 지불할 것으로 기대하기는 어려운 상황이다. 노인교육을 복지로 본다면 노인교육의 시간, 공간, 재정 확보는 용이할 수 있어도 노인교육은 단지 노후생활의 안정과 건강, 여가의 활용 차원에 머물 것이며, 노인교육을 교육으로 본다면 노인이 주체가 되는 노인교육과 인적자원으로서 노인을 활용하는 노인교육은 가능할 수 있어도 형식교육의

시급성에 밀려 노인교육의 시간, 공간, 재정 확보에는 어려움이 따를 수밖에 없다. 따라서 이러한 갈등의 해결은 노인교육의 대상과 목적, 교육 주제 및 콘텐츠에 대한 재정과 이를 위한 협력이 필요하다.

⑧ 노인에 대한 부정적 고정관념과 편견 : 노인교육이 안고 있는 문제 중의 하나는 초, 중, 고등학교와 같이 청소년 학습자들을 대상으로 하는 형식교육에 비해 그 성과를 드러내 보이는 데 애로가 있다는 점이다. 다시 말해서 진학률, 취업률, 자격 취득률, 시험성적 등으로 표출될 수 있는 형식교육의 성과와는 달리, 노인교육은 그 성과를 명확하게 정의하기도 어려우며, 또한 정의된 성과를 측정하기도 어려운 것이 사실이다. 그럼에도 불구하고 노인교육에 대한 관심과 재정 지원을 확대하기 위해서는 어떤 형식으로든 노인교육의 결과나 성과를 입증해 보여야 하는 책무성이 있다. 이를 위하여 노인교육의 목적과 목표, 역할과 성과의 재정립하고, 노인교육의 양적·질적 성과를 평가·측정하며, 개인과 사회에 대하여 노인교육의 성과와 필요성을 설득하기 위한 지속적인 연구 노력이 필요하다.

⑨ 다양한 미디어의 활용 문제 : 최신 정보통신 기술 및 첨단 과학기술의 발달은 노인교육에서도 다양한 미디어의 사용이 증가할 것으로 예측된다. 특히 움직임이 자유롭지 못한 노인을 위한 이러닝과 같은 원격교육 서비스의 제공과 최신의 첨단 정보통신 기술을 이용한 다양한 학습지원 서비스가 강구되어야 한다. 따라서 노인교육학에서 최첨단 정보통신을 적극 활용한 교육방법과 다양한 미디어와 서비스 제공의 활용 등에 대한 연구가 요구된다.

⑩ 노인교육 대상의 다양화 문제 : 지금까지의 노인교육은 다양한 이유로 인하여 제한적인 학습자들, 즉 노인학습자만을 주요 대상으로 삼아 왔다. 특히 우리나라에서는 오히려 저학력의 여성 노인들이 주 대상이 되고 고학력의 남성 노인들은 노인교육 대상에서 소외됨으로써 노년층 내에서도 일부 계층만을 대상으로 이루어져 왔다. 그러나 노인들의 전반적인 사회경제적 지위가 점차 향상, 다양화됨에 따라 각각의 지위와 배경을 가진 노인학습자를 노인교육으로 이끌 수 있는 여러 방법과 더불어 무엇을 제공할 수 있을 것인가에 대한 연구가 필요하다.

임구원(2020)은 노인교육이 갖는 과제에 대해 다음과 같이 제시하고 있다.

① 노인교육 관련된 법과 제도적 정비로 현실적인 노인의 의식과 수요에 맞는 노인복지법과 평생교육법 정비가 필요하다.

② 노인교육의 서비스 전달체계의 종합적인 구축이 필요하다.

③ 지역사회에서 공공부문과 민간부문의 유대관계를 통해 노인교육기관의 경쟁력을 갖추어 나가야 하고, 특히 종교단체가 노인대학 연합회를 구성하여 지역사회에서 선도적 역할을 해 나가야 한다.

④ 노인교육을 통하여 노후에 행복하고 보람 있게 삶을 보낼 수 있도록 동기부여를 통한 사회참여와 사회공헌활동과 봉사활동을 통해서 인생의 재도전할 수 있는 기회를 제공해 주어야 한다.

⑤ 노인교육의 시스템과 프로그램을 온라인 시대에 맞게 콘텐츠를 개발하고, 지역 특성에 맞는 맞춤형 프로그램을 개발해 나가야 한다.

⑥ 국가는 노인교육 프로그램을 한 눈에 볼 수 있는 통합 홈페이지를 구축하고, 지방자치단체는 노인세대 가구에게 지역별 노인교육 프로그램과 기관별 현황 등을 알릴 수 있는 교육 책자를 만들어 정기적으로 소식지와 함께 발송하여 정보를 쉽게 접근할 수 있는 정책 홍보를 실행해야 한다.

노인교육이 당면한 풀어야 할 문제점 혹은 과제에 대해 몇몇 학자들의 의견을 살펴보았다. 이러한 견해들을 바탕으로 하여 노인교육의 과제를 다음과 같이 정리하였다.

첫째, 노인교육에 대한 정부의 적극적인 관심을 통해 관련 정책, 법령 등을 신설하거나 재정비하여 초고령화사회를 대비해야 한다.

둘째, 노인교육의 컨트롤타워라 할 수 있는 정부부처의 일원화가 필요하다. 원활한 행정을 통해 재정마련과 실질적 노인교육프로그램의 지원이 요구된다.

셋째, 노인교육을 담당할 전문교수자가 극히 드물다. 그 이유는 노인교육 전공이 대학이나 대학원에 부재하며, 전문가양성이 이루어지고 있지 않기 때문이다.

넷째, 노인에 대한 고정관념과 함께 노인교육의 필요성이 절실하지 않은 사회 분위기로 인해 노인교육은 제대로 이루어지지 않고 있다. 은퇴, 사회로부터의 격리, 죽음, 소외 등 노인이 갖는 부정적인 인식이 교육이라는 개념과 상충된다고 여겨지기 때문이다. 새로운 인적자원으로서의 인식이 아직은 부족한 것이 사실이다.

다섯째, 노인교육프로그램이 갖는 한계성을 들 수 있다. 기존에는 문해교육, 여가나 취미 위주의 교육 등이 대부분으로 사회에서 필요한 인적자원으로서의 역할을 해내기에는 턱없이 부족한 형편이다. 노인교육의 시스템과 프로그램을 온라인 시대에 맞게 콘텐츠를 개발하고, 지역 특성에 맞는 맞춤형 프로그램을 개발해 나가야 한다.

여섯째, 노인교육을 위한 다양한 교육방법이 요구된다. 거동이 자유롭지 못한 노인을 위한 이러닝과 같은 원격교육 서비스의 제공과 최신의 첨단 정보통신 기술을 이용한 다양한 학습지원 서비스가 강구되어야 한다.

일곱째, 노인교육프로그램에 대한 홍보와 이에 대한 접근이 노인학습자들에게 편리하고 수월하게 이루어지지 않아 실제로 프로그램 참여가 어려운 것이 현실이다. 젊은이와는 달리 인터넷이나 온라인 등에서 정보를 얻기가 쉽지 않은 노인학습자들에게 노인교육프로그램을 알릴 수 있는 새로운 홍보방법을 모색해야 한다.

제2절 노인교육의 미래와 발전방향

임구원(2020)은 노인교육의 미래와 발전방향에 대해 다음과 같이 제시하고 있다.

① 평생 교육적 측면에서 다양한 노인교육 프로그램을 개발해야 한다.

② 노인교육을 운영하고 기획하고 총괄할 수 있는 노인교육전문가를 양성해야 한다.

③ 노인 취업의 연계 활성화로 인생 이모작, 삼모작을 개척할 수 있는 교육과 교육결과에 따른 취업지원을 연결해 주는 원스톱 서비스 센터의 활성화가 필요하다.

④ 노후에 보람 있는 삶을 살 수 있도록 여가, 취미, 건강, 사회봉사활동에

적극적으로 참여할 수 있는 지원서비스 프로그램을 개발하여야 한다.

⑤ 노인교육 활성화를 위해서는 지역사회에서 가장 전문적인 인적, 물적 자원을 보유하고 있는 대학중심의 노인교육을 확대해야 한다.
⑥ 노인교육을 지속적으로 운영, 개발하기 위해 정부지원과 지방자치단체의 재정지원이 확대되어야 한다.
⑦ 노인의 학습권 보장과 삶의 질 향상을 위한 노인교육 프로그램의 질적 변화를 추구해야 한다.
⑧ 노인들의 학습 환경의 개선이다. 예를 들어 노인들에게 쉽게 접근할 수 있는 교통편의를 제공하고, 수강료의 개인적 경비부담을 경감하며, 수강료 면제를 확대하고, 노-노 강사를 확대하여 적극 참여를 유도해야 한다.

한정란(2015)은 노인교육의 미래와 발전방향에 대해 다음과 같이 제시하고 있다.

① 노인교육의 전문성을 강화해야 한다. 이를 위해서는 노인교육 전문가 양성 체계 구축이 이루어져야 하며 이는 대학을 구심점으로 하여 노인교육을 위한 전문가 양성 프로그램 개발 및 개설, 노인교육학 부전공 및 자격증 제도의 운영과 대학원 학위취득과정에 노인교육 전공 설치, 실무자 재교육 강화 등이 요구된다. 또한 노인교육 강사 및 교수자들에 대한 정보 통합·관리 풀(pool)을 구축·운영하고, 노인교육 관련 시설에 전문성을 갖춘 사회복지사나 평생교육사 배치를 의무화해야 한다.
② 노년기 삶의 질을 제고해야 한다. 고령화 사회에서 노인의 삶의 질 향상을 위하여 액티브 시니어로서의 활동적인 인구화 노력이 필요하다. 이를 위해서는 노년기에 적합한 일자리 창출 및 자원봉사 분야의 개발, 관련 직능교육 및 자원봉사 교육 프로그램을 개발해야 한다. 또한 고령층에 대한 고등교육 기회를 확대해야 한다.
③ 베이비붐에서 시니어붐으로 이행이 예측된다. 얼마 지나지 않아 우리 사회는 노년층의 급속한 증가에 따른 '시니어붐'을 맞이하게 될 것이 예측되며, 이에 대한 적극적인 대처가 요구된다.
④ 평생학습의 사회적·개인적 기반이 확대되어야 한다. 평생학습사회로의

변화는 학습기간의 연장을 초래할 것이며, 다양한 평생교육 프로그램들이 상호 경쟁과 또 때로는 상호 협력을 통해 성장하는 교육의 유연성과 다양성이 확장될 것이며, 노인교육 역시 이와 같은 유연하고 다양한 평생교육 환경 변화에 적극 대응해 나가야 할 것이다.

⑤ 정보화와 기술의 발달이 급격히 이루어질 것이다. 정보기술의 발달은 우리 삶의 시·공간을 양적으로 확장시키는 동시에 질적으로도 변화시키고 있다. 앞으로의 노인교육은 급변하는 정보의 환경과 기술의 발전에 적극 대응할 수 있어야 한다.

박성희(2011)는 한국노인교육의 발전 방향을 다음과 같이 제시하고 있다.

① 인본주의 철학을 지향해야 한다. 고령화사회에서의 노인학습자 스스로 해결하는 문제해결 중심의 교육이 이루어져야 하며, 교육프로그램을 통한 배움의 즐거움을 제공하는 교육으로 이어져야 한다. 새로운 노인상의 정립을 위한 교육과 함께, 만남을 통한 새로운 인간 관계망을 활용하여 교육의 본질적인 기능인 내적 성장이 이루어지도록 해야 한다. 특히 대학교에도 노인을 대상으로 하는 인문교양교육이 실시되어야 하며, 인문주의 교육철학이 중심이 되는 교양교육과 전문적 지식의 습득을 위한 학문중심의 교육이 기본이 될 때 노인교육의 질적인 향상을 이끌어낼 수 있을 것이다.

② 노인의 요구에 기반한 교육프로그램이 요구된다. 삶의 질 향상을 목적으로 대학에서 실행되는 노인교육은 노인 스스로가 적극 참여하여 노인의 요구에 기반한 프로그램을 개발할 때 노인의 참여가 활성화되어야 한다. 노인 스스로 얻어진 경험을 통하여 학습콘텐츠와 노인교육학 이론을 적용하여 노년기 문제를 인지함으로 말미암아 노인교육이 발전하는 데 주도적인 역할을 담당하여야 한다.

③ 자기주도적 학습 방법의 적용이 요구된다. 노인교육이 노인 자신이 학습의 주체가 되는 자기주도적인 학습으로 발전하려면 교육기관중심 또는 강사중심의 획일적인 지식전달적 교육이 아니라 노인이 필요한 지식을 적극적으로 습득하도록 참여학습, 프로젝트 학습 그리고 학습동아리 등의 자기주도적 학습방법이 노인교육 현장에 적용되어야 한다.

④ 노인의 학습권이 보장되어야 한다. 지식사회, 평생학습사회 그리고 고령

화사회에서 노인은 학습이나 교육에 있어 주 대상에서 배제된 상황에서 나라에서는 노인의 평생학습권을 실질적으로 보장해주어야 하며, 특히 평생교육법에 기재되어 있는 누구나 가능한 학습의 권리가 보장되려면 평생교육법 시행령에 노인학습권을 구체적으로 명시해야 한다.

⑤ 노인교육의 활성화가 이루어져야 한다. 노인학습자를 위하여 대학의 확장교육으로 노인교육이 실행되어야 하며, 대학의 도서관, 전산원, 어학원이나 체육관, 수영장 등의 체육시설과 같은 학교 시설이 지역사회에 거주하는 노인학습자에게 개방되어야 한다. 대학교는 지역사회 학교의 역할을 담당하여 지역의 특성을 고려하여 노인의 삶의 질이 향상되도록 질적인 노인교육을 제공하고 홍보하며 노인대학의 운영을 위하여 후원 기금제도 등을 홍보해야 한다(박성희, 2007).

최운실 외(2017)는 노인교육의 발전 방향에 대해 다음과 같은 견해를 제시하고 있다.

① 노인교육 컨트롤타워와 법령 정비가 이루어져야 한다. 노인교육은 민간보다는 국가에서 예산을 투입한 하향식 사업으로 진행하고 있으며 또한 여러 정부부처로 분산되어 실시되고 있는 것이 현실이다. 가령, 복지부의 노인복지관·노인교실, 교육부의 금빛평생교육봉사단, 과학기술정보통신부의 노인 정보화 교육, 고용부의 노인 창업·일자리 교육 등 여러 부처로 분산되어 진행되고 있어 향후 노인교육 정책의 컨트롤타워를 지정하고 관련 법령 정비가 필요하다. 이를 위해서는 부처 간 명확한 업무 분장과 긴밀한 협조체계 구축이 요구되며, 노인교육의 개념정의와 필요성, 노인교육 관련 시설의 설립과 운영, 노인교육 프로그램에 대한 지원을 노인복지법과 평생교육법에 법제화하고 특히 노인교육의 개념이 법령에 명시, 그 역할과 시설 규정도 법제화되어야 할 필요가 있다. 이와 함께 노인교육 관련 시설의 특성에 적합한 예산 지원 및 평생교육사 등 전문인력 배치가 의무화되어야 한다.

② 노인교육 미래정책과제로서 노인 맞춤형 교육을 제공해야 한다. 인구 고령화로 인해 노인인구가 지속적으로 늘어나고 있지만 그에 반해 초저출산으로 생산인구는 급속히 줄고 있어 노인을 새로운 인적자원으로 인식하고 교육을 통해 변화를 지원하는 것은 국가적으로 매우 중요한

정책과제가 될 것이다. 이를 위해서는 노인 맞춤형 교육을 제공해야 한다. 노인학습자의 요구와 필요를 유형화, 최적의 교육을 기획해 제공할 필요가 있는데 노인학습자는 일반 성인학습자와에 비해 개인차가 더 크고, 경제적 상황에 따라 평생학습의 참여동기와 요구가 다르다. 이를 위해서는 노인의 개인적 여건과 사회적 상황에 따라 취미여가교육, 재취업교육, 사회봉사활동 교육 등 다양한 교육프로그램의 개발이 필요하다.

③ 노인교육 미래정책과제로서 노인 생애진로설계와 평생학습컨설팅센터를 설립해야 한다. 노인을 대상으로 인생설계와 평생학습 상담을 제공하는 국가차원의 지원이 추진 필요한데 노인들이 평생학습 미참여 이유는 경제적 부담, 시간적 여유가 없는 점, 평생학습에 대한 정보가 없는 점 등이 주요 원인으로 파악되기에 범국가적 차원에서 고려하고, 노인학습자가 속해 있는 지역사회 차원에서의 실행이 가능하도록 노인학습자들의 제2의 생애설계와 평생학습 연계, 구직과 창업, 사회구성원으로서의 참여에 대한 연계를 포괄적으로 지원하는 상담 및 컨설팅 제공 등의 공적 서비스 체제가 정립되어야 한다.

④ 노인교육 미래정책과제로서 지역 평생교육기관의 전문화와 역할을 분담해야 한다. 다양한 평생교육 주체들의 프로그램 특성화와 전문화 강화가 필요하며 이를 위해서는 교육을 공급하는 주체의 특성화 정책 등 역할 분담이 필요하다. 즉, 평생교육 공급 주체들이 유사하고 동일한 프로그램을 중복·운영하는 상황에서 벗어나야 한다. 현재 교육 공급 주체간의 노인학습자 유치를 위해 쟁탈전과 같은 소모적인 모습을 보이는 것이 사실이다. 노인교육을 포함한 평생교육 기관들은 각 기관의 설립배경과 역량 및 특성에 적합한 노인교육 프로그램을 전문적이며 특성화하여 운영할 필요가 있으며, 공공 평생교육 기관에서는 공적 차원에서 제공이 필요한 프로그램을 우선적으로 운영할 필요가 있고 민간기관에서 운영하고 있는 평생교육 프로그램을 공공기관과 공유하여 불필요한 경쟁을 유발하지 않아야 할 것이다.

노인교육의 미래와 발전 방향에 대해 몇몇 학자들의 의견을 살펴보았다. 이러한 견해들을 바탕으로 하여 노인교육의 발전 방향을 다음과 같이 정리하였다.

첫째, 새로운 인적자원 개발 측면에서 노인교육 프로그램을 개발해야 한다. 풍부한 경험과 전문성을 갖고 있는 노인들이 다시 유사한 직종에 취업을 할 수 있도록 하는 역량향상프로그램과 기존 직종에서 벗어나 새로운 직종에 대한 적응훈련프로그램 등의 인적자원 개발 프로그램의 개발이 이루어져야 한다.

둘째, 실질적으로 노인교육을 운영하고 기획하고 총괄할 수 있는 노인교육 전문가를 지속적으로 양성함을 통해 노인교육의 전문성을 강화해야 한다. 대학이나 관련 교육기관에서 노인교육과 관련한 교육전문가를 양성할 수 있는 커리큘럼이나 전공을 신설하고, 이에 걸맞은 학위나 국가자격증을 신설하는 것이 필요하다.

셋째, 새로운 직업과 노인학습자를 연결해줄 수 있는 노인교육센터를 활성화해야 하며, 노인교육기관 간의 네트워크 구축이 요구된다. 이를 위해서는 공공의 노인교육주체와 민간 교육주체들의 유기적인 관계망이 형성되어 노인교육 프로그램이 더욱 양적, 질적으로 성장, 발전해야 되고 노인학습자가 거주하고 있는 지역에서 니즈에 적합한 노인교육 프로그램을 선택할 수 있도록 해야 한다.

넷째, 노인교육 전담 컨트롤타워가 필요하며, 정부지원과 지방자치단체의 재정지원이 확대되어야 한다. 정부 차원에서의 노인교육 중장기 마스터플랜이 구축되어야 하며, 미래 발전적인 목표를 제시하고 이를 바탕으로 영역별, 단계별 전문적이고 구체적인 노인교육 발전정책이 수립되어야 하며, 여기에는 노인교육의 현황에 대한 수요전망 등 전국적 차원에서의 조사와 분석이 이루어져야 하며, 학습자 대상별 니즈파악, 추진과제와 추진전략 및 예산 등이 포함되어야 한다. 노인교육을 확장하고 적극적인 노인학습자의 참여를 유도하기 위해서는 각 지역별로 운영되고 있는 기존의 다양한 문화시설을 노인교육 시설로 적극 활용하여야 한다. 예를 들면 미술관, 박물관, 도서관, 기념관, 종교시설 등의 문화시설을 활용하여 기존의 노인복지관 등이 가지는 한계를 극복하고, 문화교육과 전통교육 등 확장된 노인교육 프로그램이 제공될 수 있도록 해야 할 것이다.

다섯째, 노인에 대한 인식을 바꿔야 한다. 사회구성원으로서 필요한 존재이며, 노인들이 갖고 있는 역량을 사회에 환원할 수 있도록 강구하여야 한다. 노인에 대한 잘못되고 부정적인 인식이나 고정관념에서 벗어날 수 있도록 긍정적이고 존중받아야 할 사회의 어른으로서의 정체성을 만들어가야 한다.

여섯째, 노인교육을 위한 다각적이고 새로운 교육방법을 모색해나가야 한다. 디지털기술의 발달이나 정보기술의 발달은 노인학습자를 보다 효율적으로 교육환경을 제공해야 할 것이며, 이에 대한 적절한 연구와 개발이 이루어져 실제 노인교육에 적용할 필요가 있다. 특히 노인교육에 특화된 교육방법과 매체의 활용도 고려되어야 한다.

일곱째, 노인교육은 노인을 위한 교육이 되어야 한다. 새로운 직업이나 인생 이모작을 위한 연결고리뿐만 아니라 여가나 취미활용을 위한 교육, 자신을 성찰하고 삶을 되돌아보는 인문교양교육, 건강을 지키고 예방을 위한 건강교육, 기부나 봉사 등의 사회환원교육, 버킷리스트 실행교육 등 노인의 요구에 기반한 노인맞춤형 교육프로그램의 운영이 필요하다.

여덟째, 노인교육에 대한 지속적이고 다양한 홍보가 필요하다. 노인교육에 대한 노인학습자의 학습욕구가 존재함에도 불구하고 현실적으로는 교육프로그램에 대한 접근과 이와 관련한 지식을 인지하지 못하는 노인학습자들이 적지 않기에 정부는 주민자치센터와 같은 기관에서 다양한 홍보수단을 통해 노인교육프로그램에 적극 참여할 수 있도록 권장해야 한다.

연구문제

1. 기존의 노인교육에서 벗어나 새롭게 변화되어야 하는 이유에 대해 논해 봅시다.

2. 노인교육이 갖고 있는 문제점이나 과제에 대해 생각해보고 발표해 봅시다.

3. 노인교육의 발전방향에 대해 생각해보고 발표해 봅시다.

참고문헌

교육부(1998). 평생학습사회와 노인교육. 서울: 교육부.
교육부, 국가평생교육진흥원(2022). 2021 평생교육백서.
구자순(1992). 한국 사회노년학 연구와 이론적 발전. 한국노년학, 12(1), 97-113.
국가통계포털(2020). 인구현황. KOSIS 국가통계포털.
국립정신건강센터(2020). 국가정신건강현황 보고서 2019. 국립정신건강센터.
권석만(2012). 현대 심리치료와 상담이론. 서울: 학지사.
권육상(2001). 노인생활건강. 서울: 유풍출판사.
권육상(2005). 최신 노인복지론. 서울: 유풍출판사.
권준수 외(역)(2015). 정신장애의 진단 및 통계 편람 제5판. 서울: 하나의학사.
권중돈(2014). 인간행동과 사회복지실천. 서울: 학지사.
권중돈(2015). 노인복지론. 서울: 학지사.
권중돈(2016). 노인 인권과 사회복지실천. 한국노인복지학회 학술대회, 6(2), 5-22.
권중돈(2021). 인간행동과 사회환경 : 이론과 실천. 서울: 학지사.
기백서(1996). 한국판 노인 우울척도 단축형의 표준화 예비연구. 신경정신의학회지, 35(2), 298-307.
기영화(2007). 노인교육의 실제. 서울: 학지사.
기영화(2007). 성공적인 노후생활을 위한 노인교육 발전 방안 연구. 교육인적자원부, 12-68.
기영화, 김남숙, 김선주, 성정은(2010). 노인 문화예술교육 모델 발굴 연구. 한국문화예술교육진흥원, 22-23.
김경은(2017). 노인교육론. 경기: 양서원.
김남선(2003). 노인교육개론. 서울: 형설.
김대년(1999). 제17차 1999년도 총회 및 하계학술대회 (1999.8.27) : 노년기 준비를 위한 생활교육과 산업 ; 연구발표 / 소주거학분야 - 스웨덴의 노인주거실태 탐색을 통한 한국형 노인주택의 대안 모색. 한국생활과학회 하계학술발표논문집, 1999(0), 77-84.
김동호(2017). 반퇴 시대 퇴직 후의 삶을 생각하라. (교보문고 경제경영

Book Cafe: 2017.12.18. 검색).

김명애, 김태주, 문미영, 김태희(1999). 사회적 노화이론에 대한 고찰. 노인간호학회지, 1(1), 85-96.

김상진(2022). 해외 사례를 통한 국내 노인 문화예술교육 프로그램 활성화 방안: 미국·일본 중심으로. 박사학위논문. 한양대학교 대학원.

김선희, 김혜정(2022). 노인의 경제활동에 영향을 미치는 소득요인 탐색-성별 차이를 중심으로. 정책개발연구, 22(1), 101-137.

김성길(2001). 한국노인교육의 역사. 부산: 동의대학교평생교육원.

김성순(1995). 생활노년학. 서울: 운산문화사.

김세영(2017). '백세시대, 일곱 가지 반퇴의 정석'. (아시아경제. 2017.12.22. 검색)

김세운, 정현(2022). 노인의 정신건강에 영향을 미치는 요인에 관한 연구: 가구특성 간 비교를 중심으로. 보건사회 연구, 34(2), 67-76.

김세훈(2005). 문화예술교육 중장기 발전방안. 한국문화관광정책연구원.

김소영(2016). 문화예술교육 프로그램이 학습자의 창의·인성 발달에 미치는 영향 연구. 박사학위논문. 추계예술대학교 대학원.

김영석(2021). 노년교육학의 학문적 정체성 탐구. 노년교육연구, 7(1), 23-47.

김오차(2007). 한국의 노인교육정책에 관한 분석적 연구. 박사학위논문. 안양대학교 대학원.

김오차(2008). 한국 노인교육 정책론. 경기: 집문당.

김용성(2008). 노인 정보화 교육의 현 실태 및 실용화 방안. 석사학위논문. 서원대학교 대학원.

김용태(2013). 헌법과 노인교육. 법학논총, 20(3), 257-283.

김원경, 전제아(2011). 한국 노인교육 연구동향: 2000년 이후 국내 학술지 논문을 중심으로. 평생교육학연구. 17(4). p235-263.

김윤재, 이주용(2017). 노인교육론. 경기: 정민사.

김윤정(2008). 노년학. 서울: 금광.

김은주(2010). 재가노인의 인지기능장애에 영향을 미치는 요인, 동서간호학연구지, 16(2), 122-130.

김인순, 권인덕, 인지근, 이병환(2016). 퇴직예정자의 은퇴후 재무설계 프로그램 교육콘텐츠 개발 및 적응 연구. 교육종합연구, 14(3), 85-109.

김자영(2021). 노인의 노화불안이 정신건강에 미치는 영향: 사회적 지지의 조절효과 검증. 한국노년학, 41(6), 1055-1072.
김정엽, 이재모(2010). 노인교육에 관한 노인의 욕구분석: 노인의 연령별 차이를 중심으로. 대한정치학회보, 18(1), 75-102.
김정운(2014). 에디톨로지. 서울: 21세기북스.
김정진(2016). 인류진화 : 신인류의 탄생. 신용경제 11월호.
김지환(2010). 고령화 사회의 노인평생교육 활성화 방안에 관한 연구-노인복지관 교육프로그램을 중심으로. 석사학위논문. 동국대학교 대학원.
김진숙 외(2018). 노인교육론. 경기: 공동체.
김창규, 배윤정, 이운용(2000). 스포츠생리학: 한국 노인의 체력요인별 평가기준치 연구. 한국체육학회지, 39(4), 453-466.
김춘경 외(2016). 상담학사전. 서울: 학지사.
김탁현(2015). 실버세대를 대상으로 한 뮤지컬 교육의 현황 및 운영방안 연구. 석사학위논문. 추계예술대학교 대학원.
김태현(1980). 한국 노년학 업적에 대한 조사연구. HER(Human Ecology Research), 18(2), 41-48.
김태현(2012). 노년학. 경기: 교문사.
김하나(2020). 노년기 삶에서 예술 활동이 갖는 평생학습의 의미: 시각예술 활동 노인 중심으로. 박사학위논문. 이화여자대학교 대학원.
김향숙(2015). 노인교육 참여가 생성감과 자아통합감에 미치는 영향. 박사학위논문. 한서대학교 대학원.
김형기(2018). 고령화 과제 해결을 위한 노년학(Gerontology)의 역할. 리스크 관리연구, 29(2), 53-101.
김환표(2013). 트렌드 지식 사전. 서울: 인물과사상사.
나항진(2004). 노인교육론. 서울: 교육과학사.
나항진 외(2017). 성인학습 및 상담(개정판). 경기: 양서원.
나항진, 김형수(2012). 유럽의 고령화 현황과 노년교육의 시사점 - 프랑스 Brest시를 중심으로 -. 한독사회과학논총, 22(1), 3-32.
남기민(2011). 사회적 노화이론들에 관한 연구. 한국사회과학연구, 33(1), 33-50.
남기민 외(2003). 현대노인교육론. 서울: 학현사.
노인교육연구회(2004). 노인교육. 서울: 학지사.
류종훈 외(2006). 노인교육의 이론과 실제. 서울: 학문사.
매일경제(2021). 남성 노인 자살률 여성 3.2배…70대 男 10만 명당 75명. 김명환, 이윤식, 이진한, 차창희, 김금이 기자. 2021.08.16.

문수경(2020). 초고령사회를 대비한 기독교 노인 평생교육 활성화 방안 연구 - 대학개방의 역할을 중심으로-. 대학과 선교, 46(0), 37-75.

문화체육관광부(2018). 문화예술교육 시행계획: 문화예술교육 5개년 종합계획(2018-2022).

문화체육관광부(2019). 경기도 문화예술진흥 중단기 종합계획(2020-2024).

민경훈(2016). 안드라고지 관점에서 본 문화예술교육으로서 노인 음악활동의 의미 탐구. 예술교육연구, 14(4), 195-215.

박경민(2021). '부양비, 1960~2070년' 그래픽. minn@joongang.co.kr. (중앙일보 2021.12.26. 검색)

박경순, 김용태(2013). 헌법과 노인교육. 법학논총, 20(3), 257-283.

박경순, 박영란(2021). 어떤 도시노인이 복지관을 이용하는가?. 한국 콘텐츠학회. 21(9), 516-527.

박귀영(2014). 노년학. 경기: 정민사.

박민석(2021). 평생교육 관점에서 시니어 문화예술교육 프로그램 참여 동기와 효과에 관한 연구. 박사학위논문. 안동대학교 대학원.

박복선(2006). 변천하는 사회 속에서의 타이완 고령교육의 발전. 한국동북아논총, 39(0), 167-189.

박복선(2010). 타이완의 지역사회 중심 즐거운 노인 학습센터에 관한 연구. 한국동북아논총, 57(0), 297-317.

박상복(2010). 전문직 은퇴자의 성공적 노화에 대한 요구분석. 박사학위논문. 경성대학교 대학원.

박선권(2012). 사회노년학 이론의 갈래, 추세, 정책적 함의. 민주사회와 정책연구, 22(0), 73-101.

박성희(2006). 독일의 노인취업정책과 노인교육. 교육문화연구, 12(0), 109-131.

박성희(2007). 프랑크푸르트 노인대학사례를 통한 대학 확장교육으로서의 노인교육 활성화방안. 교육의 이론과 실천, 12(1), 141-156.

박성희(2011). 노인교육론. 경기: 양서원.

박영란(2021). 어떤 도시노인이 복지관을 이용하는가?. 한국콘텐츠학회, 21(9), 516-527.

박영화(2019). 건강증진 프로그램 참여 여성 노인의 노화에 대한 태도 및 사회적 지지와 우울 및 행복 지수와의 관계. 석사학위논문. 대구대학교 대학원.
박응희(2011). 평생교육상담의 노인교육접근 가능성에 대한 이론적 탐색 -독일의 담론을 중심으로-. 교육문화연구, 17(1), 99-119.
박응희(2016). 노인문화예술교육의 평생교육학적 성찰: 부산문화예술교육지원센터를 중심으로, 문화예술교육연구, 11(4), 45 62.
박정호(2009). 한국 노인교육의 역사적 전개과정 연구. 박사학위논문. 충남대학교 대학원.
박정호(2015). '고령화사회, 고령사회, 초고령사회'. KDI 경제정보센터.
박해정(2017). 노인학습 활동이 가지는 노인복지의 의미 탐색. 한국보건복지융합연구, 9(2), 61-73.
방준석(2021). 100세 시대의 고찰: 노화 이론. (약업신문. 2021.03.10. 검색)
배철우(2016). 인성교육 독서토론을 만나다. 서울: 정인.
배철우(2020). 스토리텔러의 시대가 온다. 서울: 박이정.
배철우 외(2021). 평생교육방법론. 서울: 동문사.
백용운(2016). 노년학개론. 경기: 공동체.
백지은(2010). 노인의 객관적 특성과 주관적 지각 특성이 심리적 안녕감과 우울감에 미치는 영향. 사회연구, 20(2), 137-173.
범효춘(2017). '성공적 노화' 관점에서 본 노인시조 주제 연구. 박사학위논문. 가천대학교 대학원.
보건복지부 홈페이지(2022). http://www.mohw.go.kr/
보건복지부(2020). 노인교실 교재(사회참여 교육).
보건복지부(2020). 노인실태조사보고서.
보건복지부(2021). 2020년 노인실태조사보고서.
보건복지부(2021). 노인보건복지사업안내.
서은희, 최시연, 정영숙(2018). 중년 여성의 노화 불안과 미래 시간 조망 및 행복의 관계. 한국심리학회지: 발달, 31(2), 21-40.
서정욱, 조덕호(2019). 퇴직공무원 생활만족 결정요인에 관한 탐색적 연구 : 퇴직준비교육, 자원봉사활동, 경제활동을 중심으로. 한국지방자치연구, 21(2), 73-94.
성연옥(2012). 고령화시대의 노인교육에 관한 연구 : 프랑스, 독일, 영국의 노년교육정책 및 교육프로그램을 중심으로. 기업경영리뷰, 3(2), 33-52.
세계일보(2022). "전 세계 인구 80억 명 돌파…11년 만에 10억 늘어". josungmin@segye.com. (조성민 2022.11.15. 검색)

손근호, 김경호(2021). 노인의 우울이 인지기능에 미치는 영향: 건강상태의 매개효과 및 경제활동의 조절효과. 한국콘텐츠학회논문지, 21(2), 686-698.

손덕순, 박영란, 박경순(2018). 노인 정신건강에 대한 인식과 교육경험 : 노인보건복지현장 실무자를 중심으로. 한국노년학회 학술대회 논문집. 11-26.

손희영(2017). 노인의 사회 참여 확장을 위한 문화예술교육 연구: 공익을 넘어 공존으로. 박사학위논문. 성균관대학교 대학원.

송선희 외(2011). 노인교육론. 서울: 신정.

송선희 외(2016). 새로 쓴 노인교육론. 서울: 신정.

송주미, 백우석(2020). 고령사회 노인 평생교육에 관한 연구. 창조교육 논총, 22(0), 59-77.

숙명여자대학교(1999). 현대 노년학. 서울: 숙명여자대학교 출판부.

신근영, 남영옥(2014). 노인 정보화교육이 성공적 노후에 미치는 영향에 관한 연구. 지역사회 현안과 담론, 13(0), 3-17.

신동선(2015). 성공적 노화와 노년기의 평화. 평화학논총, 5(1), 34-64.

신미식(2006). 일본노인교육의 현황, 특징, 문제점, 그리고 시사점. 한국동북아논총, 39(0), 225-248.

신미식(2017). 한국 노년학 교육의 활성화 필요성과 과제. 한국동북아논총, 85(0), 193-213.

신미식(2018). 노인교육의 이론과 실제. 서울: 학지사.

신미식(2021). 일본 노인교육이 한국에 주는 시사점 - 발전과정을 중심으로 -. 인문논총, 55(0), 131-155.

신해윤(2021). 경도인지장애 노인의 성공적 노화 경험 : 구성주의 근거이론. 박사학위논문. 고신대학교 대학원.

신현정(2022). 일본의 시니어 리커런트 교육 현황에 관한 연구. 한국일본학연구, 27(2), 1-19.

신효식, 이선정(2007). 퇴직한 남자 노인의 가족자원 및 관련변인이 생활만족도에 미치는 영향. 한국가족관계학회지, 12(2), 187-213.

아르떼 라이브러리. (http://www.arte.or.kr : 최종검색 2022.12.25.)

안수인(2021). 노인의 평생교육 참여와 삶의 질. 박사학위논문. 한서대학교 대학원.

안윤경(2017). 노인 문화예술교육 프로그램의 만족도 영향요인에 관한 연구 : 부천시 노인복지관과 거점경로당 사례를 중심으로. 석사학위논문. 가톨릭대학교 글로벌융합대학원.
양원영(2018). 에곤 쉴레의 인물화 작품을 통한 감상자의 자기성찰에 관한 연구: 실존주의적 관점을 중심으로. 대한전시디자인학회, 15(1), 19-29.
양원영(2022). 하이데거의 예술사상에서 바라본 창의적 노화를 위한 creative art가 갖는 평생학습의 의미. 박사학위논문. 숭실대학교 대학원.
양진숙, 차수정(2016). 뉴 실버세대를 위한 ICT 기반 댄스게임의 교육적 가치와 활용가능성 연구 -미국 ICT 기반 댄스게임을 중심으로-. 한국무용연구, 34(2), 89-120.
양홍권 외(2015). 고령화 사회에서 평생학습 효능성 제고방안. 한국교육개발원.
양희(2017). 한미 노인의 주관적 연령 인식과 노화불안이 생활만족도에 미치는 영향. 박사학위논문. 한서대학교 대학원.
엄소라(2021). 노인 문화예술 교육을 통한 문화예술 참여 활성화 방안 질적연구: 강원도 원주시 6090 청춘합창단 사례중심으로. 석사학위논문. 중앙대학교 대학원.
오연경(2019). 경제활동 노인의 우울이 삶의 만족도에 미치는 영향에서 일 만족도의 매개효과. 한국콘텐츠학회 논문지, 19(6), 271-280.
오현주(2021). 액티브시니어를 위한 인문예술교육 프로그램. 지역복지정책, 32, 71-99.
우국희, 주경화, 이연순(2012). 취업노인의 직장 내 연령차별 경험연구. 사회복지정책, 3(4), 281-304.
원영희, 모선희(2008). 한국노년학의 사회학 연구동향 분석. 한국노년학, 28(4), 753-772.
유경, 민경환(2005). 정서 대처 양식과 정서 인식이 장·노년기 주관적 안녕감에 미치는 영향. 한국심리학회지: 사회 및 성격, 19(4), 1-18.
유종훈(2002). 노인교육의 이론과 실제. 서울: 학문사.
윤경아, 김형수, 모선희, 유성호(2012). 현대노인복지론. 서울: 학지사.
윤진(1996). 성인·노인심리학. 서울: 중앙적성출판사.
윤현숙, 김영범, 허소영(2006). 한국 노년학 연구에 대한 비판적 고찰. 한국노년학, 26(3), 447-460.
은하출판사 편집국(2011). 노인교육의 이해. 서울: 은하출판사.
이가옥(1990). 우리나라 노년학(老年學) 연구(硏究)의 동향(動向). 보건사회연구, 10(2), 119-135.

이관춘(2014). 평생교육철학. 아주대학교 대학원 강의노트(미간행).

이규석(2018). 노인의 사회적 여가활동과 성공적 노화의 관계: 인천광역시 남동구를 중심으로. 목회신학 석사학위논문. 장로회신학대학교 목회전문대학원.

이기범(1996). 복지사회와 교육: 자유·평등 공동체를 위한 교육복지. 교육학연구, 34(2), 21-39.

이미진(2012). 중노년층의 본인의 노화에 대한 태도에 영향을 미치는 요인: 잠재성장 모델을 이용한 패널분석. 한국사회복지학회, 64(1), 101-124.

이보경(2011). 창작무용을 통한 성공적 노화 사례분석. 박사학위논문. 한양대학교 대학원.

이수경(2020). 홍콩 노인 아카데미 사례를 통한 활동적 고령화(Active Ageing)의 평생교육 활성화 방안. 대한고령친화산업학회지, 12(1), 63-74.

이영선(2010). 한국 '노인교육전문인력' 양성 프로그램의 정책·교육학·사회효용적 타당성 연구. 박사학위논문. 상명대학교 대학원.

이영애(2019). 준·고령자의 가족탄력성과 노후준비 정도가 성공적 노화에 미치는 영향에서 심리사회적 요인의 매개효과. 박사학위논문. 서울벤처대학원 대학교.

이영화(2018). 주제어 네트워크 분석을 활용한 노인교육 연구 동향 분석: 2000년부터 2016년까지 국내 학술지 중심으로. 석사학위논문. 고려대학교 대학원.

이예림(2022). 은퇴 준비 프로그램에 관한 연구 동향 분석. 교육문화연구, 28(5), 153-174.

이왕재(2007). 미국 Oregon주 Campbell Senior Center의 노인교육프로그램 연구. 사회과학연구, 24(0), 1-19.

이윤경, 염주희, 황남희, 양찬미(2013). 평생교육관점에서 바라본 노년 교육의 현황과 정책과제. 한국보건사회연구원.

이윤숙(1988). 각국의 노인문제 연구동향 ; 한국노인문제연구의 현황과 전망 - 일본노년학의 발전과정과 연구동향. 한국노년학, 8(1), 222-234.

이정래(2022). 교육연극을 통한 노인학습자의 변화와 운영전략에 대한 성찰적 연구. 박사학위논문. 세종대학교 대학원.

이정복(2013). 평생교육이 노인의 삶의 질에 미치는 영향 연구. 석사 학위논문. 가천대학교 사회정책대학원.

이정연(2022). '노화' 원리 알면 '장수' 비결도 안다!. (마음 건강 길. 2022.

02.06. 검색)
이주미, 김태완(2020). 노인빈곤 원인에 대한 고찰: 노동시장 경험과 가족구조 변화를 중심으로. 보건사회연구, 40(2), 193-221.
이지성(2019). 에이트. 서울: 차이정원.
이헌우(1994). 스웨덴의 노인복지 고찰. 수산해양교육연구, 6(2), 161-182.
이혜원(1999). 노인복지론. 서울: 유풍출판사.
이혜정(2021). 노인의 신체적 자기개념과 성공적 노화 관계에서 긍정심리자본과 자아통합의 매개. 박사학위논문. 인천대학교 대학원.
이호선, 김학철(2022). 메타버스와 노인교육의 미래: 노인복지관 노인 교양교육을 중심으로. 노년교육연구, 8(1), 1-20.
이희정(2017). 노인대학의 교육 프로그램에 대한 만족도 조사 연구. 인문사회 21, 8(1), 583-602.
임구원(2020). 노인교육론. 경기: 지식공동체.
임원숙(2009). 노인여가 활성화와 복지정책의 발전방안. 석사학위논문. 경희대학교 대학원.
장인협, 최성재(1987). 노인복지학. 서울: 서울대출판부.
장지영, 플레이 DB홈 http://m.playdb.co.kr.
장창수(2004). 고령화 사회에 대응한 노인교육 활성화 방안. 대전발전연구원 연구보고서.
장희안(2022). Aging in Place 선호유형 및 특성에 관한 연구: Q방법론을 중심으로. 박사학위논문. 한서대학교 대학원.
전미숙(2016). 인지기능 향상 프로그램이 경증치매노인의 삶의 질에 미치는 영향, 한국노인복지학회 학술발표논문집, 1호. 505-523.
전수경, 류숙희(2016). 노인대상 평생교육프로그램의 특징 및 시사점. 인문사회 21, 7(4), 637-654.
전정태(1993). 평생교육적 노인교육. 한국노년학연구, 2(0), 43-53.
정경희, 강은나, 김경래, 오영희, 오미애, 이윤경, 황남희, 김세진, 이선희, 이석구, 홍송이(2017). 2017년도 노인실태조사. 보건사회연구원.
정경희, 오영희(2000). 노인의 교육수준 변화 및 정책적 함의. 보건복지포럼, 41(0), 55-65.
정미경(2017). 행복한 노년의 삶을 위한 노인상담. 서울: 시그마프레스.
정미자(2010). 현대 노인교육 실천방법론. 광주: 나누리.
정민승 외(2015). 노인교육론. 한국방송통신대학교출판문화원.

정민승(2017). 노인교육론. 서울: 블루마운틴소프트.

정석식(2015). 노화 불안이 성공적 노화에 대한 기대와 은퇴 준비에 미치는 영향. 경영학 박사학위논문. 한국항공대학교 대학원.

정재갑(2020). 노인교육의 필요성과 활성화 방안에 관한 연구. 인문사회 21, 11(6), 2557-2568.

정창수(2004). 고령화 사회에 대응한 노인교육 활성화 방안. 대전발전 연구원.

정태연(2008). 「한국노년학」에서 다룬 노인의 심리적 특성: 역사적 고찰과 미래의 과제. 한국노년학, 28(4), 815-829.

조선일보(2022). '노인빈곤율 OECD 1위'라지만… 정부, 정확한 고령층 소득도 파악 못 해 부정확한 설문조사로 소득 집계. (김태준. 2022.04.11. 검색)

조희선, 성혜영(2002). 노인 교육 프로그램의 현황과 과제. 생활과학, 5(0), 245-254.

중앙일보(2021). '연령별 인구구조 그래픽, 1960~2070년'. minn@joongang.co.kr (박경민 2021.12.26. 검색)

중앙일보(2021). 전국 시군구 42%, '초고령사회' 진입… '잠재성장률' 마이너스 비상. sohn.yong@joongang.co.kr (손해용 2021.12.26. 검색)

진주아(2022). 경로당 활동에 참여한 초고령 노인의 성공적 노화에 대한 이해. 박사학위논문. 초당대학교 대학원.

천주교 서울대교구 사목국(2007). 노인교육, 어떻게 할 것인가. 서울: 천주교 서울대교구 노인사목부.

최미진(2019). 성공적노화 자원으로 운동참여의 심리적 경험과 생활기술. 체육학과 박사학위논문. 한국체육대학교 대학원.

최성헌(2020). 생산 활동 수준이 성공적 노화에 미치는 영향. 노인복지연구, 29, 203-235.

최승은(2021). 노인 일자리 정책의 효과성분석: 소득과 생활만족도를 중심으로. 석사학위논문. 서울대학교 대학원.

최운실 외(2017). 노인교육론. 서울: 양서원.

최은영(2018). 한국 노인의 노화에 대한 태도 유형화: 정신건강과의 관계를 중심으로. 석사학위논문. 경희대학교 동서의학대학원.

최주영, 박성준(2019). 고령자 학습유형별 노인복지관 교육 공간 프로그램 분석. 2019년 대한건축학회 추계 학술 발표대회 논문집.

최태복(2011). 노인교육프로그램의 발전방안에 관한 연구. 박사학위논문. 대전대학교 대학원.
최흥식(2011). 고령화 사회의 노인정보화 증진방안에 관한 연구. 사회과학논총, 27(1), 53-85.
추미경(2015). 지역 기반 사회문화예술교육 프로그램 사례 분석 연구. 한국문화예술교육진흥원.
추수경(2010). 일지역 여성노인의 우울과 인지기능의 관계에 관한 연구. 경희대학교 동서의학연구소, 16(2), 131-137.
탁지현(2019). 크리에이티브 에이징의 관점에서 본 문화예술교육의 방향성. 한국무용교육학회지, 30(4), 43-59.
통계청 e-나라 지표(2022). https://www.kdca.go.kr/
통계청 보도자료(2022). 사회통계국 인구동향과 (2022.9.5. 검색)
통계청 홈페이지(2022). https://kostat.go.kr/
한경혜(2019). 노년학. 서울: 신정.
한국고용정보원(2019). 베이비부머의 은퇴와 재취업 현황분석.
한국교육개발원(2020). 2020 한국 성인의 평생학습 실태.
한국노년학회(2002). 노년학의 이해. 서울: 대영문화사.
한국노년학회(2007). 한국노년학. 서울: 대영문화사.
한국노인종합복지관협회(2021). 지역문화 플랫폼 프로젝트 연구보고서.
한국문화관광정책연구원(2014). 문화예술교육 활성화를 위한 정책기반 조성방안 연구.
한국문화예술교육진흥원(2017). 2016 복지기관 문화예술교육 지원사업 개선방안 연구. 복지기관 지원사업의 의미와 분석기준. 116.
한국보건사회연구원(2018). 노인실태조사 결과 및 노인보건복지 발전방안 토론회. 한국보건사회연구원.
한국진흥정보사회진흥원(2021). 2021 인터넷이용실태조사.
한석봉(2002). 노인교육학 이해. 부산: 부성.
한일조(2021). 일본 노인교육의 형성과 중심 아이디어: 고령자교육론 성립의 맥락에서. 교육철학, 78(0), 123-146.
한정란(2002). 주제발표 1 : 세대 간 통합을 위한 교육노년학적 논의 - 세대공동체 교육. 한국청소년학회 학술발표논문집, 2002(0), 37-68.
한정란(2006). 세계의 노인교육. 서울: 학지사.
한정란(2008). 한국노년학 30년을 통해 본 노년교육 관련 연구. 한국노년학, 28(4), 831-846.

한정란(2015). 노인교육론. 서울: 학지사.

한정란(2017). 교육노년학. 서울: 학지사.

한정란, 박성희(2006). 세계의 노인교육. 서울: 학지사.

한정란, 박성희, 원영희, 최일선(2011), 한국 노인교육의 현황 및 발전 방안, Andragogy Today, 14(1), 121-149.

한정은(2002). 가상현실 e-학습 프로그램의 유형과 활용에 관한 사례연구. 석사학위논문. 이화여자대학교 교육대학원.

한창영(1990). 미국노년학. 서울: 신아문화사.

한효섭(2012). 노인교육개론. 부산: 한국노인교육연구소.

한효섭(2014). 노인교육학. 부산: 한얼꿈출판사.

한효섭(2016). 21세기 노인교육학 연구. 부산: 한얼꿈출판사.

함혜근(2017). 코스메틱테라피 프로그램이 노인의 인지기능 및 심리적 특성에 미치는 영향. 박사학위논문. 건국대학교 대학원.

허정무(2002). 주제토론 1 :「세대 간 통합을 위한 교육노년학적 논의 - 세대공동체 교육」에 대한 토론. 한국청소년학회 학술발표논문집, 2002(0), 91-96.

허정무(2007). 노인교육학개론. 경기: 양서원.

헬스조선(2014). 사람은 왜 늙는가?. (임호준 기자. 2014.07.28.). https://health.chosun.com/site/data/html_dir/2014/07/25/2014072501894.html.

현경석(2013). 연극기법을 활용한 노인교육프로그램 개발의 필요성에 관한 연구. 연극교육연구, 23(0), 237-274.

홍숙자(2012). 노년학 개론. 서울: 하우.

홍현방(2002). 성공적인 노화 개념정의를 위한 문헌연구. 박사학위논문. 이화여자대학교 대학원.

황남희(2021). 노인의 경제활동과 경제수준. 보건복지포럼 300권 7-21. 한국보건사회연구원.

황두진, 손희영(2011). 실버 연극교육의 실천적 지도방안 연구: “꿈꾸는 청춘 예술 대학” 중랑구 사례를 중심으로. 연극교육연구, 19, 193-222.

황영희(2011). 고령사회에 대비한 대학개방을 통한 노인교육 연구. 박사학위논문. 서울기독대학교 대학원.

황영희(2013). 고령사회에 대비한 우리나라 노인교육의 현황과 정책 방안. 21세기 사회복지연구, 10(2), 31-57.

황용관(2016). 청소년의 가정·학교·지역사회 환경요인이 삶의 만족도에 미치는 영향. 석사학위논문. 경남과학기술대학교 산업복지대학원.

황종대(2013). 노년학이론에 관한 평화학적 고찰. 평화학논총, 3(1), 150-190.

Alder G, Chwalek K, Jajecvic A.(2004). Six-month course of mild cognitive impairment and affective symptoms in late-life depression. *European Psychiatry, 19*, 502-505.

Ashby-Mitchell, K., Eldemire-Shearer, D., & Donaldson-Davis, K.(2021). *Risk factors for chronic disease comorbidity: The health and social status of older persons in Jamaica.* Ageing in Developing Countries, 120.

Atchley, R. C.(1982). Adjustment to loss job at retirement. In K. W. Schaie & J. Geiwitz(Eds). Adult development and aging. Boston: Brown & Company.

Baltes, P. B., & Baltes, M. M.(1990). *Successful Aging: Perspectives from the behavioral science*. New York: Cambridge University Press.

Bergman Simon.(1985). 노년학의 국제동향. 대한간호, 24(2), 6-8.

Butler, R., & Lewis, M. I.(1973). Aging and Mental Health. St. Louis, MO: C. V. Mosby.

Butters MA, Becker JT, NEbes RD, Zmuda MD, Mulsant BH, Pollock BG.(2000). Change in cognitive functioning following treatment of late-life depression. *American Journal of Psychiatry, 157*, 1949-1954.

Clark, L. A., Manini, T. M., Wages, N. P., Simon, J. E., Russ, D. W., & Clark, B. C.(2021). Reduced Neural Excitability and Activation Contribute to Clinically Meaningful Weakness in Older Adults. *The Journals of Gerontology: Series A, 76*(4), 692-702.

Cohen, G. D.(2001). Creativity and aging: Four phases of potential in the second half of life. *Geriatrics*, *56*(4), 51-57.

Cohen. G. D.(2006). Research on creativity and aging: The positive impact of the arts on health and illness. *Generations, 30*(1), 7-15.

Collingwood, R. G.(1938). *The Principles of Art.* Oxford University Press.

Conwell, Y.(1994). Suicide in elderly patients. In L. S. Schneider, C. F. Reynolds, B. D. Lebowitz, & A. J. Friedhoff(eds). *Diagnosis and treatment of depression in late life: Results of the NH consensus development conference*, 397-418. American Psychiatric Press.

Cottrell, L.(1942). "The Adjustment of the Individual to His Age and Sex Roles". American Sociological Review, 7, 617-620.

Croce, B.(1978). *Aesthtic*: A Science of Expression and General Linguistic, trans. By Douglas Ainslie. Nonpareil Books Edition.

Daniel L. Segal. Sara H. Qualls. Michael A. Smyer.(2016). *Aging mental health*. 홍주연 (역)(2016). 노인정신건강과 노인상담. 학지사.

Elizabeth, A. P., Lynda, A. A., Andrea, Z. L., Larson., & Eric, B.L.(2004). Old adults' views of 'successful aging' : How do they compare with researchers' definitions? *Journal of the American Geriatrics Society, 52*(2), 211-216.

Erikson, E. H.(1963). *Childhood and society(2nd ed.)*. New York: Norton.

Glass, T. A.(2003). Assessing the success of successful aging. *Annals of Internal Medicine, 198*(5), 382-383.

Gross, J. J., & Muñoz, R. F.(1995). Emotion regulation and mental health. Clinical Psychology: *Science and Practice, 2*(2), 151-164.

Hanna, G. P., & Perlstein, S.(2008). *Creativity matters: Arts and aging in America*. Americans for the Arts.

Hanna, G., Patterson, M., Rollins, J., & Sherman, A.(2011). The arts and human development: Framing a national research agenda for the arts, lifelong learning, and individual well-being. *National Endowment for the Arts*. Retrieved from http://arts.gov/sites/default/files/TheArtsAndHumanDev.pdf.

Harris, L. A., & Cole, W. E.(1986). *Sociology of Aging*, Sigelman, C. K. & Shaffer, D. R.(1995), Life-Span Human Development, Pacific Grore. CA: Books/Cole.

Hooyman, N. R. & Kiyak, H. A.(2008). Social Gerontology: A Multidisciplinary Perspective(8th ed.). New York: Pearson Education,

Inc.

Irving, P. H.(2014). *The upside of aging*. 김선영(역)(2016). 글로벌 고령화 위기인가 기회인가. 서울: 글담.

Jorm, A., Korten, A., & Henderson, A.(1987). The prevalence of dementia: A quantitative integration of the literature. *Acta Psychiatrica Scandinnavica, 76,* 465-479.

Kade, J.(2001). Selbstronganisiertes alter: Learen in "reflexiven milieus" Bertelsmann.

Karen, V. D.(2016). Creativity and the golden years: Biopsychosocial and cultural influences for living a successful life. *Sociology and anthropology, 4*(12), 1093-1098.

http://www.hrpub.org,doi.org/10.13189/sa.2016.041208. 2021.6.

KBS(2019). 한국 노인 OECD 최고 자살률…노인들이 가장 힘들어하는 것은?. 박찬형 parkchan@kbs.co.kr.(2019.09.29. 검색)

Kenneth F. Ferraro(2017). 노년학. 서울: 학지사.

Kessler, R. C., Berglund, P. A., Demler, O., jin, R., & Walters, E. E.(2005). Lifetime prevalence and age-of-onset distribution of DSM-Ⅳ disoders in the national comorbidity survey replication(NCS-R). *Archives of General Psychiatry*, *62*, 593-602.

Kleinspehn-Ammerlahn, A., Kotter-Gruhn, D., & Smith, J.(2008). Self-perceptions of aging: Do subjective age and satisfaction with aging change during old age?. *The Journals of Gerontology Series B: Psychological Sciences and Social Sciences, 63*(6), 377-385.

Lawton, M. P.(1975). The philadelphia geriatric center morale scale: A revision. *Journal of Gerontology, 30*(1), 85-89.

Levy, B.(2009). Stereotype Embodiment: A Psychosocial Approach to Aging. *Current Directions in Psychological Science, 18*(6), 332-336.

Maimaris, W., Hagan & Lock, K.(2010). The impact of working beyond traditional retirement ages on mental health : Implications for public health and welfare policy. Public health Review, 32(2), 532-548.

MBC(2022). "고령 인구 900만 명 돌파··절반 이상 "일하고 싶다". (MBC 뉴스, 2022.09. 검색).

McClusky, H. Y.(1971). Education: Background Paper for 1971 White

House Conference on Aging. Washington, D.C: White House Conference on Aging.

Miller, R. A.(1990). *Aging and the Immune Response*. In E. L. Schneider & J. W. Rowe(Eds.), Handbook of the Biology of Aging (3rd ed.). CA: Academic Press.

Natalie, R.(1993). *The creative connection: Expressive arts as healing*. Science & Behavior Books. 인간중심표현예술치료: 창조적 연결. 이정명 외(공역)(2010). 시그마프레스.

Neugarten, B., Havighurst, R. J. and Tobin, S. S.(1968). "Personality and Patterns of Aging". In B. L. Neugarten(Ed.), Middle Age and Aging. Chicago: University of Chicago Press.

Onega, L. L.(1997). Expanding the cope of continuity theory application to gerontological nursing. *Journal of Gerontological Nursing, 23*(2), 29-35.

Peterson, D. A.(1990). A History of the Education of old learners, N.Y; Mermishere Publishing Corp.

Plassman, B. L., Langa, K . M., Fisher, G. G. Heeringa, S. g., Weir, D. r., Ofstedal, M. B. et. al.(2007). Prevalence of cognitive impairment without dementia in the United Sates. *Annals of internal medicine, 148,* 427-434.

Quadagno, Jill S(2021). 사회노년학. 서울: 그린.

Richardson, V. E. & Barusch, A. S.(2006). Gerontological Practice for the Twenty-First Century. New York: Columbia University Press.

Rowe, J. W. & Kahn, R. L.(1987). Human ageing: Usual and Successful Science. 237(4811). 143-149.

Rowe, J. W. & Kahn. R. L.(1998). Successful aging. New York: Dell Publishing a Division of Random House.

Schaie, K. W.(1990). *Intellectual development in adulthood*. J. E. Birren & K. W. Schaie (Eds.), Handbooks of the psychology of aging(3rd ed.). New York: Academic Press.

Schultz R, Heckhause, J.(1996). A life span model of successful aging. *American Psychologist, 51*(7), 702-714.

Sijuwade, P. O.(2009). Attitudes towards old age : a study of self-image of aged. *Studies on Home and community Science, 3*(1), 1-5.

Spirduso, W. W., Francis, K. L., & MacRae, P. G.(2005). *Health, exercise and cognitive function. Physical dimensions of aging*. 2nd ed. Champaign, IL: Human Kinetics, 211-232.

Stephan, Y., Chalabaev, A., Kotter-Grühn, D., & Jaconelli, A.(2013). "Feeling younger, being stronger": An experimental study of subjective age and physical functioning among older adults. *The Journals of Gerontology, Series B: Psychological Sciences and Social Sciences, 68*, 1-7.

Stern Y.(2009). Cognitive reserve. Neuropsychological studies of the frontal lobes. *Psychological Bulletin, 95*(1), 3.

Teri, L.(1996). Depression inalzheimer's disease. In M. hersen & v. b. Van Hasselt(eds.), *Psychological treatment of older adults: An introductory text*, Plenum. 209-222.

Tucker AM, Stern Y.(2011). Cognitive reserve in aging. *Current Alzheimer Research, 8*(4), 354-360.

Warburton, J., WinOcur, S., & Rosenman, L.(1995). Late life work and retirement issues for Australian women from a non english-speaking background. *Journal of intercultural studies, 16*(1-2): 25-39.

Westerhof, G. J., & Wurm, S.(2015). Longitudinal research on subjective aging, health, and longevity: Current evidence and new directions for research. *Annual Review of Gerontology and Geriatrics, 35*(1), 145-165.

Westerhof, G. J., Whitbourne, S. K., & Freeman, G. P.(2011). The aging self in a cultural context: The relation of conceptions of aging to identity processes and self-esteem in the United States and the Netherlands. *Journals of Gerontology Series B: Psychological Sciences and Social Sciences, 67*(1), 52-60.

저자소개

김미자

숭실대학교 교육학 박사(평생교육 전공)
평택대학교 사회복지학 박사(사회복지 전공)
현) 구로구 시설관리공단 인사위원회 위원
양천구 생활보장위원회 위원
전) 숭실대학교 대학원 평생교육학과 초빙교수
숭실대학교 사회복지대학원 초빙교수
숭실대학교 교육대학원 초빙교수
평택대학교 사회복지대학원 외래교수

김정희

숭실대학교 교육학 박사(평생교육 전공)
현) 온누리다문화평생교육원 원장
(2020년 레인보우스쿨 여성가족부 장관상 수상)
서초구가족센터 운영위원
서울사이버대학교 대우교수
건국대학교 강사
전) 웨스트민스터신학대학원대학교 조교수
강남대, 성신여대, 숭실대 강사

배철우

숭실대학교 교육학 박사(평생교육 전공)
현) 한국평생교육박사연구회 부회장
숭실대학교 평생교육학과 겸임교수
백석예술대학교 보건복지학부 외래교수
배움사이버평생교육원 교수
서강독서교육연구소 소장
전) 협성대학교, 경민대학교, 동양대학교 외래교수

양원영

숭실대학교 교육학 박사(평생교육 전공)
서울불교대학원대학교 상담심리학 박사
현) 숭실대학교 글로벌미래교육원 심리학과 주임교수
임상미술심리상담전문가, 뇌교육전문가
한국정신치료학회 회원,
한국공간디자인학회 논문심사위원
한국청소년시설환경학회 이사

이석진

숭실대학교 교육학 박사(평생교육 전공)
국민권익위원회 과장
현) 한국평생교육박사연구회 수석연구원
숭실대학교 부설 글로벌HRD 연구소 연구위원
한국평생교육학회, 평생교육·HRD학회, 한국지방자치학회 회원
한국노인학회, 한국성인교육학회, 한국과학교육학회 회원
경산시 서울사무소장

이 책의 저자 순서는 공저자들의 협의하에 위와 같이 기재합니다.

뉴노멀, 초연결, 플랫폼시대의

노인교육론

초판 1쇄 발행 / 2023년 4월 25일
초판 3쇄 발행 / 2026년 1월 20일

●

공저자 / 김미자 · 김정희 · 배철우 · 양원영 · 이석진
발행인 / 이 중 수
발행처 / **동 문 사**

●

서울특별시 서대문구 홍제원 1길 12
(홍제동 137-8)
Tel: 02)736-3718(대), 736-3710, 3720
Fax: 02)736-3719
등록번호: 1974.04.27. 제9-17호
가격: 24,000원

●

ISBN: 979-11-6328-511-3 (93370)
E-mail: dong736@naver.com
www.dongmunsa.com